Anselm Linnemann

Die Gestaltung der Haftung des Geschäftsführers im Insolvenzplan der GmbH

Schriften zum deutschen, europäischen und internationalen Insolvenzrecht

Herausgegeben von
Professor Dr. Stefan Smid, Kiel
Rechtsanwalt Professor Dr. Mark Zeuner, Hamburg
Rechtsanwalt Michael Schmidt, Berlin

Band 31

Anselm Linnemann

Die Gestaltung der Haftung des Geschäftsführers im Insolvenzplan der GmbH

DE GRUYTER

Anselm Linnemann, Kiel

ISBN 978-3-11-153423-7
e-ISBN (PDF) 978-3-11-153543-2
e-ISBN (EPUB) 978-3-11-153587-6

Library of Congress Control Number: 2024939485

Bibliografische Information der Deutschen Nationalbibliothek
Die Deutsche Nationalbibliothek verzeichnet diese Publikation in der Deutschen Nationalbibliografie; detaillierte bibliografische Daten sind im Internet über http://dnb.dnb.de abrufbar.

www.degruyter.com

Vorwort

Die Rechtswissenschaftliche Fakultät der Christian-Albrechts-Universität zu Kiel hat diese Arbeit im Wintersemester 2023/2024 als Dissertation angenommen. Für die Veröffentlichung konnten Literatur und Rechtsprechung bis Mai 2024 berücksichtigt werden.

Mein besonderer Dank gilt meinem Doktorvater, Herrn Univ.-Prof. Dr. Stefan Smid, für den Anstoß zu dieser Arbeit und die konstruktiven Hinweise, mit denen er die Entstehung gefördert hat. Herrn Univ.-Prof. Dr. Joachim Jickeli bin ich für die zügige Erstellung des Zweitvotums dankbar. Für die Aufnahme der Arbeit in diese Schriftenreihe danke ich neben meinem Doktorvater den Mitherausgebern, Herrn Rechtsanwalt Michael Schmidt und Herrn Rechtsanwalt Prof. Dr. Mark Zeuner.

Mein Dank gilt des Weiteren Herrn Rechtsanwalt Prof. Dr. Klaus Pannen und Frau Rechtsanwältin Prof. Dr. Susanne Riedemann, die mir im Rahmen meiner promotionsbegleitenden Tätigkeit wertvolle praktische Impulse ermöglicht haben.

Kiel, im Mai 2024 Anselm Linnemann

https://doi.org/10.1515/9783111535432-001

Inhalt

Abkürzungsverzeichnis

a. A.	anderer Ansicht
a. E.	am Ende
a. F.	alte Fassung
ABI	American Bankruptcy Institute
abl.	ablehnend
ABl.	Amtsblatt der Europäischen Union
Abs.	Absatz
Abschn.	Abschnitt
AEAO	Anwendungserlass zur Abgabenordnung
AEUV	Vertrag über die Arbeitsweise der Europäischen Union
AG	Amtsgericht
AI	Ancilla Iuris – Lagen des Rechts
Am. Bankr. Inst. L. Rev.	American Bankruptcy Institute Law Review
Am. Bankr. L. J.	American Bankruptcy Law Journal
amtl.	amtlich
AnfG	Anfechtungsgesetz
Anh.	Anhang
AO	Abgabenordnung
AO-StB	AO-Steuerberater
Art.	Artikel/Article
Aufl.	Auflage
Az.	Aktenzeichen
B.C. INT'l & COMP. L. REV.	Boston College International and Comparative Law Review
BAGE	Sammlung der Entscheidungen des Bundesarbeitsgerichts
Bankr. D. Ariz	Bankruptcy Court District of Arizona
Bankr. D. Del.	Bankruptcy Court District of Delaware
Bankr. D. Mass.	Bankruptcy Court District of Massachusetts
Bankr. W.D. MO	Bankruptcy Court Western District of Missouri
BAPCPA	Bankruptcy Abuse Prevention and Consumer Protection Act of 2005
BB	Betriebs-Berater
BCA	Business Corporations Act of British Columbia
BCSC	British Columbia Supreme Court
Bd.	Band
BeckOGK	Beck'scher Online Großkommentar
BeckOK	Beck'scher Online Kommentar
BeckRS	Elektronische Entscheidungsdatenbank in beck-online
Begr.	Begründung/Begründer
begr.	begründet
Beschl.	Beschluss
best.	bestätigt
BFH	Bundesfinanzhof
BFH/NV	Bundesfinanzhof/nicht veröffentlicht
BFHE	Sammlung der Entscheidungen des Bundesfinanzhofs

https://doi.org/10.1515/9783111535432-002

BGB	Bürgerliches Gesetzbuch
BGBl.	Bundesgesetzblatt
BGH	Bundesgerichtshof
BGHZ	Entscheidungen des Bundesgerichtshofes in Zivilsachen
BHO	Bundeshaushaltsordnung
BMF	Bundesministerium der Finanzen
BSG	Bundessozialgericht
BStBl.	Bundessteuerblatt
BT-Drs.	Bundestagsdrucksache
Bus. Law.	The Business Lawyer
BVerfG	Bundesverfassungsgericht
BYU L. REV.	Brigham Young University Law Review
bzw.	beziehungsweise
CanLII	Canadian Legal Information Institute
CBCA	Canada Business Corporations Act
CCAA	Companies' Creditors Arrangement Act
Cir.	Circuit
Cl.	Clause
Col. L. Rev.	Columbia Law Review
Com. L. J.	Commercial Law Journal
Cornell L. Rev.	Cornell Law Review
Corp.	Corporation
D.C.	District of Columbia
D.C. Cir.	United States Court of Appeals for the District of Columbia Circuit
D&O	directors and officers
DEPAUL L. REV.	DePaul Law Review
DiskE	Diskussionsentwurf
DStR	Deutsches Steuerrecht
DStRE	Deutsches Steuerrecht/Entscheidungsdienst
DZWIR	Deutsche Zeitschrift für Wirtschafts- und Insolvenzrecht
ECFR	European Company and Financial Law Review
ECLI	European Case Law Identifier
EGInsO	Einführungsgesetz zur Insolvenzordnung
EInsO	Entwurf einer Insolvenzordnung und anderer Reformvorschriften mit Begründung und Anhang des Bundesministeriums der Justiz (1988)
EL	Ergänzungslieferung
Emory Bankr. Dev. J.	Emory Bankruptcy Developments Journal
Erwgr.	Erwägungsgrund
ESUG	Gesetz zur weiteren Erleichterung der Sanierung von Unternehmen
et seq.	et sequens
EuG	Gericht der Europäischen Union
EuGH	Europäischer Gerichtshof
EuR	Europarecht
EuZW	Europäische Zeitschrift für Wirtschaftsrecht
EWCA	England and Wales Court of Appeal
f.	folgende/fortfolgende
FAZ	Frankfurter Allgemeine Zeitung

Fed. R. Bankr. P.	Federal Rules of Bankruptcy Procedure
Fed. R. Civ. P.	Federal Rules of Civil Procedure
ff.	fortfolgende
FG	Finanzgericht
FGO	Finanzgerichtsordnung
Fn.	Fußnote
Fordham L. Rev.	Fordham Law Review
Fordham Urb. L. J.	Fordham Urban Law Journal
GBO	Grundbuchordnung
GenG	Genossenschaftsgesetz
GG	Grundgesetz
ggf.	gegebenenfalls
GmbH	Gesellschaft mit beschränkter Haftung
GmbH-Stpr	GmbH-Steuerpraxis
GmbHG	Gesetz betreffend die Gesellschaften mit beschränkter Haftung
GmbHR	GmbH-Rundschau
GRUR	Gewerblicher Rechtsschutz und Urheberrecht
GüKG	Güterkraftverkehrsgesetz
h. M.	herrschende Meinung
H.R.	House of Representatives
Harv. Bus. L. Rev.	Harvard Business Law Review
Harv. L. Rev.	Harvard Law Review
Hastings L. J.	Hastings Law Journal
HdB	Handbuch
Hrsg./hrsg.	Herausgeber/herausgegeben
HWB-EuP	Handwörterbuch des Europäischen Privatrechts
i. d. R.	in der Regel
i. d. S.	in diesem Sinne
i. e. S.	im engeren Sinne
i. V. m.	in Verbindung mit
ICQL	The International and Comparative Law Quarterly
IILR	International Insolvency Law Review
Inc.	incorporated
insb.	insbesondere
InsO	Insolvenzordnung
InsR	Insolvenzrecht
InsVV	Insolvenzrechtliche Vergütungsverordnung
Int. Insol. Rev.	International Insolvency Review
J. Fin.	The Journal of Finance
jew.	jeweils
JFE	Journal of Financial Economics
JöR	Jahrbuch des öffentlichen Rechts der Gegenwart
jurisPR-InsR	Juris PraxisReport Insolvenzrecht
JuS	Juristische Schulung
Kap.	Kapitel
KG	Kommanditgesellschaft
KMU	Kleine und mittlere Unternehmen

KO	Konkursordnung
krit.	kritisch
KSI	Krisen-, Sanierungs- und Insolvenzberatung
LG	Landgericht
lit.	litera
LP	limited partnership
Ltd.	limited company
m. w. N.	mit weiteren Nachweisen
MA	Massachusetts
MAH	Münchener Anwaltshandbuch
MDR	Monatsschrift für Deutsches Recht
Mich. L. Rev.	Michigan Law Review
Mio.	Millionen
MittRhNotK	Mitteilungen der Rheinischen Notarkammer
MLCBI	Model Legislative Provisions on Cross-Border Insolvency with Guide to Enactment
Mrd.	Milliarden
MüKoAktG	Münchener Kommentar zum Aktiengesetz
MüKoAnfG	Münchener Kommentar zum Anfechtungsgesetz
MüKoBGB	Münchener Kommentar zum Bürgerlichen Gesetzbuch
MüKoGmbHG	Münchener Kommentar zum GmbH-Gesetz
MüKoInsO	Münchener Kommentar zu Insolvenzordnung
MüKoStGB	Münchener Kommentar zum Strafgesetzbuch
MüKoVVG	Münchener Kommentar zum Versicherungsvertragsgesetz
n. F.	neue Fassung
Nev. L. J.	Nevada Law Journal
NJW	Neue Juristische Wochenschrift
NJW-RR	NJW-Rechtsprechungs-Report Zivilrecht
No.	number
Norton J. Bankr. L. & Prac.	Norton Journal of Bankruptcy Law and Practice
Nr.	Nummer
NRPA	Nondebtor Release Prohibition Act of 2021
NVwZ	Neue Zeitschrift für Verwaltungsrecht
NY	New York
NZG	Neue Zeitschrift für Gesellschaftsrecht
NZI	Neue Zeitschrift für Insolvenz- und Sanierungsrecht
Ohio St. L. J.	Ohio State Law Journal
OLG	Oberlandesgericht
ONCA	Court of Appeal for Ontario
ONSC	Ontario Superior Court of Justice
p.	page
PA	Pennsylvania
PBefG	Personenbeförderungsgesetz
PLC	public limited company
pp.	pages
Pratt's J. Bankr. L.	Pratts's Journal of Bankruptcy Law
PREVIEW U.S. Sup. CT. Cas.	Preview of United States Supreme Court Cases

Pub. L.	Public Law
Q.C. C.A.	Quebec Court of Appeal
R.S.C.	Revised Statutes of Canada
RegE	Regierungsentwurf
RestruktRL	Richtlinie über Restrukturierung und Insolvenz, RL (EU) 2019/1023
RG	Reichsgericht
RGZ	Entscheidungen des Reichsgerichts in Zivilsachen
RIW	Recht der Internationalen Wirtschaft
rkr.	rechtskräftig
Rn.	Randnummer
S.	Satz/Seite/siehe
S.Ct.	Supreme Court
S.D. Tex.	Bankruptcy Court Southern District of Texas
S.D.N.Y.	Bankruptcy Court Southern District of New York
SanInsFoG	Gesetz zur Fortentwicklung des Sanierungs- und Insolvenzrechts
SBC	Statutes of British Columbia
SBRA	Small Business Reorganization Act of 2019
Schr.	Schreiben
Sec.	Section
Sess.	Session
SGB	Sozialgesetzbuch
Slg.	Sammlung der Rechtsprechung des Gerichtshofes und des Gerichts Erster Instanz (Teil 1: EuGH, Teil 2: EuG)
sog.	sogenannte
SozialR	Sozialrecht
St. John's Bankr. Research Libr.	St. John's University School of Law Bankruptcy Research Library
st. Rspr.	ständige Rechtsprechung
Stan. J. L. Bus. & Fin.	Stanford Journal of Law, Business and Finance
Stan. L. Rev.	Stanford Law Review
StaRUG	Gesetz über den Stabilisierungs- und Restrukturierungsrahmen
Stat.	U.S. Statutes at Large
StGB	Strafgesetzbuch
str.	strittig
Sup. Ct. Rev.	The Supreme Court Review
U.S.C.	Code of Laws of the United States of America (United States Code)
UCLA L. Rev.	University of California Law Review
UG	Unternehmergesellschaft
UNCITRAL	United Nations Commission on International Trade Law
Univ. Pa. Law Rev.	University of Pennsylvania Law Review
Urt.	Urteil
UStG	Umsatzsteuergesetz
v.	versus/vom/von
Va. L. & Bus. Rev.	Virginia Law and Business Review
VerwRspr	Verwaltungs-Rechtsprechung
vgl.	vergleiche
VglO	Vergleichsordnung

VollstrA	Vollstreckungsanweisung
Vorb.	Vorbemerkung
VU	Versäumnisurteil
VuR	Verbraucher und Recht
Wash. & Lee L. Rev.	Washington and Lee Law Review
WD	Ausarbeitung des wissenschaftlichen Dienstes des Bundestages
Wm. & Mary L. Rev.	William and Mary Law Review
WPM	Wertpapier-Mitteilungen
Yale L. J.	Yale Law Journal
ZHR	Zeitschrift für das gesamte Handelsrecht und Wirtschaftsrecht
ZInsO	Zeitschrift für das gesamt Insolvenz- und Sanierungsrecht
ZIP	Zeitschrift für das Wirtschaftsrecht
zit.	zitiert
ZPO	Zivilprozessordnung
zust.	zustimmend
ZVI	Zeitschrift für Verbraucher-, Privat- und Nachlassinsolvenz

A. Einleitung

Die nachfolgende Untersuchung behandelt die Möglichkeiten und Grenzen der Enthaftung von Geschäftsführern im Insolvenzplan ihrer GmbH.[1] Enthaftung in diesem Sinne meint die Befreiung von Verbindlichkeiten, die ihren Ursprung in der Tätigkeit des Geschäftsführers für die GmbH haben, unabhängig davon, ob die Verbindlichkeiten gegenüber der Insolvenzmasse oder gegenüber Dritten bestehen. Ein Geschäftsführer ist als Organ der Gesellschaft einer Vielzahl von Pflichten ausgesetzt, die sich in der Krise der Gesellschaft nochmals verschärfen und deren Verletzung zu korrespondierenden Haftungsansprüchen führt. Dementsprechend bilden Insolvenzverfahren die Norm, in denen ein Geschäftsführer rechtsgeschäftlichen oder deliktischen Ansprüchen in existenzbedrohender Höhe ausgesetzt ist. Ohne adäquate Kompensation bedeutet die bestehende – oder jedenfalls zwischen den Beteiligten streitige – Haftung des Geschäftsführers ein Hindernis für die wirtschaftliche Motivation des Geschäftsführers, an der Fortführung des Unternehmens zum Vorteil der Gläubiger mitzuwirken.

Dieses grundsätzlich hinnehmbare Ergebnis kann sich im Einzelfall negativ auf die Interessen der Gläubiger auswirken. Insbesondere kann die Fortführung des Unternehmens unter Mitwirkung des Geschäftsführers wirtschaftlich zur bestmöglichen Gläubigerbefriedigung geboten sein, wenn die Insolvenzquote im Liquidationsszenario im Vergleich zur Fortführung gering ausfallen würde und zudem der Geschäftsführer für eine Fortführung der Gesellschaft notwendig ist. Die Fortführung des Unternehmens kann mit der Mitwirkung des Geschäftsführers untrennbar verknüpft sein, etwa wenn Geschäftsbeziehungen mit dessen Person verknüpft sind,[2] sich die Motive eines strategischen Investors gerade auf den Erwerb der mit der Person verbundenen Expertise beziehen, wenn für Finanzinvestoren der Erhalt des operativen Managements einen elementaren Wert- und Erfolgsfaktor bildet[3] oder personenbezogene Konzessionen bestehen.[4] Zudem wird ein Insolvenzverwalter die Fortführung eines Unternehmens bei nicht hinnehmbaren branchentypischen Risiken ablehnen.[5] Ein außenstehender Käufer wird in diesen Konstellationen ohne den Geschäftsführer aufgrund dessen Bedeutung für

1 Zur besseren Lesbarkeit werden personenbezogene Begriffe im generischen Maskulinum verwendet. Selbstverständlich erfassen diese Personen jedweden Geschlechts gleichermaßen.

2 Einen derartigen Fall schildert das AG Cuxhaven, Beschl. v. 14.9.2017 – 12 IN 168/16, ZInsO 2017, 2128 = BeckRS 2017, 127394 Rn. 10.

3 Vgl. *Koch-Schulte*, BB 2020, 1131, 1133 et passim.

4 Vgl. § 3 Abs. 2 GüKG, §§ 3 Abs. 1, 11 PBefG; näher *Depré/Kothe*, in: Beck/Depré/Ampferl, Praxis der Sanierung und Insolvenz, § 36 Rn. 109 ff.

5 *Smid*, NZI 2020, 202, 206 f.

https://doi.org/10.1515/9783111535432-003

das Unternehmen einen Erwerb des Unternehmens zum Fortführungswert ablehnen. Dementsprechend kann die (teilweise) Enthaftung des Geschäftsführers gerechtfertigt sein, wenn einerseits die Fortführung von der Mitwirkung des Geschäftsführers abhängt und andererseits dem Einsatz des Geschäftsführers faktisch die vermögensrechtliche Haftung gegenüber der Insolvenzmasse oder Dritten wirtschaftlich entgegensteht.[6]

Im Fall eines geschäftsführenden Gesellschafters sprechen weitere Aspekte für eine Enthaftung. Denn gerade die Gläubiger, die sowohl Gesellschafts- als auch Gesellschaftergläubiger sind, haben ein wirtschaftliches Interesse sowohl am Erhalt der GmbH als auch am Erhalt des Werts der Gesellschaftsanteile im Vermögen ihres Schuldners.[7] Der Erhalt der Gesellschafterstellung des Altgesellschafters dient damit zum einen der Motivation des Gesellschafters, um die notwendige Mitwirkung an der Fortführung zu sichern, und zum anderen partizipieren dessen Gläubiger durch den vom Gesellschafter zu kompensierenden Gegenwert der Anteile an der Fortführung.

Vor diesem Hintergrund ist die Enthaftung eines (Gesellschafter-)Geschäftsführers keineswegs altruistischen Motiven geschuldet, sondern dient den Zielen des Insolvenzplanverfahrens, d.h. der marktgerechten Abwicklung des Insolvenzverfahrens im Interesse der Gläubiger.[8]

Auch der Fokus dieser Untersuchung auf die Gesellschaftsform der GmbH ist nicht dem Zufall geschuldet, sondern wird durch gewichtige Rechtstatsachen untermauert. Zum einen ist die GmbH mit 1,3 Mio. Unternehmen die mit Abstand am weitesten verbreitete Rechtsform in Deutschland.[9] Und zum anderen ist die GmbH im Vergleich zu anderen Gesellschaftsformen überproportional am Insolvenzgeschehen beteiligt.[10] Ferner wird die GmbH häufiger als andere Gesellschaftsformen von einer zentralen Figur bestimmt. Zwar hatte der historische Gesetzgeber die GmbH für einen größeren Gesellschafterkreis intendiert, tatsächlich ist die GmbH jedoch in der Regel personalistisch geprägt.[11] Die Rechtswirklichkeit wird von Ein- (62,1 %) und Zweipersonengesellschaften (37,7 %) dominiert[12] und bei 80 %

---

6 *Smid*, NZI 2020, 202, 202.

7 *Smid*, NZI 2020, 202, 205.

8 Vgl. BT-Drs. 12/2443, S. 73, 77, 91.

9 *Kornblum*, GmbHR 2020, 677, 678, 686: hiervon 152.710 UGs, woraus sich 1.176.567 „echte" GmbHs ergeben.

10 *Burgard/Heimann*, NZG 2018, 601, 602; *Fleischer*, in: MüKoGmbHG, Einleitung Rn. 212; *J. Schmidt*, in: Michalski, GmbHG, Syst. Darstellung 1 Rn. 115.

11 *Fleischer*, in: MüKoGmbHG, Einleitung Rn. 37–40, 207.

12 *Fleischer*, in: MüKoGmbHG, Einleitung Rn. 207 m.w.N.

der GmbHs stammt der Geschäftsführer aus dem Kreis der Gesellschafter.[13] Diese Zahlen legen nahe, dass eine Sanierung ohne die bisherigen Geschäftsführer aufgrund der personalistischen Struktur oftmals nicht möglich sein wird. Besonders nachteilig macht sich dieser Effekt bei (inhabergeführten) kleinen und mittleren Unternehmen (KMU) bemerkbar. Bei diesen hängt die wirtschaftliche Ertragskraft in besonderem Maße von der Mitwirkung der bisherigen Unternehmensführung ab, da die für den Geschäftsbetrieb erforderliche Expertise und die Kundenbeziehungen häufig mit der bisherigen Unternehmensführung persönlich verknüpft sind.[14]

Über die konkreten Umstände der einzelnen Verfahren tragen zudem makroökonomische Entwicklungen zur Bedeutung des Erhalts der Mitwirkung des Geschäftsführers an einer Fortführung bei. Zunächst führt der Strukturwandel hin zu einer Dienstleistungsgesellschaft zu einem verminderten (unbelasteten) Anlagevermögen, woraus im Zusammenspiel mit der stetig wachsenden Fremdfinanzierung von Unternehmen in der Liquidation der Gesellschaft geringe Befriedigungsaussichten der Gesellschaftsgläubiger folgen.[15] Die verbreitete Verwendung nahezu insolvenzfester Kreditsicherungsmittel, wie Globalzession, Sicherungsübereignung und (verlängerter) Eigentumsvorbehalt, verstärken diesen Trend hin zu geringen Befriedigungsquoten weiter.[16] Vor diesem Hintergrund lässt sich der Rückgang der durchschnittlichen Insolvenzquoten nicht allein auf eine zunehmende Insolvenzverschleppung zurückführen.[17] Insgesamt wird an diesen Faktoren deutlich, dass die Gläubigerbefriedigung im Fall einer Fortführung tendenziell günstiger als bei einer Liquidation ausfällt.

Schließlich folgt die Relevanz der Enthaftung des Geschäftsführers auch aus der ständig zunehmenden Bedeutung der Geschäftsführerhaftung.[18] Zwar versucht die Rechtspraxis vermehrt, das Haftungsrisiko mit vertraglichen Haftungsbeschränkungen[19] und D&O-Versicherungen aufzufangen,[20] jedoch wird aus Zahlen

---

13 *Fleischer*, in: MüKoGmbHG, Einleitung Rn. 208.

14 Vgl. *Paul/Rudow*, NZI 2016, 385, 387.

15 *Pape*, in: Pape/Reichelt/Schultz/Voigt-Salus, InsR, § 4 Rn. 2. Der wachsende Anteil an Fremdmitteln bei gleichzeitiger Zunahme von Sicherungsrechten ist ein langjähriger Trend, hierzu *Flessner*, Sanierung und Reorganisation, S. 245 m. w. N.

16 *Kindhäuser/Bülte*, in: Kindhäuser/Neumann/Paeffgen/Saliger, StGB, Vorb. zu §§ 283 ff. Rn. 2a.

17 In diese Richtung aber *Gehrlein*, ZInsO 2022, 1481, 1481.

18 Vgl. *Altmeppen*, in: Altmeppen, GmbHG, § 43 Rn. 176; *Frisch*, Haftungserleichterungen, S. 63 ff.; krit. *Rodewald*, GmbHR 2009, 1301, 1307.

19 I.d.R. durch Herabsetzung des anzusetzenden Pflichten- und Sorgfaltsmaßstabs und vertragliche Freistellungszusagen durch Gesellschafter und Dritte, näher *Fleischer*, in: MüKoGmbHG, § 43 Rn. 367 ff.; *Bastuck*, Enthaftung, S. 90 f.

20 *Altmeppen*, in: Altmeppen, GmbHG, § 43 Rn. 176 m. w. N.; näher zu D&O-Versicherungen: Kap. G.I.4., S. 203 f.

aus dem Jahr 2005 deutlich, dass die Insolvenz einer GmbH in 44 % der Verfahren auch den vollständigen Verlust des Privatvermögens der GmbH-Gesellschafter zur Folge hat.[21] Angesichts dieses Befundes werden die Erwartungen an die Haftungsbeschränkung bei der Wahl der Rechtsform in der GmbH-Insolvenz durch die Rechtswirklichkeit nicht bestätigt.[22] Die Enthaftung des Geschäftsführers im Insolvenzplan der GmbH kann vor diesem Hintergrund in den obig dargelegten Konstellationen ein weiteres Mittel sein, um der erheblichen Relevanz der persönlichen Haftung zu begegnen.

Aus diesen praktischen Erwägungen ergibt sich die Frage, unter welchen Bedingungen eine Enthaftung des Geschäftsführers in einem Insolvenzplanverfahren rechtlich möglich ist.

I. Rechtlicher Rahmen

Grundsätzlich bietet die GmbH einen rechtlichen Rahmen, um die finanziellen Risiken wirtschaftlicher Betätigung von natürlichen Personen abzuschirmen.[23] Insoweit normiert § 13 Abs. 2 GmbHG, dass für die Verbindlichkeiten der Gesellschaft nur das Gesellschaftsvermögen haftet. Jedoch erweist sich dieser Haftungsschirm angesichts der zahlreichen persönlichen Haftungsrisiken gerade im Insolvenzplanverfahren als Trugschluss. Denn § 227 Abs. 2 InsO erfasst im Fall eines Insolvenzplans lediglich die persönliche gesellschaftsrechtliche Haftung bei Gesellschaften ohne Rechtspersönlichkeit und § 92 InsO, der die Einziehungs- und Prozessführungsbefugnis bei Ansprüchen auf Ersatz von Gesamtschäden für die Dauer des Insolvenzverfahrens auf den Insolvenzverwalter überträgt, vermag angesichts der geringen praktischen Reichweite der Norm keine umfassende Gestaltung von Außenhaftungsansprüchen zu ermöglichen.[24] Im Übrigen stellt § 254 Abs. 2 InsO klar, dass die Haftung von Mitschuldnern und Bürgen durch einen Insolvenzplan grundsätzlich nicht berührt wird.

Angesichts dieser fortdauernden Haftung sind auch die gesetzlichen Auskunfts- und Mitwirkungspflichten im Insolvenzverfahren nicht in der Lage, die Mitwirkung eines Geschäftsführers an einer Sanierung ausreichend zu sichern. Zwar legt § 97 Abs. 2 InsO i.V.m. § 101 Abs. 1 S. 1 InsO dem Geschäftsführer grundsätzlich eine Mitwirkungspflicht auf, diese verpflichtet diesen allerdings nur zur zumutbaren, punktuellen Unterstützung.[25] Im Übrigen endet diese Pflicht mit Aufhebung des

---

21 *Meyer/Hermes*, GmbHR 2005, 807, 816.

22 *Meyer/Hermes*, GmbHR 2005, 807, 816.

23 *Altmeppen*, in: Altmeppen, GmbHG, § 13 Rn. 66.

24 Zur geringen praktischen Reichweite *K. Schmidt*, in: K. Schmidt, InsO, § 92 Rn. 1, 12 ff., 17 ff.

25 *Vgl. Fuhst*, in: Gogger/Fuhst, Insolvenzgläubiger-HdB, § 4 Rn. 208.

Insolvenzverfahrens.[26] Insoweit kann die gesetzliche Mitwirkungspflicht die Mitarbeit des Geschäftsführers – und damit die unter den vorangestellten Prämissen sanierungsnotwendigen Kenntnisse und Fähigkeiten – nicht erhalten. Hierdurch kann im Einzelfall eine wirtschaftlich sinnvolle Sanierung gefährdet werden. Die Herausforderung für das Insolvenzrecht besteht in diesen Fällen darin, die Struktur – und damit die Synergien – des bisherigen Geschäftsbetriebs zu erhalten. Die aufgeworfene Frage, unter welchen rechtlichen Voraussetzungen eine Enthaftung des Geschäftsführers im Insolvenzplan der Gesellschaft durchgeführt werden kann, steht insoweit in einem Spannungsfeld zwischen den Interessen und dem Blockadepotenzial der Gläubiger des Geschäftsführers einerseits und den Interessen an der Enthaftung des Geschäftsführers zur Sicherung des Fortführungswertes andererseits.

II. Gang der Untersuchung

Zur Beantwortung dieser Frage werden zunächst die potenziellen Anspruchsgrundlagen – gegliedert nach Innen- und Außenhaftung – und deren Schicksal ohne abweichende Gestaltung im Insolvenzplan im Überblick dargestellt (Kapitel B). Anschließend wird die abweichende Gestaltung von Ansprüchen der Insolvenzmasse im Insolvenzplan untersucht (Kapitel C), gefolgt von der Gestaltung der Außenhaftung (Kapitel D). Die abgabenrechtliche Haftung des Geschäftsführers nach §§ 34, 69 AO wird aufgrund ihrer Besonderheiten in einem eigenen Abschnitt dargestellt (Kapitel E).

Ein besonderes Augenmerk der Untersuchung liegt auf der Enthaftung Dritter im US-amerikanischen *Chapter 11*-Verfahren, die unter den Begriffen *nondebtor release* und *third-party release* Gegenstand einer langjährigen Diskussion und Judikatur geworden ist (Kapitel F). Sodann wird anhand der Untersuchungsergebnisse ein Gesetzesvorschlag unterbreitet, der die Gestaltung der Außenhaftung des Geschäftsführers im Insolvenzplan ermöglichen soll (Kapitel G).

26 *Stephan*, in: MüKoInsO, § 97 Rn. 56.

B. Haftungsansprüche und Wirkung des GmbH-Insolvenzplans

Bevor auf die Gestaltungsmöglichkeiten zur Enthaftung des GmbH-Geschäftsführers im Insolvenzplanverfahren der GmbH eingegangen wird, sollen zunächst die potenziellen Haftungsansprüche, denen sich ein Geschäftsführer in der Insolvenz der GmbH ausgesetzt sehen kann, (hierzu I) sowie die diesbezüglichen Auswirkungen eines Insolvenzplans im Insolvenzverfahren der Gesellschaft, der keine gesonderten Regelungen hinsichtlich der Haftung des Geschäftsführers enthält, dargestellt werden (hierzu II).

I. Haftungsansprüche im Überblick

GmbH-Geschäftsführer sind zahlreichen Pflichten ausgesetzt,[27] die sich in der Krise der Gesellschaft nochmals verschärfen.[28] Dementsprechend zahlreich sind auch die möglichen Haftungsansprüche in Krise und Insolvenz der GmbH.[29] Sowohl die Pflichten als auch die Haftung des Geschäftsführers bestehen primär im Innenverhältnis, vgl. § 43 Abs. 2 GmbHG,[30] allerdings wird dieser Grundsatz durch diverse potenzielle Ansprüche im Außenverhältnis aufgeweicht.

Diese Untersuchung hat den Erlass der Haftung des Geschäftsführers im Insolvenzplanverfahren der GmbH zum Inhalt. Der Erlass i. S. v. § 397 BGB ist ein schuldrechtlicher Verfügungsvertrag.[31] Aus dieser Einordnung folgt, dass ein Erlass die Verfügungsbefugnis auf Gläubigerseite notwendig voraussetzt, die sich regelmäßig aus der Rechtsinhaberschaft ergibt.[32] Diese zivilrechtliche Anknüpfung an die Verfügungsbefugnis ist grundsätzlich auch im Insolvenzplan maßgeblich, weshalb die nachfolgende Übersicht der Anspruchsgrundlagen für die Zwecke dieser Arbeit entsprechend der Verfügungsbefugnis im Insolvenzverfahren geordnet ist.[33]

---

27 Ausführlich *Altmeppen*, in: Altmeppen, GmbHG, § 43 Rn. 3–36; *Leinekugel*, in: Oppenländer/Trölitzsch, GmbH-GF-HdB, § 18 Rn. 1 ff.

28 Zu den Pflichten in der Krise *Leinekugel*, in: Oppenländer/Trölitzsch, GmbH-GF-HdB, § 18 Rn. 91–101; *Rodewald*, GmbHR 2009, 1301; *Theiselmann*, ZInsO 2021, 2293; *Theiselmann*, GmbH-StB 2016, 232.

29 Vgl. nur *Fuhst*, in: Gogger/Fuhst, Insolvenzgläubiger-HdB, § 4 Rn. 210–256; *Schneider/M. Schmidt-Leithoff*, in: Rowedder/Pentz, GmbHG, Anh. II zu § 60 Rn. 1 ff.

30 BGH, Urt. v. 26.4.2018 – IX ZR 238/17, NZI 2018, 519, 519 Rn. 6.

31 *Wagner*, in: Erman, BGB, § 397 Rn. 1.

32 Vgl. *Rieble*, in: Staudinger, BGB, § 397 Rn. 29, 31, 194; *Wagner*, in: Erman, BGB, § 397 Rn. 4; *Wolber*, in: BeckOGK BGB, § 397 Rn. 11, 34, Stand: 1.4.2024.

33 Vgl. auch: Kap. C.III., S. 48 ff.

https://doi.org/10.1515/9783111535432-004

Dagegen sind die Voraussetzungen der einzelnen Anspruchsgrundlagen für den Zweck dieser Untersuchung, nämlich deren Gestaltung im Insolvenzplan der GmbH, nicht entscheidend. Nach diesen Maßstäben lassen sich die Haftungsansprüche gegenüber dem Geschäftsführer nach der Verfügungsbefugnis auf Gläubigerseite[34] während des Insolvenzverfahrens unterteilen in Ansprüche der GmbH, die der Verfügungsbefugnis des Insolvenzverwalters nach § 80 InsO unterfallen, sowie Ansprüche Dritter, die dem Insolvenzverwalter nach § 92 InsO zur Durchsetzung zugewiesen werden (Haftung gegenüber der Insolvenzmasse, dazu unter 1.) und Ansprüche Dritter, die auch in der Insolvenz der Gesellschaft von diesen verfolgt werden können (Haftung gegenüber Dritten, dazu unter 2.).

1. Haftung gegenüber der Insolvenzmasse

Die wichtigsten Haftungsansprüche der Insolvenzmasse gegenüber dem Geschäftsführer lassen sich im Überblick wie folgt darstellen:

a) Zahlungen nach Insolvenzreife, § 15b Abs. 4 S. 1 InsO

Praktisch bedeutsam ist die Haftung des Geschäftsführers als antragspflichtige Person i. S. v. § 15a InsO für Zahlungen nach Insolvenzreife nach § 15b Abs. 4 S. 1 InsO (§ 64 S. 1 GmbHG a. F.[35]), die im Rahmen des SanInsFoG rechtsformübergreifend in § 15b Abs. 4 InsO normiert wurde.[36] § 15a InsO ist nicht dispositiv: Weder die Gesellschafter noch sämtliche Gläubiger können über die Insolvenzantragspflicht disponieren, um den Schutz zukünftiger Gläubiger zu wahren.[37] Auch einer Aufrechnung des Geschäftsführers mit Insolvenzforderungen aus Vergütungsansprüchen gegen den Anspruch auf Ersatz von Zahlungen nach Insolvenzreife steht § 242 BGB aufgrund der Eigenheiten des Anspruchs entgegen.[38] Die Voraussetzungen und Rechtsfolgen von § 15b Abs. 4 InsO sind im Einzelnen umstritten.[39] Einigkeit besteht jedoch dahinge-

---

34 Der Begriff „Verfügungsbefugnis auf Gläubigerseite" meint nicht die Verfügungsbefugnis der Insolvenzgläubiger, sondern betrifft den Gläubiger des jeweiligen Haftungsanspruchs.

35 Die Haftung des GmbH-Geschäftsführers richtet sich für Zahlungen nach Insolvenzreife, die bis zum 31.12.2020 vorgenommen wurden, weiter nach § 64 S. 1 GmbHG a. F., vgl. Art. 103m S. 2, 3 EGInsO.

36 Art. 5 Nr. 9 SanInsFoG, BGBl. I 2020, S. 3256, 3282; vgl. auch die nachträglich eingefügte Übergangsvorschrift Art. 103m EGInsO; *Bitter*, ZIP 2021, 321 ff.; *Bitter*, GmbHR 2022, 57.

37 *Klöhn*, in: MüKoInsO, § 15a Rn. 139.

38 BGH, Beschl. v. 15.10.2019 – II ZR 425/18, NZI 2019, 932.

39 *Bitter*, ZIP 2021, 321, 328.

hend, dass es sich um eine Innenhaftung handelt, weshalb die Geltendmachung in der Insolvenz nach §§ 35, 80, 159 InsO dem Insolvenzverwalter obliegt.[40]

b) Deliktische Haftung gegenüber der Insolvenzmasse

Wird eine juristische Person zahlungsunfähig oder überschuldet, haben die Mitglieder des Vertretungsorgans ohne schuldhaftes Zögern einen Eröffnungsantrag zu stellen, § 15a Abs. 1 S. 1 InsO. Die Verletzung dieser Insolvenzantragspflicht kann eine deliktische Haftung gegenüber der Gesellschaft – neben der Haftung für Zahlungen nach Insolvenzreife – auslösen.[41]

Auch gegenüber den Gesellschaftsgläubigern kann sich aufgrund des Schutzgesetzcharakters von § 15a Abs. 1 InsO eine Haftung nach § 823 Abs. 2 BGB ergeben.[42] Innerhalb dieser wird hinsichtlich der Aktivlegitimation und des ersatzfähigen Schadens zwischen dem Altgläubiger- und dem Neugläubigerschaden unterschieden. Der Quotenschaden der Altgläubiger, den die Gläubiger gemeinschaftlich erlitten haben, wird in der Insolvenz der Gesellschaft nach § 92 InsO vom Insolvenzverwalter geltend gemacht.[43] Maßgeblich für die Abgrenzung der Aktivlegitimation aufgrund der Verletzung der Antragspflicht ist insbesondere, ob die Ansprüche vor oder nach Insolvenzreife und Verletzung der Insolvenzantragspflicht begründet wurden.[44]

Einen Sonderfall der deliktischen Haftung des Geschäftsführers stellt die sogenannte Existenzvernichtungshaftung dar. Diese richtet sich zwar grundsätzlich gegen den deliktisch handelnden Gesellschafter,[45] allerdings kann sich die Haftung des (Fremd-)Geschäftsführers gem. § 830 BGB aus der Teilnahme an dem existenzvernichtenden Eingriff ergeben.[46] Das Haftungskonzept der Existenzvernichtungshaftung wurde ursprünglich als Außenhaftung in Form einer Durchgriffshaftung entwickelt.[47] Seit der dogmatischen Neuausrichtung der

---

40 BGH, VU v. 19.11.2019 – II ZR 233/18, NZG 2020, 260, 260 Rn. 15; *Buteröwe*, in: K. Schmidt, InsO, § 35 Rn. 10; *Bitter*, in: Scholz, GmbHG, § 64 Rn. 78; *Fleischer*, in: MüKoGmbHG, § 43 Rn. 320; *Haas/Kohlmann/Kurz*, in: Gottwald/Haas, InsR-HdB, § 90 Rn. 219; *Kruth*, in: Römermann, InsO, § 92 Rn. 11; *Paefgen*, in: Habersack/Casper/Löbbe, GmbHG, § 43 Rn. 298.

41 Statt aller *Hirte*, in: Uhlenbruck, InsO, § 15a Rn. 31 m. w. N.

42 *Hirte*, in: Uhlenbruck, InsO, § 15a Rn. 39 ff.

43 Vgl. nur *Hirte*, in: Uhlenbruck, InsO, § 92 Rn. 12; *Klöhn*, MüKoInsO, § 15a Rn. 253.

44 BGH, Urt. v. 27.7.2021 – II ZR 164/20, NZG 2021, 1406, 1406 Rn. 17.

45 *Altmeppen*, in: Altmeppen, GmbHG, § 13 Rn. 98; krit. zur Innenhaftung *Wagner*, in: MüKoBGB, § 826 Rn. 232 f.

46 *T. Voigt*, in: BeckOGK BGB, § 826 Rn. 80, Stand: 1.3.2024.

47 *Wagner*, in: MüKoBGB, § 826 Rn. 223 f.

Existenzvernichtungshaftung als Innenhaftung gegenüber der Gesellschaft gemäß § 826 BGB[48] ist der Anspruch originär Teil der Insolvenzmasse i. S. v. § 35 InsO.[49]

c) Haftung für Geschäftsführerpflichtverletzungen, § 43 Abs. 2 GmbHG

§ 43 Abs. 2 GmbHG normiert die Haftung des Geschäftsführers gegenüber der Gesellschaft für Schäden, die dieser aus seinem Handeln in Ausübung seiner Funktion entstanden sind.[50] § 43 Abs. 2 GmbHG ist damit die zentrale Haftungsnorm für Ansprüche gegenüber dem Geschäftsführer für Verstöße gegen Organpflichten nach Gesetz, Satzung oder Anstellungsvertrag, die mit der Sorgfalt eines „ordentlichen Geschäftsmannes" zu erfüllen sind.[51] Eine Haftung kommt insbesondere aufgrund der Nichtbefolgung von Gesellschafterweisungen nach § 37 Abs. 1 GmbHG, der Verletzung von Buchführungspflichten nach § 41 GmbHG, der unzulässigen Kreditgewährung aus dem Gesellschaftsvermögen nach § 43a GmbHG oder der pflichtwidrig unterlassenen Einberufung der Gesellschafterversammlung nach § 49 Abs. 3 GmbHG in Betracht.[52] Zudem kommt ein Regress der GmbH beim Geschäftsführer bei nachträglich festgestellter Beitragspflicht gegenüber der Einzugsstelle nach § 28p Abs. 1 S. 5 SGB IV auf Grundlage von § 43 Abs. 2 GmbHG in Betracht.[53] Ferner haftet der Geschäftsführer nach § 43 Abs. 3 S. 1 GmbHG, wenn unter Verstoß gegen § 33 GmbHG eigene Geschäftsanteile erworben wurden oder entgegen § 30 GmbHG Zahlungen aus dem zum Erhalt des Stammkapitals erforderlichen Vermögen erbracht wurden. Insgesamt ist der Geschäftsführer zur sorgsamen Geschäftsführung verpflichtet, d. h. er hat für die Gesellschaft Vorteile zu wahren und Schaden von ihr abzuwenden.[54]

Ansprüche aus § 43 GmbHG sind Forderungen der Gesellschaft, für die in der Insolvenz der GmbH der Insolvenzverwalter anspruchsberechtigt ist, §§ 35, 80 InsO.[55]

---

48 BGH, Urt. v. 16.7.2007 – II ZR 3/04 (Trihotel), NJW 2007, 2689; *Wagner*, in: MüKoBGB, § 826 Rn. 225.

49 Krit. *Wagner*, in: MüKoBGB, § 826 Rn. 232 f. m. w. N.; außerhalb eines Insolvenzverfahrens können die Gläubiger aufgrund eines Titels gegen die Gesellschaft Pfändung und Überweisung der Innenhaftungsansprüche erreichen, BGH, Urt. 16.7.2007 – II ZR 3/04, BGHZ 173, 246 Rn. 36 = NJW 2007, 2689, 2693.

50 *Altmeppen*, in: Altmeppen, GmbHG, § 43 Rn. 46.

51 *Fuhst*, in: Gogger/Fuhst, Insolvenzgläubiger-HdB, § 4 Rn. 213 f.; *Hirte/Praß*, in: Uhlenbruck, InsO, § 35 Rn. 324.

52 *Liebscher*, in: MüKoGmbHG, § 49 Rn. 68.

53 *Zieglmeier*, DStR 2020, 230, 236 f.

54 OLG Zweibrücken, Urt. v. 22.12.1998 – 8 U 98/98, NZG 1999, 506, 507; *Fuhst*, in: Gogger/Fuhst, Insolvenzgläubiger-HdB, § 4 Rn. 218.

55 *Buteröwe*, in: K. Schmidt, InsO, § 35 Rn. 10; *Fuhst*, in: Gogger/Fuhst, Insolvenzgläubiger-HdB, § 4 Rn. 217.

d) Anfechtungsrechtlicher Rückgewähranspruch, § 143 Abs. 1 InsO

Weiterhin sind Geschäftsführer einer GmbH verpflichtet, das aufgrund einer nach den §§ 129 ff. InsO angefochtenen Handlung Erlangte an die Insolvenzmasse zurückzugewähren, § 143 Abs. 1 S. 1 InsO. Der anfechtungsrechtliche Rückgewähranspruch ist Teil der Insolvenzmasse und somit von der Verfügungsbefugnis des Insolvenzverwalters nach § 80 InsO erfasst.[56]

e) Haftung im Eigenverwaltungsverfahren, § 276a Abs. 2 S. 1 InsO

Eine Haftung des Geschäftsführers kann sich auch im Eigenverwaltungsverfahren i.S.v. §§ 270 ff. InsO ergeben. Diese Haftung hatte der BGH zunächst mit einer analogen Anwendung der §§ 60, 61 InsO begründet.[57] Nunmehr hat der Gesetzgeber diese Rechtsprechung durch den Verweis in § 276a Abs. 2 S. 1 InsO auf die §§ 60–62 InsO ausdrücklich normiert.[58] Sofern das pflichtwidrige Verhalten des Geschäftsführers einen Gesamtschaden der Gläubiger verursacht hat, ist der Anspruch für die Dauer des Insolvenzverfahrens nach § 280 InsO i.V.m. § 92 S. 1 InsO vom Sachwalter bzw. nach Aufhebung der Eigenverwaltung nach § 92 S. 1 InsO vom Insolvenzverwalter geltend zu machen.

f) Verletzung restrukturierungsspezifischer Pflichten, § 43 Abs. 1 StaRUG

Sofern das hier gegenständliche Insolvenzplanverfahren in zeitlicher Nähe zu einem Restrukturierungsverfahren steht, wird im Einzelfall auch eine Innenhaftung des Geschäftsführers wegen der Verletzung restrukturierungsspezifischer Pflichten in Betracht kommen. Insbesondere haben die Geschäftsleiter einer juristischen Person oder einer Gesellschaft ohne Rechtspersönlichkeit gem. § 43 Abs. 1 S. 1 StaRUG darauf hinzuwirken, dass der Schuldner die Restrukturierungssache mit der Sorgfalt eines ordentlichen und gewissenhaften Geschäftsleiters betreibt und die Interessen der Gläubiger wahrt. Für die Verletzung restrukturierungsspezifischer Pflichten haftet der Geschäftsführer der GmbH in Höhe des den Gläubigern entstandenen Schadens, § 43 Abs. 1 S. 2 StaRUG.[59]

---

56 Hierzu: Kap. C.II.2., S. 32.

57 BGH, Urt. v. 26.4.2018 – II ZR 238/17, BGHZ 218, 290–320.

58 BT-Drs. 19/24181, S. 2, 67, 209 dort Nr. 41 b); der Neuregelung war eine Entscheidung des BGH vorausgegangen, in der eine entsprechende Haftung analog §§ 60, 61 InsO angenommen wurde, vgl. BGH, Urt. v. 26.4.2018 – IX ZR 238/17, NJW 2018, 2125.

59 *Beurskens*, in: Noack/Servatius/Haas, GmbHG, § 43 Rn. 114a; *Riedemann*, in: Pannen/Riedemann/Smid, StaRUG, § 43 Rn. 1 ff.; *Smid*, ZInsO 2021, 117 ff.; *Mock*, in: BeckOK StaRUG, § 43 Rn. 14, 16, Stand: 1.4.2024.

g) Vertragliche Ansprüche

Schließlich können gegenüber dem Geschäftsführer auch im Innenverhältnis rechtsgeschäftliche Ansprüche, etwa auf Darlehensrückzahlung, bestehen, die im Insolvenzplanverfahren zwingend in der Vergleichsrechnung zu berücksichtigen sind.[60]

2. Haftung gegenüber Dritten

Die Haftung gegenüber Dritten stellt sich im Überblick wie folgt dar:

a) Deliktische Haftung gegenüber Dritten

Zunächst kommt eine Außenhaftung des Geschäftsführers auf deliktischer Grundlage in Betracht.[61] Dies betrifft insbesondere die Schäden der Gläubiger, die diesen bei rechtzeitiger Insolvenzantragstellung nicht entstanden wären (sog. Neugläubigerschäden).[62] Eine Haftung kann sich insbesondere aus § 823 Abs. 2 BGB i.V.m. § 15a Abs. 1 InsO oder § 826 BGB ergeben.[63] Letztere kommt in Betracht, wenn der Geschäftsführer durch unrentable Fortführung einer als insolvent erkannten GmbH die Schädigung Dritter billigend in Kauf nimmt.[64] Jedoch kann ein Handeln, das § 15a InsO gerecht wird, keine Haftung nach § 826 BGB begründen, weshalb die praktische Bedeutung der Haftung nach § 826 BGB insbesondere in Sachverhalten erwächst, in denen andere Personen als die Gesellschaftsgläubiger geschädigt wurden, eine Teilnehmerhaftung i. S. v. § 830 BGB besteht oder der Schaden nur vom Schutzbereich des § 826 BGB gedeckt ist.[65]

---

60 AG Köln, Beschl. v. 19.4.2018 – 73 IN 145/17, ZInsO 2018, 1633; vgl. auch *Peters*, in: MüKoInsO, § 35 Rn. 422.

61 Näher *Beurskens*, in: Noack/Servatius/Haas, GmbHG, § 43 Rn. 130 ff.; *Haas/Kolmann/Kurz*, in: Gottwald/Haas, InsR-HdB, § 90 Rn. 548.

62 *K. Schmidt/Herchen*, in: K. Schmidt, InsO, § 15a Rn. 38.

63 BGH, Urt. v. 5.2.2007 – II ZR 234/05, NZG 2007, 347 (§ 823 Abs. 2 BGB i.V.m. § 15a InsO).

64 BGH, Urt. v. 26.6.1989 – II ZR 289/88, NJW 1989, 3277, 3278 f.; BGH, Urt. v. 18.2.2007 – VI ZR 231/06, NZI 242, 243; BGH, Urt. v. 27.7.2021 – II ZR 164/20, NZG 2021, 1406, 1407 Rn. 26; *Wagner*, in: MüKoBGB, § 826 Rn. 209.

65 BGH, Urt. v. 27.7.2021 – II ZR 164/20, NZG 2021, 1406, 1408 Rn. 18, 34; *Klöhn*, in: MüKoInsO, § 15a Rn. 296, 298; *Wagner*, in: MüKoBGB, § 826 Rn. 209, § 830 Rn. 40 f.

Anders als bei den Altgläubiger- bzw. Gesamtgläubigerschäden wird der Neugläubigerschaden auch in der Insolvenz der GmbH durch den jeweiligen Geschädigten geltend gemacht und ist nicht von § 92 InsO erfasst.[66]

b) Vertragliche und quasivertragliche Haftung

Besondere praktische Bedeutung hat auch die Inanspruchnahme eines (Gesellschafter-)Geschäftsführers aus der Stellung von Personal- oder Sachsicherheiten für Verbindlichkeiten der Gesellschaft.[67] Eine Haftung des Geschäftsführers kann sich rechtsgeschäftlich insbesondere aus Bürgschaft, konstitutivem Schuldanerkenntnis oder Schuldbeitritt ergeben, die häufig zur Absicherung der Kreditvergabe an die Gesellschaft vereinbart werden.[68] Daneben kommt im Einzelfall eine Haftung aufgrund eines vom Geschäftsführer gesetzten Rechtsscheins nach § 164 Abs. 2 BGB bzw. § 179 Abs. 1 BGB oder bei Inanspruchnahme besonderen persönlichen Vertrauens nach §§ 280 Abs. 1, 241 Abs. 2, 311 Abs. 3 S. 1, 2 BGB in Betracht.[69]

Die Ansprüche aus rechtsgeschäftlicher Haftung werden auch in der Insolvenz der Gesellschaft vom jeweiligen Gläubiger gegenüber dem Geschäftsführer verfolgt.[70] Insbesondere gehören Sicherheiten, die der Geschäftsführer für Kredite der Gesellschaft gestellt hat, nicht zur Insolvenzmasse.[71]

c) Restrukturierungsspezifische Außenhaftung

Auch aus einer Restrukturierungssache können sich Direktansprüche Dritter gegenüber dem Geschäftsführer ergeben. Der Geschäftsführer haftet zunächst – wie auch bei der Verletzung der Insolvenzantragspflicht – im Außenverhältnis nach § 823 Abs. 2 BGB i.V.m. § 42 Abs. 1 S. 2 StaRUG für die Schäden der Neugläubiger aufgrund einer Verletzung der Anzeigepflicht.[72]

Zudem kommt eine Außenhaftung nach § 57 StaRUG für Schäden aufgrund einer Stabilisierungsanordnung, die durch vorsätzlich oder fahrlässig unrichtige

---

66 BGH, Urt. v. 30.3.1998 – II ZR 146/96, NJW 1998, 2667; BGH, Urt. v. 17.12.2020 – IX ZR 21/19, NZI, 173, 174 Rn. 21; *Hirte*, in: Uhlenbruck, InsO, § 92 Rn. 10, 12; *Gehrlein*, in: MüKoInsO, § 92 Rn. 36; *Klöhn*, in: MüKoInsO, § 15a Rn. 256; krit. *K. Schmidt/Herchen*, in: K. Schmidt, InsO, § 15a Rn. 42.

67 *Bast*, in: K. Schmidt/Uhlenbruck, Die GmbH, Rn. 37.1; *Weber*, in: MüKoBGB, § 491 Rn. 24.

68 *Altmeppen*, in: Altmeppen, GmbHG, § 43 Rn. 51; *Beursken*, in: Noack/Servatius/Haas, GmbHG, § 43 Rn. 123 ff.; *Gogger*, in: Gogger/Fuhst, Insolvenzgläubiger-HdB, § 3 Rn. 319.

69 *Altmeppen*, in: Altmeppen, GmbHG, § 43 Rn. 52; *Beurskens*, in: Noack/Servatius/Haas, GmbHG, § 43 Rn. 126 f.; *Fleischer*, in: MüKoGmbHG, § 43 Rn. 433, 435; *Paefgen*, in: Habersack/Caspar/Löbbe, GmbHG, § 43 Rn. 345 f.

70 *Hirte*, in: Uhlenbruck, InsO, § 92 Rn. 10.

71 *Lüer/Streit*, in: Uhlenbruck, InsO, § 223 Rn. 2.

72 *Curtze*, in: Römermann, InsO, § 43 StaRUG Rn. 31; *Hölzle/Curtze*, ZIP 2021, 1293, 1299.

Angaben erwirkt wurde, in Betracht.[73] Entsprechendes gilt nach § 57 S. 3 StaRUG für Schäden aufgrund nicht ordnungsgemäßer Auskehrung oder Verwahrung der Erlöse nach § 54 Abs. 2 StaRUG.

d) Ausnahmsweise: Außenhaftung nach § 43 Abs. 2 GmbHG

Bei einer GmbH & Co. KG kann sich im Einzelfall eine Außenhaftung des GmbH-Geschäftsführers gegenüber der KG aus § 43 Abs. 2 GmbHG ergeben, denn jedenfalls wenn die alleinige oder wesentliche Aufgabe der Komplementärin die Führung der Geschäfte der KG ist, erstreckt sich der Schutzbereich der zwischen der GmbH und ihrem Geschäftsführer bestehenden Sonderrechtsbeziehung auch auf die KG.[74]

e) Haftung für Steuerschulden der Gesellschaft, §§ 34, 69 AO

Geschäftsführer sind nach den §§ 34, 69 AO einer persönlichen Inanspruchnahme für Steuerschulden der Gesellschaft ausgesetzt, sofern sie vorsätzlich oder grob fahrlässig die steuerlichen Pflichten der Gesellschaft nicht erfüllen. Grundsätzlich handelt es sich bei der steuerlichen Haftung um eine Außenhaftung, aufgrund derer der Geschäftsführer durch eigene Pflichtverletzung für die Steuerschuld der GmbH einzustehen hat.[75]

f) Vorenthalten von Sozialversicherungsbeiträgen

Ferner kommt eine Haftung des Geschäftsführers für das Vorenthalten von Arbeitnehmeranteilen zur Sozialversicherung nach § 823 Abs. 2 BGB i.V.m. § 266a StGB in Betracht.[76]

Im Grundsatz ist der Arbeitgeber – hier die GmbH – im Verhältnis zur Einzugsstelle alleiniger Schuldner der Gesamtsozialversicherungsbeiträge und nicht die vertretungsberechtigten Organe, § 28e Abs. 1 S. 1 SGB IV.[77] Der Arbeitgeber ist im Rahmen des sog. Lohnabzugsverfahrens nach § 28g SGB IV verpflichtet, die auf

---

73 *Mock*, in: BeckOK StaRUG, § 57 Rn. 5, Stand: 1.4.2024; *Riedemann*, in: Pannen/Riedemann/Smid, StaRUG, § 57 Rn. 3.

74 BGH, Urt. v. 18.6.2013 – II ZR 86/11, NJW 2013, 3636; BGH, Urt. v. 9.12.2014 – II ZR 360/13, GmbHR 2015, 248; OLG Nürnberg, Urt. v. 30.3.2022 – 12 U 1520/19, GmbHR 2022, 752, 755; *Altmeppen*, in: Altmeppen, GmbHG, § 43 Rn. 97.

75 *Rüsken*, in: Klein, AO, § 69 Rn. 1a; näher zur steuerrechtlichen Haftung des Geschäftsführers: Kap. E.I.1., S. 94 ff.

76 BGH, Urt. v. 18.4.2005 – II ZR 61/03, NJW 2005, 2546; *Mailänder*, in: Weitnauer, HdB Venture Capital, Teil D Rn. 385; *Steffan*, in: Oppenländer/Trölitzsch, GmbH-GF-HdB, § 37 Rn. 169; *Wagner*, in: MüKoBGB, § 823 Rn. 195.

77 *Zieglmeier*, DStR 2020, 230, 230.

den Arbeitnehmer entfallenden Arbeitnehmeranteile zum Gesamtsozialversicherungsbeitrag einzubehalten und an die Einzugsstelle abzuführen.[78] Einzugsstelle der Gesamtsozialversicherungsbeiträge sind nach § 28h Abs. 1 S. 1 SGB IV die Krankenkassen. Auch wenn auf Arbeitgeberseite eine juristische Person steht, bleibt die Arbeitgeberin alleinige Beitragsschuldnerin nach dem SGB, denn eine gesetzliche Verantwortlichen-Haftung wie etwa im Steuerrecht, kennt das SGB nicht.[79] Jedoch können die Einzugsstellen, d. h. die Krankenkassen, den Geschäftsführer zivilrechtlich auf Grundlage von § 823 Abs. 2 BGB i.V. m. §§ 14 Abs. 1 Nr. 1, 266a Abs. 1 StGB in Anspruch nehmen.[80] Diese Haftung beschränkt sich auf den Arbeitnehmeranteil zur Sozialversicherung, weshalb bei einem Mangel an Zahlungsmitteln vorrangig durch konkrete Tilgungsbestimmung die Arbeitnehmeranteile zur Sozialversicherung zu begleichen sind.[81] Als zivilrechtlicher Schadensersatzanspruch unterliegt der Anspruch den allgemeinen zivilrechtlichen Regelungen, etwa hinsichtlich Beweislast und kenntnisabhängiger Verjährung.[82]

Da § 266a StGB als Schutzgesetz nur vorsätzlich verwirklicht werden kann, kommt eine zivilrechtliche Organhaftung bei (grober) Fahrlässigkeit nicht in Betracht.[83] Allerdings dürfte seit dem 18.7.2019 auch eine persönliche Haftung von Organen bei leichtfertiger Nichtabführung von Sozialversicherungsbeiträgen durch die Einführung von § 8 Abs. 3 SchwarzArbG in Verbindung mit § 823 Abs. 2 BGB möglich sein.[84]

g) Sonstige Haftungstatbestände

Neben den angeführten Ansprüchen, die sich üblicherweise im Zusammenhang mit einer Krise der Gesellschaft manifestieren, können auch weitere Ansprüche Dritter gegen den Geschäftsführer aus seiner Tätigkeit vorliegen, die überwiegend keinen Bezug zu den wirtschaftlichen Schwierigkeiten der GmbH aufweisen und von den Gläubigern in der Insolvenz geltend gemacht werden können. Exemplarisch sei auf die Haftung des Geschäftsführers für eigene Pflichtverletzungen bei Verletzungen

---

78 *Zieglmeier*, DStR 2020, 230, 230.

79 *Zieglmeier*, DStR 2020, 230, 234.

80 *Fuhst*, in: Gogger/Fuhst, Insolvenzgläubiger-HdB, § 4 Rn. 233 f.; *Wagner*, in: MüKoBGB, § 823 Rn. 198; *Zieglmeier*, DStR 2020, 230, 234.

81 BGH, Beschl. v. 12.6.2012 – II ZR 105/10, DStR 2012, 2451; *Zieglmeier*, DStR 2020, 230, 235.

82 BGH, Urt. v. 11.12.2001 – VI ZR 350/00, NJW 2002, 1123, 1124; *Wagner*, in: MüKoBGB, § 823 Rn. 206; *Zieglmeier*, DStR 2020, 230, 235; beachte aber bei Erlass und Vergleich § 76 SGB IV, näher: Kap. D.III.3.d), S. 77 f.

83 *Zieglmeier*, DStR 2020, 230, 235.

84 Näher *Zieglmeier*, DStR 2020, 230, 236.

von Immaterialgüterrechten und für Wettbewerbsverstöße,[85] für die Verletzung der Pflicht zur Einreichung der Gesellschafterliste nach § 40 Abs. 3 GmbHG,[86] aufgrund der Handelndenhaftung vor Eintragung der Gesellschaft im Gründungsstadium nach § 11 Abs. 2 GmbHG oder bei Vorschussleistung durch einen Dritten, § 26 Abs. 3 InsO,[87] verwiesen.

II. Erlassreichweite des Regelplanverfahrens

1. Erlasswirkung zugunsten des Schuldners

Grundsätzlich hat die Beendigung eines Insolvenzverfahrens als solche weder zugunsten des Schuldners noch zugunsten Dritter eine schuldbefreiende Wirkung.[88] Die Insolvenzgläubiger können ihre (restlichen) Forderungen nach Einstellung des Insolvenzverfahrens unbeschränkt gegenüber der insolventen Gesellschaft verfolgen, § 201 Abs. 1 InsO. Mit anderen Worten können Gläubiger, die sich am Verfahren beteiligt haben, den die Insolvenzquote übersteigenden Teil ihrer Forderungen unbeschränkt nachfordern.[89] Im Insolvenzplanverfahren folgt die Erlasswirkung dagegen aus der zentralen Regelung des § 227 Abs. 1 InsO. Nach dieser Norm wird der Schuldner vorbehaltlich einer abweichenden Regelung mit der im gestaltenden Teil vorgesehenen Befriedigung der Insolvenzgläubiger von seinen restlichen Verbindlichkeiten gegenüber diesen Gläubigern befreit. § 227 Abs. 2 InsO erweitert die persönliche Reichweite dieser Erlasswirkung bei Gesellschaften ohne Rechtspersönlichkeit und der KGaA auf die persönliche Haftung der Gesellschafter. Daneben erweitert § 334 Abs. 2 InsO die Erlasswirkung auf die persönliche Haftung der Ehegatten oder Lebenspartner für Verbindlichkeiten, deren Erfüllung aus dem Gesamtgut verlangt werden kann.[90] § 227 Abs. 1 InsO bewirkt jedoch keinen Erlass i. S. v. § 397 Abs. 1 BGB; die erfassten Insolvenzforderungen werden lediglich zu einer

---

85 *Brammsen/Sonnenburg*, NZG 2019, 681, 687; *H.-F. Müller*, GRUR 2016, 570; *T. Voigt*, in: BeckOGK BGB, § 826 Rn. 133, Stand: 1. 3. 2024; zu Kartellbußen und ggf. deren Herabsetzung in der Insolvenz *Palzer*, NZI 2012, 67, 70.

86 *Heidinger*, in: MüKoGmbHG, § 40 Rn. 208; *Servatius*, in: Noack/Servatius/Haas, GmbHG, § 40 Rn. 42 ff.

87 *Hirte*, in: Uhlenbruck, InsO, § 92 Rn. 12 a. E.

88 *Jungmann*, in: K. Schmidt, InsO, § 201 Rn. 2 f.

89 *Jungmann*, in: K. Schmidt, InsO, § 201 Rn. 2.

90 Näher *Breuer*, in: MüKoInsO, § 227 Rn. 10 ff.; *Schumann*, in: MüKoInsO, § 334 Rn. 20.

unvollkommenen, nicht durchsetzbaren Verbindlichkeit umgestaltet (sog. Naturalobligation).[91]

2. Keine Erlasswirkung zugunsten des Geschäftsführers

a) Haftung gegenüber der Insolvenzmasse

Sofern der Insolvenzplan keine Regelung über die als Insolvenzmasse vom Insolvenzverwalter geltend zu machenden Forderungen trifft, bestehen diese grundsätzlich nach Aufhebung des Insolvenzplanverfahrens fort, denn die Erlasswirkung des Insolvenzplanverfahrens erstreckt sich nur in ausdrücklich geregelten Fällen auf Dritte, vgl. §§ 227 Abs. 2, 334 Abs. 2 InsO. Nach Aufhebung des Insolvenzverfahrens erhält der Schuldner die Verfügungsbefugnis über die Insolvenzmasse – einschließlich der Ansprüche gegenüber dem Geschäftsführer – zurück, § 259 Abs. 1 S. 2 InsO.

b) Insolvenzanfechtungsansprüche gegen den Geschäftsführer

Ebenso besteht ohne eine ausdrückliche Gestaltung von etwaigen Insolvenzanfechtungsansprüchen nach einem Insolvenzplanverfahren zumindest eine erhebliche Rechtsunsicherheit mit Blick auf die mögliche Durchsetzung durch einzelne Gläubiger nach Aufhebung des Insolvenzverfahrens, denn nach Beendigung des Insolvenzverfahrens können Anfechtungsansprüche, die der Insolvenzverwalter geltend machen konnte, von den einzelnen Gläubigern nach dem Anfechtungsgesetz verfolgt werden, soweit nicht dem Anspruch entgegenstehende Einreden gegen den Insolvenzverwalter entstanden sind, § 18 Abs. 1 AnfG.[92] Überwiegend wird aus § 18 AnfG gefolgert, dass die Einzelgläubigeranfechtung auch nach Bestätigung eines Insolvenzplans möglich ist, wenn weder ein Vorbehalt nach § 259 Abs. 3 InsO angeordnet noch ein Vergleich über die Anfechtungsansprüche ausgehandelt wurde.[93] Nur zum Teil wird vertreten, dass ein nach § 227 Abs. 1 InsO im Insolvenzplan regelmäßig enthaltener Forderungserlass gegenüber dem Schuldner mittelbar das

---

91 BGH, Urt. v. 19.5.2011 – IX ZR 222/08, NJW-RR 2011, 1142, 1142 Rn. 8; BGH, Urt. v. 10.5.2012 – IX ZR 206/11, NJW-RR 2012, 1255, 1255 Rn. 9; *Lüer/Streit*, in: Uhlenbruck, InsO, § 227 Rn. 6; *Rieble*, in: Staudinger, BGB, § 397 Rn. 183; *Spliedt*, in: K. Schmidt, InsO, § 254 Rn. 12. Etwas anderes gilt insoweit für den Sanierungsvergleich i.R.d. Sanierungsmoderation (§§ 94 ff. StaRUG), denn aufgrund des konsensualen Charakters ist die Forderungsreduktion ein zivilrechtlicher Erlass, *Rieble*, in: Staudinger, BGB, § 397 Rn. 188.

92 Vgl. *Thole*, NZI 2017, 129, 130 a. E.

93 *Borries/Hirte*, in: Uhlenbruck, InsO, § 129 Rn. 72; *Madaus/Huber*, in: MüKoInsO, § 259 Rn. 27; *Thole*, NZI 2017, 129, 131; *Weinland*, in: MüKoAnfG, § 18 Rn. 4.

Anfechtungsrecht der Gläubiger i.S.v. § 2 AnfG beschränkt, da im Umfang des Forderungserlasses nach § 227 Abs. 1 InsO auch das Befriedigungsbedürfnis gegenüber Anfechtungsgegnern entfällt.[94]

c) Haftung gegenüber Dritten

Ebenso bleibt die Haftung des Geschäftsführers gegenüber Dritten von der Bestätigung des Insolvenzplans der GmbH unberührt. Zunächst folgt aus § 254 Abs. 2 InsO, dass die Haftung von Mitschuldnern und Bürgen von der Erlasswirkung des Insolvenzplans nicht berührt wird.[95] Ferner können Ansprüche auf Ersatz von Gesamtschäden i.S.v. § 92 InsO von den einzelnen Gläubigern nach Beendigung des Insolvenzverfahrens in Höhe des jeweiligen Forderungsausfalls wieder verfolgt werden, wenn der Anspruch nicht durchgesetzt oder anderweitig über ihn verfügt wurde.[96]

3. Haftung eines Gesellschafter-Geschäftsführers

Etwas anderes ergibt sich auch nicht für den Gesellschafter-Geschäftsführer einer GmbH, da auf diesen die §§ 93, 227 Abs. 2 InsO keine Anwendung finden. Denn diese erfassen nach ihrem Wortlaut lediglich Gesellschafter von Gesellschaften ohne Rechtspersönlichkeit und die KGaA. Im Übrigen sind die §§ 93, 227 Abs. 2 InsO nicht außerhalb der akzessorischen Gesellschafterhaftung auf gesellschaftsrechtliche Innenhaftungstatbestände und sonstige Schuldgründe anwendbar,[97] wenngleich eine abweichende Regelung im Insolvenzplan aufgrund des Verweises in § 227 Abs. 2 InsO auf den dispositiven § 227 Abs. 1 InsO durch Individualvereinbarung möglich ist.[98]

---

94 *Weinland*, in: MüKoAnfG, § 18 Rn. 4; noch zur Vergleichsordnung: RG, Urt. v. 29.11.1932 – VII 285/32, RGZ 139, 48, 49 f.

95 *Braun*, in: Römermann, InsO, § 254 Rn. 7; *Koch/de Bra*, in: Gottwald/Haas, InsR-HdB, § 67 Rn. 2.

96 BGH, Urt. v. 16.7.2015 – IX ZR 127/14, NJW 2015, 3299, 3300 Rn. 13; *Cymutta*, in: BeckOK InsR, InsO, § 92 Rn. 3, Stand: 15.1.2024; *Hirte*, in: Uhlenbruck, InsO, § 92 Rn. 25. Noch zum Liquidationsvergleich wurde vertreten, dass die Vergleichswirkung nach § 82 Abs. 1 VglO auch ohne ausdrückliche Regelung allgemein das Recht der Gläubiger überlagere, Ersatzansprüche nach Verfahrensaufhebung zu verfolgen, offenlassend BGH, Urt. v. 9.7.1979 – II ZR 118/77 (Herstatt), NJW 1979, 1823, 1824 m.w.N.

97 Krit. *Braun*, in: Römermann, InsO, § 254 Rn. 7 a.E.; *Braun/Frank*, in: Braun, InsO, § 254 Rn. 5; *Breuer*, in: MüKoInsO, § 227 Rn. 12.

98 *Braun/Frank*, in: Braun, InsO, § 254 Rn. 5; *Lüer/Streit*, in: Uhlenbruck, InsO, § 227 Rn. 8, 10, 12.

4. Zwischenergebnis

Insgesamt zeigt sich, dass ein Insolvenzplan im Insolvenzverfahren über das Vermögen der GmbH auch nach rechtskräftiger Bestätigung ohne gesonderte Regelungen hinsichtlich der Haftung des Geschäftsführers einer Inanspruchnahme des Geschäftsführers nicht entgegensteht.

C. Gestaltung von Ansprüchen der Insolvenzmasse

In der Insolvenz der GmbH ist die Haftung des Geschäftsführers gegenüber der Gesellschaft (sog. Innenhaftung) häufig einschlägig und stellt für diesen eines der wirtschaftlich größten Risiken in der Unternehmenskrise dar.[99] Aus diesem Umstand ergeben sich die Fragen, ob die Innenhaftung im Insolvenzplan der GmbH gestaltet werden kann (hierzu I.), welche Forderungen im Einzelnen erfasst werden (hierzu II.), welche Mitwirkungshandlungen erforderlich sind (hierzu III.), wie die Gestaltung im Insolvenzplan umgesetzt werden kann (hierzu IV.) und inwieweit die Antworten auf diese Fragen auf den Restrukturierungsplan des StaRUG übertragbar sind (hierzu V.).

I. Haftung gegenüber der Insolvenzmasse als zulässiger Planinhalt

1. Anknüpfung an abweichende Regelung der Verwertung, § 217 Abs. 1 InsO

Grundsätzlich werden die Bereiche zulässiger Regelungen im Insolvenzplan durch § 217 InsO normiert.[100] § 217 InsO erlaubt in den aufgezählten Bereichen von den Regelungen „dieses Gesetzes", also der Insolvenzordnung, abzuweichen.[101] Insbesondere erlaubt der insoweit eindeutige Wortlaut des § 217 Abs. 1 S. 1 InsO eine abweichende Regelung der Verwertung der Insolvenzmasse, d.h. die Disposition über den Massebestand.[102] Plandispositiver Gegenstand in diesem Sinne ist somit die Verwertung des Vermögens, über das nach den §§ 11, 35 InsO das Insolvenzverfahren eröffnet wurde.[103]

Die Verwertung im Insolvenzverfahren ist in den §§ 159 ff. InsO normiert. Abgesehen von der „unverzüglichen" Durchführung enthält § 159 InsO keine allgemein

99 *Poertzgen*, Haftungsvermeidung, S. 96.

100 RegE InsO, BT-Drs. 12/2443, S. 195; BGH, Beschl. v. 5.2.2009 – IX ZB 230/07, NZI 2009, 230, 232 Rn. 25; BGH, Beschl. v. 16.2.2017 – IX ZB 103/15, NZI 2017, 260, 261 Rn. 19; *Eidenmüller*, in: MüKoInsO, § 217 Rn. 95–97; *Haas*, in: Kayser/Thole, InsO, § 217 Rn. 2.

101 BGH, Beschl. v. 5.2.2009 – IX ZB 230/07, NZI 2009, 230, 232 Rn. 25; BGH, Beschl. v. 16.2.2017 – IX ZB 103/15, NZI 2017, 260 261 Rn. 19; *Eidenmüller*, in: MüKoInsO, § 217 Rn. 96; *Rühle*, in: Römermann, InsO, § 217 Rn. 17; *Smid*, HdB Insolvenzrecht, § 38 Rn. 2; *Smid/Rattunde/Martini*, Der Insolvenzplan, Rn. 2.41.

102 *Eidenmüller*, in: MüKoInsO, § 217 Rn. 118 ff.

103 *Eidenmüller*, in: MüKoInsO, § 217 Rn. 58.

https://doi.org/10.1515/9783111535432-005

gültigen Regelungen zur Durchführung der Verwertung.[104] Obwohl die Verwertung von Forderungen üblicherweise durch Einziehung oder Verkauf erfolgt,[105] ist es somit im Wege von § 217 Abs. 1 S. 1 InsO im Insolvenzplan angesichts des Wortlauts möglich, die Verwertung abweichend zu regeln oder auch in Gänze von der Verwertung Abstand zu nehmen.[106] Dementsprechend ist grundsätzlich ein (Teil-)Erlass von Ansprüchen gegen den Geschäftsführer als abweichende Regelung zulässig, soweit diese Bestandteil der Insolvenzmasse sind.[107]

Dies entspricht der früheren Rechtslage unter Geltung der Vergleichsordnung. Denn bereits im Vergleichsverfahren der Herstattbank AG hatte der BGH die Zulässigkeit eines Vergleichs nebst Teilerlass von Ansprüchen der Vergleichsschuldnerin gegen ihre Organe und Anteilseigner mit Wirkung gegenüber Dritten bestätigt.[108] Der BGH begründete dies mit dem nach § 7 Abs. 4 VglO zulässigen Vergleich über den Umfang der Verwertung, der vom Mehrheitszwang des § 82 Abs. 1 VglO erfasst sei.[109]

2. Vergleich mit der Verzichts- und Vergleichsbefugnis des Insolvenzverwalters

Die Anknüpfung an die abweichende Regelung der Verwertung erlaubt zunächst den Rückschluss, dass im Rahmen der abweichenden Regelung der Verwertung nach § 217 Abs. 1 S. 1 InsO jedenfalls das zulässig ist, was auch bei einer Verwertung durch den Insolvenzverwalter zulässig wäre. Denn nach dem Wortlaut von § 217 Abs. 1 S. 1 InsO „kann" der Insolvenzplan die Verwertung abweichend von den Vorschriften dieses Gesetzes regeln. Der Insolvenzplan soll nach der Intention des Gesetzgebers die Flexibilität der Gläubiger bei der Verfahrensabwicklung steigern[110] und so vorrangig das Hauptziel des Insolvenzverfahrens nach § 1 S. 1 InsO, d. h. die bestmögliche Gläubigerbefriedigung, fördern.[111] Diese kann entweder durch Verwertung des Schuldnervermögens und Verteilung des Erlöses oder durch eine abweichende Regelung in einem Insolvenzplan, etwa zum Erhalt des Unter-

104 *Janssen*, in: MüKoInsO, § 159 Rn. 9.

105 *Janssen*, in: MüKoInsO, § 159 Rn. 10.

106 Im Ergebnis ebenso *Eidenmüller*, in: MüKoInsO, § 217 Rn. 116; *Geiwitz/von Danckelmann*, in: BeckOK InsR, InsO, § 217 Rn. 21, Stand: 15.1.2023.

107 *Lüer/Streit*, in: Uhlenbruck, InsO, § 249 Rn. 8; *Spahlinger*, in: Kübler/Prütting/Bork, InsO, § 217 Rn. 48a; *Spliedt*, in: K. Schmidt, InsO, § 217 Rn. 10; *Tebben/Kämper*, in: Michalski, GmbHG, § 9b Rn. 10; *Ulmer/Habersack*, in: Habersack/Casper/Löbbe, GmbHG, § 9b Rn. 22.

108 BGH, Urt. v. 9.7.1979 – II ZR 118/77 (Herstatt), NJW 1979, 1823, 1824.

109 BGH, Urt. v. 9.7.1979 – II ZR 118/77 (Herstatt), NJW 1979, 1823, 1824 f.

110 Vgl. nur RegE InsO, BT-Drs. 12/2443, S. 90.

111 BT-Drs. 12/2443, S. 93, 195, dort zu § 253.

nehmens, erreicht werden.[112] Eine Einschränkung der Flexibilität der Verwertung im Insolvenzplan im Vergleich zur Verwertung durch den Insolvenzverwalter lässt sich somit weder anhand des Wortlauts von § 217 Abs. 1 S. 1 InsO noch anhand der gesetzgeberischen Zielsetzung des Insolvenzplans begründen.

a) Grundlagen der Verwertungsbefugnis des Insolvenzverwalters

Nach § 80 Abs. 1 InsO geht durch die Eröffnung des Insolvenzverfahrens das Recht des Schuldners, das zur Insolvenzmasse gehörende Vermögen zu verwalten, auf den Insolvenzverwalter über. § 80 Abs. 1 InsO bildet damit die rechtliche Grundlage für die dem Insolvenzverwalter gem. § 159 InsO nach pflichtgemäßem Ermessen obliegende Verwertung.[113]

Die Verwaltungs- und Verfügungsbefugnis ist sachlich auf den Umfang der Insolvenzmasse begrenzt.[114] Bei juristischen Personen erstreckt sich die Insolvenzmasse grundsätzlich auf das gesamte Vermögen, das dieser zum Zeitpunkt der Insolvenzeröffnung gehört.[115] Die Verfügungsbefugnis des Insolvenzverwalters über Ersatzansprüche der GmbH gegenüber dem Geschäftsführer folgt demnach aus § 80 InsO, da diese ein Teil der Insolvenzmasse sind.[116]

Die Verwertung von Forderungen erfolgt in der Regel durch Einziehung oder Verkauf.[117] Es bedarf zur Durchsetzung von Ersatzansprüchen aus der Geschäftsführung anders als außerhalb eines Insolvenzverfahrens keines Gesellschafterbeschlusses, vielmehr hat der Insolvenzverwalter nach eigenem pflichtgemäßen Ermessen über deren Geltendmachung zu entscheiden.[118] Maßgeblich hat der Insolvenzverwalter hierbei zu berücksichtigen, ob ein Absehen von der Verfolgung voraussichtlich durchsetzbarer Ansprüche für die Insolvenzmasse nachweislich wirtschaftlich günstiger ist.[119] Bei einem Vergleich kommt es auf die Gesamtbetrachtung der Auswirkungen auf die Masse an.[120] Bei der Ausübung seines Ermessensspielraums kann der Insolvenzverwalter von der Verfolgung von Ansprü-

---

112 RegE InsO, BT-Drs. 12/2443, S. 195.

113 *Vuia*, in: MüKoInsO, § 80 Rn. 48; *Zipperer*, in: Uhlenbruck, § 159 Rn. 53.

114 *Vuia*, in: MüKoInsO, § 80 Rn. 43.

115 *Hirte/Praß*, in: Uhlenbruck, InsO, § 35 Rn. 301.

116 BGH, Urt. v. 14.7.2004 – VIII ZR 224/02, NJW-RR 2004, 1408; *H.-F. Müller*, in: MüKoGmbHG, § 64 Rn. 120, 128; *Vuia*, in: MüKoInsO, § 80 Rn. 52; ausführlich zum Umfang der Insolvenzmasse: Kap. C.II., S. 30 ff.

117 *Janssen*, in: MüKoInsO, § 159 Rn. 10; *Vuia*, in: MüKoInsO, § 80 Rn. 52.

118 RG, Urt. v. 6.5.1911 – Rep. I. 164/10, RGZ 76, 244, 248; zust. BGH, Urt. v. 13.6.1960 – II ZR 73/58, NJW 1960, 1667; BGH, Urt. v. 14.7.2004 – VIII ZR 224/02, NJW-RR 2004, 1408, 1410.

119 *Bork*, ZIP 2005, 1120, 1122; *Fleischer*, in: MüKoGmbHG, § 43 Rn. 397.

120 BGH, Urt. v. 14.6.2018 – IX ZR 232/17, NJW 2018, 2494, 2496 Rn. 18.

chen etwa absehen, um die notwendige, über die §§ 97, 101 InsO hinausgehende Kooperation mit dem Geschäftsführer nicht zu gefährden.[121] Etwas anderes gilt auch nicht für den Erlass von bzw. den Vergleich über Anfechtungsrechte gegenüber dem Geschäftsführer durch den Insolvenzverwalter[122] oder für Ansprüche auf Ersatz von Gesamtschäden i. S. v. § 92 InsO.[123]

Der Insolvenzverwalter hat gem. § 160 Abs. 1 S. 1 InsO die Zustimmung des Gläubigerausschusses einzuholen, sofern er besonders bedeutsame Rechtshandlungen vornehmen will.[124] Dies gilt etwa bei einem Vergleich mit erheblichem Streitwert.[125] Ein Verstoß gegen das Zustimmungserfordernis hat allerdings keine Außenwirkung, denn die Wirksamkeit des Vergleichs bleibt unberührt.[126] Und sofern die besonders bedeutsame Rechtshandlung Teil eines Insolvenzplans ist, ersetzt die Annahme des Insolvenzplans die Zustimmung nach § 160 InsO.[127]

b) Insolvenzzweck als Grenze der Verwertungsbefugnis

Es ist Aufgabe des Insolvenzverwalters, auf eine bestmögliche und gleichmäßige Gläubigerbefriedigung hinzuwirken.[128] Im Rahmen dieser Tätigkeit sind Verfügungen des Insolvenzverwalters und sonstige Rechtshandlungen – etwa im Rahmen eines Erlasses von schuldrechtlichen Ansprüchen gegen den Geschäftsführer – aufgrund des weiten Ermessenspielraums grundsätzlich wirksam, auch wenn sie unzweckmäßig oder unrichtig sind.[129] Lediglich dem Insolvenzzweck offenkundig widersprechende Rechtshandlungen, bei denen der Verstoß für einen verständigen

---

121 BGH, Urt. v. 14. 6. 2018 – IX ZR 232/17, NZI 2018, 708, 712 f. Rn. 29; best. Urt. v. 20. 4. 2021 – II ZR 387/18, NZI 2021, 637, 640, Rn. 36.

122 BGH, Urt. v. 17. 2. 2011 – IX ZR 91/10, NZI 2011, 486, 487 Rn. 7; OLG Karlsruhe, Beschl. v. 12. 8. 2013 – 9 U 55/13, NZI 2014, 121, 121 a. E.; OLG Düsseldorf, Urt. v. 27. 2. 2020 – 12 U 36/19, NZI 2020, 1051, 1052 f.; *Bork*, ZIP 2006, 589, 592 f. (zulässig, aber Verzicht regelmäßig insolvenzzweckwidrig); *Kayser/Freudenberg*, in: MüKoInsO, § 129 Rn. 196.

123 *Gehrlein*, in: MüKoInsO, § 92 Rn. 17; *Haas/Kolmann/Kurz*, in: Gottwald/Haas, InsR-HdB, § 90 Rn. 581; *Lüke*, in: Kübler/Prütting/Bork, InsO, § 92 Rn. 36; **a. A.** *Hirte*, in: Uhlenbruck, InsO, § 92 Rn. 21. Zur vergleichbaren Situation i. R. v. § 93 InsO bejahend BAG, Urt. v. 28. 11. 2007 – 6 AZR 377/07, ZIP 2008, 846, 847 f.; BGH, Urt. v. 17. 12. 2015 – IX ZR 143/13, NJW 2016, 1592.

124 Sofern kein Gläubigerausschuss bestellt wurde, ist die Zustimmung der Gläubigerversammlung einzuholen, § 160 Abs. 1 S. 2 InsO.

125 *Habersack*, in: MüKoBGB, § 779 Rn. 22.

126 *Janssen*, in: MüKoInsO, § 160 Rn. 37.

127 *Hirte/Praß*, in: Uhlenbruck, InsO, § 35 Rn. 340; *Janssen*, in: MüKoInsO, § 160 Rn. 36; hierzu ausführlich: Kap. C.IV.4.b), S. 61 f.

128 BGH, Urt. v. 21. 4. 2005 – IX ZR 281/03, BGHZ 163, 32, 35 f.; BGH, Urt. v. 10. 1. 2013 – IX ZR 172/11, ZIP 2013, 531, 531; BGH, Urt. v. 17. 12. 2015 – IX ZR 143/13, ZIP 2016, 274, 276.

129 *Smid*, in: Rattunde/Smid/Zeuner, InsO, § 80 Rn. 47.

Beobachter ohne weiteres ersichtlich ist, sind unwirksam und binden die Insolvenzmasse nicht.[130] Diese Grundsätze finden ebenso auf Vergleiche Anwendung, weshalb ein lediglich ungünstiger Vergleich wirksam ist.[131] Erst bei einem offensichtlichen Verstoß gegen den Zweck des Insolvenzverfahrens ist ein insolvenzzweckwidriger Vergleich unwirksam.[132] Maßgeblich ist die Gesamtbetrachtung im Einzelfall hinsichtlich der Auswirkungen auf die Masse.[133] Ein Vergleich des Insolvenzverwalters darf sich insbesondere an der wirtschaftlichen Leistungsfähigkeit des Anspruchsgegners orientieren.[134] Und zudem kann der Insolvenzverwalter von der Verfolgung von Ansprüchen gegenüber dem Geschäftsführer absehen, um die Zusammenarbeit im Interesse der Insolvenzmasse nicht zu riskieren.[135]

c) Rechtslage in der Eigenverwaltung

Die Eigenverwaltung nach den §§ 270 ff. InsO stellt eine Variante des Insolvenzverfahrens dar, in welcher der eigenverwaltende Schuldner nach § 270 Abs. 1 S. 1 InsO berechtigt ist, „die Insolvenzmasse zu verwalten und über sie zu verfügen". Der Sachwalter hat dagegen grundsätzlich kein eigenes Verwertungsrecht.[136] Eine Rückausnahme hierzu bildet § 280 InsO, nach dem die Geltendmachung der Ansprüche auf Ersatz eines Gesamtschadens (§ 92 InsO) oder der persönlichen Haftung eines Gesellschafters (§ 93 InsO) – anders als es der Grundsatz der Verwaltungs- und Verfügungsbefugnis des eigenverwaltenden Schuldners nahelegt – dem Sachwalter übertragen ist. Gleiches gilt für die Durchsetzung von Anfechtungsansprüchen nach den §§ 129 ff. InsO.[137] § 280 InsO stellt damit auch klar, dass in der Eigenverwaltung

---

130 BGH, Urt. v. 13.1.1983 – III ZR 88/81, NJW 1983, 2018, 2019; BGH, Urt. v. 28.10.1993 – IX ZR 21/93, NJW 1994, 323, 326; *Smid*, in: Rattunde/Smid/Zeuner, InsO, § 80 Rn. 47; *Vuia*, in: MüKoInsO, § 80 Rn. 62; ausführlich zum Begriff der Insolvenzzweckwidrigkeit *Smid*, in: FS Pannen, S. 691 ff.

131 BGH, Urt. v. 17.12.2015 – IX ZR 143/13, ZIP 2016, 274, 277; BGH, Urt. v. 14.6.2018 – IX ZR 232/17, NJW 2018, 2494, 2494 Rn. 13; BGH, Urt. v. 20.4.2021 – II ZR 387/18, NZI 2021, 637, 638 Rn. 23.

132 BAG, Urt. v. 28.11.2007 – 6 AZR 377/07, BAGE 125, 92 = ZIP 2008, 846, 848; BGH, Urt. v. 17.12.2015 – IX ZR 143/13, ZIP 2016, 274, 277; BGH, VU v. 10.1.2013 – IX ZR 172/11, NZI 2013, 347, 347; BGH, Urt. v. 14.6.2018 – IX ZR 232/17, NJW 2018, 2494, 2494 Rn. 13; BGH, Urt. v. 20.4.2021 – II ZR 387/18, NZI 2021, 637, 638 Rn. 23. Dies ergibt sich nunmehr auch aus § 15b Abs. 4 S. 5 InsO, nach dem das Verzichts- und Vergleichsverbot nicht für den Insolvenzverwalter gilt, vgl. RegE SanInsFoG, BT-Drs. 19/24181, S. 195 a.E.

133 BGH, Urt. v. 14.6.2018 – IX ZR 232/17, NJW 2018, 2494, 2496 Rn. 18.

134 BGH, Urt. v. 17.12.2015 – IX ZR 143/13, ZIP 2016, 274, 277; BAG, Urt. v. 28.11.2007 – 6 AZR 377/07, BAGE 125, 92 = ZIP 2008, 846, 848.

135 BGH, Urt. v. 14.6.2018 – IX ZR 232/17, NZI 2018, 708, 711 Rn. 29; BGH, Urt. v. 20.4.2021 – II ZR 387/18, NZI 2021, 637, 640 Rn. 36.

136 *Zipperer*, in: Uhlenbruck, InsO, § 159 Rn. 41.

137 *Borries/Hirte*, in: Uhlenbruck, InsO, § 129 Rn. 74.

die Insolvenzanfechtung uneingeschränkt möglich ist.[138] Die Aufzählung in § 280 InsO ist allerdings nicht abschließend, eine entsprechende Anwendung in vergleichbaren Konstellationen ist möglich.[139] Somit sind insbesondere auch Ansprüche gegen Mitglieder von Schuldnerorganen bei pflichtwidriger Schädigung der Gesellschaft, etwa aus §§ 43 Abs. 2, 64 S. 1 a. F. GmbHG, § 15b Abs. 4 S. 1 InsO, erfasst.[140]

Der Normzweck von § 280 InsO durchbricht damit den Grundsatz der Verwaltungs- und Verfügungsbefugnis des eigenverwaltenden Schuldners und verhindert, dass Haftungsansprüche gegenüber dem Schuldner oder seinen Organen von diesen selbst geltend gemacht werden.[141] Gerade die häufige Interessenlage bei der Insolvenzanfechtung – die Bevorzugung einzelner Gläubiger durch Rechtshandlungen des Schuldners – lassen den Sachwalter zur Gewährleistung der Interessen der Gläubigergesamtheit zur Durchsetzung der Ansprüche geeigneter erscheinen.[142] Dieser Zweck wird auch an § 270c Abs. 1 Nr. 3 InsO deutlich, der dem Gericht die Befugnis einräumt, den vorläufigen Sachwalter mit der Erstellung eines Berichts über „das Bestehen von Haftungsansprüchen gegen amtierende oder ehemalige Mitglieder der Organe" zur Plausibilisierung und näheren Überprüfung der Eigenverwaltungsplanung zu beauftragen.[143] Im Anwendungsbereich des § 280 InsO klagt der Sachwalter als Partei kraft Amtes, da er insoweit die Rechtstellung eines Insolvenzverwalters innehat.[144] Der Sachwalter kann somit insbesondere auch einen Vergleich über die von § 280 InsO erfassten Ansprüche schließen.[145] Obwohl der Sachwalter den Prozess im eigenen Namen führt, treffen die Rechtswirkungen die Insolvenzmasse, weshalb die Erlöse auch an den eigenverwaltenden Schuldner herauszugeben sind[146] und eine Umschreibung eines Titels auf den Schuldner entbehrlich ist.[147]

Für den Fall der – praktisch den Regelfall darstellenden – Verknüpfung von Eigenverwaltung und Insolvenzplan kann gem. § 284 InsO entweder der Sachwalter

---

138 BT-Drs. 12/2443, S. 225, dort Begründung zu § 341 RegE.

139 *Kirchhof/Kern*, in: MüKoInsO, § 280 Rn. 5.

140 *Graf-Schlicker*, in: Graf-Schlicker, InsO, § 280 Rn. 1; *Hofmann*, Die Eigenverwaltung in der Insolvenz, S. 216 f.; *Hofmann*, ZIP 2007, 260, 262; *Kirchhof/Kern*, in: MüKoInsO, § 280 Rn. 5; *Schneider/M. Schmidt-Leithoff*, in: Rowedder/Pentz, GmbHG, Anh. II zu § 60 Rn. 56.

141 *Riggert*, in: Braun, InsO, § 280 Rn. 1.

142 *Riggert*, in: Braun, InsO, § 280 Rn. 1.

143 Vgl. BT-Drs. 19/24181, S. 205.

144 *Pape*, in: Kübler/Prütting/Bork, InsO, § 280 Rn. 5.

145 *Haas*, in: Gottwald/Haas, InsR-HdB, § 88 Rn. 117.

146 *Riggert*, in: Braun, InsO, § 280 Rn. 3; *Zipperer*, in: Uhlenbruck, InsO, § 280 Rn. 4.

147 *Zipperer*, in: Uhlenbruck, InsO, § 280 Rn. 4.

oder der Schuldner mit der Ausarbeitung eines Insolvenzplans – einschließlich etwaiger Regelungen zur Haftung des Geschäftsführers – beauftragt werden.

d) Keine Anwendung gesellschaftsrechtlicher Verzichts- und Vergleichsverbote

Wie bereits dargestellt, kann im Insolvenzplan nach § 217 Abs. 1 InsO grundsätzlich nur von den dispositiven Vorschriften „dieses Gesetzes", also der Insolvenzordnung, abgewichen werden. Die Anforderungen anderer Gesetze müssen somit grundsätzlich erfüllt werden, soweit sie weder dispositiv sind noch diesbezüglich eine abweichende Regelung in der InsO besteht.

Vor diesem Hintergrund könnten einem Erlass gesetzliche Verbote entgegenstehen, was die Nichtigkeit des Vertrags zur Folge hätte.[148]

Für die GmbH besteht anders als für die AG kein allgemeines Verzichts- oder Vergleichsverbot für Ansprüche gegen ihre Organe.[149] Letzteres ergibt sich aus der gesetzlichen Wertung des § 46 Nr. 8 GmbHG und im Umkehrschluss aus § 9b Abs. 1 GmbHG.[150] Allerdings werden die Verzichts- und Vergleichsmöglichkeiten der Gesellschaft für diverse Ansprüche eingeschränkt, vgl. etwa §§ 9b Abs. 1, 43 Abs. 3 GmbHG, § 15b Abs. 4 S. 3, 4 InsO, §§ 43 Abs. 2, 57 S. 4 StaRUG.[151] Dies gilt auch im vorläufigen Insolvenzverfahren mit Zustimmung des vorläufigen Insolvenzverwalters nach § 21 Abs. 2 Nr. 2 Fall 2 InsO, eine dennoch getroffene Vereinbarung ist unwirksam.[152] Eine erteilte Zustimmung des vorläufigen Insolvenzverwalters zu einer entsprechenden Vereinbarung kann jedoch dazu führen, dass sich der Insolvenzverwalter im eröffneten Verfahren nicht auf die Unwirksamkeit berufen kann, sofern der vorläufige Insolvenzverwalter einen schutzwürdigen Vertrauenstatbestand gesetzt hat.[153]

---

148 Vgl. *Stürner*, in: Jauernig, BGB, § 397 Rn. 3.

149 Vgl. § 93 Abs. 4 S. 3 AktG; *Beurskens*, in: Noack/Servatius/Haas, GmbHG, § 43 Rn. 66; *Fleischer*, in: MüKoGmbHG, § 43 Rn. 350.

150 *Fleischer*, in: MüKoGmbHG, § 43 Rn. 281, 295.

151 *Servatius*, in: Noack/Servatius/Haas, GmbHG, § 9b Rn. 2; *Hirte/Praß*, in: Uhlenbruck, InsO, § 35 Rn. 338 ff.

152 BGH, Urt. v. 20.4.2021 – II ZR 387/18, NZI 2021, 637, 639 Rn. 29, noch zu Ansprüchen nach § 64 S. 1 GmbHG a. F. Etwas anderes gilt auch nicht für die nunmehr rechtsformübergreifend in § 15b Abs. 4 InsO geregelte Haftung für Zahlungen nach Insolvenzreife, da § 15b Abs. 4 S. 5 InsO nur den Insolvenzverwalter – und nicht den vorläufigen Insolvenzverwalter – nennt, *Bitter*, ZIP 2021, 321, 331.

153 BGH, Urt. v. 20.4.2021 – IX ZR 387/18, NZI 2021, 637, 641 Rn. 42 ff.

Für das Insolvenzverfahren wird die Anwendung der gesellschaftsrechtlichen Verzichts- und Vergleichsverbote nahezu einhellig abgelehnt.[154] Unter Geltung der Konkursordnung war dagegen noch stärker umstritten, ob gesellschaftsrechtliche Verzichts- und Vergleichsverbote auf den Konkursverwalter Anwendung finden.[155] Der für die Verzichts- und Vergleichsverbote maßgebliche § 9b GmbHG wurde ohne wesentliche inhaltliche Änderungen zur vorherigen Rechtslage im Rahmen der GmbHG-Novelle 1980 eingefügt.[156] Durch das EGInsO wurde die Möglichkeit eines Verzichts oder Vergleichs im Rahmen eines Insolvenzplans in der Norm ergänzt,[157] ohne dass die Gesetzesbegründung zur Änderung von § 9b Abs. 1 S. 2 GmbHG den Wortlaut der Norm übersteigende Anhaltspunkte zur Anwendbarkeit in der Insolvenz der GmbH bot.[158]

In einer Entscheidung aus dem Jahr 2018 hatte der BGH die nahezu einhellige Ansicht in der Literatur bestätigt, nach der die §§ 64 S. 4, 43 Abs. 3 S. 2, 9b Abs. 1 S. 1 GmbHG zwar keine ausdrückliche Einschränkung des Anwendungsbereichs für die Insolvenz der GmbH enthalten, aber nach dem Sinn und Zweck der Vorschriften eine Anwendung im Insolvenzverfahren ausscheide.[159] Insbesondere sei die Geltendmachung der Haftungsansprüche nach Insolvenzeröffnung allein Aufgabe des Insolvenzverwalters und zudem sei durch die §§ 129 ff. InsO ein Schutz vor Vermögensbewegungen gewährleistet.[160] § 9b GmbHG dient nach der Gesetzesbegründung ausschließlich dem Gläubigerschutz,[161] der im Insolvenzverfahren durch die Regelungen der InsO verwirklicht wird.[162] Auch lässt sich dem Wortlaut von § 9b Abs. 1 S. 2 GmbHG („Insolvenzplan“) nicht entnehmen, dass § 9b GmbHG im Insolvenzverfahren der GmbH außerhalb eines Insolvenzplans Anwendung findet, denn „Insolvenzplan“ i. S. v. § 9b Abs. 1 S. 2 GmbHG betrifft nur die Insolvenz des

---

154 BGH, Urt. v. 14. 6. 2018 – IX ZR 232/17, NZI 2018, 708, 710 Rn. 21; *Altmeppen*, in: Altmeppen, GmbHG, § 9b Rn. 4, § 43 Rn. 120; *Hirte/Praß*, in: Uhlenbruck, InsO, § 35 Rn. 339; *H.-F. Müller*, in: MüKoGmbHG, § 64 Rn. 106; **a. A.** *Meul/Ritter*, NZI 2017, 689, 691 ff.

155 *Müsgen*, MittRhNotK 1997, 409, 419 m. w. N.

156 BGBl. 1980 I, S. 838, dort § 9b Abs. 1 S. 2 GmbHG; amtl. Begr. zur GmbHG-Novelle 1980, BT-Drs. 8/1347, S. 36, dort zu § 9c Abs. 1 GmbHG.

157 Art. 48 Nr. 1 EGInsO, BGBl. 1994 I, S. 2931. Die Rückausnahme in § 9b Abs. 1 S. 2 GmbHG betrifft den Insolvenzplan des Ersatzpflichtigen, wohingegen § 9b GmbH im Insolvenzverfahren der Gesellschaft nach zutreffender Ansicht insgesamt unanwendbar ist, *Ulmer/Habersack*, in: Habersack/Casper/Löbbe, GmbHG, § 9b Rn. 17, 22.

158 BT-Drs. 12/3803, S. 30, 86.

159 Urt. v. 14. 6. 2018 – IX ZR 232/17, NZI 2018, 708, 710 Rn. 21; *Hirte/Praß*, in: Uhlenbruck, InsO, § 35 Rn. 339; **a. A.** *Meul/Ritter*, NZI 2017, 689, 691 ff.

160 BGH, Urt. v. 14. 6. 2018 – IX ZR 232/17; NJW 2018, 2494, 2496 Rn. 24 f.

161 Amtl. Begr. zur GmbHG-Novelle 1980, BT-Drs. 8/1347, S. 36, dort zu § 9c Abs. 1.

162 BGH, Urt. v. 14. 6. 2018 – IX ZR 232/17, BGHZ 219, 98 = NZI 2018, 708 Rn. 21 ff.; BGH, Urt. v. 20. 4. 2021 – II ZR 387/18, NZI 2021, 637, 639 Rn. 30.

Ersatzpflichtigen.[163] Eine Aussage über das Insolvenzverfahren der GmbH lässt sich diesem Wortlaut somit nicht entnehmen.

Mit § 15b Abs. 4 S. 5 InsO hat der Gesetzgeber nunmehr ausdrücklich die dargestellte Rechtsprechung des BGH übernommen und den Insolvenzverwalter vom Verzichts- und Vergleichsverbot ausgenommen.[164] Etwas anderes ergibt sich im Anwendungsbereich von § 9b GmbHG auch nicht daraus, dass die im Rahmen des SanInsFoG eingefügten § 15b Abs. 4 S. 5 InsO und § 43 Abs. 2 S. 2 StaRUG – anders als § 9b Abs. 1 S. 2 GmbHG – den Insolvenzverwalter als Handelnden ausdrücklich aufzählen. Denn aus den Motiven des SanInsFoG ergibt sich, dass diese Neuregelung lediglich die Rechtsprechung des BGH zu § 9b GmbHG kodifizieren soll, weshalb der Insolvenzverwalter auch im Anwendungsbereich von § 9b Abs. 1 S. 2 GmbHG verzichts- und vergleichsbefugt ist.[165]

Auch in der Eigenverwaltung kommt § 9b GmbHG grundsätzlich nicht zur Anwendung, soweit dem Sachwalter die Haftungsansprüche gem. § 280 InsO zugewiesen sind.[166] Der Gläubigerschutz wird insoweit bereits durch die ausschließliche Aufgabenzuweisung des § 280 InsO gewährleistet, nach der weder der Schuldner noch die Gläubiger über die erfassten Ansprüche verfügen können.[167]

3. Erlass und Vergleich als gesellschaftsrechtlich zulässige Regelung

Als weiteres Argument für die Zulässigkeit der Regelung von Ansprüchen der Insolvenzmasse gegen den Geschäftsführer kann auf § 225a Abs. 3 InsO verwiesen werden. Denn zusätzlich zur abweichenden Regelung der Verwertung i. S. v. § 217 Abs. 1 S. 1 InsO kann die Gestaltung von Ersatzansprüchen als gesellschaftsrechtlich zulässige Regelung i. S. v. § 225a Abs. 3 InsO i.V. m. § 46 Nr. 8 GmbHG legitimiert werden.

Der Anwendungsbereich von § 225a Abs. 3 InsO ist trotz der Überschrift der Norm („Rechte der Anteilsinhaber") nicht auf Anteils- und Mitgliedschaftsrechte beschränkt.[168] Dies folgt aus dem Wortlaut von § 225a Abs. 3 InsO, nach dem *„jede* Regelung getroffen werden [kann], die gesellschaftsrechtlich zulässig ist", *„insbesondere* die Fortsetzung einer aufgelösten Gesellschaft oder die Übertragung von

---

163 *Ulmer/Habersack*, in: Habersack/Casper/Löbbe, GmbHG, § 9b Rn. 3.

164 RegE SanInsFoG, BT-Drs. 19/24181, S. 195.

165 BT-Drs. 19/24181, S. 195 f., dort Abs. 2; BGH, Urt. v. 20.4.2021 – II ZR 387/18, NZI 2021, 637, 640 Rn. 38.

166 In diese Richtung wohl auch *Kruth/Jacobs*, DStR 2019, 999, 1003; zust. *Altmeppen*, GmbHG, § 9b Rn. 1.

167 *Kirchhof/Kern*, in: MüKoInsO, § 280 Rn. 6.

168 *Eidenmüller*, in: MüKoInsO, § 225a Rn. 23, 81; **a. A.** *Madaus*, ZIP 2012, 2133, 2137.

Anteils- oder Mitgliedschaftsrechten". Die Aufzählung ist somit nicht abschließend. Vor diesem Hintergrund ist auch ein (Teil-)Erlass bzw. Vergleich über Ansprüche gegen ein Organ eine gesellschaftsrechtlich zulässige Regelung i. S. v. § 225a Abs. 3 InsO, da der Begriff weit auszulegen ist und insbesondere auch die verbandsinterne Willensbildung erfasst.[169] Der verbandsinternen Willensbildung unterliegen außerhalb der Insolvenz auch der Erlass, Vergleich und Verzicht auf Ersatzansprüche gegen den Geschäftsführer. Dies ergibt sich aus § 46 Nr. 8 GmbHG, nach dem die Gesellschafter über die Geltendmachung von Ersatzansprüchen gegenüber dem Geschäftsführer bestimmen. Hintergrund dieser Regelung ist die Wahrung der Entscheidungshoheit der Gesellschafter, um diesen die Abwägung über Vor- und Nachteile der Anspruchsverfolgung insbesondere unter Berücksichtigung der möglichen Offenlegung von Gesellschaftsinterna und der Belastung des persönlichen Vertrauensverhältnisses durch die Anspruchsverfolgung zu belassen.[170] Somit erstreckt sich der Begriff der „Geltendmachung" i. S. v. § 46 Nr. 8 GmbHG ebenso auf Verzicht, Vergleich, Stundung oder Maßnahmen wie Entlastung und Generalbereinigung.[171] Es besteht keine Pflicht zur Anspruchsverfolgung.[172] Nach dem Wortlaut bezieht sich die Geltendmachung sachlich auf „Ersatzansprüche, welche der Gesellschaft aus der Gründung oder Geschäftsführung gegen den Geschäftsführer oder Gesellschafter zustehen", § 46 Nr. 8 GmbHG. Der Begriff der Ersatzansprüche in diesem Sinne wird weit ausgelegt und erfasst alle Ersatz- oder Erstattungsansprüche, die auf Pflichtverletzungen der Geschäftsführer und Gesellschafter bei Gründung oder Geschäftsführung zurückgehen.[173] Nicht erfasst werden dagegen Ansprüche, die zwar im Zusammenhang mit der Geschäftsführung stehen, aber nicht auf Pflichtverletzungen des Geschäftsführers beruhen, wie etwa rechtsgeschäftlich begründete Ansprüche auf Darlehensrückzahlung.[174]

Folglich ist der (Teil-)Erlass von Ansprüchen gegenüber dem Geschäftsführer im Anwendungsbereich von § 46 Nr. 8 GmbHG gesellschaftsrechtlich zulässig und kann dementsprechend auf Grundlage von § 225a Abs. 3 InsO in den Insolvenzplan aufgenommen werden.

Dagegen kann aus § 225a Abs. 3 InsO entgegen der Ansicht von *Eidenmüller* nicht der Umkehrschluss gezogen werden, dass *nur* gesellschaftsrechtlich zulässige

---

169 Vgl. *Mulert/Steiner*, NZG 2021, 673, 676, 680.

170 BGH, Urt. v. 14.7.2004 – VIII ZR 224/02, NJW-RR 2004, 1408, 1410; *Hüffer/Schäfer*, in: Habersack/Casper/Löbbe, GmbHG, § 46 Rn. 100.

171 BGH, Urt. v. 8.12.1997 – II ZR 236/96, NJW 1998, 1315; *Hüffer/Schäfer*, in: Habersack/Casper/Löbbe, GmbHG, § 46 Rn. 108.

172 *Hüffer/Schäfer*, in: Habersack/Casper/Löbbe, GmbHG, § 46 Rn. 109.

173 *Liebscher*, in: MüKoGmbHG, § 46 Rn. 246.

174 *Liebscher*, in: MüKoGmbHG, § 46 Rn. 246

Regelungen im Insolvenzplan getroffen werden können.[175] *Eidenmüller* folgert am Beispiel von § 93 Abs. 4 S. 3, 4 AktG aus § 225a Abs. 3 InsO, dass im Insolvenzplan auf Ansprüche gegen Vorstandsmitglieder nur wirksam verzichtet werden kann, wenn die Hauptversammlung zustimmt und nicht eine Minderheit von mindestens 10 % des Grundkapitals Widerspruch erhebt.[176] Diese Ansicht überzeugt nicht, denn der Minderheitenschutz im Insolvenzplanverfahren wird bereits durch § 251 InsO gewährleistet.[177] Zudem ist das Regelinsolvenzverfahren grundsätzlich Ausgangspunkt für die Rechtsmacht des Insolvenzplans. Dies folgt aus dem Wortlaut von § 217 Abs. 1 InsO, nach dem eine abweichende Regelung der Verwertung getroffen werden „kann", aber keineswegs getroffen werden muss. Somit kann alles, was dem Insolvenzverwalter im Rahmen der Verwertung im Regelinsolvenzverfahren möglich ist, erst recht im Insolvenzplan gestaltet werden. Auf den Insolvenzverwalter finden die gesellschaftsrechtlichen Verzichts- und Vergleichsverbote keine Anwendung.[178] Auch der von *Eidenmüller* angeführte § 93 Abs. 4 AktG gilt für einen Verzicht oder Vergleich durch den Insolvenzverwalter nicht.[179] Diese Nichtanwendbarkeit der gesellschaftsrechtlichen Verzichts- und Vergleichsverbote in der Insolvenz der GmbH gilt auch im Insolvenzplan, womit modifiziert wird, was gesellschaftsrechtlich zulässig ist.

Etwas anderes kann auch nicht daraus gefolgert werden, dass die Gesellschafter in der Insolvenz ihre Verfügungsbefugnis auf Grundlage von § 46 Nr. 8 GmbHG verlieren: Außerhalb der Insolvenz erfolgt die Entscheidung der Gesellschafter zur Geltendmachung durch Beschluss,[180] in der Insolvenz der GmbH bzw. bei Abweisung des Verfahrens mangels Masse ist dagegen kein Beschluss für die Geltendmachung erforderlich.[181] Dieser Umstand lässt keine Rückschlüsse auf die gesellschaftsrechtliche Zulässigkeit der Regelung von Ersatzansprüchen im Insolvenzplan zu, sondern besagt lediglich, dass nicht mehr die Gesellschafter diese Maßnahme durchführen können.

---

175 *Eidenmüller*, in: MüKoInsO, § 217 Rn. 118.

176 *Eidenmüller*, in: MüKoInsO, § 217 Rn. 118, dort insb. Fn. 183.

177 Deshalb wohl widersprüchlich *Eidenmüller*, in: MüKoInsO, § 225a Rn. 80.

178 Hierzu ausführlich: Kap. C.I.2.d), S. 25 ff.

179 *Spindler*, in: MüKoAktG, § 93 Rn. 348.

180 *Hüffer/Schäfer*, in: Habersack/Casper/Löbbe, GmbHG, § 46 Rn. 109.

181 BGH, Urt. v. 14.7.2004 – VIII ZR 224/02, NJW-RR 2004, 1408, 1410; BGH, Urt. v. 19.5.2015 – II ZR 291/14, NJW 2015, 2731, 2731 Rn. 11; *Altmeppen*, in: Altmeppen, GmbHG, § 43 Rn. 92, § 46 Rn. 18; *Oetker*, in: Habersack/Casper/Löbbe, GmbHG, § 43 Rn. 309.

4. Bezug zur Haftungsverwirklichung

Zum Teil wird vertreten, dass bei einer Regelung, die einen nicht zwangsweise Planunterworfenen betrifft, zusätzlich zu dessen Zustimmung ein Bezug zur gemeinsamen Haftungsverwirklichung vorliegen muss.[182] Inwieweit es dieser Voraussetzung rechtlich bedarf kann für die Zwecke dieser Untersuchung dahinstehen, da in der hier zugrunde gelegten Konstellation der (teilweise) Erlass der Haftung des Geschäftsführers jedenfalls dessen Mitarbeit im Rahmen der Fortführung im Interesse einer bestmöglichen Gläubigerbefriedigung sichert und im Übrigen auch die abweichende Regelung der Verwertung regelmäßig einen Bezug zur gemeinsamen Haftungsverwirklichung aufweist.

5. Ergebnis zur Haftung gegenüber der Insolvenzmasse als Planinhalt

Nach den obigen Maßstäben sind Forderungen der Insolvenzmasse gegen den Geschäftsführer der Gestaltung im Insolvenzplan grundsätzlich zugänglich. Dies ergibt sich primär aus der nach § 217 Abs. 1 S. 1 InsO zulässigen abweichenden Regelung der Verwertung sowie unter Berücksichtigung der Verzichts- und Vergleichsbefugnis des Insolvenzverwalters im Rahmen der Verwertung. Denn da das Insolvenzplanverfahren von der Verwertung nach § 217 Abs. 1 InsO abweichen „kann", sind die dem Insolvenzverwalter möglichen Verwertungsformen erst recht im Insolvenzplanverfahren durchführbar.

II. Die Reichweite der Insolvenzmasse

In sachlicher Hinsicht erstreckt sich die Verwertung, die im Insolvenzplan abweichend geregelt werden kann, auf die gesamte Insolvenzmasse i. S. v. §§ 35 – 37 InsO.[183] Die Insolvenzmasse entsteht durch die haftungsrechtliche Zuweisung des gesamten pfändbaren schuldnerischen Vermögens zur Gläubigergemeinschaft,[184] woraus sich der Begriff der Gesamtvollstreckung bzw. Universalexekution ergibt.[185] Der Verwer-

---

182 *Eidenmüller*, in: MüKoInsO, § 217 Rn. 160.

183 *Eidenmüller*, in: MüKoInsO, § 217 Rn. 116; *Janssen*, in: MüKoInsO, § 159 Rn. 4.

184 *Hirte/Praß*, in: Uhlenbruck, InsO, § 35 Rn. 6; *H.-F. Müller*, in: Jaeger, InsO, § 35 Rn. 2, 5; *H.-F. Müller*, in: MüKoGmbHG, § 64 Rn. 120; *Vuia*, in: MüKoInsO, § 80 Rn. 111.

185 *Bitzer*, in: Kindler/Nachmann/Bitzer, HdB InsR in Europa, Länderbericht Deutschland Rn. 8; *Häsemeyer*, Insolvenzrecht, Rn. 2.04; *Smid*, HdB Insolvenzrecht, § 13 Rn. 3; *Smid*, Internationales InsR, § 1 Rn. 10.

tungsauftrag des Insolvenzverwalters geht jedoch über das pfändbare Vermögen des Schuldners hinaus und bezieht sich auf die gesamte, durch Maßnahmen der Insolvenzverwaltung herzustellende Soll-Masse.[186] Über das pfändbare Vermögen des Schuldners hinaus wird die Insolvenzmasse gesetzlich insbesondere gem. § 143 Abs. 1 InsO durch Insolvenzanfechtungsansprüche und gem. § 92 InsO durch Ansprüche auf Ersatz von Gesamtschäden der Gläubiger über erweitert. Insgesamt können somit gesellschaftsrechtliche Ansprüche der Insolvenzschuldnerin gegen den Geschäftsführer (hierzu unter 1.), der anfechtungsrechtliche Anspruch auf Rückgewähr (hierzu unter 2.) sowie Ansprüche auf Ersatz von Gesamtschäden (hierzu unter 3.) im Insolvenzplanverfahren der GmbH im Rahmen der abweichenden Regelung der Verwertung der Insolvenzmasse gemäß § 217 Abs. 1 S. 1 InsO gestaltet werden.

1. Gesellschaftsrechtliche Ansprüche

Die Insolvenzmasse umfasst zunächst alle unmittelbaren Ansprüche der GmbH gegen ihren Geschäftsführer.[187] Denn Forderungen der Gesellschaft sind Teil der Insolvenzmasse, wenn sie pfändbar i. S. d. ZPO sind,[188] was auch auf die Ansprüche der GmbH gegenüber ihrem Geschäftsführer zutrifft.[189] Ersatzansprüche der Gesellschaft gegenüber dem Geschäftsführer in diesem Sinne können sich etwa aus § 15b Abs. 4 InsO bzw. § 64 GmbHG a. F.,[190] § 43 GmbHG[191] und § 43 Abs. 1 S. 2 StaRUG[192] ergeben.

---

186 Näher *Smid*, in: Rattunde/Smid/Zeuner, InsO, § 35 Rn. 26.

187 *Büteröwe*, in: K. Schmidt, InsO, § 35 Rn. 10; *H.-F. Müller*, in: Jaeger, InsO, § 35 Rn. 215; *Vuia*, in: MüKoInsO, § 80 Rn. 52.

188 *Peters*, in: MüKoInsO, § 35 Rn. 408; *Ries*, in: Kayser/Thole, InsO, § 35 Rn. 20.

189 Vgl. *Altmeppen*, in: GmbHG, § 43 Rn. 97; *Fleischer*, in: MüKoGmbHG, § 43 Rn. 394; *Hirte*, in: Uhlenbruck, InsO, § 15a Rn. 21 a. E.; *Hirte/Praß*, in: Uhlenbruck, InsO, § 35 Rn. 323.

190 *H.-F.-Müller*, in: Jaeger, InsO, § 35 Rn. 215; *H.-F. Müller*, in: MüKoGmbHG, § 64 Rn. 128; *Schneider/M. Schmidt-Leithoff*, in: Rowedder/Pentz, GmbHG, Anh. II zu § 60 Rn. 56.

191 *Altmeppen*, in: Altmeppen, GmbHG, § 43 Rn. 46; *Hirte/Praß*, in: Uhlenbruck, InsO, § 35 Rn. 324; *H.-F.-Müller*, in: Jaeger, InsO, § 35 Rn. 215. Ausnahmsweise kann sich auch aus § 43 GmbHG eine Außenhaftung gegenüber der GmbH & Co. KG ergeben, wenn die Komplementär-GmbH als alleinige oder wesentliche Aufgabe die Führung der Geschäfte der KG ausübt, sodass ein unmittelbarer Anspruch der KG gegen den GmbH-Geschäftsführer entsteht, *Altmeppen*, in: Altmeppen, GmbHG, § 43 Rn. 97.

192 *Kunz*, in: Kluth/Harder/Harig/Kunz, Restrukturierungsrecht, § 13 Rn. 28; **a. A.** *Schneider/M. Schmidt-Leithoff*, in: Rowedder/Pentz, GmbHG, Anh. II zu § 60 Rn. 141. Letztere Ansicht vermag nicht zu überzeugen, da es sich zwar um Gesamtschäden, jedoch nicht um Ansprüche der Insolvenzgläubiger handelt, wie der Wortlaut von § 92 S. 1 InsO fordert.

2. Anfechtungsrechtlicher Rückgewähranspruch, § 143 Abs. 1 S. 1 InsO

Anfechtungsansprüche sind – unabhängig davon ob bereits ein Anspruch nach dem AnfG vor der Insolvenzeröffnung bestand – Teil der Insolvenzmasse.[193] Zwar ist die Rechtsnatur der Anfechtung Gegenstand einer langjährigen, bereits zu Zeiten der Konkursordnung geführten Auseinandersetzung.[194] Allerdings wird jedenfalls der Rückgewähranspruch gem. § 143 Abs. 1 S. 1 InsO als Teil der Insolvenzmasse eingeordnet, wenngleich der Anspruch grundsätzlich nicht der Schuldnerin zugutekommen darf.[195] Der Insolvenzverwalter übt das Anfechtungsrecht im Rahmen seiner Verfügungsbefugnis gem. § 35 Abs. 1 i.V.m. § 80 Abs. 1 InsO aus.[196] Insoweit führt der Anfechtungsanspruch von Gesetzes wegen zur Anreicherung der Insolvenzmasse.[197]

Dementsprechend kann die Verwertung von Anfechtungsansprüchen als Insolvenzmasse im Rahmen des Insolvenzplans nach § 217 Abs. 1 S. 1 InsO abweichend geregelt werden.[198] Lediglich eine Regelung zu Lasten des Anspruchsgegners ist ohne dessen Zustimmung nicht möglich.[199] Die Gestaltung der Verwertung kann insbesondere einen Vergleich mit Erlass oder Stundung des Rückgewähranspruchs nach § 143 InsO betreffen.[200]

---

193 *Borries/Hirte*, in: Uhlenbruck, InsO, § 129 Rn. 71; *Büteröwe*, in: K. Schmidt, InsO, § 35 Rn. 7; *Eidenmüller*, in: MükoInsO, § 217 Rn. 120; *Fiebig*, in: Kayser/Thole, InsO, § 217 Rn. 4; *Hirte/Praß*, in: Uhlenbruck, InsO, § 35 Rn. 34, 44; *Huber*, AnfG, § 16 Rn. 7; *Kayser/Freudenberg*, in: MüKoInsO, § 129 Rn. 191; *H.-F. Müller*, in: Jaeger, InsO, § 35 Rn. 6, 71; *H.-F. Müller*, in: MüKoGmbG, § 64 Rn. 129.

194 *de Bra*; in: Braun, InsO, § 129 Rn. 5; *Kirchhof/Freudenberg*, in: MüKoInsO, Vorb. vor §§ 129–147 Rn. 11. Die vertretenen Anfechtungstheorien im Überblick: *Henckel*, in: Jaeger, InsO, § 143 Rn. 3–17.

195 BGH, VU v. 17.2.2011 – IX ZR 91/10, NJW-RR 2011, 1272, 1272 Rn. 7; BGH, Beschl. v. 24.3.2011 – IX ZB 36/09, NZI 2011, 323, 323 Rn. 6; *Henckel*, in: Jaeger, InsO, § 129 Rn. 285, § 143 Rn. 32, 97; *Hirte/Praß*, in: Uhlenbruck, InsO, § 35 Rn. 34; *Kayser/Freudenberg*, in: MüKoInsO, § 129 Rn. 194; *Kirchhof/Piepenbrock*, in: MüKoInsO, § 143 Rn. 5; *H.-F. Müller*, in: MüKoGmbHG, § 64 Rn. 129; *Zeuner*, in: Rattunde/Smid/Zeuner, InsO, § 143 Rn. 22 f.

196 BGH, Beschl. v. 2.4.2009 – IX ZB 182/08, NZI 2009, 313, 314 Rn. 13; *Kayser/Freudenberg*, in: MüKoInsO, § 129 Rn. 195.

197 *Henckel*, in: Jaeger, InsO, § 129 Rn. 76; *Hirte/Praß*, in: Uhlenbruck, InsO, § 35 Rn. 44.

198 *Borries/Hirte*, in: Uhlenbruck, InsO, § 129 Rn. 71; *Rühle*, in: Römermann, InsO, § 217 Rn. 28; *Spliedt*, in: K. Schmidt, InsO, § 217 Rn. 10.

199 *Borries/Hirte*, in: Uhlenbruck, InsO, § 129 Rn. 71; *Fiebig*, in: Kayser/Thole, InsO, § 217 Rn. 4.

200 *Borries/Hirte*, in: Uhlenbruck, InsO, § 129 Rn. 71; *Eidenmüller*, in: MüKoInsO, § 217 Rn. 120; *Spliedt*, in: K. Schmidt, InsO, § 217 Rn. 10, § 226 Rn. 3.

3. Gesamtschäden i. S. v. § 92 InsO

Insbesondere der Erlass von Gesamtschadensansprüchen gegenüber dem Geschäftsführer kann zum Erhalt der Fortführungsaussichten im Interesse der Gläubiger im Insolvenzplanverfahren geboten sein.[201] Allerdings sind die Rechtsnatur von § 92 InsO und die daran anknüpfenden Wirkungen hinsichtlich der Verzichts- und Vergleichsbefugnis des Insolvenzverwalters und der Gestaltbarkeit im Insolvenzplan umstritten.[202] Zwar wird die Verzichts- und Vergleichsbefugnis des Insolvenzverwalters und die Gestaltbarkeit der Ansprüche nach § 92 InsO im Insolvenzplan mit unterschiedlicher Begründung im Ergebnis ganz überwiegend bejaht.[203] Allerdings fällt die dogmatische Begründung uneinheitlich aus, denn es ist insbesondere im Zusammenhang mit dem Umfang der Insolvenzmasse als Bemessungsgrundlage i. S. v. § 1 Abs. 1 S. 1 InsVV umstritten, ob es sich bei den von § 92 InsO erfassten Ansprüchen um einen Teil der Insolvenzmasse handelt. So wird die Zugehörigkeit zur Insolvenzmasse von einem Teil der Literatur mit unterschiedlicher Akzentuierung bejaht.[204] Die häufig vertretene Gegenansicht verneint die Erstreckung der Insolvenzmasse auf die von § 92 InsO erfassten Ansprüche.[205] Zur Begründung der Gestaltbarkeit im Insolvenzplan wird von dieser Ansicht deshalb zum Teil vertreten, § 92 InsO führe zwar nicht zu einer Erweiterung der Insolvenzmasse, die Ansprüche auf Ersatz von Gesamtschäden seien allerdings so zu behandeln, als seien sie Teil dieser.[206]

---

201 *Brinkmann*, Bedeutung der §§ 92, 93 InsO, S. 89.

202 Näher *Lüke*, in: Kübler/Prütting/Bork, InsO, § 92 Rn. 36.

203 Zur Verzichts- und Vergleichsbefugnis des Insolvenzverwalters: Kap. C.II.3.e), S. 45 ff., zur Gestaltung im Insolvenzplan: Kap. C.II.3.f), S. 47.

204 Im Ergebnis mit unterschiedlicher Akzentuierung wohl *Brinkmann*, Bedeutung der §§ 92, 93 InsO, S. 39–44; *Budnik*, in: BeckOK InsR, InsVV, § 1 Rn. 36–38, 40, Stand: 15.7.2023; *Büteröwe*, in: K. Schmidt, InsO, § 35 Rn. 7; *Hofmann*, in: Graf-Schlicker, InsO, § 92 Rn. 7; *Hirte/Praß*, in: Uhlenbruck, InsO, § 35 Rn. 323; *Lüke*, Kübler/Prütting/Bork, InsO, § 92 Rn. 28, 30, 34, 36 „Er zieht die Ansprüche zugunsten der Masse ein"; *Rühle*, in: Römermann, InsO, § 217 Rn. 28; *Sinz*, in: Uhlenbruck, InsO, § 60 Rn. 119 „dogmatisch als Anspruch der Masse"; *Wimmer*, in: Gottwald/Haas, InsR-HdB, § 26 Rn. 16 „mittelbare Masseerstreckung".

205 LG Detmold, Beschl. v. 21.4.2021 – 03 T 195/20, NZI 2021, 903 Rn. 12 mit krit. Anmerkung v. *Budnik*; *Gehrlein*, in: MüKoInsO, § 92 Rn. 14; *Graeber*, NZI 2016, 860, 860 f.; *Haarmeyer/Mock*, in: Haarmeyer/Mock, InsVV, § 1 Rn. 281; *K. Schmidt*, in: K. Schmidt/Uhlenbruck, Die GmbH, Rn. 24.26; *K. Schmidt*, in: K. Schmidt, InsO, § 92 Rn. 7, 11–12, der die Forderung aber wie einen Bestandteil der Masse behandelt; *Vuia*, in: MüKoInsO, § 80 Rn. 45.

206 *K. Schmidt*, in: K. Schmidt, InsO, § 92 Rn. 11, 12, 14; *Eidenmüller*, in: MüKoInsO, § 217 Rn. 62, 119: Gestaltung im Insolvenzplanverfahren als „funktionale" Masse.

a) Gesamtschäden als Teil der Insolvenzmasse

Diese dogmatisch unbefriedigende Herleitung der Gestaltung im Insolvenzplan wird vermieden, wenn man die Ermächtigungsfunktion des § 92 InsO als haftungsrechtliche Erweiterung der Insolvenzmasse einordnet, mit der Folge, dass § 92 InsO die erfassten Ansprüche der Insolvenzmasse zuweist. Denn unter dieser Prämisse ergibt sich die diesbezügliche Verzichts- und Vergleichsbefugnis des Insolvenzverwalters zwanglos aus der allgemeinen Verwaltungs- und Verfügungsbefugnis nach § 80 InsO. Auch die Gestaltung im Insolvenzplan fügt sich ebenso zwanglos aufgrund der nach § 217 Abs. 1 S. 1 InsO zulässigen abweichenden Regelung der Verwertung in das Gefüge der Insolvenzordnung ein. Als Folge der Einordnung als Insolvenzmasse nehmen die Ansprüche der Gläubiger auf Ersatz von Gesamtschäden eine Sonderstellung ein, da Ansprüche Dritter, die sich nicht gegen den Verfahrensschuldner richten, in der Regel nicht Teil der Insolvenzmasse sind.[207]

Dagegen dürfte eine Gestaltung von Gesamtschadensansprüchen auf Grundlage der nach dem Wortlaut von § 217 Abs. 1 S. 1 InsO zulässigen „Verfahrensabwicklung" ausscheiden. Denn der Gesetzgeber reagierte im Rahmen der ESUG-Reform mit der Aufnahme der „Verfahrensabwicklung" in § 217 Abs. 1 S. 1 InsO lediglich auf eine Entscheidung des LG Frankfurt a. M., um verfahrensbegleitende Insolvenzpläne nunmehr ausdrücklich für zulässig zu erklären, weshalb die rechtskräftige Planbestätigung nicht mehr zwangsläufig die Verfahrensaufhebung nach sich ziehen muss.[208] Mit dieser Neuregelung sollte dagegen keine Erweiterung der plandisponiblen Regelungsbereiche erreicht werden,[209] sodass die Gestaltung von Gesamtschadensansprüchen nicht auf diesen Teil des Wortlauts von § 217 Abs. 1 S. 1 InsO gestützt werden kann.

Hierzu im Einzelnen:

aa) Haftungsrechtliche Zuordnung zur Insolvenzmasse

Grundsätzlich setzt sich die Insolvenzmasse aus dem pfändbaren Vermögen des Schuldners zusammen, §§ 35, 36 InsO. Allerdings wird die Insolvenzmasse zusätzlich zum pfändbaren Vermögen des Schuldners durch gesetzliche Regelungen – wie etwa die §§ 129 ff. InsO – erweitert.[210] Der Insolvenzbeschlag wird in diesen Fäl-

---

207 Vgl. etwa *Hirte/Praß*, in: Uhlenbruck, InsO, § 35 Rn. 323; *Hirte*, in: Uhlenbruck, InsO, § 92 Rn. 2, 20.

208 Vgl. BT-Drs. 17/5712, S. 54, 58; **a. A.** noch LG Frankfurt a. M., Beschl. v. 29.10.2007 – 2/9 T 198/07, NZI 2008, 110, 111; offenlassend BGH, Beschl. v. 5.2.2009 – IX ZB 230/07, NJW-RR 2009, 839, 842; vgl. auch *Eidenmüller*, in: MüKoInsO, § 217 Rn. 124 ff.; *Spliedt*, in: K. Schmidt, InsO, § 217 Rn. 14 f., § 258 Rn. 3.

209 *Eidenmüller*, in: MüKoInsO, § 217 Rn. 126.

210 *Hirte/Praß*, in: Uhlenbruck, InsO, § 35 Rn. 34, 44 f.; *H.-F. Müller*, in: Jaeger; InsO, § 35 Rn. 6, 71.

len zur Verwirklichung der insolvenzrechtlichen Haftungsanordnung über die vermögensrechtliche Zuordnung zum Schuldner hinaus gesetzlich auf weitere Gegenstände erstreckt.[211] Somit bildet die vermögensrechtliche Zuordnung zum Schuldner, anders als es der Wortlaut von § 35 Abs. 1 InsO nahelegt, lediglich den Ausgangspunkt für die Reichweite der Insolvenzmasse, denn letztlich entscheidend für die Reichweite ist die haftungsrechtliche Zuordnung zur Soll-Masse.[212]

Die haftungsrechtliche Zuweisung als maßgeblicher Faktor für die Reichweite der Insolvenzmasse korrespondiert mit der Bestimmung der Reichweite des Insolvenzbeschlags zulasten des Schuldners. Denn auch gegenüber dem Schuldner wird die Insolvenzmasse nach dem Zweck der Haftungsverwirklichung teleologisch bestimmt, weshalb Insolvenzmasse und Insolvenzbeschlag richtigerweise als haftungsrechtliche Zuweisung des Schuldnervermögens an die Gläubiger konkretisiert werden.[213] Der Schuldner bleibt hierbei Träger der zur Insolvenzmasse gehörenden Rechte, die den Gläubigern lediglich haftungsrechtlich zugewiesen werden.[214] Das Vermögen des Insolvenzschuldners i. S. v. § 35 Abs. 1 InsO bildet somit lediglich den Ausgangspunkt für die Bestimmung der Insolvenzmasse.

Dass für die Zugehörigkeit zur Insolvenzmasse nicht zwingend auf die vermögensrechtliche Zuordnung abzustellen ist, ergibt sich auch aus der Rechtsprechung des BGH zur Insolvenzanfechtung, die aus dem Vermögen des Schuldners ausgeschiedene Gegenstände wie ein im Vermögen des Schuldners stehendes Objekt behandelt, obwohl diese schuld- und sachenrechtlich wirksam Teil des Vermögens des Anfechtungsgegners geworden sind.[215] Mit anderen Worten lässt der anfechtbare Vermögenserwerb des Dritten die dingliche Vermögenszuordnung und die haftungsrechtliche Zuordnung zur Insolvenzmasse auseinanderfallen.[216] Inhaber des Anfechtungsrechts ist nicht der Schuldner, sondern die Insolvenzmasse als Sondervermögen.[217] Insbesondere sind Anfechtungsansprüche, unabhängig davon, ob bereits ein Anspruch nach dem AnfG vor der Insolvenzeröffnung bestand,[218] Teil

211 *Häsemeyer*, Insolvenzrecht, Rn. 21.02.

212 Vgl. *H.-F. Müller*, in: Jaeger, InsO, § 35 Rn. 6, 71.

213 *Hirte/Praß*, in: Uhlenbruck, InsO, § 35 Rn. 6; *H.-F. Müller*, in: Jaeger, InsO, § 35 Rn. 2, 5; *Peters*, in: MüKoInsO, § 35 Rn. 22.

214 *Henckel*, in: Jaeger, InsO, § 35 Rn. 5, 70; *Hirte/Praß*, in: Uhlenbruck, InsO, § 35 Rn. 25; *Peters*, in: MüKoInsO, § 35 Rn. 19, 22.

215 Etwa BGH, Urt. v. 23.10.2003 – IX ZR 252/01, NJW 2004, 214, 216; näher auch *Hirte/Praß*, in: Uhlenbruck, InsO, § 35 Rn. 34.

216 *Hirte/Praß*, in: Uhlenbruck, InsO, § 35 Rn. 34.

217 Ganz h.M., vgl. *Kayser/Freudenberg*, in: MüKoInsO, § 129 Rn. 190 f.

218 Im Fall der Einzelgläubigeranfechtung nach dem AnfG geht der Anfechtungsanspruch mit Insolvenzeröffnung auf den Insolvenzverwalter über und wird Bestandteil der Insolvenzmasse, § 16 Abs. 1 S. 1 AnfG, vgl. *Huber*, AnfG, § 16 Rn. 7; *Kayser/Freudenberg*, in: MüKoInsO, § 129 Rn. 202.

der Insolvenzmasse, obwohl der Schuldner nicht Inhaber des Anfechtungsrechts ist.[219] Systematisch vergleichbar sind Gesamtschadens- und Anfechtungsansprüche, da sowohl Insolvenzanfechtung als auch § 92 InsO die Verringerung der Insolvenzmasse rückgängig machen (sollen).[220]

Zudem ist eine Verminderung der Insolvenzmasse regelmäßig Voraussetzung für die Anwendung von § 92 InsO.[221] Diese Verminderung setzt sich aus den einzelnen Quotenschäden der Gläubiger zusammen, die in der Insolvenz als Gläubigergesamtschaden gemäß § 92 InsO haftungsrechtlich der Masse zugewiesen werden.[222] § 92 InsO verfolgt damit eine gerechtere, quotale Aufteilung bei nicht ausreichenden Mitteln des Ersatzpflichtigen, was mittels Mehrung der Insolvenzmasse durch den Insolvenzverwalter erreicht wird.[223] Es ist deshalb konsequent, den Ersatzanspruch für eine Verminderung der Insolvenzmasse, ebenfalls der Insolvenzmasse zuzuordnen. Dieses Ergebnis, die Ansprüche i. S. v. § 92 InsO der Insolvenzmasse zuzuordnen, widerspricht damit auch nicht der Figur der Sperr- und Ermächtigungswirkung des § 92 InsO, denn letztere ermächtigt den Insolvenzverwalter gerade, die Ansprüche zur Insolvenzmasse zu ziehen.[224]

bb) Historische Erwägungen

Auch historische Gründe stützen die hier vertretene Ansicht. Zwar besteht zu § 92 InsO in der früheren Konkursordnung keine gesetzliche Entsprechung.[225] Allerdings ordneten die herrschende Ansicht in der Literatur und die Rechtsprechung den Gesamtgläubigerschaden auch unter Geltung der Konkursordnung als Massebestandteil ein.[226] Der Gesamtgläubigerschaden war durch Zahlung in die Konkursmasse zu ersetzen[227] und der Konkursverwalter berechtigt, die For-

---

219 *Hirte/Praß*, in: Uhlenbruck, InsO, § 35 Rn. 44; *Huber*, AnfG, § 16 Rn. 7; *Kayser/Freudenberg*, in: MüKoInsO, § 129 Rn. 191; *Kirchhof/Piekenbrock*, in: MüKoInsO, § 143 Rn. 5.

220 In diese Richtung *Gehrlein*, in: MüKoInsO, § 92 Rn. 4. Zum Zweck der Insolvenzanfechtung *Huber*, in: Gottwald/Haas, InsR-HdB, § 46 Rn. 7; zum Zweck des § 92 InsO *Gehrlein*, in: MüKoInsO, § 92 Rn. 1. Insbesondere setzt das allgemeine Tatbestandsmerkmal der Gläubigerbenachteiligung eine Verringerung des den Gläubigern zur Verfügung stehenden Schuldnervermögens voraus, *Henckel*, in: Jaeger, InsO, § 129 Rn. 145.

221 BGH, Beschl. v. 14.7.2011 – IX ZR 210/10, NJW-RR 2011, 1318, 1319 Rn. 6.

222 *Cranshaw*, jurisPR-InsR 3/2022 Anm. 1; *Sinz*, in: Uhlenbruck, InsO, § 60 Rn. 119.

223 *Lüke*, in: Kübler/Prütting/Bork, InsO, § 92 Rn. 8, 10.

224 Vgl. *Lüke*, in: Kübler/Prütting/Bork, InsO, § 92 Rn. 28, 34.

225 *Hirte*, in: Uhlenbruck, InsO, § 92 Rn. 1; *J. Schmidt*, in: Kayser/Thole, InsO, § 92 Rn. 2.

226 *Henckel*, in: Jaeger, InsO, § 129 Rn. 275 m. w. N.

227 So ausdrücklich BGH, Urt. v. 6.6.1994 – II ZR 292/91, ZIP 1994, 1103, 1107; BGH, Urt. v. 30.3.1998 – II ZR 146/96, ZIP 1998, 776, 777.

derungen im eigenen Namen geltend zu machen.[228] Der Gesetzgeber der Insolvenzordnung wollte diese höchstrichterliche Rechtsprechung zur Geltendmachung von Gesamtschäden im Konkursverfahren und den Rechtsgedanken verschiedener gesellschaftsrechtlicher Regelungen einheitlich normieren.[229] Ziel des Gesetzgebers war es, mit § 92 InsO und dem insoweit vergleichbaren § 93 InsO die gleichmäßige Befriedigung der Insolvenzgläubiger und die Überwindung von Massearmut zu fördern.[230] Dementsprechend führt die Gesetzesbegründung zu § 92 InsO konsequent aus: „Die Ansprüche gehören zur Insolvenzmasse, und der Schädiger hat die Ansprüche in die Insolvenzmasse zu leisten."[231]

Auch die von der Gesetzesbegründung in Bezug genommenen Urteile des BGH vom 24.10.1973[232] und 14.10.1985[233] deuten in diese Richtung.[234] In letzterem hatte der BGH zu einem Anspruch aus § 64 GmbHG i.V.m. § 823 Abs. 2 BGB ausgeführt: „Als Schadensersatz ist so viel in die Konkursmasse zu zahlen, daß alle Gläubiger diejenige Quote erhalten, die auf sie entfallen wäre, wenn der Konkurs ohne schuldhafte Verschleppung hätte eröffnet werden können."[235] Diese Richtung hat der BGH nunmehr mit Urteil vom 21.10.2021 zu § 92 S. 1 InsO mit den Worten fortgeführt: „Sie gehören zur Insolvenzmasse."[236]

cc) Systematische Erwägungen

Zudem fügt sich diese am gesetzgeberischen Willen orientierte Auslegung in das systematische Gefüge der Insolvenzordnung, insbesondere mit Blick auf die §§ 203, 280 InsO, ein.

Denn für den Fall, dass erst nach Aufhebung des Verfahrens ein Gesamtschaden bekannt wird, verweist die Gesetzesbegründung zu § 92 InsO auf § 203 Abs. 1 Nr. 3 InsO,[237] der ausdrücklich von „Gegenständen der Masse" spricht, die nach dem Schlusstermin ermittelt werden. Der Verweis auf § 203 Abs. 1 Nr. 3 InsO in der Ge-

---

228 BGH, Urt. v. 14.10.1985 – II ZR 276/84, NJW-RR 1986, 579; BGH, Urt. v. 9.12.1999 – IX ZR 102/97, NJW 2000, 1259, 1260.

229 BT-Drs. 12/2443, S. 139.

230 BT-Drs. 12/2443, S. 139 f.

231 BT-Drs. 12/2443, S. 139, dort erster Absatz zu § 103 RegE.

232 BGH, Urt. v. 24.10.1973 – VIII ZR 82/72, WPM 1973, 1354, 1355 = NJW 1974, 57.

233 BGH, Urt. v. 14.10.1985 – II ZR 276/84, WPM 1986, 237 = NJW-RR 1986, 579, 581, dort III. 2. der Gründe.

234 Vgl. BT-Drs. 12/2443, S. 139, dort zweiter Absatz zu § 103 RegE.

235 BGH, Urt. v. 14.10.1985 – II ZR 276/84, WPM 1986, 237 = NJW-RR 1986, 579, 581, dort III. 2. der Gründe.

236 BGH, Urt. v. 21.10.2021 – IX ZR 265/20, ZIP 2022, 42, 42, dort II. 2. a) der Gründe.

237 BT-Drs. 12/2443, S. 139, dort letzter Absatz zu § 103 RegE.

setzesbegründung des § 92 InsO belegt somit zum einen die bewusste Intention des Gesetzgebers, mit § 92 InsO die Insolvenzmasse zu erweitern. Zum anderen verdeutlicht der Verweis auf den Wortlaut des § 203 Abs. 1 Nr. 3 InsO, dass die Zuordnung der von § 92 InsO erfassten Ansprüche zur Insolvenzmasse, auch systematisch in der Insolvenzordnung angelegt ist.

Neben § 203 Abs. 1 Nr. 3 InsO bekräftigt auch der Wortlaut von § 280 InsO die Schlussfolgerung, dass § 92 InsO die erfassten Gesamtschäden nach der Konzeption des Gesetzgebers und der Gesetzessystematik der Insolvenzmasse zuweist, denn § 280 InsO weist dem Sachwalter die Geltendmachung von Gesamtschäden i. S. v. § 92 InsO ausdrücklich „für die Insolvenzmasse" zu. Dementsprechend handelt der Sachwalter im Rahmen von § 280 InsO auch als Partei kraft Amtes im eigenen Namen und die Rechtswirkungen treffen die Insolvenzmasse, in die insbesondere der Erlös fällt.[238]

dd) Vereinbarkeit mit Sondermassen

Auch die im Einzelfall erforderliche Bildung einer Sondermasse für Gesamtschadensansprüche i. S. v. § 92 InsO widerspricht nicht der Zuordnung zur Insolvenzmasse.[239] Grundsätzlich kann die Bildung von Sondermassen geboten sein, wenn ein Bestandteil der Insolvenzmasse nur bestimmten Gläubigern zur Befriedigung zugewiesen wird.[240] Der erzielte Betrag ist in diesem Fall nach Abzug der Kosten für Einziehung und Verteilung im Rahmen der Verteilung an die betroffenen Gläubiger auszukehren.[241] Der in diesem Zusammenhang verwendete Begriff der Sondermasse ändert allerdings nichts am Grundsatz der einheitlichen Insolvenzmasse.[242] Denn die Sondermasse bleibt ein Teil der Insolvenzmasse aus dem lediglich bestimmte Gläubiger befriedigt werden.[243] Dementsprechend sind Sondermassen haftungsrechtlich Teil der Insolvenzmasse und lediglich vermögensrechtlich einer bestimmten Gläubigergruppe zugewiesen, was im Rahmen der Verteilung zu berücksichtigen ist.[244]

238 *Zipperer*, in: Uhlenbruck, InsO, § 280 Rn. 4.

239 Vgl. *Budnik*, in: BeckOK InsR, InsVV, § 1 Rn. 36–38, Stand: 15.7.2023; *Hirte/Praß*, in: Uhlenbruck, InsO, § 35 Rn. 55, 57.

240 BGH, Urt. v. 11.5.2006 – IX ZR 42/05, BGHZ 167, 352 = NJW 2006, 2698, 2700 Rn. 23; *Wegener*, in: Uhlenbruck, InsO, § 188 Rn. 26.

241 BGH, Urt. v. 9.10.2014 – IX ZR 140/11, NJW 2015, 64, 69; *Brinkmann*, Bedeutung der §§ 92, 93 InsO, S. 63.

242 Dieser Grundsatz wird prägnant mit den Worten „Eine Person, ein Vermögen, ein Insolvenzverfahren" zum Ausdruck gebracht, vgl. *H.-F. Müller*, in: Jaeger, InsO, § 35 Rn. 168.

243 BGH, Urt. v. 11.5.2006 – IX ZR 42/05, BGHZ 167, 352 = NJW 2006, 2698, 2700 Rn. 23.

244 A. A. aber *Haarmeyer/Mock*, in: Haarmeyer/Mock, InsVV, § 1 Rn. 282.

ee) Zuordnung interessengleicher Ansprüche

Im Übrigen erfüllt eine pflichtwidrige Rechtshandlung des Geschäftsführers häufig gleichzeitig die Voraussetzungen verschiedener Anspruchsgrundlagen. In der Folge bestehen zum Teil neben Gesamtschadensansprüchen i. S. v. § 92 InsO auch andere Ansprüche, die auf das gleiche Interesse gerichtet und zumindest gesamtschadensähnlich sind, welche jedoch unstreitig Teil der Insolvenzmasse sind. Dies gilt zunächst für den anfechtungsrechtlichen Rückgewähranspruch nach § 143 Abs. 1 S. 1 InsO.[245] Weitere Gesamtschäden sind bereits als Ansprüche der Insolvenzschuldnerin nach § 35 InsO Teil der Insolvenzmasse: Dies galt für den nunmehr zugunsten des § 15b Abs. 4 S. 1 InsO aufgehobenen § 64 S. 1 GmbHG a. F.[246] Auch der Anspruch aus § 15b Abs. 4 S. 1 InsO nähert sich durch den nach § 15b Abs. 4 S. 2 InsO zulässigen Gegenbeweis eines geringeren Schadens der Gläubigerschaft einem Gesamtschaden an[247] und ist ebenfalls Teil der Insolvenzmasse.

Aus einem Lebenssachverhalt kann sich sowohl ein Anfechtungsanspruch nach den §§ 129 ff. InsO als auch ein Anspruch auf Ersatz eines Gesamtschadens i. S. v. § 92 InsO ergeben. In diesem Fall kann der Insolvenzverwalter den Rückgewähranspruch nach sämtlichen rechtlichen Gesichtspunkten geltend machen.[248] Würde man den Anfechtungsanspruch als Teil der Insolvenzmasse und den Gesamtschaden nicht als Teil derselben einordnen, wäre eine Zuordnung des erzielten Betrags vom Zufall – bzw. von der konkreten Anspruchsbegründung des Insolvenzverwalters – abhängig. Dieses Nebeneinander von Anspruchsgrundlagen besteht auch im Verhältnis von § 15b Abs. 4 InsO und § 92 InsO. In den meisten Fällen wird der Insolvenzverwalter den durch die pflichtwidrige Handlung des Geschäftsführers entstandenen Schaden aufgrund der niedrigeren Anforderungen an die Darlegungs- und Beweislast primär über den Ersatzanspruch nach § 15b InsO verfolgen.[249] Wie bei der Insolvenzanfechtung kann der Anspruch nach § 15b Abs. 4 S. 1 InsO die gleiche Rechtshandlung wie der Anspruch auf Ersatz eines Gesamtschadens aus § 823 Abs. 2 BGB i. V. m. § 15a InsO erfassen. § 15b Abs. 4 S. 1 InsO ist als Ersatzanspruch der GmbH unstreitig Teil der Insolvenzmasse. Es hinge somit auch in dieser Konstellation von der vom Insolvenzverwalter gewählten Anspruchsgrundlage ab, ob die Schadenersatzzahlung

---

245 Vgl. *Börries/Hirte*, in: Uhlenbruck, InsO, § 143 Rn. 20; *Büteröwe*, in: K. Schmidt, InsO, § 143 Rn. 3; *Kirchhof/Piekenbrock*, in: MüKoInsO, § 143 Rn. 43.

246 *Gehrlein*, in: MüKoInsO, § 92 Rn. 27.

247 Str., näher *Bitter*, GmbHR 2022, 57, 66; vgl. auch *Altmeppen*, ZIP 2021, 2413, 2413; krit. zum Begriff des „Quotenschadens" in diesem Zusammenhang *Altmeppen*, ZIP 2022, 1413, 1418; *Klöhn/Zell*, NZG 2022, 836, 837.

248 BGH, Urt. v. 9.12.1999 – IX ZR 102/97, NJW 2000, 1259, 1260; *Kayser/Freudenberg*, in: MüKoInsO, § 129 Rn. 204.

249 *Gehrlein*, in: MüKoInsO, § 92 Rn. 27.

in die Insolvenzmasse fällt, wenn man Gesamtschäden i. S. v. § 92 InsO nicht als Teil der Insolvenzmasse einordnen würde. Dies erscheint auch deshalb besonders widersprüchlich, da auch der Schaden für Zahlungen nach Insolvenzreife in § 15 Abs. 4 InsO nach der Gesetzesbegründung nunmehr gesetzlich als widerleglicher „Gesamtgläubigerschaden in Höhe der verbotswidrig geleisteten Zahlungen" ausgestaltet ist.[250] Die hier vertretene Ansicht führt somit zu einer einheitlichen Zuordnung von Gesamtschäden zur Insolvenzmasse und vermeidet die dargestellten Zuordnungsschwierigkeiten.

ff) Verfassungsrechtliche Erwägungen

Zum Teil wird zwar bestritten, dass es sich bei den von § 92 InsO erfassten Ansprüchen um einen Bestandteil der Insolvenzmasse handelt, die Ansprüche seien jedoch im Insolvenzplanverfahren zu behandeln, als seien sie ein Teil der Insolvenzmasse.[251] Diese Ansicht ist auch vor dem Hintergrund des Art. 14 GG kritikwürdig. Denn eine Norm, welche die Gestaltung der von § 92 InsO erfassten Ansprüche im Insolvenzplan ausdrücklich regelt, besteht nicht. Verneint man, dass § 92 InsO eine Erweiterung der Insolvenzmasse bewirkt, fehlt eine hinreichend bestimmte Norm, welche als gesetzliche Grundlage für die entsprechende Inhalts- und Schrankenbestimmung durch die Planregelung bestehen muss, die einen Eingriff in das Eigentum der Gläubiger an den erfassten Forderungen gegenüber dem Geschäftsführer, der nicht Schuldner des Insolvenzverfahrens ist, bewirkt.[252] Der pauschale Verweis auf eine Behandlung *wie Insolvenzmasse* vermag den erforderlichen Vorrang des Gesetzgebers, Inhalt und Schranken des Eigentums nach Art. 14 Abs. 1 S. 2 GG hinreichend bestimmt zu normieren, nicht zu erfüllen.[253] Diese verfassungsrechtlichen Rechtfertigungsschwierigkeiten bestehen dagegen unter der Prämisse der hier vertretenen Zuordnung der Ansprüche i. S. v. § 92 InsO zur Insolvenzmasse nicht. Denn die gesetzliche Grundlage für die Gestaltung dieser Ansprüche im Insolvenzplanverfahren ergibt sich unter dieser Prämisse ausdrücklich aus der nach § 217 Abs. 1 InsO möglichen abweichenden Regelung der Verwertung der Insolvenzmasse.

---

250 BT-Drs. 19/24181, S. 195, dort zu Abs. 4.

251 *K. Schmidt*, in: K. Schmidt, InsO, § 92 Rn. 11–14 m. w. N.; in diese Richtung auch *Haas*, in: Noack/Servatius/Haas, GmbHG, § 64 Rn. 247, 263.

252 Vgl. ausführlich zu den verfassungsrechtlichen Anforderungen an Forderungsgestaltungen durch Planregelungen *Lüer/Streit*, in: Uhlenbruck, InsO, § 254b Rn. 14 m. w. N.

253 Vgl. zu den Anforderungen an Inhalts- und Schrankenbestimmungen *Papier/Shirvani*, in: Dürig/Herzog/Scholz, GG, Art. 14 Rn. 416, 418.

b) Von § 92 InsO erfasste Anspruchsgrundlagen

Abstrakt erfasst der Wortlaut von § 92 S. 1 InsO Ansprüche der Insolvenzgläubiger auf Ersatz von Gesamtschäden. § 92 InsO begründet keine Ansprüche, sondern überträgt die Einziehungs- und Prozessführungsbefugnis für nach anderen Normen bestehende Ansprüche während des Insolvenzverfahrens auf den Insolvenzverwalter im Umfang der angemeldeten Forderungen.[254] Soweit der Gesamtschaden erst nach Aufhebung des Insolvenzverfahrens bekannt wird, kann gem. § 203 Abs. 1 Nr. 3 InsO eine Nachtragsverteilung angeordnet werden. Bei den Ansprüchen i. S. v. § 92 InsO handelt es sich in der Regel um solche gegen Gesellschafter, Organe und sonstige Dritte,[255] welche Schäden, die die Gläubiger gemeinschaftlich durch eine Verkürzung der Insolvenzmasse eingebüßt haben, kompensieren.[256] Vor Abschluss des Insolvenzverfahrens kann ein Gesamtschaden nur durch den Insolvenzverwalter geltend gemacht werden.[257] Auch sogenannte Teilgesamtschäden sind erfasst, d. h. wenn lediglich ein Teil der Gläubiger gleichermaßen betroffen ist.[258]

Konkret lassen sich die von § 92 InsO erfassten Anspruchsgrundlagen im Überblick wie folgt darstellen:

Zunächst stellt der Ersatz des Quotenschadens der Altgläubiger durch die Insolvenzverschleppungshaftung nach § 15a InsO i.V.m. § 823 Abs. 2 BGB den bekanntesten Anwendungsfall von § 92 InsO dar, wenngleich die praktische Bedeutung aufgrund der Rechtsprechung des BGH, die einen Quotenschaden der Neugläubiger ablehnt,[259] gering ist.[260] Zudem lassen sich Ansprüche auf Ersatz von Zahlungen nach Insolvenzreife nach § 15b Abs. 4 InsO (§ 64 S. 1 GmbHG a. F.) für den Insolvenzverwalter einfacher darlegen, weshalb die Geltendmachung in der Regel nicht auf § 823 Abs. 2 BGB i.V. m. § 15a InsO gestützt wird.[261] Dagegen handelt es sich bei dem Neugläubigerschaden auf Grundlage von § 823 Abs. 2 BGB i.V. m. § 15a InsO um einen Individualschaden, der nicht von § 92 InsO erfasst wird.[262] Der Anwen-

254 BGH, Beschl. v. 14.7.2011 – IX ZR 210/10, NJW-RR 2011, 1318, 1319 Rn. 6 m. w. N.; zum Umfang der Ermächtigungswirkung bei angemeldeten und etwaig bestrittenen Forderungen i. R. v. § 93 InsO: BGH, Urt. v. 17.12.2015 – IX ZR 143/13, NZI 2016, 445, 447 Rn. 18, 448 Rn. 25.

255 BGH, Urt. v. 19.5.2022 – III ZR 11/20, ZIP 2022, 1396, 1397 Rn. 10.

256 BGH, Teilversäumnis- und Teilendurteil v. 13.12.2018 – IX ZR 66/18, NJW-RR 2019, 491, 492; BGH, Urt. v. 19.5.2022 – III ZR 11/20, ZIP 2022, 1396, 1397 Rn. 10; *Gehrlein*, in: MüKoInsO, § 92 Rn. 11 m. w. N.; *Oepen*, ZIP 2000, 526 untersucht §§ 92, 93 InsO auf Vereinbarkeit mit der Rechtsweggarantie aus Art. 6 Abs. 1 EMRK.

257 BGH, Urt. v. 19.5.2022 – III ZR 326/20, NZI 2022, 697.

258 *Hirte*, in: Uhlenbruck, InsO, § 92 Rn. 16.

259 BGH, Urt. v. 30.3.1998 – II ZR 146/96, BGHZ 138, 211 = NJW 1998, 2667.

260 *K. Schmidt*, in: K. Schmidt, InsO, § 92 Rn. 18; *K. Schmidt*, ZHR 2011, 433, 435, 442.

261 *Gehrlein*, in: MüKoInsO, § 92 Rn. 27.

262 *Klöhn*, in: MüKoInsO, § 15a Rn. 256.

dungsbereich von § 92 InsO erstreckt sich im Übrigen in deliktisch geprägten Insolvenzen auf Ansprüche aus §§ 823 Abs. 1, 826 BGB und § 823 Abs. 2 BGB i.V.m. §§ 263 ff. StGB.[263]

Zusätzlich kann sich aus § 57 StaRUG ein von § 92 InsO erfasster Gesamtschaden ergeben, sofern eine Vielzahl von Gläubigern durch die Stabilisierungsanordnung aufgrund unrichtiger Angaben einen Schaden erlitten hat.[264] Für die Haftung des Geschäftsführers für Pflichtverletzungen in der Eigenverwaltung verweist § 276a Abs. 2 S. 1 InsO auf die §§ 60, 61 InsO. § 61 InsO gewährt den Massegläubigern einen unmittelbaren Anspruch. Im Rahmen von § 60 InsO ist zwischen Gesamtschäden und Individualschäden zu unterscheiden. Soweit es sich um einen Gesamtschaden handelt, ist die Haftung des Geschäftsführers für Pflichtverletzungen in der Eigenverwaltung vom Insolvenzverwalter bzw. vom Sachwalter geltend zu machen, vgl. §§ 92, 280 InsO.

c) Nicht von § 92 InsO erfasste Ansprüche

Dagegen erfasst § 92 InsO keine Ansprüche auf Ersatz von Individualschäden[265] oder Ansprüche der GmbH als Insolvenzschuldnerin. Für letztere ist der Insolvenzverwalter bereits nach § 80 Abs. 1 InsO verfügungsbefugt.[266] Dementsprechend findet § 92 InsO entgegen anderslautender Stimmen[267] keine Anwendung auf Innenhaftungsansprüche der Gesellschaft gegenüber dem Geschäftsführer, wie etwa § 43 GmbHG, § 43 Abs. 1 S. 2 StaRUG oder § 15b Abs. 4 S. 1 InsO.[268] Es handelt sich um Ansprüche eigener Art, die ihrer Natur nach darauf gerichtet sind, das Gesellschaftsvermögen wieder aufzufüllen, um es im Insolvenzverfahren zur Befriedigung der Gesellschaftsgläubiger zu verwenden.[269] § 43 Abs. 2, 3 GmbHG normiert Innenhaftungsansprüche der Gesellschaft, die die Gläubiger lediglich mittelbar

---

263 *Kroth*, in: Braun, InsO, § 92 Rn. 4 unter Verweis auf Lions Kings Club, Balsam-Procedo, FlowTex, Phoenix und Wirecard.

264 *Brünkmans*, ZInsO 2021, 1, 12.

265 *Gehrlein*, in: MüKoInsO, § 92 Rn. 11.

266 *Hofmann*, in: Graf-Schlicker, InsO, § 92 Rn. 2; *Klöhn*, in: Bork/Schäfer, GmbHG, § 43 Rn. 84; *Kruth*, in: Römermann, InsO, § 92 Rn. 11; *K. Schmidt*, in: K. Schmidt, InsO, § 92 Rn. 4; *Verse*, in: Scholz, GmbHG, § 43 Rn. 366.

267 So aber *Altmeppen*, in: Altmeppen, GmbHG, § 43 Rn. 91, Anh. § 60 Rn. 134, 164; *Fleischer*, in: MüKoGmbHG, § 43 Rn. 397.

268 Im Ergebnis mit Teils unterschiedlicher Akzentuierung ebenso *Kroth*, in: Braun, InsO, § 92 Rn. 3; *J. Schmidt*, in: Kayser/Thole, InsO, § 92 Rn. 70; *K. Schmidt*, in: K. Schmidt, InsO, § 92 Rn. 4; *M. Schmidt-Leithoff/Schneider*, in: Rowedder/Schmidt-Leithoff, GmbHG, 6. Aufl. 2017, § 64 Rn. 52; *Wimmer*, in: Gottwald/Haas, InsR-HdB, § 26 Rn. 16.

269 St. Rspr., vgl. nur BGH, Urt. 8.1.2001 – II ZR 88/99, NJW 2001, 1280, 1283.

schützen.[270] Es handelt sich somit nicht um „Ansprüche der Insolvenzgläubiger" i. S. v. § 38 InsO, d. h. nicht um einen Vermögensanspruch der Gläubiger zur Zeit der Eröffnung des Insolvenzverfahrens, der für die Anwendung von § 92 S. 1 InsO nach dessen Wortlaut erforderlich wäre.[271]

Auch die Maßstäbe für die Bestimmung des Schadens im Rahmen der Innenhaftung bewirkt kein anderes Ergebnis. Zwar bemisst sich dieser grundsätzlich am Gesamtgläubigerschaden (vgl. § 15b Abs. 4 S. 2 InsO, § 43 Abs. 1 S. 2 StaRUG), allerdings haftet der Geschäftsführer nach dem ausdrücklichen Wortlaut gegenüber „dem Schuldner" bzw. „der juristischen Person".[272] Noch deutlicher wird dies an § 43 Abs. 2 GmbHG, der auf den Schaden der Gesellschaft abstellt,[273] da auch eine insolvente oder vermögenslose GmbH geschädigt werden kann.[274] Auch wenn sich die Schadenshöhe teilweise nach dem Schaden der Gläubiger bemisst, sind diese Schadenersatzforderungen dem Vermögen der Gesellschaft zugewiesen.[275] Dies äußert sich auch in der erforderlichen Pfändung der Ersatzansprüche durch einzelne Gläubiger der Gesellschaft bei einer Abweisung der Insolvenzeröffnung mangels Masse.[276]

Es bedarf insoweit keines Rückgriffs auf § 92 InsO, um diese Ansprüche zur Insolvenzmasse zu ziehen. Das Telos von § 92 InsO, einen ungeordneten Wettlauf der Gläubiger auf das Vermögen des Schädigers zu vermeiden,[277] ist nicht gefährdet.

d) Nicht angemeldete Forderungen

Die Reichweite von § 92 InsO erstreckt sich entsprechend §§ 254 Abs. 1, 254b InsO im Insolvenzplanverfahren auch auf nicht angemeldete Forderungen, denn nach § 254b InsO gelten die Wirkungen des Insolvenzplans auch für Insolvenzgläubiger, die ihre Forderungen nicht angemeldet haben, und für Beteiligte, die dem Insolvenzplan widersprochen haben. Innerhalb der Verjährungsfristen des § 259b InsO ist es etwaigen Nachzüglern lediglich möglich, die Planquote für ihre Forderungen

---

270 *Verse*, in: Scholz, GmbHG, § 43 Rn. 8; *Ziemons*, in: Michalski, GmbHG, § 43 Rn. 368.

271 Vgl. *H.-F. Müller*, in: Jaeger, InsO, § 92 Rn. 19.

272 Die Summe der Zahlungen i. S. v. § 15b Abs. 4 S. 1 InsO gilt insoweit als Vermutungstatbestand für den Gesamtgläubigerschaden, dem Geschäftsleiter steht der Gegenbeweis eines geringeren Gesamtschadens der Gläubiger nach § 15b Abs. 4 S. 2 InsO offen, näher *Bitter*, ZIP 2021, 321, 328 f.

273 *Ziemons*, in: BeckOK GmbHG, § 43 Rn. 306, Stand: 1. 2. 2024.

274 BGH, Urt. v. 17. 3. 1987 – VI ZR 282/85, BGHZ 100, 190 = NJW 1987, 2008, 2009; *Ziemons*, in: Michalski, GmbHG, § 43 Rn. 462.

275 Vgl. bereits für den Anspruch aus § 93 Abs. 3 Nr. 6 AktG a. F.: BGH, Urt. v. 9. 7. 1979 – II ZR 118/77 (Herstatt), NJW 1979, 1823, 1825.

276 BGH, Urt. v. 11. 9. 2000 – II ZR 370/99, NJW 2001, 304 zu § 64 GmbHG a. F.

277 Vgl. BT-Drs. 12/2443, S. 139.

zu beanspruchen. Auch Inhaber von Gesamtschadensansprüchen sind Teil der Beteiligten in diesem Sinne, denn auch wenn der Begriff des „Beteiligten" in der InsO nicht einheitlich verwendet wird, werden insbesondere diejenigen erfasst, die den Regelungen des Insolvenzplans zwangsweise unterworfen sind.[278]

Hinsichtlich dieser Forderungen ist im Insolvenzplanverfahren somit eine weitreichendere Gestaltung möglich, als es dem Insolvenzverwalter im Regelinsolvenzverfahren möglich wäre, denn im Regelinsolvenzverfahren erfasst die Ermächtigungswirkung des § 92 InsO nur die angemeldeten Forderungen. Denn grundsätzlich nimmt § 92 InsO den Gläubigern zum einen für die Dauer des Insolvenzverfahrens die Befugnis, über die Ansprüche zu verfügen oder diese Geltend zu machen (Sperrwirkung) und weist diese Befugnis zum anderen dem Insolvenzverwalter zu (Ermächtigungswirkung).[279] Zwar ist es für die Sperrwirkung des § 92 InsO im Ergebnis ohne Bedeutung, ob ein Gläubiger am Insolvenzverfahren teilnimmt, denn der Begriff der Insolvenzgläubiger in § 38 InsO erfasst auch formal nicht am Verfahren beteiligte Gläubiger, da ein Gläubiger sich nicht durch die vermiedene Teilnahme den Regeln des Insolvenzverfahrens entziehen können soll.[280] Allerdings erfasst die Ermächtigungswirkung des § 92 InsO nur die Ansprüche der am Verfahren teilnehmenden Gläubiger, wobei aus praktischen Gründen eine Vermutung bestehen dürfte, dass alle Gläubiger am Verfahren teilnehmen.[281] Dementsprechend ist der Insolvenzverwalter grundsätzlich nur befugt, sich über die angemeldeten Forderungen mit dem Geschäftsführer zu vergleichen.

Für eine Gestaltung von Gesamtschadensansprüchen im Insolvenzplanverfahren gilt diese Einschränkung jedoch nicht. Denn mit Rechtskraft der Planbestätigung treten die im Insolvenzplan vorgesehen Wirkungen auch gegenüber den Insolvenzgläubigern ein, die ihre Forderungen nicht angemeldet haben, und gegenüber Beteiligten, die dem Insolvenzplan widersprochen haben, §§ 254 Abs. 1, 254b InsO. Dieses Ergebnis ist der Insolvenzordnung auch an anderer Stelle nicht fremd. Denn die persönliche Haftung eines Gesellschafters nach § 128 HGB (analog) wird ebenfalls mit der im gestaltenden Teil vorgesehenen Befriedigung in vollem Umfang, unabhängig von der Anmeldung der zugrundeliegenden Forderungen, von § 227 Abs. 2 InsO erfasst.[282] Dies birgt vor dem Hintergrund der besonderen Verjährungsvorschrift des § 259b InsO nach Planbestätigung somit ein nicht zu unterschätzendes Risiko für die Gläubiger von Gesamtschäden, ihren Anspruch auf die Planquote zu verlieren.

---

278 Vgl. *Eidenmüller*, in: MüKoInsO, § 217 Rn. 60.
279 *K. Schmidt*, in: K. Schmidt, InsO, § 92 Rn. 7.
280 *Lüke*, in: Kübler/Prütting/Bork, InsO, § 92 Rn. 31.
281 *Lüke*, in: Kübler/Prütting/Bork, InsO, § 92 Rn. 35.
282 *Lüer/Streit*, in: Uhlenbruck, InsO, § 227 Rn. 17 m. w. N.

e) Vergleich mit den Befugnissen des Insolvenzverwalters i.R.v. § 92 InsO

Ein weiteres Argument für die Gestaltbarkeit der Ansprüche i. S. v. § 92 InsO folgt aus den diesbezüglichen Kompetenzen des Insolvenzverwalters. Denn sofern man dem Insolvenzverwalter den Abschluss von diesbezüglichen Erlassverträgen zugesteht, muss man dem Insolvenzplanverfahren jedenfalls diese Befugnis auch zugestehen. Denn aus dem Wortlaut von § 217 Abs. 1 S. 1 InsO („können [...] abweichend [...] geregelt werden") folgt, dass der Insolvenzplan jedenfalls diejenigen Gestaltungen treffen kann, die auch dem Insolvenzverwalter möglich sind.

aa) Meinungsstand

Der Wortlaut von § 92 InsO ermächtigt den Insolvenzverwalter zur „Geltendmachung", d.h. zu jeder Handlung, die zur Durchsetzung von Gesamtschadensforderungen erforderlich ist. Lediglich vereinzelt wird in diesem Zusammenhang eine Verzichts- und Vergleichsbefugnis mangels Verfügungsbefugnis des Insolvenzverwalters insgesamt abgelehnt.[283] Die überwiegende Ansicht in Literatur und Rechtsprechung bejaht dagegen mit unterschiedlicher Akzentuierung die Erlass- und Vergleichsbefugnis des Insolvenzverwalters.[284] Zum Teil wird von letzterer Ansicht eine Ermessensentscheidung des Insolvenzverwalters angenommen, da der Insolvenzverwalter die Ansprüche zugunsten der Insolvenzmasse einziehe.[285] Auch wird vereinzelt unter Verweis auf die Massezugehörigkeit der von § 92 InsO erfassten Ansprüche eine analoge Anwendung von § 80 Abs. 1 InsO befürwortet.[286] Ferner wird eine Parallele zur Rechtslage bei Anfechtungsansprüchen gezogen, weshalb die Ermächtigungswirkung des § 92 InsO nach dem Zweck des Insolvenzverfahrens Verzicht und Vergleich als Form der Verwertung billige.[287] Auch die Vertreter der Ansicht, Gesamtschäden i. S. v. § 92 InsO seien nicht Teil der Insolvenzmasse billigen dem Insolvenzverwalter in der Regel eine diesbezügliche Verzichts- und Vergleichsbefugnis zu.[288] Denn trotz der treuhänderischen Begrenzung der Ermächti-

---

283 *Hirte*, in: Uhlenbruck, InsO, § 92 Rn. 21, § 93 Rn. 6; *Bork*, in: Kölner Schrift, S. 1028 Rn. 13.

284 Mit unterschiedlicher Begründung *Brinkmann*, Bedeutung der §§ 92, 93 InsO, S. 64 f.; *Gehrlein*, in: MüKoInsO, § 92 Rn. 17; *Haas/Kolmann/Kurz*, in: Gottwald/Haas, InsR-HdB, § 90 Rn. 581; *Klöhn*, in: MüKoInsO, § 15a Rn. 272; *Krüger*, NZI 2002, 367, 369 f.; *Lüke*, in: Kübler/Prütting/Bork, InsO, § 92 Rn. 36; *H.-F. Müller*, in: Jaeger, InsO, § 92 Rn. 33; zur ähnlich gelagerten Frage i. R. v. § 93 InsO: BAG, Urt. v. 28.11.2007 – 6 AZR 377/07, NZI 2008, 387; BGH, Urt. v. 17.12.2015 – IX ZR 143/13, NZI 2016, 445, 448 Rn. 22.

285 *Hofmann*, in: Graf-Schlicker, InsO, § 92 Rn. 9, 10; *Krüger*, NZI 2002, 367, 370; *Lüke*, in: Kübler/Prütting/Bork, InsO, § 92 Rn. 36.

286 *Brinkmann*, Bedeutung der §§ 92, 93 InsO, S. 64, 69.

287 *Haas/Kolmann/Kurz*, in: Gottwald/Haas, InsR-HdB, § 90 Rn. 581.

288 *Gehrlein*, in: MüKoInsO, § 92 Rn. 14, 17; *K. Schmidt*, in: K. Schmidt, InsO, § 92 Rn. 11.

gungswirkung des § 92 InsO sei der Insolvenzverwalter zum Vergleich über Grund und Höhe berechtigt als seien die erfassten Forderungen Teil der Insolvenzmasse.[289]

bb) Stellungnahme

Grundsätzlich beschränkt sich die Verwaltungs- und Verfügungsbefugnis des Insolvenzverwalters nach § 80 InsO auf die zur Insolvenzmasse gehörenden Vermögensgegenstände.[290] Unter der hier vertretenen Ansicht, welche die Ansprüche i. S. v. § 92 InsO als Teil der Insolvenzmasse einordnet, ergibt sich die Vergleichsbefugnis zwanglos aus der Verfügungsbefugnis des Insolvenzverwalters nach § 80 InsO.[291] Einer analogen Anwendung von § 80 Abs. 1 InsO bedarf es insoweit nicht.[292]

Weiterhin deutet der Wortlaut des § 92 S. 1 InsO „können […] geltend gemacht werden" keine Einschränkung der Vergleichsbefugnis an,[293] wie aus dem Vergleich mit dem Begriff der „Geltendmachung" von Ersatzansprüchen durch die Gesellschafter i. S. v. § 46 Nr. 8 GmbHG deutlich wird. Denn „Geltendmachung" i. S. v. § 46 Nr. 8 GmbHG umfasst neben der Anspruchserhebung jede Form der Erledigung, insbesondere auch die Entscheidung über den Abschluss von einem Erlass oder Vergleich mit dem Geschäftsführer.[294] Zwar handelt es sich bei § 46 Nr. 8 GmbHG um Ansprüche der GmbH über deren Geltendmachung die Gesellschafter entscheiden,[295] jedoch sind keine Anhaltspunkte ersichtlich, dass der Gesetzgeber im Rahmen von § 92 InsO eine abweichende Auslegung des Begriffs der „Geltendmachung" im Vergleich zur bestehenden Regelung des § 46 Nr. 8 GmbHG intendierte.

Ferner steht es sogar der Vergleichsbefugnis des Insolvenzverwalters nicht entgegen, wenn man der Ansicht folgt, auch die geschädigten Gläubiger blieben neben dem Insolvenzverwalter verfügungsbefugt und könnten insbesondere einen Erlassvertrag abschließen.[296] Denn es entspricht allgemeinen zivilrechtlichen Wertungen, dass bei mehreren Verfügungsbefugten, etwa bei Gesamtgläubigern

---

289 *K. Schmidt*, in: K. Schmidt, InsO, § 92 Rn. 11–14 m. w. N.; in diese Richtung auch *Haas*, in: Noack/Servatius/Haas, GmbHG, § 64 Rn. 247, 263.

290 Statt aller *Vuia*, in: MüKoInsO, § 80 Rn. 43.

291 Ebenso *Brinkmann*, Bedeutung der §§ 92, 93 InsO, S. 42 ff., 69.

292 A.A. *Brinkmann*, Bedeutung der §§ 92, 93 InsO, S. 62, 64, der trotz Zuordnung zur Insolvenzmasse eine analoge Anwendung von § 80 InsO vertritt.

293 A.A. wohl *Krüger*, NZI 2002, 367, 369.

294 BGH, Urt. v. 8.12.1997 – II ZR 236/96, NJW 1998, 1315, 1316; *Liebscher*, in: MüKoGmbHG, § 46 Rn. 258; *Mollenkopf*, in: Henssler/Strohn, GmbHG, § 46 Rn. 39.

295 Vgl. *Liebscher*, in: MüKoGmbHG, § 46 Rn. 251; zur Geltendmachung i. R. v. § 147 AktG *Arnold*, in: MüKoAktG, § 147 Rn. 64.

296 Vgl. *Hofmann*, in: Graf-Schlicker, InsO, § 92 Rn. 9 m. w. N.

i. S. v. § 428 BGB, jeder einzelne einen Erlass mit Gesamtwirkung vereinbaren kann, § 429 Abs. 4 BGB i.V. m. § 423 BGB.[297]

Im Übrigen sind die Gläubiger durch die Vergleichsbefugnis des Insolvenzverwalters auch nicht schutzlos gestellt, da der Insolvenzverwalter für Schädigungen der Insolvenzmasse den Beteiligten zum Schadensersatz verpflichtet ist, § 60 InsO. Der Verwalter sollte jedoch nicht zur Durchsetzung verpflichtet sein, sofern anderweitig ein für die Insolvenzmasse günstigeres Ergebnis erreicht werden kann.

f) Zwangsweise Gestaltung im Anwendungsbereich von § 92 InsO

Unter diesen Voraussetzungen bestehen hinsichtlich der Gestaltung von Gesamtschäden im Insolvenzplan keine Unterschiede im Vergleich zu sonstigen Forderungen der Insolvenzmasse. Der Insolvenzverwalter ist im Rahmen der Geltendmachung von Gesamtschadensansprüchen nach § 92 InsO wie dargelegt verzichts- und vergleichsbefugt.[298] Wie ebenfalls bereits dargelegt „kann" die Verwertung nach dem Wortlaut von § 217 Abs. 1 S. 1 InsO abweichend geregelt werden, weshalb im Insolvenzplan jedenfalls auch die außerhalb des Insolvenzplans zulässigen Verwertungsformen zulässig sind. Da § 92 InsO die Ansprüche der Insolvenzgläubiger haftungsrechtlich der Insolvenzmasse zuweist, ist eine Gestaltung von Gesamtschadensansprüchen als Teil der Insolvenzmasse als abweichende Verwertung i. S. v. § 217 Abs. 1 InsO im Insolvenzplan auch gegen den Willen widersprechender Gläubiger zulässig.[299]

Die Ansicht, die eine Einordnung der von § 92 InsO erfassten Ansprüche als Insolvenzmasse ablehnt, behilft sich für die Gestaltung von Gesamtschadensansprüchen im Insolvenzplan zum Teil mit der Figur des „funktionalen" Massebestandteils.[300] Dies entbehrt vor dem Hintergrund des Wortlauts von § 217 Abs. 1 S. 1 InsO („Verwertung der *Insolvenzmasse*") nicht einer gewissen Widersprüchlichkeit, wenn man die abschließende Wirkung der Aufzählung der zulässigen Regelung in § 217 InsO berücksichtigt.[301]

297 Vgl. OLG Hamburg, Urt. v. 18.10.2002 – 4 U 75/02, MDR 2003. 319; *Böttcher*, in: Erman, BGB, § 429 Rn. 5 m. w. N.; *Kreße*, in: BeckOGK BGB, § 429 Rn. 14, Stand: 1.3.2024; **a. A.** *Heinemeyer*, in: MüKoBGB, § 429 Rn. 5; *Looschelders*, in: Staudinger, BGB, § 429 Rn. 19.

298 Siehe bereits: Kap. C.II.3.e), S. 45 ff.

299 Im Ergebnis ebenso *Brinkmann*, Bedeutung der §§ 92, 93 InsO, S. 44 f., 87; *Rühle*, in: Römermann, InsO, § 217 Rn. 28; *Eidenmüller*, in: MüKoInsO, § 217 Rn. 119, der die Ansprüche allerdings lediglich „funktional" der Insolvenzmasse zuordnet.

300 *Eidenmüller*, in: MüKoInsO, § 217 Rn. 62, 119.

301 Vgl. *Eidenmüller*, in: MüKoInsO, § 217 Rn. 96; zu verfassungsrechtlichen Bedenken: Kap. C.II.3.a)ff), S. 40.

III. Erforderliche Mitwirkungshandlungen

Die Zwangswirkung des Insolvenzplans durch Mehrheitsentscheidung beschränkt sich personell auf die Beteiligten des Insolvenzplanverfahrens, vgl. §§ 254 Abs. 1, 254b InsO. Im Umkehrschluss bleiben Dritte von den Wirkungen des Insolvenzplans grundsätzlich unberührt.[302] Allerdings kann in einem Insolvenzplan nach § 217 Abs. 1 S. 1 InsO von den Vorschriften „dieses Gesetzes", d. h. von denen der InsO, abgewichen werden, soweit es sich um dispositive Regelungen handelt.[303] Von den zwingenden Vorschriften anderer Gesetze kann dagegen nicht abgewichen werden, soweit sich nicht aus den §§ 217 ff. InsO ausdrücklich etwas anderes ergibt.[304] Somit müssen Rechtsgestaltungen in einem Insolvenzplan in zweifacher Hinsicht Gesetzmäßigkeitsanforderungen genügen: Zum einen den Anforderungen der InsO und anderen Gesetzen an das Insolvenzplanverfahren und zum anderen den zwingenden allgemeinen Regelungen, die im Insolvenzplanverfahren ihre Geltung nicht verlieren.[305]

An diesem Rahmen richtet sich aus, welche Mitwirkungen neben der Abstimmung über den Insolvenzplan erforderlich sind:

1. Erlassannahme durch den Geschäftsführer

a) Kein einseitiger Erlass

Zivilrechtlich ist der Erlass einer Forderung gem. § 397 BGB regelmäßig in einen Vergleich nach § 779 BGB eingebettet.[306] Häufig wird ein Teilerlass – etwa in Kombination mit einer Teilzahlung – mit der Folge des vollständigen Erlöschens der Forderung vereinbart, §§ 397 Abs. 1, 362 Abs. 1 BGB.[307] Das materielle Recht sieht für einen Erlass gem. § 397 BGB bzw. für einen Vergleich gem. § 779 BGB die Vertragsform vor. Ein einseitiger Erlass – d. h. ohne korrespondierende Willenserklä-

302 *Lüer/Streit*, in: Uhlenbruck, InsO, § 254 Rn. 14.

303 BGH, Beschl. v. 5. 2. 2009 – IX ZB 230/07, NZI 2009, 230 Rn. 25; BGH, Urt. v. 15. 4. 2010 – IX ZR 188/09, BGHZ 185, 206 Rn. 21; *Lüer/Streit*, in: Uhlenbruck, InsO, § 217 Rn. 91; *Smid*, HdB Insolvenzrecht § 38 Rn. 2.

304 *Eidenmüller*, in: MüKoInsO, § 217 Rn. 46; *Koch/de Bra*, in: Gottwald/Haas, InsR-HdB, § 64 Rn. 21; *Smid*, KSI 2020, 74, 76.

305 *Eidenmüller*, in: MüKoInsO, § 221 Rn. 3, 13; *Lüer/Streit*, in: Uhlenbruck, InsO, § 217 Rn. 91.

306 *Wagner*, in: Erman, BGB, § 397 Rn. 1.

307 BGH, Beschl. v. 29. 9. 2011 – IX ZB 219/10, NZI 2011, 947, 947 Rn. 8; *Wagner*, in: *Erman*, BGB, § 397 Rn. 3.

rung des Schuldners – ist dem deutschen Zivilrecht fremd.[308] Denn obwohl der Schuldner durch den Erlass begünstigt wird, ist eine Mitwirkung des Schuldners am Erlassvertrag notwendig.[309] Zwar können Schuldner und Gläubiger eine Abrede treffen, auf Grund derer der Gläubiger einen Erlass durch einseitige, empfangsbedürftige Gestaltungserklärung erklären kann.[310] Der Schuldner akzeptiert in diesem Fall einen einseitigen Forderungsverzicht und stimmt für die Zukunft im Voraus zu,[311] doch bedarf es auch hier der Mitwirkung des Forderungsschuldners. Auch ein negatives Schuldanerkenntnis setzt als Verfügungsvertrag zwei korrespondierende Willenserklärungen voraus.[312] Lediglich bei Gestaltungsrechten und Einreden ist die einseitige Aufgabe im Zivilrecht möglich.[313]

Die Anwendbarkeit von § 397 Abs. 1 BGB – und damit des Vertragsformgebots – für einen Erlass zugunsten des Geschäftsführers bedarf keines Rückgriffs auf die Einordnung der Rechtsnatur des Insolvenzplans als Vertrag,[314] sondern ergibt sich aus dem Wortlaut von § 217 Abs. 1 S. 1 InsO, der abweichende Regelungen lediglich in den aufgezählten Bereichen von den Regelungen „dieses Gesetzes", d. h. der Insolvenzordnung, erlaubt,[315] weshalb die dargelegten zivilrechtlichen Rahmenbedingungen für einen Erlass auch im Insolvenzplanverfahren zum Tragen kommen.

Das Erfordernis einer Annahme des Erlassvertrags durch den Geschäftsführer kann auch nicht durch Vereinbarung zwischen der GmbH und den Gläubigern im Rahmen des Insolvenzplans im Wege eines Vertrags zugunsten Dritter nach § 328 BGB umgangen werden. Zwar kann ein solcher in den Insolvenzplan aufgenommen werden,[316] allerdings kann ein Erlass als Verfügung nicht im Wege eines Vertrags zugunsten Dritter i. S. v. § 328 BGB zugewandt werden.[317]

---

308 BGH, Urt. v. 4.12.1986 – III ZR 51/85, NJW 1987, 3203, 3203; *Schlüter*, in: MüKoBGB, § 397 Rn. 1; *Wagner*, in: Erman, BGB, § 397 Rn. 1.

309 Näher *Wagner*, in: Erman, BGB, § 397 Rn. 1.

310 *Rieble*, in: Staudinger, BGB, § 397 Rn. 21.

311 *Rieble*, in: Staudinger, BGB, § 397 Rn. 21.

312 *Wolber*, in: BeckOGK BGB, § 397 Rn. 111, Stand: 1.4.2024.

313 *Wagner*, in: Erman, BGB, § 397 Rn. 1.

314 Vgl. *Happe*, Rechtsnatur des Insolvenzplans, S. 183, 218; zust. *Smid*, HdB Insolvenzrecht, § 38 Rn. 2; *Smid/Rattunde/Martini*, Der Insolvenzplan, Rn. 2.41; vgl. auch BGH, Urt. v. 6.10.2005 – IX ZR 36/02, NZI 2006, 100, 101 f. „spezifisch insolvenzrechtliches Instrument" und „kein Vertrag im herkömmlichen Sinne".

315 Vgl. BGH, Beschl. v. 5.2.2009 – IX ZB 230/07, NZI 2009, 230, 232 Rn. 25; BGH, Beschl. v. 16.2.2017 – IX ZB 103/15, NZI 2017, 260 261 Rn. 19; *Eidenmüller*, in: MüKoInsO, § 217 Rn. 95–97; *Rühle*, in: Römermann, InsO, § 217 Rn. 17; *Smid*, HdB Insolvenzrecht, § 38 Rn. 2; *Smid/Rattunde/Martini*, Der Insolvenzplan, Rn. 2.41.

316 *Eidenmüller*, in: MüKoInsO, § 217 Rn. 73.

317 St. Rspr., vgl. nur BGH, Urt. v. 21.6.1994 – XI ZR 183/93, NJW 1994, 2483, 2484; best. BGH, Urt. v. 26.10.2009 – II ZR 222/08, NJW 2010, 64, 65 Rn. 16; BGH, Urt. v. 22.12.2011 – VII ZR 7/11, NJW 2012, 1071,

b) Willenserklärung des Geschäftsführers

Berücksichtigt man die dargestellten allgemeinen zivilrechtlichen Rahmenbedingungen für den Erlass einer Forderung, ist eine Annahmeerklärung des Geschäftsführers grundsätzlich erforderlich, um die Forderungen der Insolvenzmasse gegen den Geschäftsführer i. S. v. § 397 Abs. 1 BGB zu erlassen.

Etwas anderes ergibt sich auch nicht aus den Vorschriften der InsO. In insolvenzrechtlicher Hinsicht ist zur Beantwortung der Frage, ob eine Erklärung des Geschäftsführers zur Annahme des Haftungserlasses erforderlich ist, mangels einer Spezialregelung auf die allgemeinen Regelungen des Insolvenzplanverfahrens zurückzugreifen. Hiernach entfaltet der Insolvenzplan gegenüber Dritten grundsätzlich keine Wirkungen, sofern sich diese nicht freiwillig dessen Wirkungen unterwerfen.[318] Der Geschäftsführer ist in seiner Eigenschaft als Schuldner der Insolvenzmasse nicht Teil der zwangsweise Planunterworfenen. Eine ergänzende Planregelung, die in Rechte eines nicht zwangsweise Planunterworfenen eingreifen soll, kann nur mit dessen Zustimmung wirksam werden, sofern nicht lediglich ein Vertrag zugunsten Dritter gem. § 328 BGB vorliegt.[319] Ein Erlass kann jedoch – wie soeben festgestellt – nicht im Wege eines Vertrags zugunsten Dritter zugewendet werden, weshalb die Zustimmung des Geschäftsführers grundsätzlich notwendig ist.

Dieses Ergebnis entspricht auch § 254a Abs. 1, 3 InsO, nach dem bei Verfügungen über Rechte an Gegenständen die Willenserklärungen als in der vorgeschriebenen Form abgegeben gelten. Zwar erfasst der Begriff des „Gegenstands" im Sinne der Norm auch Forderungen.[320] Jedoch fingiert § 254a InsO lediglich die formgerechte Abgabe von Willenserklärungen und nicht die Willenserklärung als solche.[321] Etwas anderes gilt nur für die Willenserklärungen von Gesellschaftern im Rahmen von § 225a InsO i.V.m. §§ 254a, 254 Abs. 1 InsO.[322] Dass der Gesetzgeber auch im Insolvenzplanverfahren grundsätzlich an der Vertragsform des Erlasses festhält, wird schließlich auch an § 230 Abs. 4 InsO deutlich, der die Gestaltung einer gruppeninternen Drittsicherheit an die Zustimmung des verbundenen Unterneh-

---

1073 Rn. 22; *Habersack*, in: MüKoBGB, § 779 Rn. 31; *Hau*, in: Staudinger, BGB, § 779 Rn. 137; *Rieble*, in: Staudinger, BGB, § 397 Rn. 32 m.w.N.; *Wagner*, in: Erman, BGB, § 397 Rn. 5; **a. A.** *Gottwald*, in: MüKoBGB, § 328 Rn. 276; *Marburger*, in: Staudinger, BGB, 15. Aufl. 2015, § 779 Rn. 68.

318 *Lüer/Streit*, in: Uhlenbruck, InsO, § 254 Rn. 14.

319 *Eidenmüller*, in: MüKoInsO, § 217 Rn. 159.

320 *Lüer/Streit*, in: Uhlenbruck, InsO, § 254a Rn. 4; *Rühle/Ober*, in: Römermann, InsO, § 254a Rn. 2.

321 *Lüer/Streit*, in: Uhlenbruck, InsO, § 254a Rn. 3; *Rühle/Ober*, in: Römermann, InsO, § 254a Rn. 3.

322 *Lüer/Streit*, in: Uhlenbruck, InsO, § 217 Rn. 45.

mens knüpft. Insbesondere soll so die unternehmerische Freiheit des Sicherungsgebers, den Sicherungsgläubiger voll zu befriedigen, erhalten werden.[323]

c) Kein Fall der Annahme ohne Erklärung gegenüber dem Antragenden

Die Notwendigkeit einer Willenserklärung des Geschäftsführers stimmt auch mit § 151 S. 1 BGB überein. Ein Vergleich oder Erlass unterliegt grundsätzlich den allgemeinen zivilrechtlichen Regeln, weshalb auch eine Annahme nach § 151 BGB in Betracht kommt.[324] Nach § 151 S. 1 BGB kommt ein Vertrag auch ohne Erklärung der Annahme gegenüber dem Antragenden zustande, wenn eine solche Erklärung nach der Verkehrssitte nicht zu erwarten ist oder der Antragende auf sie verzichtet hat. § 151 BGB bildet damit lediglich eine Ausnahme vom Grundsatz der Empfangsbedürftigkeit der Annahmeerklärung zur Erleichterung des Geschäftsverkehrs,[325] ohne jedoch auf die Annahmeerklärung als solche zu verzichten.[326] Eine Verkehrssitte wird nach dem Vorbild des § 516 Abs. 2 BGB grundsätzlich bei unentgeltlichen Zuwendungen und bei für den Empfänger lediglich vorteilhaften Rechtsgeschäften angenommen.[327] Über § 151 S. 1 BGB darf die Notwendigkeit einer Annahmeerklärung allerdings nicht außer Kraft gesetzt werden, da ansonsten die Möglichkeit eines einseitigen Verzichts geschaffen würde.[328] In der hier zugrunde liegenden Konstellation wird der Erlass gegenüber dem Geschäftsführer jedoch gerade nicht ohne Erwartung einer Gegenleistung angeboten. Er erfolgt unter Berücksichtigung des wirtschaftlichen Mehrwerts der Mitwirkung des Geschäftsführers und seiner Vermögensverhältnisse, weshalb nach der Verkehrssitte eine Annahmeerklärung erforderlich sein dürfte. Selbst wenn man keine derartige Verkehrssitte bejahen sollte, wäre eine Annahme erforderlich, also eines aus dem Standpunkt eines objektiven Dritten als Willensbetätigung zu wertenden, nach außen hervortretenden Verhaltens des Angebotsempfängers, aus dem sich dessen Annahmewille unzweideutig ergibt.[329]

---

323 *Spliedt*, in: K. Schmidt, InsO, § 230 Rn. 12.

324 Vgl. *Habersack*, in: MüKoBGB, § 779 Rn. 30.

325 *Busche*, in: MüKoBGB, § 151 Rn. 1.

326 BGH, Urt. v. 12.10.1999 – XI ZR 24/99, NJW 2000, 276, 277; BGH, Urt. v. 14.10.2003 – XI ZR 101/02, NJW 2004, 287, 288.

327 BGH, Urt. v. 12.10.1999 – XI ZR 24/99, NJW 2000, 276, 277.

328 *Schlüter*, in: MüKoBGB, § 397 Rn. 3.

329 BGH, Urt. v. 12.10.1999 – XI ZR 24/99, NJW 2000, 276, 277.

d) Pactum de non petendo

Praktisch lässt sich ein einseitiger Verzicht jedoch über ein dauerhaftes Stillhalteabkommen (pactum de non petendo) erreichen. Denn ein pactum de non petendo kann einem Dritten als schuldrechtliche Verpflichtung über einen Vertrag zugunsten Dritter zugewandt werden.[330] In diesem Fall erwirbt der Dritte nach § 328 BGB den Anspruch, dass die Durchsetzung der Forderung unterbleibt,[331] wohingegen bei einem Erlass die Forderung erlischt.[332] Bei einem pactum de non petendo verpflichtet sich der Gläubiger, die Forderung (zeitweise) nicht geltend zu machen.[333] Die Forderung verliert gleichsam ihre Durchsetzbarkeit, da der Schuldner zur Verweigerung der Zahlung berechtigt wird; die Forderung aber bestehen bleibt.[334] Auch ein unbefristeter pactum de non petendo ist möglich, was faktisch einem Erlass gleichkommt.[335]

Für die hier zugrunde gelegte Konstellation dürfte ein (unbefristeter) pactum de non petendo dennoch nicht den Interessen der Beteiligten entsprechen. Denn erst die Mitwirkung des Geschäftsführers bewirkt die wirtschaftliche Rechtfertigung der Enthaftung. Die Enthaftung des Geschäftsführers ist kein Selbstzweck, sondern dient dem Erhalt seiner Mitwirkung, die zu einem messbaren Planmehrwert für die Gläubiger führen soll. Eine Verpflichtung des Geschäftsführers zur Mitwirkung am Planvollzug lässt sich im Wege eines pactum de non petendo jedoch nicht erreichen. Es bedarf somit einer Individualvereinbarung mit dem Geschäftsführer oder dessen freiwilliger Beteiligung am Insolvenzplan.

e) Einseitige Erklärung durch gesellschaftsrechtliche Entlastung

Das Erfordernis einer Annahme durch den Geschäftsführer erfährt eine weitere Einschränkung, soweit es sich um Ansprüche handelt, die einer Entlastung i. S. v. § 46 Nr. 5 GmbHG zugänglich sind. Denn die Zustimmung eines Betroffenen zum Insolvenzplan ist dann entbehrlich, wenn sie auch nach gesellschaftsrechtlichen Regeln entbehrlich ist.[336]

---

330 RG, Urt. v. 27.1.1930 – VI 267/29, RGZ 127, 126; BGH, Urt. v. 21.6.1994 – XI ZR 183/93, NJW 1994, 2483, 2484; BGH, Urt. v. 22.12.20111 – VII ZR 7/11, NJW 2012, 1071, 1073 Rn. 22; *Habersack*, in: MüKoBGB, § 779 Rn. 31; *Rieble*, in: Staudinger, BGB, § 397 Rn. 34; *Wagner*, in: Erman, BGB, § 397 Rn. 2, 5.

331 *Gottwald*, in: MüKoBGB, § 328 Rn. 276.

332 *Wolber*, in: BeckOGK BGB, § 397 Rn. 18, Stand: 1.4.2024.

333 *Wolber*, in: BeckOGK BGB, § 397 Rn. 18, Stand: 1.4.2024.

334 BGH, Urt. v. 12.1.1977 – VIII ZR 252/75, BB 1977, 311 = BeckRS 1977, 31122555; BGH, Urt. v. 21.2.1983 – VIII ZR 4/82, NJW 1983, 2496, 2497; *Wolber*, in: BeckOGK BGB, § 397 Rn. 18, Stand: 1.4.2024.

335 *Wolber*, in: BeckOGK BGB, § 397 Rn. 20, Stand: 1.4.2024.

336 Vgl. *Eidenmüller*, in: MüKoInsO, § 225a Rn. 81.

aa) Grundzüge der Entlastung

Grundsätzlich wird die Gesellschaft durch die Entlastung mit solchen Ansprüchen, insbesondere Schadenersatzansprüchen, ausgeschlossen, die für das entlastende Organ auf Grund der Rechenschaftslegung samt aller zugänglich gemachten Unterlagen bei Anwendung der im Verkehr erforderlichen Sorgfalt erkennbar waren.[337] Die Entlastung erfolgt durch einseitige körperschaftsrechtliche Erklärung, an die sich gewisse Präklusionswirkungen knüpfen.[338]

Die wohl einhellige Ansicht in Literatur und Rechtsprechung billigt der Entlastung eine weitreichende Schuldbefreiung zugunsten des Geschäftsführers zu, die als einseitige gesellschaftsrechtliche Erklärung alle erkennbaren Ansprüche der GmbH gegen ihre Organmitglieder aus der Geschäftsführung präkludiert.[339] Die Entlastung befreit den Geschäftsführer jedoch erst recht, wenn die entlastenden Gesellschafter Kenntnis von den Anspruchsvoraussetzungen haben.[340]

Die Entlastung als solche zielt nicht auf einen Anspruchsverzicht, sondern stellt eine Billigung der Geschäftsführung dar,[341] wodurch mittelbar von Gesetzes wegen die Präklusion der Ansprüche eintritt.[342] Die Rechtfolgen der Entlastung entsprechen jedoch denen eines Verzichts.[343] Anders als eine Generalbereinigung bewirkt eine Entlastung keinen Erlass i. S. v. § 397 Abs. 1 BGB, sondern lediglich eine Präklusion der erfassten Ansprüche, da die Gesellschaft mit Billigung der Geschäftsführung nach dem Grundsatz des *venire contra factum proprium* das Recht verliert, auf Grundlage der gebilligten Entscheidungen und Maßnahmen Ansprüche gegen den Geschäftsführer zu begründen.[344] Entlastung in diesem Sinne ist dogmatisch betrachtet kein Vertrag, sondern ein spezifisch gesellschaftsrechtliches Institut.[345] Damit bildet die Entlastung lediglich eine scheinbare Ausnahme vom Vertragsprinzip des § 397 BGB. Außerhalb eines Insolvenzverfahrens wird die Erlasswirkung der Entlastung durch Kapital- und Gläubigerschutzvorschriften begrenzt.[346]

---

337 Statt aller: *Noack*, in: Noack/Servatius/Haas, GmbHG, § 46 Rn. 41 m. w. N.

338 *Noack*, in: Noack/Servatius/Haas, GmbHG, § 46 Rn. 41.

339 BGH, Urt. v. 30.10.1958 – II ZR 253/56, NJW 1959, 192, 193; BGH, Urt. v. 21.4.1986 – II ZR 165/85, BGHZ 97, 382 = NJW 1986, 2250; *Rieble*, in: Staudinger, § 397 Rn. 14; *K. Schmidt*, in: Scholz, GmbHG, § 46 Rn. 90 f.

340 *Altmeppen*, in: Altmeppen, GmbHG, § 43 Rn. 122.

341 *K. Schmidt*, in: Scholz, GmbHG, § 46 Rn. 89.

342 *K. Schmidt*, in: Scholz, GmbHG, § 46 Rn. 91, § 46 Rn. 103.

343 *Altmeppen*, in: Altmeppen GmbHG, § 46 Rn. 58; *Schlüter*, in: MüKoBGB, § 397 Rn. 16.

344 *Römermann*, in: Michalski, GmbHG, § 46 Rn. 277; *K. Schmidt*, in: Scholz, GmbHG, § 46 Rn. 89.

345 *Altmeppen*, in: Altmeppen, GmbHG, § 46 Rn. 59; *Hüffer/Schäfer*, in: Habersack/Casper/Löbbe, GmbHG, § 46 Rn. 69; *Noack*, in: Noack/Servatius/Haas, GmbHG, § 46 Rn. 41; *K. Schmidt*, in: Scholz, GmbHG, § 46 Rn. 91.

346 *Ziemons*, in: Michalski, GmbHG, § 43 Rn. 547.

Die Reichweite der Präklusionswirkung richtet sich nach der konkreten Beschlussfassung, wobei sowohl Ansprüche, die in Erfüllung der gesetzlichen oder satzungsmäßigen Aufgaben des Geschäftsführers entstanden sind, als auch Ansprüche, die durch Überschreitung dieses zugewiesenen Aufgabenkreises entstanden sind, erfasst werden können.[347] Diese Präklusionswirkung erstreckt sich auf Ersatzansprüche aus der Geschäftsführung wie insbesondere § 43 Abs. 2 GmbHG und andere Sanktionen,[348] soweit sie für das entlastende Organ aufgrund der Rechenschaftslegung samt aller zugänglich gemachten Unterlagen bei Anwendung der im Verkehr erforderlichen Sorgfalt erkennbar waren.[349] Die Ersatzansprüche i. S. v. § 46 Nr. 5, 8 GmbHG, die von der Entlastung erfasst werden, sind nicht auf Schadenersatzansprüche im engeren Sinne beschränkt. Insbesondere Ansprüche aus ungerechtfertigter Bereicherung und Herausgabeansprüche werden ebenfalls erfasst.[350]

bb) Anwendung im Insolvenzplan

Im Insolvenzplan kann nach § 225a Abs. 3 InsO jede Regelung getroffen werden, die gesellschaftsrechtlich zulässig ist, insbesondere auch einfache Entscheidungen ohne Satzungsbezug, selbst wenn keine Auswirkung auf die Insolvenzmasse bestehen.[351] Die Entlastung des Geschäftsführers i. S. v. § 46 Nr. 5 GmbHG ist nicht Teil der exemplarisch angeführten Beispiele für gesellschaftsrechtlich zulässige Regelungen in § 225a Abs. 2, 3 InsO. Allerdings wird die Bestellung von Organen, die ebenso wie die Entlastung in § 46 Nr. 5 GmbHG aufgezählt ist, als zulässige Regelung i. S. v. § 225a Abs. 3 InsO angesehen.[352] Dies streitet für die Zulässigkeit der Entlastung, denn es handelt sich sowohl bei der Bestellung als auch bei der Entlastung um Angelegenheiten des Geschäftsführers.[353] Zudem ist der Wortlaut von § 225a Abs. 3 InsO („jede“) denkbar weit. Auch wird ohne nähere Begründung die Zulässigkeit der Aufnahme einer Generalbereinigung i. S. v. § 46 Nr. 5 GmbHG in den Insolvenzplan,

347 *Liebscher*, in: MüKoGmbHG, § 46 Rn. 159.

348 BGH, Urt. v. 20.5.1985 – II ZR 165/84, NJW 1986, 129, 130; *Altmeppen*, in: Altmeppen, GmbHG, § 46 Rn. 57; *K. Schmidt*, in: Scholz, GmbHG, § 46 Rn. 94a; *Ziemons*, in: Michalski, GmbHG, § 43 Rn. 544.

349 *Altmeppen*, in: Altmeppen, GmbHG, § 46 Rn. 55; *Holthausen*, GmbHR 2019, 634, 634 f.; *Noack*, in: Noack/Servatius/Haas, GmbHG, § 46 Rn. 41 m. w. N.

350 BGH, Urt. v. 13.2.1975 – II ZR 92/73, NJW 1975, 977; BGH, Urt. v. 21.4.1986 – II ZR 165/85, NJW 1986, 2250.

351 *Spliedt*, in: K. Schmidt, InsO, § 225a Rn. 34.

352 Näher *Spliedt*, in: K. Schmidt, InsO, § 225a Rn. 34, 39.

353 Vgl. *Liebscher*, in: MüKoGmbHG, § 46 Rn. 106.

die in ihrer Wirkung noch über die Entlastung hinausgeht, bejaht.[354] Es bestehen deshalb keine Bedenken, auch die Entlastung als gesellschaftsrechtlich zulässige Maßnahme i.S.v. § 225a Abs. 3 InsO einzuordnen, zumal grundsätzlich Regelungen, die der verbandsinternen Willensbildung unterliegen, für zulässig erachtet werden.[355]

Somit ist keine Annahmeerklärung des Geschäftsführers erforderlich, sofern nach § 225a Abs. 3 InsO eine Entlastung i.S.v. § 46 Nr. 5 GmbHG für Ansprüche in den Insolvenzplan aufgenommen wird, die auch Gegenstand eines Entlastungsbeschlusses sein könnten. Die Entlastung bedarf als einseitige gesellschaftsrechtliche Erklärung keiner Annahme durch den Geschäftsführer und die gläubigerschützenden gesellschaftsrechtlichen Verzichts- und Vergleichsverbote nach § 9b Abs. 1 S. 1 GmbHG, § 15b Abs. 4 S. 4 InsO, § 43 Abs. 2 S. 1 StaRUG finden im Insolvenzplanverfahren der GmbH keine Anwendung.[356] Auch eine Mitwirkung der Gläubiger oder der Gesellschafter ist neben der Abstimmung über den Insolvenzplan – ebenso wie eine Zustimmung i.S.v. § 160 InsO – nicht erforderlich, da diese Gruppen einer Regelung i.S.v. § 225a Abs. 3 InsO zwangsweise unterworfen sind.[357]

2. Wirkung gegenüber Gläubigern und der GmbH

Die Einordnung als abweichende Regelung der Verwertung i.S.v. § 217 Abs. 1 InsO hat zur Folge, dass die entsprechenden Regelungen im Insolvenzplan auch gegen den Willen der zwangsweise Beteiligten durchgesetzt werden können,[358] wovon insbesondere die Insolvenzgläubiger und die GmbH als Schuldnerin erfasst werden.[359] Unter den Voraussetzungen der §§ 244 ff. InsO ist die Ablehnung der Plannahme unbeachtlich, woraufhin mit Rechtskraft der gerichtlichen Bestätigung die im gestaltenden Teil festgelegten Wirkungen für und gegen alle Beteiligten eintreten, § 254 Abs. 1 InsO. Die Gläubiger bringen mit der Annahme des Insolvenzplans ihren Erlassannahmewillen zum Ausdruck, wovon nach der gesetzgeberischen Wertung des § 254b InsO auch die Gläubiger, die dem Insolvenzplan wi-

---

354 *K. Schmidt*, in: Scholz, GmbHG, § 46 Rn. 107 unter Verweis auf BGH, Urt. v. 9.7.1979 – II ZR 118/77, NJW 1979, 1823; zust. *Liebscher*, in: MüKoGmbHG, § 46 Rn. 181, 185.

355 Vgl. *Mulert/Steiner*, NZG 2021, 673, 676, 680.

356 Näher: Kap. C.I.2.d), S. 25 ff.

357 A.A. *Wollring/Quitzau*, ZRI 2021, 616, 625. Zum Zustimmungserfordernis nach § 160 InsO im Insolvenzplan: Kap. C.IV.4.b), S. 61 f.

358 Im Ergebnis ebenso *Eidenmüller*, in: MüKoInsO, § 217 Rn. 115; *K. Schmidt*, in: Scholz, GmbHG, § 46 Rn. 107; *Liebscher*, in: MüKoGmbHG, § 46 Rn. 181, 185.

359 Vgl. nur *Lüer/Streit*, in: Uhlenbruck, InsO, § 221 Rn. 3, 7, § 254 Rn. 15.

dersprochen oder ihre Forderungen nicht angemeldet haben, erfasst sind.[360] Somit können Ersatzansprüche der GmbH gegen den Geschäftsführer, Gesamtschäden i. S. v. § 92 InsO und anfechtungsrechtliche Rückgewähransprüche nach § 143 Abs. 1 S. 1 InsO auch mit Zwangswirkung gegenüber widersprechenden Beteiligten gestaltet werden.[361]

Auch eine Erklärung der GmbH als Insolvenzschuldnerin ist für den Erlass nicht erforderlich; deren Zustimmung wird durch § 247 Abs. 1 InsO fingiert, sofern kein schriftlicher Widerspruch spätestens bis zum Abstimmungstermin erhoben wurde.[362] Hiervon zu trennen ist allerdings die Frage, wie ein Erlass i. S. v. § 397 Abs. 1 BGB hinsichtlich der Insolvenzforderungen umgesetzt werden kann.[363]

Es ist folglich weder eine Erklärung der GmbH noch der Insolvenzgläubiger neben der Annahme des Insolvenzplans erforderlich. Etwas anderes gilt auch nicht für den Erlass der von § 92 InsO erfassten Ansprüche, da auch diese unter Berücksichtigung der obigen Einordnung als Insolvenzmasse mit Gläubigermehrheit nach Maßgabe der §§ 244 ff. InsO gestaltet werden können.[364]

IV. Umsetzung im Insolvenzplan

Für den Erlass der Haftung gegenüber der Insolvenzmasse bieten sich zwei Gestaltungsvarianten an, die nachfolgend dargestellt werden sollen:

1. Regelung im gestaltenden Teil, § 228 S. 1 InsO

Zunächst besteht die Möglichkeit, die Enthaftung in den gestaltenden Teil des Insolvenzplans aufzunehmen. Die rechtliche Grundlage hierfür bildet § 228 S. 1 InsO, nach dem Rechte an Gegenständen aufgehoben werden können, indem die erforderlichen Willenserklärungen der Beteiligten in den Insolvenzplan aufgenommen werden. Der

---

360 *Eidenmüller*, in: MüKoInsO, § 230 Rn. 90.

361 Im Ergebnis ebenso *Eidenmüller*, in: MüKoInsO, § 217 Rn. 118–120; *Liebscher*, in: MüKoGmbHG, § 46 Rn. 185; *K. Schmidt*, in: Scholz, GmbHG, § 46 Rn. 107; *Smid/Rattunde/Martini*, Der Insolvenzplan, Rn. 6.74; in diese Richtung auch *Rieble*, in: Staudinger, BGB, § 397 Rn. 184. Noch zum Liquidationsvergleich: BGH, Urt. v. 9.7.1979 – II ZR 118/77 (Herstatt), NJW 1979, 1823.

362 Die ganz h.M. wendet § 247 BGB auch auf juristische Personen an, näher *Lüer/Streit*, in: Uhlenbruck, InsO, § 247 Rn. 1, 6. Ein etwaiger Widerspruch ist im Übrigen nach § 247 Abs. 2 InsO unbeachtlich, sofern keine Schlechterstellung des Schuldners besteht und kein Gläubiger Werte erhält, die den Wert seines Anspruchs übersteigen.

363 Ausführlich *Smid*, KSI 2020, 74, 76.

364 Hierzu bereits: Kap. C.II.3.f), S. 47.

Wortlaut von § 228 S. 1 InsO („Rechte an Gegenständen") ist zu eng, denn Gegenstand i. S. d. Vorschrift sind auch Forderungen.[365] Die Zulässigkeit eines Erlasses auf Grundlage von § 228 InsO folgt aus dem Umstand, dass § 228 InsO nicht nur Regelungen erfasst, die einer zwangsweisen Gestaltung zugänglich sind, sondern auch freiwillige, ergänzende Planregelungen, bei denen die Zustimmungserklärungen der Betroffenen, in deren Namen die Erklärungen abgegeben werden, dem Plan analog § 230 Abs. 3 InsO als Anlage beizufügen sind.[366] Für Dritte kann der Plan auch auf diesem Wege nur Wirkungen entfalten, soweit sie sich den Wirkungen des Plans entsprechend § 230 Abs. 2, 3 InsO unterworfen haben.[367] Zwar erfasst § 230 Abs. 3 InsO streng nach dem Wortlaut lediglich Verpflichtungen gegenüber Gläubigern, unter Berücksichtigung von Sinn und Zweck des § 230 Abs. 3 InsO, also der vollständigen Unterrichtung der Gläubiger, ist die Vorschrift jedoch analog auf Verpflichtungserklärungen Dritter anzuwenden, die zwar keine unmittelbaren Ansprüche der Gläubiger begründen sollen, aber notwendig für die Planerfüllung sind.[368] Die Erklärung ist dem Plan unabhängig davon beizufügen, ob die Verpflichtung bereits wirksam begründet wurde oder ob es sich um eine auf die entsprechende Verpflichtung gerichtete Willenserklärung handelt.[369] Die Erklärungen der Dritten werden dann mit Rechtskraft der Planbestätigung wirksam.[370]

Da es sich bei den hier gegenständlichen Forderungen um Teile der Insolvenzmasse handelt, die auf Grundlage von § 228 S. 1 InsO gestaltet werden, ist wegen § 80 Abs. 1 InsO eine entsprechende Erklärung des Insolvenzverwalters erforderlich.[371] Der Zustimmung der GmbH als Insolvenzschuldnerin bedarf es dagegen nicht.[372]

Der Vorteil einer Aufnahme der Erklärungen in den Insolvenzplan ist darin zu sehen, dass die GmbH nicht mit der Aufhebung des Verfahrens die Verfügungsbe-

---

365 BGH, Urt. v. 7.1.2008 – II ZR 283/06, NZI 2009, 340, 341 Rn. 9; BGH, Beschl. v. 26.04.2018 – IX ZB 49/17, NZI 2018, 691, 693 Rn. 28; *Ober*, in: Römermann, InsO, § 228 Rn. 2; *Uhlenbruck*, in: MüKoInsO, § 228 Rn. 1.

366 *Eidenmüller*, in: MüKoInsO, § 217 Rn. 159; *Ober*, in: Römermann, InsO, § 228 Rn. 3; *Spahlinger*, in: Kübler/Prütting/Bork, InsO, § 228 Rn. 4.

367 *Spahlinger*, in: Kübler/Prütting/Bork, InsO, § 254 Rn. 7.

368 *Eidenmüller*, in: MüKoInsO, § 230 Rn. 72, 76, 78; *Ober*, in: Römermann, InsO, § 230 Rn. 11; *Sinz*, in: Uhlenbruck, InsO, § 230 Rn. 6; *Spahlinger*, in: Kübler/Prütting/Bork, InsO, § 230 Rn. 9; *Spliedt*, in: K. Schmidt, InsO, § 230 Rn. 8.

369 *Eidenmüller*, in: MüKoInsO, § 230 Rn. 77.

370 *Eidenmüller*, in: MüKoInsO, § 217 Rn. 159; *Fiebig*, in: Kayser/Thole, InsO, § 228 Rn. 9; *Ober*, in: Römermann, InsO, § 228 Rn. 3; *Sinz*, in: Uhlenbruck, InsO, § 230 Rn. 5.

371 *Breuer*, in: MüKoInsO, § 228 Rn. 4; *Spahlinger*, in: Kübler/Prütting/Bork, InsO, § 228 Rn. 4; *Spliedt*, in: K. Schmidt, InsO, § 228 Rn. 2.

372 *Breuer*, in: MüKoInsO, § 228 Rn. 4; *Spliedt*, in: K. Schmidt, InsO, § 228 Rn. 4.

fugnis nach § 259 Abs. 1 S. 2 InsO über die Haftungsansprüche der Insolvenzmasse zurückerlangt und sonstige Gläubiger nicht in die Forderungen als Teil des Vermögens vollstrecken können.

2. Durchführung neben dem Insolvenzplan

Gerade bei komplexeren Gestaltungen kann es sich anbieten, den Forderungserlass und die korrespondierenden Leistungen in einem Vergleichsvertrag neben dem Insolvenzplan umzusetzen.

Hierzu kann der Insolvenzverwalter im gestaltenden Teil des Insolvenzplans beauftragt werden, die für die Enthaftung erforderlichen Rechtsgeschäfte durchzuführen.[373] Denn zur Umsetzung der erforderlichen Handlungen kann der Plan einzelne Beteiligte oder Dritte, etwa den Insolvenzverwalter, beauftragen und bevollmächtigen, um die erforderlichen Maßnahmen für alle Beteiligten und die sonstigen nach § 230 Abs. 2, 3 InsO dem Plan unterworfenen Gläubiger und Dritte durchzuführen.[374] In diesem Fall, in dem der Vergleichs- und Erlassvertrag noch nicht wirksam ist, kann die Entschuldung des Geschäftsführers zur Bedingung der Bestätigung des Insolvenzplans i. S. v. § 249 InsO erklärt werden.[375]

Zum anderen besteht die Möglichkeit, den Vergleichsvertrag bereits vor der Abstimmung über den Insolvenzplan bedingt auf die Rechtskraft des Insolvenzplans abzuschließen. In diesem Fall ist der Vergleichsvertrag entsprechend § 226 Abs. 3 InsO dem Plan zwingend zur Information der Beteiligten beizufügen.

3. Sanktion bei frühzeitigem Ausscheiden

Unabhängig von der konkreten Gestaltung im Insolvenzplan oder durch einen Vergleich neben dem Plan sollte eine dahingehende Verpflichtung des Geschäftsführers aufgenommen werden, für einen bestimmten Zeitraum, regelmäßig die Dauer des Planvollzugs, weiter für das Unternehmen tätig zu sein.

---

373 Vgl. *Smid*, HdB Insolvenzrecht, § 39 Rn. 19; *Smid/Rattunde/Martini*, Der Insolvenzplan, Rn. 6.74.

374 *Spahlinger*, in: Kübler/Prütting/Bork, InsO, § 254 Rn. 6.

375 Für die Zulässigkeit einer solchen Gestaltung mit Bezug auf einen Gesellschafter-Geschäftsführer *Lüer/Streit*, in: Uhlenbruck, InsO, § 249 Rn. 8.

a) Wettbewerbsverbots- und Konkurrenzklausel

Grundsätzlich ist die Ergänzung mit einer Wettbewerbsverbots- und Konkurrenzklausel (sog. *Non-compete*-Klausel") für einen Anschlusszeitraum sinnvoll. Eine derartige Gestaltung ist zivilrechtlich wirksam, denn ein Erlass kann mit einer Gegenleistung verknüpft sein und auch unter einer aufschiebenden oder auflösenden Bedingung erklärt werden.[376]

Eine entsprechende Vertragsgestaltung könnte in Anlehnung an § 245 Abs. 2 S. 2 InsO lauten:

> Der Geschäftsführer verpflichtet sich bis zu der durch den Plan vorgesehenen Befriedigung der Gläubiger, jedoch nicht für einen Zeitraum von mehr als drei Jahren ab der rechtskräftigen Planbestätigung, an der Fortführung des Unternehmens mitzuwirken. Bis zur Erfüllung dieser Mitwirkungsverpflichtung wird der Erlass der Forderungen aufschiebend bedingt. Der Geschäftsführer wird bis zum Ablauf von einem Jahr ab dem Ende seiner Mitwirkung in dem bisherigen räumlichen und sachlichen Tätigkeitsbereich des Unternehmens der Schuldnerin weder unmittelbar noch mittelbar tätig werden. Er wird während dieser Dauer weder selbstständig noch unselbstständig, weder direkt noch indirekt eine Tätigkeit ausüben, die mit dem Geschäftsgegenstand der Schuldnerin oder eines verbundenen Unternehmens in direktem Wettbewerb steht oder für ein Unternehmen tätig zu werden, welches mit der Schuldnerin oder einem verbundenen Unternehmen in direktem Wettbewerb steht.

b) Leaver-Klauseln

Neben der Verwendung einer Wettbewerbsklausel im Rahmen der Enthaftung kommt die Verwendung einer *Leaver*-Klausel in Betracht, sofern der Geschäftsführer Gesellschaftsanteile im Rahmen des Insolvenzplanverfahrens erwirbt oder behält (vgl. § 245 Abs. 2 S. 2, 3 InsO). Eine *Leaver*-Klausel kommt neben einer *Non Compete*-Klausel insbesondere in Betracht, wenn ein Fremdgeschäftsführer die zentrale Figur für die Unternehmensfortführung ist. Denn in diesen Fällen kann auch ein Ausscheiden der bisherigen Anteilseigner und die (teilweise) Übernahme der Anteile durch den bisherigen Fremdgeschäftsführer im Einzelfall angemessen sein, etwa zur Motivation und Identifikation mit der Planerfüllung als Teil eines *(Leveraged) Buy Outs*. Sofern der Geschäftsführer somit Anteile an der GmbH nach der Planbestätigung hält und zum Zwecke der Fortführung enthaftet wird, ist ein etwaiges frühzeitiges Ausscheiden – d. h. vor Planerfüllung – zu sanktionieren.

Im Bereich des Private Equity sind sog. *Leaver*- oder *Vesting*-Klauseln grundsätzlich zulässig, sofern für sie eine sachliche Rechtfertigung besteht.[377] Derartige Klauseln sichern die Mitwirkung des Managements für einen bestimmten Zeitraum, die regelmäßig einen der maßgeblichen wertbildenden Faktoren des Unterneh-

376 Vgl. *Schlüter*, in: MükOBGB, § 397 Rn. 6.

377 Ausführlich *Rieckhoff/Hügel*, GmbHR 2021, 299, 299 f.

mens darstellt.[378] Inhaltlich regeln *Leaver*-Klauseln deshalb, dass der Gründer bzw. das Managementteam nach einer Venture-Capital-Übernahme eine gewisse Zeit im Unternehmen verbleiben muss, wenn nicht der (vollständige) Verlust der Unternehmensbeteiligung eintreten soll.[379] In der dieser Untersuchung zugrunde gelegten Konstellation besteht eine vergleichbare Interessenlage. Einerseits ist es sinnvoll, den Geschäftsführer durch eine (Minderheits-)Beteiligung an dem Unternehmen zu beteiligen, um einen positiven Anreiz für die Mitwirkung an der Fortführung zu setzen. Neben dieser Steuerung durch einen positiven Anreiz sollte ein etwaiges frühzeitiges Ausscheiden mit einer Sanktion verknüpft werden. Deshalb muss bei einer Anteilsübertragung sichergestellt werden, dass der Geschäftsführer die Anteile, die ihm zur Sicherung der Motivation und Identifikation gewährt werden, im Falle eines Ausscheidens vor der Planerfüllung kompensationslos verliert.

4. Weitere Rahmenbedingungen

a) Vergleichsrechnung, § 220 Abs. 2 S. 2 InsO

Der Insolvenzplan soll die abstimmenden Gläubiger umfassend informieren, vgl. § 220 Abs. 2 S. 1 InsO. Deshalb sind die Haftungs- und Anfechtungsansprüche unter Berücksichtigung der Einkommens- und Vermögensverhältnisse im Plan darzustellen, sofern die Haftung gegenüber Organen nicht durchgesetzt werden soll.[380] Es wäre somit unzulässig, bestehende Ansprüche im darstellenden Teil des Insolvenzplans unerwähnt zu lassen. Die Darstellung würde andernfalls an einem wesentlichen Mangel leiden.[381] Die Innenhaftungsansprüche gegenüber dem Geschäftsführer sind entsprechend § 220 Abs. 2 S. 2 InsO als Massebestandteil in die Vergleichsrechnung aufzunehmen. Ferner ist der Mehrwert, der sich aus der Mitwirkung an der Sanierung des Unternehmens für die Gläubiger ergibt, dem erzielbaren Betrag bei einer vollumfänglichen Inanspruchnahme des Geschäftsführers gegenüberzustellen. Zusätzlich ist im Rahmen der Vergleichsrechnung zu berücksichtigen, dass bei einem (Teil-)Erlass von Ansprüchen aufgrund von Zahlungen nach Insolvenzreife gem. § 15b Abs. 4 S. 1 InsO bzw. aufgrund Insolvenzanfechtung nach den §§ 129 ff. InsO auch die Passivmasse verringert wird. Denn soweit

378 *Rieckhoff/Hügel*, GmbHR 2021, 299, 302.

379 *Rieckhoff/Hügel*, GmbHR 2021, 299, 299.

380 AG Cuxhaven, Beschl. v. 14.9.2017 – 12 IN 168/16; ZInsO 2018, 2128 = BeckRS 2017, 127394 Rn. 10 f. (rkr., vgl. LG Stade, Beschl. v. 20.12.2017 – 7 T 151/17, ZInsO 2018, 668 = NZI 2019, 31).

381 Zu Insolvenzanfechtungsansprüchen: BGH, Beschl. v. 15.7.2010 – IX ZB 65/10, NJW-RR 2011, 51, 53 Rn. 53 ff.

der Geschäftsführer auf Haftungs- oder Anfechtungsansprüche Zahlungen geleistet hätte, wäre dieser nunmehr berechtigt, die ursprünglich verbotswidrig erfüllte Forderung im Rang wie der ursprüngliche Gläubiger im Insolvenzverfahren anzumelden[382] bzw. lebt eine anfechtbar erfüllte Forderung des Geschäftsführers gem. § 144 Abs. 1 InsO wieder auf.

b) Kein Zustimmungserfordernis i. S. v. § 160 InsO

Die Enthaftung des Geschäftsführers im Insolvenzplanverfahren unterliegt nicht den Zustimmungserfordernissen der §§ 160, 162 InsO. Grundsätzlich hat der Insolvenzverwalter die Zustimmung des (vorläufigen) Gläubigerausschusses oder der Gläubigerversammlung einzuholen, wenn er Rechtshandlungen von besonderer Bedeutung für das Insolvenzverfahren vornehmen will, § 160 InsO.[383] Verstöße gegen das Zustimmungserfordernis entfalten nach § 164 InsO im Außenverhältnis keine Wirkung, allerdings kann sich im Einzelfall eine Haftung des Insolvenzverwalters aus § 60 InsO ergeben, wenn die Rechtshandlung zu einem Schaden der Gläubiger führt oder dieser die Sach- und Rechtslage des der Zustimmung unterliegenden Entscheidungsvorgangs unzutreffend dargestellt hat.[384] Im Insolvenzplanverfahren wird das Zustimmungserfordernis durch die Annahme und Bestätigung des Insolvenzplans ersetzt, was teleologisch aus dem Sinn und Zweck des Insolvenzplanverfahrens und der Gefahr sich widersprechender Entscheidungen folgt.[385] Im Übrigen ist die hier einschlägige abweichende Regelung der Verwertung der Insolvenzmasse plandispositiv, vgl. § 217 Abs. 1 S. 1 InsO, weshalb ein Zustimmungserfordernis nach § 160 InsO neben der Abstimmung und Bestätigung des Insolvenzplans ausscheidet, da ansonsten die spezielleren §§ 244 ff. InsO beeinträchtigt würden.[386] Unter Berücksichtigung des dispositiven Charakters von § 160 InsO wird dieses Ergebnis auch im Wege der Auslegung des Insolvenzplans durch die jedenfalls konkludente Abbedingung von § 160 InsO erreicht.[387] Es wäre zwar auch möglich, die Beschlüsse i. S. v. § 160 InsO in den gestaltenden Teil des Insolvenzplans aufzunehmen,[388] erforderlich dürfte dies

---

382 BGH, Urt. v. 8.1.2001 – II ZR 88/99, NJW 2001, 1280, 1283; *d'Avoine*, in: Buth/Hermanns, Restrukturierung, § 33 Rn. 73.

383 *Janssen*, in: MüKoInsO, § 160 Rn. 33; *Vallender*, in: Uhlenbruck, InsO, § 22a Rn. 65.

384 *Janssen*, in: MüKoInsO, § 160 Rn. 37.

385 *Janssen*, in: MüKoInsO, § 160 Rn. 36; *Zipperer*, in: Uhlenbruck, InsO, § 160 Rn. 5.

386 Vgl. *Janssen*, in: MüKoInsO, § 160 Rn. 36; *Rühle*, in: Römermann, InsO, § 217 Rn. 27; *Spahlinger*, in: Kübler/Prütting/Bork, InsO, § 217 Rn. 45; *Zipperer*, in: Uhlenbruck, InsO, § 160 Rn. 5.

387 Zu § 159 InsO als plandispositive Vorschrift: *Eidenmüller*, in: MüKoInsO, § 217 Rn. 116; zur Auslegbarkeit des Insolvenzplans: BGH, Urt. v. 6.10.2005 – IX ZR 36/02, NZI 2006, 100, 102 Rn. 16.

388 Vgl. *Smid*, HdB Insolvenzrecht, § 39 Rn. 19.

unter Berücksichtigung der vorstehenden Ausführungen jedoch nur zur Klarstellung sein.

5. Enthaftung eines Gesellschafter-Geschäftsführers

Ein Erlass der Haftung gegenüber der Insolvenzmasse ist auch bei einem Gesellschafter-Geschäftsführer erforderlich, da die GmbH gem. § 13 Abs. 1 GmbHG eine eigene Rechtsfähigkeit besitzt,[389] und deren Gesellschafter dementsprechend nicht von § 227 Abs. 2 InsO erfasst werden.[390] Für die Enthaftung eines Gesellschafter-Geschäftsführers empfiehlt sich im Übrigen die von *Roth* und *Smid* entwickelte Treuhandgestaltung.[391]

V. Übertragbarkeit auf das StaRUG

Wenn man sich zunächst die wesentlichen Ergebnisse zum Erlass der Innenhaftung im Insolvenzplan vergegenwärtigt, ergibt sich folgendes Bild: Die Gestaltung der Innenhaftung ist grundsätzlich als abweichende Verwertung der Insolvenzmasse i. S. v. § 217 Abs. 1 S. 1 InsO möglich und gesellschaftsrechtliche Verzichts- und Vergleichsverbote finden keine Anwendung.

Auf das Restrukturierungsverfahren nach dem StaRUG lassen sich diese Ergebnisse nur eingeschränkt übertragen:

1. Gestaltung der Innenhaftung

Der Gesetzgeber hat sich bei der Konzeption des Restrukturierungsplans weitgehend am Insolvenzplan orientiert.[392] Ebenso wie für den Insolvenzplan in § 217 InsO hat der Gesetzgeber in § 2 StaRUG die gestaltbaren Rechtsverhältnisse festgelegt. Grundsätzlich können Restrukturierungsforderungen (§ 2 Abs. 1 Nr. 1 StaRUG), Absonderungsanwartschaften (§ 2 Abs. 1 Nr. 2 StaRUG), Einzelbestimmungen von mehrseitigen Rechtsverhältnissen auf denen Restrukturierungsforderungen beruhen (§ 2 Abs. 2 StaRUG), Anteils- und Mitgliedschaftsrechte und sonstige

---

389 Vgl. nur *Merkt*, in: MüKoGmbHG, § 13 Rn. 3.

390 Hierzu bereits: Kap. B.II.3., S. 17.

391 Näher: Kap. D.IV.2., S. 80 ff.

392 Vgl. *Riedemann*, in: Pannen/Riedemann/Smid, StaRUG, Vor §§ 2–28 Rn. 1; *Spliedt*, in: K. Schmidt, InsO, Einführung zu den §§ 217 f. InsO Rn. 23.

gesellschaftsrechtliche Regelungen (§ 2 Abs. 3 StaRUG) sowie gruppeninterne Drittsicherheiten (§ 2 Abs. 4 StaRUG) gestaltet werden.[393] Jedoch besteht keine dem Insolvenzplanverfahren entsprechende Formulierung zur abweichenden Regelung der Verwertung, an die eine Gestaltung der Innenhaftung im Restrukturierungsverfahren geknüpft werden könnte. Ansprüche der GmbH gegen ihren Geschäftsführer können somit auf dieser Grundlage im Restrukturierungsplan nicht mit Zwangswirkung gegenüber Gläubigern oder Gesellschaft durch Mehrheitsentscheidung erlassen werden.[394]

Allerdings muss berücksichtigt werden, dass im Restrukturierungsplan jede Regelung getroffen werden kann, die gesellschaftsrechtlich zulässig ist, vgl. §§ 2 Abs. 3, 7 Abs. 4 S. 5 StaRUG. Da der Begriff der gesellschaftsrechtlich zulässigen Regelung weit auszulegen ist, erfasst dieser insbesondere auch solche, die der verbandsinternen Willensbildung unterliegen.[395] Auch im Restrukturierungsplan ist der Anwendungsbereich der gesellschaftsrechtlich zulässigen Regelung angesichts des Wortlauts von § 7 Abs. 4 S. 5 StaRUG („jede") ebenso wie im Insolvenzplanverfahren nicht auf Anteils- und Mitgliedschaftsrechte beschränkt.[396] Die Entlastung i. S. v. § 46 Nr. 5 GmbHG ist somit gesellschaftsrechtlich zulässig i. S. d. §§ 2 Abs. 3, 7 Abs. 4 S. 5 StaRUG, sofern die zwingenden zivil- und gesellschaftsrechtlichen Voraussetzungen eingehalten werden.[397] Die am Verfahren beteiligten Gläubiger sowie die Anteilseigner sind durch die Möglichkeit, eine im Plan enthaltene Entlastung im Restrukturierungsplan bei einer Schlechterstellung nach § 66 Abs. 2 Nr. 3 StaRUG mit einer sofortigen Beschwerde angreifen zu können, hinreichend geschützt. Auch die nicht am Verfahren beteiligten Gläubiger werden durch die gesellschaftsrechtlichen Verzichts- und Vergleichsverbote (vgl. §§ 9b Abs. 1 S. 1 GmbHG, 43 Abs. 3 S. 2 GmbHG) geschützt, da ein Verzicht – soweit er für die Befriedigung der Gläubiger erforderlich ist – unwirksam wäre.[398] Für die Wirksamkeit der Entlastung ist ebenso wenig wie außerhalb des Restrukturierungsverfahrens

393 Ausführlich *Riedemann*, in: Pannen/Riedemann/Smid, StaRUG, § 2 Rn. 4 ff.

394 Im Ergebnis wohl ebenso *Fridgen*, in: BeckOK StaRUG, § 7 Rn. 111a, Stand: 1.4.2024; *Streit/Bürk*, in: Uhlenbruck, InsO, § 7 StaRUG Rn. 142.

395 Ausführlich *Mulert/Steiner*, NZG 2021, 673, 676, 680.

396 So aber *Streit/Bürk*, in: Uhlenbruck, InsO, § 7 StaRUG Rn. 142. Ebenso wie hier für den Insolvenzplan *Eidenmüller*, in: MüKoInsO, § 225a Rn. 23, 81; **a. A.** *Madaus*, ZIP 2012, 2133, 2137.

397 In diese Richtung ebenfalls *Fridgen*, in: BeckOK StaRUG, § 7 Rn. 111a, Stand: 1.4.2024; **a. A.** *Wollring/Quitzau*, ZRI 2021, 616, 622, die Gestaltungen im Restrukturierungs- und Insolvenzplan pauschal gleichsetzen und jedwede Entlastung mit Gläubigermehrheit für zulässig erachten.

398 In diese Richtung wohl auch *Fridgen*, in: BeckOK StaRUG, § 7 Rn. 111a, Stand: 1.4.2024, unter Verweis auf Art. 15 Abs. 2 RestruktRL.

eine Annahmeerklärung des Geschäftsführers erforderlich, da es sich bei der Entlastung um eine einseitige körperschaftsrechtliche Erklärung handelt.[399]

2. Anwendbarkeit gesellschaftsrechtlicher Verzichts- und Vergleichsverbote

Zu berücksichtigen ist, dass im Restrukturierungsverfahren die gesellschaftsrechtlichen Verzichts- und Vergleichsverbote anders als im Insolvenzverfahren Geltung beanspruchen.[400] Nach diesen ist ein Verzicht oder Vergleich über Ansprüche grundsätzlich unwirksam, soweit der Ersatz zur Befriedigung der Gläubiger erforderlich ist (vgl. nur § 43 Abs. 2 S. 1 StaRUG, § 9b Abs. 1 S. 1 GmbHG, § 43 Abs. 3 S. 3 GmbHG, § 15b Abs. 4 S. 4 InsO). Etwas anderes gilt angesichts der insoweit gleichlautenden Regelungen in § 15b Abs. 4 S. 4 InsO, § 9b Abs. 1 S. 2 GmbHG und § 43 Abs. 2 S. 2 StaRUG lediglich, wenn der Ersatzpflichtige zahlungsunfähig ist und sich zur Abwendung eines Insolvenzverfahrens vergleicht oder wenn die Ersatzpflicht in einem Insolvenzplan geregelt wird oder ein Insolvenzverwalter für die juristische Person handelt. Da der Gesetzgeber im Wortlaut der Vorschriften im StaRUG keine Ausnahme für den Restrukturierungsplan hinsichtlich der Verzichts- und Vergleichsverbote geschaffen hat, verbleibt für die Annahme einer planwidrigen Regelungslücke kein Raum (vgl. § 43 Abs. 2 S. 2 StaRUG). Im Übrigen wollte der Gesetzgeber ausweislich der Motive des SanInsFoG ausdrücklich die bisherige Rechtslage klarstellend kodifizieren,[401] die eine umfassende Ausnahme von den Verzichts- und Vergleichsverboten für das Insolvenzverfahren beinhaltet. Eine entsprechende Regelung für das Restrukturierungsverfahren ist nicht erfolgt. Im Übrigen hätte aufgrund der immanenten Interessenkonflikte im Restrukturierungsverfahren wie in der Eigenverwaltung nach den §§ 270 ff. InsO eine den §§ 270c Abs. 1 Nr. 3, 280 InsO entsprechende Regelung geschaffen werden müssen.

---

399 Bereits: Kap. C.III.1.e), S. 52 ff.; **a. A.** *Streit/Bürk*, in: Uhlenbruck, InsO, § 7 StaRUG Rn. 142.

400 Ebenso *Fridgen*, in: BeckOK StaRUG, § 7 Rn. 111a, Stand: 1.4.2024. Zur Rechtslage im Insolvenzverfahren: Kap. C.I.2.d), S. 25 ff.

401 RegE SanInsFoG, BT-Drs. 19/24181, S. 195 f.

D. Gestaltung von Ansprüchen Dritter

In der Insolvenz der GmbH bestehen neben der Haftung gegenüber der Insolvenzmasse regelmäßig auch Direktansprüche der Gläubiger gegenüber dem Geschäftsführer, die sogenannte Außenhaftung. Soweit es sich nicht um Gesamtschäden i. S. v. § 92 InsO handelt, können die einzelnen Gläubiger diese auch während des Insolvenzverfahrens geltend machen.[402] Gerade die wirtschaftlichen Risiken der Außenhaftung gefährden häufig die wirtschaftliche Existenz des Geschäftsführers, zumal etwaig bestehende Freistellungsansprüche gegenüber der Gesellschaft – etwa bei einer Haftung gegenüber Dritten ohne gleichzeitige Verletzung von Organpflichten[403] – in der Insolvenz der Gesellschaft regelmäßig wertlos bzw. im Insolvenzplanverfahren nach § 254 Abs. 2 S. 2 InsO auf die Insolvenzquote beschränkt sind.

I. Außenhaftungsansprüche im Überblick

Es besteht eine Vielzahl von potenziellen Außenhaftungsansprüchen,[404] insbesondere:

- auf vertraglicher Grundlage, etwa aus Bürgschaft, Garantieversprechen oder Schuldbeitritt,[405]
- aus culpa in contrahendo nach §§ 280 Abs. 1, 311 Abs. 3 BGB bei einem eigenen wirtschaftlichen Interesse des Geschäftsführers oder bei Inanspruchnahme besonderen persönlichen Vertrauens,[406]
- aus Rechtsscheinhaftung oder bei Handeln ohne Vertretungsmacht (analog) § 179 BGB,[407]

402 *H.-F. Müller*, in: Jaeger, InsO, § 35 Rn. 228.

403 *Fleischer*, in: MüKoGmbHG, § 43 Rn. 482; *Schluck-Amend*, in: Römermann, MAH GmbHR, § 23 Rn. 104.

404 Vgl. etwa die Darstellungen von *Fleischer*, in: MüKoGmbHG, § 43 Rn. 428 ff.; *Ziemons*, in: BeckOK GmbHG, § 43 Rn. 412 ff., Stand: 1. 2. 2024; s. auch bereits: Kap. B.I.2., S. 11 ff.

405 Zum Schuldbeitritt: BGH, VU v. 3. 9. 2020 – III ZR 56/19, NZG 2021, 302; *Fleischer*, in: MüKoGmbHG, § 43 Rn. 430; *Heinemeyer*, in: MüKoBGB, Vorb. vor § 414 Rn. 21 f.; *Hirte*, in: Uhlenbruck, InsO, § 92 Rn. 10.

406 *Fleischer*, in: MüKoGmbHG, § 43 Rn. 431 ff.; *Ziemons*, in: BeckOK GmbHG, § 43 Rn. 413 ff., Stand: 1. 2. 2024.

407 *Fleischer*, in: MüKoGmbHG, § 43 Rn. 435; *Ziemons*, in: BeckOK GmbHG, § 43 Rn. 438 ff., 441, Stand: 1. 2. 2024.

https://doi.org/10.1515/9783111535432-006

- im Fall der Eigenverwaltung nach § 276a Abs. 2 S. 1 InsO i.V.m. § 61 InsO gegenüber Massegläubigern bzw. – soweit es sich um einen Individualschaden handelt[408] – i.V.m. § 60 InsO,[409]
- auf deliktischer Grundlage nach § 823 Abs. 1 BGB,[410] nach § 823 Abs. 2 BGB i.V.m. einem Schutzgesetz[411] oder nach § 826 BGB[412] und
- nach den §§ 34, 69 AO aufgrund der Verletzung steuerlicher Pflichten, die mit Blick auf die öffentlich-rechtlichen Besonderheiten gesondert behandelt werden.[413]

II. Keine zwangsweise Gestaltung

Anders als bei der Haftung gegenüber der Insolvenzmasse scheidet eine Gestaltung der Außenhaftung ohne Zustimmung des betroffenen Gläubigers aus, da in der Insolvenzordnung keine ausdrückliche Regelung hierzu besteht (hierzu 1.), auch aus dem allgemeinen Zivilrecht keine derartige Befugnis abgeleitet werden kann (hierzu 2.) und schließlich eine (analoge) Rechtsfortbildung ausscheidet (hierzu 3.).

1. Rechtlicher Rahmen der Insolvenzordnung

Ansprüche der Insolvenzgläubiger gegen Mitschuldner und Bürgen sind einer zwangsweisen Regelung im Insolvenzplan nicht zugänglich.[414] Denn grundsätzlich können nur die nach § 217 Abs. 1 S. 1 InsO plandispositiven Gegenstände gestaltet

408 *Thole*, in: K. Schmidt, InsO, § 60 Rn. 52.

409 Bereits vor der Neuregelung des § 276a Abs. 2 InsO hatte der BGH eine Haftung analog §§ 60, 61 InsO für Geschäftsleiter in der Eigenverwaltung bejaht: BGH, Urt. v. 26.4.2018 – IX ZR 238/17, NJW 2018, 2125.

410 *Fleischer*, in: MüKoGmbHG, § 43 Rn. 436ff.; *Ziemons*, in: BeckOK GmbHG, § 43 Rn. 416 ff., Stand: 1.2.2024.

411 *Fleischer*, in: MüKoGmbHG, § 43 Rn. 352f.; *Ziemons*, in: BeckOK GmbHG, § 43 Rn. 422ff., Stand: 1.2.2024. Insbesondere kann sich eine Außenhaftung nach § 823 Abs. 2 BGB i.V.m. § 266a StGB aus der Nichtabführung von Sozialversicherungsbeiträgen (vgl. *Fleischer*, in: MüKoGmbHG, § 43 Rn. 444; *Ziemons*, in: BeckOK GmbHG, § 43 Rn. 477ff., Stand: 1.2.2024) bzw. nach § 823 Abs. 2 BGB i.V.m. § 15a Abs. 1 S. 1 InsO für den Insolvenzverschleppungsschaden der Neugläubiger ergeben (statt aller *Klöhn*, in: MüKoInsO, § 15a Rn. 256).

412 *Fleischer*, in: MüKoGmbHG, § 43 Rn. 446; *Ziemons*, in: BeckOK GmbHG, § 43 Rn. 431 ff, Stand: 1.2. 2024.

413 Ausführlich: Kap. E., S. 94ff.

414 *Eidenmüller*, in: MüKoInsO, § 217 Rn. 93.

werden, sofern nicht Sondervorschriften ausdrücklich eine Abweichung zulassen.[415] Und § 254 Abs. 2 InsO bestimmt in diesem Zusammenhang, dass die Rechte der Insolvenzgläubiger gegen Mitschuldner und Bürgen sowie die Rechte dieser Gläubiger an Gegenständen, die nicht zur Insolvenzmasse gehören, oder aus einer Vormerkung, die sich auf solche Gegenstände bezieht, mit Ausnahme der Rechte aus gruppeninternen Drittsicherheiten, nicht berührt werden. § 254 Abs. 2 InsO unterliegt – wie bereits die Vorgängerregelung § 193 KO – nicht der Disposition der Gläubigermehrheit.[416] Dementsprechend können Rechte am Vermögen Dritter anders als etwa Absonderungsrechte an Massegegenständen in einem Insolvenzplan nicht zwangsweise gestaltet werden.[417] Die Gestaltung der Außenhaftung des Geschäftsführers ist somit außerhalb des Anwendungsbereichs des § 92 InsO ohne Zustimmung der betroffenen Gläubiger nicht möglich. Der Insolvenzplan kann den Gläubiger des Geschäftsführers ebenso wenig verpflichten, einen Erlassvertrag mit dem Geschäftsführer zu schließen, denn auch wenn der Gläubiger zwangsweise Planunterworfener ist, ist eine Verpflichtung zu weiteren Leistungen nicht möglich.[418] Dies gilt unabhängig davon, ob der Geschäftsführer als Mitschuldner bzw. Bürge oder aus eigener Verpflichtung gegenüber Dritten haftet. Denn Dritte – und zu diesen zählen die Insolvenzgläubiger in ihrer Eigenschaft als Gläubiger des Geschäftsführers – werden von den Wirkungen des Insolvenzplans nur erfasst, sofern sie ihre Zustimmung erklären, vgl. § 230 Abs. 2, 3 InsO.[419]

2. Kein Gesamterlass mit Zwangswirkung

Auch unter Rückgriff auf das allgemeine Zivilrecht kann gegen den Willen der betroffenen Gläubiger keine Befreiung des Geschäftsführers von der Außenhaftung erreicht werden. Denn lediglich auf den ersten Blick stellt sich bei einer Gesamtschuld von GmbH und Geschäftsführer die im Ergebnis zu verneinende Frage, ob jedenfalls in diesem Fall ein Erlass mit Gesamtwirkung ohne Zustimmung des jeweiligen Gläubigers des Geschäftsführers möglich ist.

Grundsätzlich kann im Insolvenzplan die Haftung des Schuldners gestaltet werden, vgl. §§ 217 Abs. 1 S. 1, 227 Abs. 1 InsO. Schweigt der Insolvenzplan oder ist der

415 BGH, Beschl. v. 5. 2. 2009 – IX ZB 230/07, NZI 2009, 230, 232; BGH, Beschl. v. 16. 2. 2017 – IX ZB 103/15, NZI 2017, 260, 261 Rn. 18 f.

416 Vgl. OLG Dresden, Urt. v. 18. 12. 2012 – 13 U 1032/12, ZIP 2013, 1341 f.; *Huber/Madaus*, in: MüKoInsO, § 254 Rn. 32.

417 *Rühle*, in: Römermann, InsO, § 223 Rn. 2.

418 Vgl. *Eidenmüller*, in: MüKoInsO, § 217 Rn. 107.

419 *Spahlinger*, in: Kübler/Prütting/Bork, InsO, § 254 Rn. 7.

Wortlaut des Insolvenzplans zweifelhaft, wird der Schuldner nach § 227 Abs. 1 InsO mit der im Plan vorgesehenen Befriedigung der Insolvenzgläubiger von seinen restlichen Verbindlichkeiten gegenüber diesen Gläubigern befreit. § 227 Abs. 1 InsO als solcher bewirkt jedoch keinen Erlass i. S. v. § 397 BGB, denn die Forderungen erlöschen nicht, sondern bleiben als erfüllbare, aber nicht durchsetzbare Verbindlichkeiten bestehen.[420] Allerdings erlaubt der Wortlaut von § 227 Abs. 1 InsO („ist [...] nichts anderes bestimmt") eine von dieser Wirkung abweichenden Regelung.[421] Eine abweichende Regelung in diesem Sinne kann sowohl hinter der Erlasswirkung des § 227 InsO zurückbleiben als auch darüber hinausgehen.[422] Dies korreliert mit der Intention des Gesetzgebers, nach der die Gläubiger den Schuldner lediglich nicht schlechter stellen können als er ohne einen Insolvenzplan stünde.[423] Insbesondere kann in den Insolvenzplan ein Erlass i. S. v. § 397 BGB der Forderungen aufgenommen werden, ohne dass eine Naturalobligation fortbesteht.[424] Zu berücksichtigen ist weiterhin, dass § 423 BGB ausnahmsweise im Fall einer Gesamtschuld die gesetzliche Möglichkeit eines Erlassvertrags zugunsten eines nicht beteiligten Gesamtschuldners schafft, auch wenn im Rahmen eines Vertrags zu Gunsten Dritter i. S. v. § 328 BGB ansonsten kein Erlass zugunsten Dritter möglich ist.[425] Dementsprechend erscheint es auf den ersten Blick denkbar, durch Erlass mit Gesamtwirkung i. S. d. §§ 397 Abs. 1, 423 BGB im Insolvenzplan mittelbar in die Forderung gegenüber dem Geschäftsführer einzugreifen, wenn dieser gemeinsam mit der GmbH Gesamtschuldner ist.

Jedoch normiert § 254 Abs. 2 InsO abweichend von § 423 BGB im Insolvenzplanverfahren die zwingende Einzelwirkung des Erlasses. Deshalb wirkt der nach § 227 Abs. 1 InsO regelmäßig im Insolvenzplan enthaltene (Teil-)Erlass allein zugunsten des Insolvenzschuldners und lässt Ansprüche der Gläubiger gegen Mit-

---

420 BGH, Urt. v. 10.5.2012 – IX ZR 206/11, ZIP 2012, 1359 Rn. 9; BGH, Urt. v. 19.5.2011 – IX ZR 222/08, NJW-RR 2011, 1142, 1143 Rn. 8 f.; *Breuer*, in: MüKoInsO, § 227 Rn. 8; *Lüer/Streit*, in: Uhlenbruck, InsO, § 227 Rn. 6; *Spahlinger*, in: Kübler/Prütting/Bork, InsO, § 254 Rn. 27.

421 *Horstkotte*, ZInsO 2014, 1297, 1303 f.; *Lüdtke*, ZVI 2016, 297, 302; *Lüer/Streit*, in: Uhlenbruck, InsO, § 227 Rn. 13; *Spahlinger*, in: Kübler/Prütting/Bork, InsO, § 254 Rn. 32.

422 *Lüer/Streit*, in: Uhlenbruck, InsO, § 227 Rn. 14; **a. A.** *Dellit/Hamann*, ZIP 2015, 308, 313, die nur Abweichungen zu Ungunsten des Schuldners für zulässig erachten.

423 RegE InsO, BT-Drs. 12/2443, S. 195.

424 Mit unterschiedlicher Akzentuierung: *Dellit/Hamann*, ZIP 2015, 308, 316; *Frank*, in: Braun, InsO, § 224 Rn. 2; *Horstkotte*, ZInsO 2014, 1297, 1303; *Lüdtke*, ZVI 2016, 297, 302; *Lüer/Streit*, in: Uhlenbruck, InsO, § 224 Rn. 3; § 227 Rn. 13; *Rieble*, in: Staudinger, BGB, § 397 Rn. 184; *Smid*, in: Pannen/Riedemann/Smid, StaRUG, § 11 Rn. 11; *Smid*, ZInsO 2019, 2341, 2344; *Spahlinger*, in: Kübler/Prütting/Bork, InsO, § 254 Rn. 32; *Spliedt*, in: K. Schmidt, InsO, § 254 Rn. 12; **a. A.** *Huber/Madaus*, in: MüKoInsO, § 254 Rn. 21.

425 BGH, Urt. v. 22.12.2011 – VII ZR 7/11, NJW 2012, 1071, 1073 Rn. 22.

schuldner und Bürgen unberührt.[426] § 254 Abs. 2 InsO kann auch nicht durch Mehrheitsentscheidung der Gläubiger abbedungen werden, sondern es bedarf der ausdrücklichen Zustimmung des jeweiligen Gläubigers.[427] Dies gilt unabhängig davon, ob die Forderungen gegenüber dem Schuldner i. S. v. § 397 Abs. 1 BGB erlassen werden oder mangels anderweitiger Bestimmung als Naturalobligation fortbestehen.[428] Im Übrigen droht einem Insolvenzplan, der einen Forderungserlass i. S. v. § 397 Abs. 1 BGB beinhaltet, die Versagung der Bestätigung, sofern – wie regelmäßig der Fall – der Fiskus zu den Insolvenzgläubigern gehört, da dies einen Verstoß gegen das Vertragsformverbot im Rahmen der Steuerfestsetzung darstellen würde.[429] Eine mittelbare Gestaltung der Außenhaftung bei einer Gesamtschuld scheidet somit aus, da der Planerlass gem. § 254 Abs. 2 S. 1 InsO keine Gesamt-, sondern nur Einzelwirkung entfalten kann.[430]

3. Keine (analoge) Anwendung der §§ 92, 217 Abs. 2, 223 InsO

Grundsätzlich hat der Gesetzgeber der Insolvenzordnung den Umfang der Insolvenzmasse sowie die im Insolvenzplan über diese hinaus gestaltbaren Rechte im Einzelnen festgelegt. Die Insolvenzmasse wird über das pfändbare Vermögen des Schuldners hinaus durch die Insolvenzanfechtung der §§ 129 ff. InsO und die §§ 92, 93 InsO erweitert. Rechte gegen Dritte, die wie die hier gegenständliche Außenhaftung des Geschäftsführers nicht Teil der Insolvenzmasse sind, können nur aufgrund einer ausdrücklichen gesetzlichen Regelung im Insolvenzplan gestaltet werden. Regelungen, die eine Gestaltung von Rechten gegen Dritte zulassen, bestehen für gruppeninterne Drittsicherheiten (§§ 217 Abs. 2, 223a, 222 Abs. 1 S. 2 Nr. 5, 238b InsO), den Ausschluss der Differenzhaftung der Insolvenzgläubiger als Neugesellschafter bei der Umwandlung von Insolvenzforderungen in Eigenkapital (§ 254 Abs. 4 InsO) und im Anwendungsbereich von § 92 InsO. Daneben hat der Gesetzgeber mit der Reduzierung der Regressforderung von Mitschuldnern und Bürgen (§ 254 Abs. 2 S. 2 InsO)[431] Forderungen, die nicht Teil der Insolvenzmasse

---

426 *Eidenmüller*, in: MüKoInsO, § 217 Rn. 93; *Heinemeyer*, in: MüKoBGB, § 423 Rn. 11.

427 OLG Dresden, Urt. v. 18.12.2012 – 13 U 1032/12, ZIP 2013, 1341, 1341 f.; *Dellit/Hamann*, ZIP 2015, 308, 313; *Lüdtke*, ZVI 2016, 297, 303; offenlassend *Horstkotte*, ZInsO 2014, 1297, 1303 f.

428 *Spliedt*, in: K. Schmidt, InsO, § 254 Rn. 8.

429 *Smid*, ZInsO 2019, 2341, 2351; *Smid*, KSI 2020, 112, 113.

430 Deshalb schwer nachvollziehbar *Wollring/Quitzau*, ZRI 2021, 616, 626.

431 Der Regressanspruch haftender Dritter wird im Verhältnis zum Schuldner entsprechend der für die Insolvenzgläubiger geltenden Regelung gekürzt, womit jedenfalls mittelbar in die Rechtsstellung nicht am Insolvenzplan beteiligter Dritter, nämlich in die Regressforderung, eingegriffen

sind, der Gestaltung im Insolvenzplanverfahren unterworfen. Auch die mögliche Regelung von Absonderungsrechten erweitert die Gestaltungsfreiheit des Insolvenzplanverfahrens, da Absonderungsrechte grundsätzlich „insolvenzfeste Vorzugsrechte an haftungsrechtlich der Insolvenzmasse zugeordneten Gegenständen" gewähren,[432] die allerdings nach Maßgabe der §§ 217 Abs. 1 S. 1, 223 Abs. 2 InsO abweichend von den Vorschriften der Insolvenzordnung geregelt werden können.[433]

Keine der aufgezeigten Regelungen erfasst die Außenhaftung des Geschäftsführers. Ebenso wenig gehört der Geschäftsführer zum Personenkreis, der von der Erlasswirkung des § 227 Abs. 1 InsO durch gesetzliche Verweisung erfasst wird, wie es bei der akzessorischen Gesellschafterhaftung (§ 227 Abs. 2 InsO) oder der Haftung des Ehegatten bei Gesamtgut (§ 334 Abs. 2 InsO) der Fall ist. Insbesondere § 227 Abs. 2 InsO findet keine Anwendung auf die hier gegenständliche Außenhaftung eines GmbH-Geschäftsführers, auch wenn dieser gleichzeitig Gesellschafter sein sollte. Denn zum einen ist die GmbH aufgrund ihrer Rechtspersönlichkeit nach § 13 Abs. 1 GmbHG keine der von § 227 Abs. 2 InsO erfassten Gesellschaftsformen und zum anderen findet § 227 Abs. 2 InsO auch bei den erfassten Gesellschaftsformen lediglich auf die persönliche akzessorische Haftung der Gesellschafter und nicht auf sonstige Schuldgründe Anwendung.

Im Übrigen handelt es sich bei § 227 Abs. 2 InsO um eine nicht analogiefähige Ausnahmeregelung, die ihren Ursprung im gesellschaftsrechtlichen Haftungsrecht hat.[434]

4. Zwischenergebnis

Abgesehen von § 92 InsO erfasst keine der vorgenannten Vorschriften die Außenhaftung des Geschäftsführers. Eine Verpflichtung der Gläubiger zu weiteren Zugeständnissen hinsichtlich der Außenhaftung des Geschäftsführers ist, auch wenn diese wirtschaftlich davon profitieren würden, außerhalb eines Insolvenzplanverfahrens über das Vermögen des Geschäftsführers nicht möglich.[435] Insbesondere

---

wird, *Eidenmüller*, in: MüKoInsO, § 217 Rn. 93. Damit bildet § 254 Abs. 2 S. 2 InsO eine Ausnahme von dem Grundsatz, dass Dritte von der Planwirkung nicht betroffen sind, *Spahlinger*, in: Kübler/Prütting/Bork, § 254 Rn. 14.

432 Vgl. *Häsemeyer*, Insolvenzrecht, Rn. 18.03.

433 Näher *Rühle*, in: Römermann, InsO, § 223 Rn. 8.

434 OLG Dresden, Urt. v. 18.12.2012 – 13 U 1032/12, ZIP 2013, 1341, 1342; *Brinkmann*, Bedeutung der §§ 92, 93 InsO, S. 89; *Ober*, in: Römermann, InsO, § 227 Rn. 1.

435 Vgl. BGH, Urt. v. 12.12.1991 – IX ZR 178/91 (Akkordstörer), BGHZ 116, 319 = NJW 1992, 967.

hat der BGH in der vielbeachteten Akkordstörer-Entscheidung der Konstruktion einer Gefahrengemeinschaft aller Gläubiger, welche auch die nicht am Sanierungsvergleich beteiligten Gläubiger verpflichten würde, eine Absage erteilt.[436]

III. Freiwillige Einbeziehung von Ansprüchen Dritter

Mangels einer zwangsweisen Gestaltungsmöglichkeit außerhalb des Anwendungsbereichs von § 92 InsO stellt sich die Frage, ob und wie die Außenhaftung des Geschäftsführers mit Zustimmung des jeweiligen Gläubigers im Insolvenzplan gestaltet werden kann.

Die Motivation des jeweiligen Gläubigers, an einer freiwilligen Planbeteiligung mitzuwirken, kann sich aus vielfältigen Umständen ergeben. Insbesondere kann der Gläubiger mit dem Ziel einer besseren Insolvenzquote unter Mitwirkung des Geschäftsführers zu Zugeständnissen diesem gegenüber bereit sein.[437] Ein Außenhaftungsgläubiger kann ferner den Erhalt der Geschäftsbeziehung beabsichtigen. Die Gläubiger des Geschäftsführers profitieren zudem von der Konzentrations- und Beschleunigungswirkung des GmbH-Insolvenzverfahrens, da eine zeit- und kostenintensive Anspruchsverfolgung sowie die zusätzlichen Kosten eines gegebenenfalls erforderlichen zweiten Insolvenzverfahrens über das Vermögen des Geschäftsführers vermieden werden, wenn die Haftung des Geschäftsführers abschließend im Insolvenzplan der GmbH geregelt werden kann.[438]

1. Zulässigkeit einer freiwilligen Planregelung

Wie dargelegt ist die Gestaltung von nicht zwangsweise planunterworfenen Forderungen gegen den Willen der betroffenen Gläubiger unzulässig. Neben Planregelungen mit Zwangswirkung können jedoch fakultative Planregelungen mit Zustimmung des nicht zwangsweise Planunterworfenen in den gestaltenden Teil des Insolvenzplans aufgenommen werden.[439] Nicht zwangsweise Planunterworfene sind nicht nur die in keiner Hinsicht Planunterworfenen, sondern auch Personen,

436 BGH, Urt. v. 12.12.1991 – IX ZR 178/91 (Akkordstörer), BGHZ 116, 319 = NJW 1992, 967.

437 Vgl. AG Cuxhaven, Beschl. v. 14.9.2017 – 12 IN 168/16, ZInsO 2017, 2128 = BeckRS 2017, 127394 Rn. 18 ff.

438 Zur Konzentrationswirkung auch *Eidenmüller*, in: MüKoInsO, § 217 Rn. 154.

439 *Braun*, in: Römermann, InsO, § 254 Rn. 6; *Eidenmüller*, in: MüKoInsO, § 217 Rn. 155, 159; *Lüer/Streit*, in: Uhlenbruck, InsO, § 221 Rn. 13, § 254 Rn. 16; *Smid/Rattunde/Martini*, Der Insolvenzplan, Rn. 6.75.

die lediglich in einer bestimmten Hinsicht nicht zwangsweise planunterworfen sind.[440]

Die grundsätzliche Zulässigkeit von ergänzenden Planregelungen im Insolvenzplan wird etwa an § 230 Abs. 3 i.V.m. § 257 Abs. 2 InsO deutlich, da diese die dem Plan als Anlage beigefügten Erklärungen Dritter in die Titelwirkung des Insolvenzplans einbeziehen.[441] Jedoch stellt sich für die gegenständliche Außenhaftung des Geschäftsführers die Frage, ob eine diesbezüglich ergänzende Planregelung mit § 254 Abs. 2 InsO vereinbar ist, sofern der Geschäftsführer hinsichtlich der konkreten Anspruchsgrundlage als Mitschuldner oder Bürge i.S.v. § 254 Abs. 2 InsO anzusehen ist. Denn § 254 Abs. 2 InsO kann jedenfalls nicht mit Zwangswirkung gegenüber widersprechenden Gläubigern abbedungen werden.[442] Der Wortlaut von § 254 Abs. 2 InsO („Die Rechte […] werden […] *durch den Plan* nicht berührt.“) trifft allerdings keine Aussage über freiwillige Gestaltungen, da diese nicht *durch den Plan*, sondern aufgrund der privatautonomen Erklärungen der jeweiligen Beteiligten eintreten. Somit ist eine freiwillige Gestaltung der von § 254 Abs. 2 InsO geschützten Rechte der Insolvenzgläubiger nach dem Wortlaut mit Zustimmung des jeweiligen Gläubigers möglich.[443] Im Übrigen kommt dem Insolvenzgericht im Insolvenzplanverfahren nicht die Aufgabe zu, eine eigene Prüfung der inhaltlichen Angemessenheit oder wirtschaftlichen Sinnhaftigkeit vorzunehmen.[444] Vor diesem Hintergrund ist der teilweise als Voraussetzung für die Zulässigkeit von ergänzenden Planregelungen geforderte Bezug zur gemeinsamen Haftungsverwirklichung, d.h. einer jedenfalls mittelbaren Förderung der optimalen Gläubigerbefriedigung, kritisch zu sehen, da das Insolvenzplanverfahren gerade die Gläubigerautonomie stärken soll.[445]

---

440 *Eidenmüller*, in: MüKoInsO, § 217 Rn. 153.

441 *Eidenmüller*, in: MüKoInsO, § 217 Rn. 155.

442 Vgl. OLG Dresden, Urt. v. 18.12.2012 – 13 U 1032/12, ZIP 2013, 1341 f.; *Huber/Madaus*, in: MüKoInsO, § 254 Rn. 32.

443 Im Ergebnis ebenso OLG Dresden, Urt. v. 18.12.2012 – 13 U 1032/12, ZIP 2013, 1341, 1342; AG Cuxhaven, Beschl. v. 14.9.2017 – 12 IN 168/16, ZInsO 2017, 2128 = BeckRS 2017, 127394 Rn. 18; *Huber/Madaus*, in: MüKoInsO, § 254 Rn. 31; *Lüer/Streit*, in: Uhlenbruck, InsO, § 249 Rn. 7; *Spliedt*, in: K. Schmidt, InsO, § 254 Rn. 8.

444 BGH, Beschl. v. 7.5.2015 – IX ZB 75/14, NZI 2015, 697, 698 Rn. 8; jüngst bestätigend BGH, Beschl. v. 22.6.2023 – IX ZB 15/21, BeckRS 2023, 18664 Rn. 15.

445 So aber *Eidenmüller*, in: MüKoInsO, § 217 Rn. 160.

2. Erforderliche Zustimmungserklärungen

Bei einer freiwilligen Planregelung ist zwingend die Zustimmung des nicht zwangsweise Planunterworfenen erforderlich, wenn durch den Plan nicht lediglich ein Anspruch gem. § 328 BGB eingeräumt werden soll.[446] Wegen des Vertragsprinzips des § 397 BGB ist somit neben der Zustimmung des betroffenen Gläubigers grundsätzlich auch die Zustimmung des Geschäftsführers erforderlich.[447] Denn lediglich ein Stillhalteabkommen kann im Wege eines Vertrags zugunsten Dritter i. S. v. § 328 BGB ohne Mitwirkung des Schuldners zugewandt werden.[448] Ein Stillhalteabkommen dürfte jedoch oftmals nicht den praktischen Bedürfnissen entsprechen, da dem Geschäftsführer Verpflichtungen zur Mitarbeit nicht einseitig auferlegt werden können.[449]

a) Alleinige Außenhaftung des Geschäftsführers

Im Fall der alleinigen Außenhaftung des Geschäftsführers ist eine Annahmeerklärung durch den Geschäftsführer grundsätzlich erforderlich, da ein einseitiger Erlass dem allgemeinen Zivilrecht fremd ist und der Geschäftsführer nicht zu den zwangsweise Planunterworfenen in seiner Eigenschaft als Schuldner der Außenhaftung gehört.[450]

b) Erlass mit Gesamtwirkung bei Gesamtschuld, § 423 BGB

Keiner Annahmeerklärung des Geschäftsführers bedarf es hingegen, sofern GmbH und Geschäftsführer als Gesamtschuldner haften, denn ein Gesamtschuldner kann gem. § 423 BGB einen Erlass zu Gunsten anderer Gesamtschuldner ausnahmsweise im Wege eines Vertrags zugunsten Dritter erreichen.[451] Eine gesamtschuldnerische Haftung kann insbesondere eintreten, wenn der Geschäftsführer im Außenverhältnis deliktisch haftet, da sich diese Haftung nach § 31 BGB auf die GmbH erstreckt.[452]

---

446 *Eidenmüller*, in: MüKoInsO, § 217 Rn. 153, 159.

447 Hierzu bereits im Zusammenhang mit der Innenhaftung: Kap. C.III.1., S. 48 ff.

448 RG, Urt. v. 27.1.1930 – VI 267/29, RGZ 127, 126; BGH, Urt. v. 21.6.1994 – XI ZR 183/93, NJW 1994, 2483, 2484; BGH, Urt. v. 22.12.2011 – VII ZR 7/11, NJW 2012, 1071, 1073 Rn. 22; *Habersack*, in: MüKoBGB, § 779 Rn. 31; *Rieble*, in: Staudinger, BGB, § 397 Rn. 34.

449 Ein Vertrag zu Lasten Dritter ist dem deutschen Zivilrecht fremd, st. Rspr., vgl. nur BGH, Urt. v. 14.7.1995 – V ZR 31/94, NJW 1995, 3183, 3184; *Gottwald*, in: MüKoBGB, § 328 Rn. 263.

450 Zu den zivilrechtlichen Grundlagen des Erlasses: Kap. C.III.1.a), S. 48 f.

451 BGH, Urt. v. 22.12.2011 – VII ZR 7/11, NJW 2012, 1071, 1073 Rn. 22; *Habersack*, in: MüKoBGB, § 779 Rn. 52, 54; *Rieble*, in: Staudinger, BGB, § 397 Rn. 32.

452 *Leuschner*, in: MüKoBGB, § 31 Rn. 12; *Ziemons*, in: Michalski, GmbHG, § 43 Rn. 458.

Die grundsätzliche Zulässigkeit eines Erlasses von Insolvenzforderungen i. S. v. § 397 Abs. 1 BGB im Insolvenzplan wird überwiegend befürwortet.[453] Sofern sich dieser Erlass auf eine Gesamtschuld bezieht, eröffnet dementsprechend § 423 BGB die Möglichkeit, einen Gesamterlass auch mit Wirkung zugunsten des Geschäftsführers durchzuführen. Ein Erlass mit Gesamtwirkung ist bei Gesamtschuldnern ausweislich § 423 InsO grundsätzlich unter Auslegung der konkreten Erlassabrede bei einem entsprechenden Parteiwillen möglich, auch wenn im Zweifel lediglich von einer Einzelwirkung auszugehen ist.[454] Zur Durchführung der Gesamtwirkung wird der einzelwirkende Erlass entweder um einen pactum de non petendo oder einen (Teil-)Gesamterlass als dinglich wirkender Vertrag zugunsten Dritter i. S. v. § 328 BGB ergänzt.[455] Diese zwischen Gläubiger und einem Gesamtschuldner, d. h. der GmbH, bilateral vereinbarte Gesamtwirkung erstreckt sich somit auf den Geschäftsführer als nicht beteiligter Gesamtschuldner i. S. v. § 423 BGB.

Eine separate Zustimmung der GmbH zum Gesamterlass ist nicht erforderlich, da die Zustimmung des Verfahrensschuldners zum Insolvenzplan – und damit zu den nach § 228 S. 1 InsO in den gestaltenden Teil aufgenommenen Willenserklärungen – unter den Voraussetzungen des § 247 InsO fingiert wird.[456]

c) Einseitiger Erlass bei öffentlich-rechtlichen Ansprüchen

Im Übrigen ist ein einseitiger Erlass bei öffentlich-rechtlichen (Steuerhaftungs-) Ansprüchen möglich.[457] Aus diesem Grund und der weiteren öffentlich-rechtlichen Besonderheiten wird die steuerrechtliche Haftung des Geschäftsführers gesondert dargestellt.[458]

3. Umsetzungsmöglichkeiten

Für die Umsetzung der freiwilligen Enthaftung des Geschäftsführers im Insolvenzplan hinsichtlich der Außenhaftung eröffnet die Insolvenzordnung verschiedene Möglichkeiten.

---

453 Ausführlich *Smid*, KSI 2020, 74, 76; vgl. auch *Weitbrecht*, ZIP 2019, 2019, 1849 ff.

454 BGH, Urt. v. 21. 3. 2000 – IX ZR 29/99, NJW 2000, 1942; *Heinemeyer*, in: MüKoBGB, § 423 Rn. 2 f., 5, § 426 Rn. 9, 61.

455 *Heinemeyer*, in: MüKoBGB, § 423 Rn. 3.

456 *Rieble*, in: Staudinger, BGB, § 397 Rn. 184; differenzierend nach Schuldner- und Verwalterplan *Smid*, ZinsO 2019, 2341, 2344.

457 *Schlüter*, in: MüKoBGB, § 397 Rn. 19.

458 Ausführlich zur abgabenrechtlichen Haftung: Kap. E., S. 94 ff.

Zum einen können die zum Erlass erforderlichen Willenserklärungen in den gestaltenden Teil des Insolvenzplans aufgenommen werden (hierzu sogleich unter a). Zum anderen ist der Abschluss eines Erlassvertrags außerhalb des gestaltenden Teils des Insolvenzplans bedingt auf die rechtskräftige Planbestätigung möglich, der als Anlage dem Insolvenzplan beigefügt wird (hierzu sogleich unter b) und schließlich ist es möglich, den Insolvenzplan auf den Abschluss eines entsprechenden Vergleichs- und Erlassvertrags zu bedingen (hierzu unter c).

a) Erlass im gestaltenden Teil, §§ 228 S. 1, 230 Abs. 3 InsO

Die Willenserklärungen für den Abschluss eines Erlassvertrags zwischen Geschäftsführer und dessen Gläubiger können zunächst auf Grundlage von § 228 S. 1 InsO in den gestaltenden Teil des Insolvenzplans mit deren Zustimmung aufgenommen werden.

Grundsätzlich können in den gestaltenden Teil Willenserklärungen des Insolvenzverwalters, des eigenverwaltenden Schuldners bzw. des Sachwalters sowie die korrespondierenden Willenserklärungen nicht zwangsweise beteiligter Dritter aufgenommen werden.[459] § 228 InsO gestattet Verfügungen über Rechte an „Gegenständen" durch Aufnahme entsprechender Willenserklärungen in den Insolvenzplan. Der Wortlaut von § 228 S. 1 InsO („Rechte an Gegenständen") und die Überschrift der Norm („Änderung sachenrechtlicher Verhältnisse") sind missverständlich. Denn „Gegenstand" i. S. v. § 228 InsO ist alles, was Objekt von Rechten sein kann.[460] Gegenstand der dinglichen Rechtsgestaltung können somit auch Forderungen sein,[461] die begründet, geändert, übertragen oder aufgehoben werden, und zwar unabhängig davon, ob es sich um Forderungen der Insolvenzmasse oder um massefremde Forderungen handelt.[462] Somit ist auch der Erlass einer Forderung i. S. v. § 397 Abs. 1 BGB möglich, da dieser dogmatisch ein Verfügungsgeschäft über Forderungen darstellt.[463]

Der Wortlaut von § 228 S. 1 InsO ist weiterhin missverständlich, soweit nur die „erforderlichen Willenserklärungen der Beteiligten" benannt werden. Denn § 228 InsO findet entsprechend § 230 Abs. 3 InsO auch auf Willenserklärungen

---

459 *Smid/Rattunde/Martini*, Der Insolvenzplan, Rn. 6.74, 6.75.

460 *Fiebig*, in: Kayser/Thole, InsO, § 228 Rn. 2; *Breuer*, in: MüKoInsO, § 228 Rn. 2.

461 *Breuer*, in: MüKoInsO, § 228 Rn. 2; *Fiebig*, in: Kayser/Thole, InsO, § 228 Rn. 2; *Ober*, in: Römermann, InsO, § 228 Rn. 2; *Smid/Rattunde/Martini*, Der Insolvenzplan, Rn. 6.74; *Spahlinger*, in: Kübler/Prütting/Bork, InsO, § 228 Rn. 3.

462 Vgl. *Andres*, in: Andres/Leithaus, InsO, § 228 Rn. 3; *Breuer*, in: MüKoInsO, § 228 Rn. 3; *Eidenmüller*, in: MüKoInsO, § 217 Rn. 156, § 230 Rn. 3; *Fiebig*, in: Kayser/Thole, InsO, § 228 Rn. 3, 4.

463 Vgl. *Rieble*, in: Staudinger, BGB, § 397 Rn. 29.

Dritter Anwendung.[464] Es ist somit unerheblich, ob der Gläubiger des Außenhaftungsanspruchs gleichzeitig Insolvenzgläubiger ist.

Die Aufnahme der Willenserklärungen auf Grundlage von § 228 InsO bedarf außerhalb der zwangsweise gestaltbaren Regelungsbereiche der Zustimmung des betroffenen Dritten, die als Anlage analog § 230 Abs. 3 InsO dem Insolvenzplan beizufügen ist.[465] Die Wirkung der Willenserklärungen ist vorbehaltlich einer anderslautenden Regelung entsprechend dem Wortlaut von § 230 Abs. 3 InsO („für den Fall der Bestätigung") an die rechtskräftige gerichtliche Bestätigung des Insolvenzplans geknüpft, vgl. §§ 248, 254 Abs. 1, 254a Abs. 1 InsO. Wiederum unerheblich ist, ob der Gläubiger des Geschäftsführers gleichzeitig Insolvenzgläubiger ist, denn auch ein Insolvenzgläubiger kann Dritter i. S. v. § 230 Abs. 3 InsO sein, sofern seine Verpflichtung aus dem Plan weiter geht, als es für die übrigen Angehörigen seiner Plangruppe gilt.[466]

b) Erlassvertrag als Plananlage, § 230 Abs. 3 InsO analog

Neben der Aufnahme der entsprechenden Regelungen in den gestaltenden Teil des Plans kann der Erlass der Haftung des Geschäftsführers auch außerhalb des Plans durch einen individualvertraglichen Erlass erreicht werden.[467] In diesem Fall müssen der Erlassvertrag und die zugrunde liegenden wirtschaftlichen Hintergründe im Plan dargestellt und analog § 230 Abs. 3 InsO dem Plan beigefügt werden, um nicht der Gefahr der Nichtigkeit gem. § 226 Abs. 3 InsO ausgesetzt zu sein.[468] Denn der Wortlaut von § 230 Abs. 3 InsO („Verpflichtungen") erfasst in analoger Anwendung auch verfügende Erklärungen, da das Informationsinteresse der Gläubiger an solchen Vorgängen nicht weniger gering ist als an schuldrechtlichen Verpflichtungserklärungen.[469] Der Erlassvertrag wird regelmäßig aufschiebend auf die rechtskräftige Planbestätigung bedingt werden, was auch ohne ausdrückliche Regelung im Zweifel anzunehmen ist.[470]

---

464 *Horstkotte/Pickartz*, ZInsO 2020, 710, 712.

465 *Breuer*, in: MüKoInsO, § 228 Rn. 5; *Lüer/Streit*, in: Uhlenbruck, InsO, § 217 Rn. 31, § 221 Rn. 2, 13, § 228 Rn. 2; *Ober*, in: Römermann, InsO, § 228 Rn. 3; *Spahlinger*, in: Kübler/Prütting/Bork, InsO, § 228 Rn. 4.

466 *Eidenmüller*, in: MüKoInsO, § 230 Rn. 75; *Spahlinger*, in: Kübler/Prütting/Bork, InsO, § 230 Rn. 9.

467 Vgl. OLG Dresden, Urt. v. 18. 12. 2012 – 13 U 1032/12, ZIP 2013, 1341, 1342; zust. *Martini*, jurisPR-InsR 16/2013 Anm. 3; *Spliedt*, in: K. Schmidt/Uhlenbruck, Die GmbH, Rn. 33.25.

468 Vgl. *Eidenmüller*, in: MüKoInsO, § 226 Rn. 18; *Lüer/Streit*, in: Uhlenbruck, InsO, § 226 Rn. 8.

469 *Eidenmüller*, in: MüKoInsO, § 230 Rn. 78.

470 *Eidenmüller*, in: MüKoInsO, § 230 Rn. 79.

c) Bedingter Insolvenzplan, § 249 InsO

Eine weitere Umsetzungsmöglichkeit eröffnet § 249 InsO. Nach dieser Norm kann die Planbestätigung von bestimmten Leistungen oder Maßnahmen abhängig gemacht werden. Insbesondere kann im Insolvenzplan vorgesehen werden, dass vor Planbestätigung bestimmte Leistungen Dritter oder andere Maßnahmen erfüllt sein müssen.[471] Denkbar wäre somit, den Erlass lediglich im darstellenden Teil aufzuführen und den Abschluss des Erlassvertrags nach Abstimmung aber vor Bestätigung des Insolvenzplans abzuschließen. Denn Planbedingung kann auch die Einigung Dritter untereinander sein.[472] Somit kann ein Insolvenzplan auf Grundlage von § 249 InsO auch unter der Bedingung der Enthaftung des Geschäftsführers stehen.[473] Planbedingung im engeren Sinne ist in dieser Konstellation die Mitteilung der Einigung an das Insolvenzgericht.[474] Bei dieser Umsetzungsvariante ist jedoch zu berücksichtigen, dass der Spielraum für die Vereinbarung der Erlasskonditionen eingeschränkt wird. Denn sofern sich Abweichungen zur Darstellung im Insolvenzplan ergeben, wird man in der Regel keinen Bedingungseintritt annehmen können, mit der Folge, dass eine Bestätigung des Insolvenzplans nicht erfolgen kann.

d) Sozialversicherungsrechtliche Besonderheiten

Sofern sich die Außenhaftung aus der Nichtabführung der Arbeitnehmeranteile zur Gesamtsozialversicherung nach § 823 Abs. 2 BGB i.V.m. § 266a StGB ergibt, haben die Einzugsstellen bei einem Erlass § 76 SGB IV zu berücksichtigen.[475] Einzugsstellen von Gesamtsozialversicherungsbeiträge sind nach § 28h Abs. 1 S. 1 SGB IV die Krankenkassen.

§ 76 Abs. 4 S. 1 SGB IV ermächtigt die Einzugsstellen zum Vergleich über Gesamtsozialversicherungsbeiträge, wobei bei Übersteigen bestimmter Bezugsgrößen die Zustimmung der beteiligten Rentenversicherungsträger und der Bundesagentur für Arbeit erforderlich ist, § 76 Abs. 4 S. 2 SGB IV. Unter den Voraussetzungen von § 76 Abs. 2, 3 SGB IV ist auch ein Erlass möglich.[476] Bei der Prüfung der Erlassvor-

471 BGH, Urt. 15.4.2010 – IX ZR 188/09, BGHZ 195, 206 Rn. 22–23.

472 *Lüer/Streit*, in: Uhlenbruck, InsO, § 249 Rn. 4.

473 Vgl. am Beispiel eines Gesellschafter-Geschäftsführers: AG Cuxhaven, Beschl. v. 14.9.2017 – 12 IN 168/16; ZInsO 2018, 2128 = BeckRS 2017, 127394 Rn. 10 (rkr., vgl. LG Stade, Beschl. v. 20.12.2017 – 7 T 151/17, ZInsO 2018, 668 = NZI 2019, 31); siehe auch *Lüer/Streit*, in: Uhlenbruck, InsO, § 249 Rn. 7.

474 *Lüer/Streit*, in: Uhlenbruck, InsO, § 249 Rn. 4.

475 Zur diesbezüglichen Haftung: Kap. B.I.2.f), S. 13 f.

476 Bei einem Erlass aus persönlicher Unbilligkeit muss der Erlass insbesondere geeignet sein, die Situation des Ersatzpflichtigen entscheidend zu ändern und nicht nur den Gläubigern des Ersatzpflichtigen zugutekommen, *Stäbler*, in: Krauskopf, Soz. Krankenversicherung, SGB IV, § 76 Rn. 21.

aussetzungen kommen nach Ansicht des Bundessozialgerichts aufgrund der vom Gesetzgeber angestrebten Gleichbehandlung des Erlasses von Steuer- und Sozialversicherungsforderungen die zu § 227 AO entwickelten Grundsätze zum Tragen.[477] § 76 SGB IV ist im Übrigen auch auf zivilrechtliche Schadensersatzansprüche aus unerlaubter Handlung anzuwenden, welche die Einzugsstelle nach § 28h Abs. 1 S. 3 SGB IV geltend zu machen hat.[478] Denn der Begriff der Einnahmen i. S. v. § 76 Abs. 1 SGB IV erfasst Rückforderungs- und Erstattungsansprüche einschließlich der Schadensersatzansprüche aus eigenem oder übergegangenem Recht.[479] Zudem erfasst der Begriff der Gesamtsozialversicherungsbeiträge i. S. v. § 76 Abs. 3 SGB IV alle geschuldeten Pflichtbeiträge, mithin sowohl Arbeitgeber- als auch Arbeitnehmerbeitragsanteil.[480] Wirtschaftlich gesehen stehen Ansprüche aus § 823 Abs. 2 BGB i.V.m. § 266a StGB rückständigen Beiträgen i. S. v. § 76 Abs. 4 SGB IV gleich, weshalb auch Schadensersatzansprüche als „rückständige Beitragsansprüche" i.S.v. § 76 Abs. 4 SGB IV anzusehen sind.[481] Andernfalls bestünde keine Rechtsgrundlage für den Vergleich über Schadensersatzansprüche nach § 823 Abs. 2 BGB i.V.m. § 266a StGB.[482]

Dementsprechend ist ein Vergleich über die Haftung des Geschäftsführers nach § 823 Abs. 2 BGB i.V.m. § 266a StGB möglich, sofern dieser für die Einzugsstelle, die beteiligten Träger der Rentenversicherung und die Bundesagentur für Arbeit wirtschaftlich und zweckmäßig ist, § 76 Abs. 4 S. 1 SGB IV.[483] Nichts anderes kann für die Enthaftung des Geschäftsführers im Insolvenzplanverfahren der GmbH gelten, sofern im Einzelfall die Tatbestandsvoraussetzungen für einen Erlass oder Vergleich vorliegen.

Im Übrigen stellt der Erlass i. S. v. § 76 SGB IV grundsätzlich eine Beihilfe dar, der somit insbesondere dem Vergleich mit dem Handeln eines privaten Investors standhalten muss.[484]

---

477 BSG, Urt. v. 4.3.1999 – B 11/10 AL 5/98 R, DZWIR 1999, 375; *Plagemann*, in: Plagemann, MAH SozialR, § 11 Rn. 31, 34.

478 BSG, Urt. v. 29.3.2022 – B 12 KR 7/20 R, NZS 2023, 217; *Stäbler*, in: Krauskopf, Soz. Krankenversicherung, SGB IV, § 76 Rn. 32.

479 *Stäbler*, in: Krauskopf, Soz. Krankenversicherung, SGB IV, § 76 Rn. 3.

480 *Nieder*, in: Kreikebohm/Dünn, SGB IV, § 28d Rn. 2.

481 BSG, Urt. v. 29.3.2022 – B 12 KR 7/20 R, NZS 2023, 217 Rn. 12 f., 17 f.

482 BSG, Urt. v. 29.3.2022 – B 12 KR 7/20 R, NZS 2023, 217 Rn. 18.

483 Vgl. BSG, Urt. v. 29.3.2022 – B 12 KR 7/20 R, NZS 2023, 217 Rn. 11; *Plagemann*, in: Plagemann, MAH SozialR, § 11 Rn. 46.

484 *Plagemann*, in: Plagemann, MAH SozialR, § 11 Rn. 42 f.; zur gleichgelagerten beihilferechtlichen Zulässigkeit beim Erlass der abgabenrechtlichen Haftungsschuld: Kap. E.IV., S. 125 ff.

IV. Enthaftung eines Gesellschafter-Geschäftsführers

Hinsichtlich der Enthaftung eines Geschäftsführers, der zugleich Gesellschafter der GmbH ist, ergeben sich im Vergleich zur dargestellten Enthaftung eines Fremdgeschäftsführers Besonderheiten, die nachfolgend thematisiert werden sollen. Denn obwohl das GmbH-Gesetz Selbst- und Fremdorganschaft gleichberechtigt nebeneinander zulässt, wird beim weit überwiegenden Teil der GmbHs die Geschäftsführung aus dem Kreis der Gesellschafter übernommen.[485] Gerade bei KMU ist das Unternehmen häufig untrennbar mit der Person des Gesellschafter-Geschäftsführers verknüpft.

Eine Sanierung und Fortführung ohne die Mitwirkung dieser zentralen Figur ist oftmals nicht realisierbar, denn auch ein Gesellschafter kann nicht gegen seinen Willen zu einem Sanierungsbeitrag in der Insolvenz verpflichtet werden.[486] Sofern der geschäftsführende Gesellschafter Ansprüchen der Insolvenzmasse oder einzelner Gläubiger ausgesetzt ist, wird dieser regelmäßig nicht allein zum wirtschaftlichen Vorteil der Gläubiger an einer Fortführung mitwirken. Daraus folgt die Herausforderung, wie eine Enthaftung eines Gesellschafter-Geschäftsführers mit dem Ziel der bestmöglichen Gläubigerbefriedigung im Insolvenzplanverfahren der GmbH auf Grundlage der Insolvenzordnung durchgeführt werden kann.

1. Interessen der Beteiligten

Die Gläubiger von Außenhaftungsansprüchen gehören als solche wie dargelegt nicht zum Kreis der zwangsweise Planunterworfenen. Dennoch können diese Gläubiger aus wirtschaftlichen Eigeninteressen zu einer Enthaftung des Gesellschafters bereit sein, da die Gesellschaftsanteile regelmäßig einen wesentlichen Teil von dessen Privatvermögen darstellen, der jedoch in der Insolvenz der Gesellschaft erheblich an Wert verliert. Insbesondere die Gläubiger, die sowohl Gesellschafts- als auch Gesellschaftergläubiger sind, haben aber ein wirtschaftliches Interesse sowohl am Erhalt der GmbH als auch am Werterhalt der Gesellschaftsanteile im Vermögen ihres Schuldners.[487] Diese Gläubiger können deshalb zur teilweisen Enthaftung des Gesellschafters mit dem Ziel einer Fortführung bereit sein, um den Wert der Gesellschaftsanteile im eigenen Interesse zu erhalten. Denn wenn kein Dritter bereit ist, das Unternehmen fortzuführen, können die Gläubiger regelmäßig weder

485 Näher *Fleischer*, in: MüKoGmbHG, Einleitung Rn. 208; *J. Schmidt*, in: Michalski, GmbHG, Syst. Darstellung 1 Rn. 112.

486 Vgl. *Eidenmüller*, in: MüKoInsO, § 217 Rn. 143.

487 *Smid*, NZI 2020, 202, 205.

mit einer nennenswerten Insolvenzquote im Insolvenzverfahren der GmbH noch mit einer Befriedigung ihrer Forderungen aus dem Vermögen des Gesellschafters, rechnen.

Dritte können aus verschiedenen Gründen einen Erwerb des Unternehmens ablehnen: Zunächst können personenbezogene Konzessionen in der Person des Gesellschafter-Geschäftsführers einer Fortführung der GmbH ohne dessen Beteiligung entgegenstehen.[488] Auch ein potenzieller Erwerber wird in dieser Konstellation aufgrund der Bedeutung des Gesellschafter-Geschäftsführers für das Unternehmen ohne dessen Mitwirkung einen Erwerb des Unternehmens zum Fortführungswert ablehnen. Ferner wird der Insolvenzverwalter in bestimmten Konstellationen die Fortführung des Unternehmens aufgrund nicht hinnehmbarer branchentypischer Risiken ablehnen.[489]

2. Fiduziarische Übertragung der Gesellschaftsanteile

Als Lösung bietet sich die von *Roth* und *Smid* in die Literatur eingebrachte und wie berichtet auch bereits in der Praxis umgesetzte Übertragung der Gesellschaftsanteile auf einen Treuhänder an, der diese nach Planerfüllung zurück auf den Gesellschafter überträgt.[490] Denn durch diese Gestaltung wird der Gesellschafter-Geschäftsführer in die Betriebsfortführung eingebunden und zugleich zur Leistung an seine Gläubiger angehalten, indem dessen Gesellschaftsanteile auf Grundlage von § 225 Abs. 3 InsO auf einen Dritten als Treuhänder übertragen werden, der diese dem Geschäftsführer zum Rückerwerb anbietet.[491] Der Erlös aus dem Rückerwerb ist zwischen der Insolvenzmasse und den (deliktischen) Außenhaftungsgläubigern des Gesellschafter-Geschäftsführers je nach Einzelfall aufzuteilen. Ebenso ist es eine Frage des Einzelfalls, ob der vom Gesellschafter für den Rückerwerb aufzubringende Kaufpreis aus dessen Privatvermögen, mithilfe Leistungen Dritter, aus Gewinnen der Geschäftstätigkeit des fortgeführten Unternehmens (*earn out*) oder durch eine Kombination der aufgezählten Möglichkeiten zu erbringen ist.

---

488 Vgl. § 3 Abs. 2 GüKG, §§ 3 Abs. 1, 11 PBefG; näher *Depré/Kothe*, in: Beck/Depré/Ampferl, Praxis der Sanierung und Insolvenz, § 36 Rn. 109 ff.

489 *Smid*, NZI 2020, 202, 206 f.

490 Näher *Roth*, in: FS Smid, S. 294 f.; *Smid*, NZI 2020, 202.

491 *Smid*, NZI 2020, 202, 205.

a) Grundsätzliche Zulässigkeit

Grundsätzlich werden Gestaltungen im Insolvenzplan der GmbH zur Entschuldung des Gesellschafters für zulässig erachtet.[492] Hinsichtlich der Innenhaftung gegenüber der Insolvenzmasse ist eine Gestaltung auch gegen den Willen dissentierender Gläubiger im Insolvenzplanverfahren durchsetzbar.[493] Für die Gestaltung der Außenhaftung wird insbesondere eine Kombination aus freiwilligem Sanierungsbeitrag des Gesellschafters und freiwilliger Freistellung durch den jeweiligen Außenhaftungsgläubiger vertreten, dessen Ansprüche mit Blick auf § 254 Abs. 2 S. 1 InsO nicht ohne dessen Mitwirkung gestaltet werden können.[494] Im Übrigen ist es zulässig, die Entschuldung des Gesellschafter-Geschäftsführers gegenüber Dritten zur Planbedingung i. S. v. § 249 InsO zu erheben.[495]

Auch die treuhänderische Übertragung von Bestandteilen der Insolvenzmasse zur Verwertung nach Aufhebung eines Insolvenzverfahrens wird in der Literatur thematisiert.[496] Grundsätzlich werden bei einer derartigen Treuhandlösung Massebestandteile dinglich durch Zession oder Übereignung auf einen Treuhänder übertragen.[497] Der BGH hat in einem obiter dictum die Zulässigkeit einer derartigen Gestaltung bejaht, da eine treuhänderische Übertragung des Vollrechts auf Grundlage von § 228 InsO im Gegensatz zu einer treuhänderischen Einzugsermächtigung keine unzulässige Nachtragsverteilung im Insolvenzplan darstelle und dementsprechend kein Konflikt mit § 259 Abs. 1 S. 2 InsO bestehe.[498]

Dies ist nicht unproblematisch, da die Aufsicht über den Insolvenzverwalter dem Insolvenzgericht obliegt, § 58 Abs. 1 S. 1 InsO. Überträgt man nunmehr die Verwaltung und Verwertung auf einen Treuhänder, entzieht man eine wesentliche Aufgabe des Insolvenzverwalters der gerichtlichen Kontrolle.[499] Jedoch sind die hier gegenständlichen Gesellschaftsanteile an der GmbH als Insolvenzschuldnerin nicht Teil der Insolvenzmasse, sondern Teil des Vermögens des Gesellschafters. An dieser

---

492 AG Cuxhaven, Beschl. v. 14.9.2017 – 12 IN 168/16, ZInsO 2017, 2128 = BeckRS 2017, 127394, best. LG Stade, Beschl. v. 29.12.2017 – 7 T 151/17, ZInsO 2018, 614 = NZI 2019, 31; *Eidenmüller*, in: MüKoInsO, § 217 Rn. 143; *Lüer/Streit*, in: Uhlenbruck, InsO, § 217 Rn. 30, § 249 Rn. 7.

493 AG Cuxhaven, Beschl. v. 14.9.2017 – 12 IN 168/16, ZInsO 2017, 2128 = BeckRS 2017, 127394, best. LG Stade, Beschl. v. 29.12.2017 – 7 T 151/17, ZInsO 2018, 614 = NZI 2019, 31; zust. *Lüer/Streit*, in: Uhlenbruck, InsO, § 217 Rn. 30, § 249 Rn. 7.

494 *Eidenmüller*, in: MüKoInsO, § 217 Rn. 143.

495 Vgl. *Lüer/Streit*, in: Uhlenbruck, InsO, § 249 Rn. 7 f.

496 *Dellit*, in: Brünkmans/Thole, HdB Insolvenzplan, § 24 Rn. 44 f.; *Lüer/Streit*, in: Uhlenbruck, InsO, § 259 Rn. 70 f.; *Madaus/Huber*, in: MüKoInsO, § 259 Rn. 32.

497 *Dellit*, in: Brünkmans/Thole, HdB Insolvenzplan, § 24 Rn. 45.

498 BGH, Beschl. v. 26.4.2018 – IX ZB 49/17, NZI 2018, 691, 693 Rn. 28, 31.

499 *Roth*, in: FS Smid, S. 295. In diese Richtung wohl auch zum Treuhandkontomodell *Frind*, in: Bieg/Borchardt/Frind, Unternehmenssanierung, Teil 3 A. III. Rn. 100.

Zuweisung vermag auch § 225a Abs. 3 InsO nichts zu ändern, da § 225a Abs. 3 InsO gerade keine Aussage zum Umfang der Insolvenzmasse in Bezug auf Anteile an der Insolvenzschuldnerin trifft, sondern allein deren Gestaltbarkeit im Insolvenzplan ermöglicht. Vor diesem Hintergrund ist eine treuhänderische Übertragung in der hier gegenständlichen Konstellation erst recht zulässig, da keine Verkürzung der gerichtlichen Kontrolle über die Insolvenzmasse droht.

Aus dem Umstand, dass die hier zur treuhänderischen Übertragung vorgesehenen Anteile an der Insolvenzschuldnerin nicht Teil der Insolvenzmasse sind, kann andererseits kein Argument gegen eine treuhänderische Übertragung dieser Anteile im Rahmen des Insolvenzplans gefolgert werden. Denn die §§ 217 Abs. 1 S. 2, 225a Abs. 3, 228 InsO normieren gerade die Übertragung von Anteilen an der Insolvenzschuldnerin.[500] Gründe, die eine fiduziarische Übertragung vom Anwendungsbereich dieser Normen ausnehmen, sind dagegen nicht ersichtlich.

b) Rechtsgrundlage für die Übertragung

Aus § 217 Abs. 1 S. 2 InsO, nach dem Anteils- und Mitgliedschaftsrechte in einen Insolvenzplan einbezogen werden können, folgt die grundsätzliche Zulässigkeit der Einbeziehung von Anteilen an der Insolvenzschuldnerin in den Plan, wobei als Rechtsgrundlage für die Übertragung auf den Treuhänder sowohl § 225a Abs. 3 InsO als auch § 228 InsO in Betracht kommen:

Nach § 217 Abs. 1 S. 2 InsO können Anteilsrechte am Schuldner in den Plan einbezogen werden. Sofern die Einbeziehung eine Übertragung von Anteilen an der Insolvenzschuldnerin beinhaltet, bildet § 225a Abs. 3 InsO in der Regel die Rechtsgrundlage für den Übergang der Anteile.[501] Einer gesonderten Abtretungserklärung oder einer Zustimmungserklärung der Altgesellschafter bedarf es bei einer Übertragung der Anteile auf Grundlage von § 225a Abs. 3 InsO nicht.[502] Erforderlich ist lediglich eine Zustimmungserklärung des Treuhänders zur Anteilsübertragung, da diesem Anteile am Schuldner wie auch Gläubigern und sonstigen Dritten nicht gegen dessen Willen aufgedrängt werden können.[503]

Neben der dargelegten Übertragung der Gesellschaftsanteile auf den Treuhänder im Insolvenzplan auf Grundlage von § 225a Abs. 3 InsO kommt alternativ § 228 InsO in Betracht. Nach dem Wortlaut von § 228 InsO können Rechte an Gegenständen begründet, übertragen oder aufgehoben werden, indem die erforderlichen Willenserklärungen der Beteiligten in den gestaltenden Teil des Insolvenz-

500 Vgl. nur *Lüer/Streit*, in: Uhlenbruck, InsO, § 217 Rn. 53, 57.
501 *Lüer/Streit*, in: Uhlenbruck, InsO, § 217 Rn. 57.
502 *Lüer/Streit*, in: Uhlenbruck, InsO, § 217 Rn. 58.
503 *Lüer/Streit*, in: Uhlenbruck, InsO, § 217 Rn. 55.

plans aufgenommen werden. Damit erlaubt § 228 InsO die Herbeiführung dinglicher Rechtsänderungen, die allerdings nicht durch den Plan bewirkt werden, sondern auf Grund der auf die Übertragung gerichteten Willenserklärungen.[504] Trotz des indifferenten Wortlauts der Norm können auch GmbH-Anteile „Gegenstand" der Übertragung sein.[505] Denn „Gegenstand" i. S. v. § 228 InsO ist alles, was Objekt von Rechten sein kann.[506] Dies gilt unabhängig davon, ob es sich um Teile der Insolvenzmasse oder um massefremde Gegenstände handelt.[507] Die Aufnahme der Willenserklärungen bedarf allerdings bei einer Übertragung der Anteile nach § 228 InsO der Zustimmung derjenigen, in deren Namen die Erklärungen abgegeben werden sollen.[508]

c) Vereinbarkeit mit § 259 Abs. 1 InsO

Die dargestellte Treuhandlösung ist auch mit der Rechtsprechung des BGH zu § 259 Abs. 1 InsO vereinbar, nach der die treuhänderische Geltendmachung einer Forderung der Insolvenzmasse, mit dem Ziel diese nach Bestätigung des Insolvenzplans und Aufhebung des Insolvenzplanverfahrens zu verfolgen, unzulässig ist.[509] Der BGH argumentiert, eine Nachtragsverteilung im Insolvenzplanverfahren sei unzulässig, da gemäß § 259 Abs. 1 S. 2 InsO der Schuldner zwingend die Verfügungsbefugnis über die Insolvenzmasse nach Aufhebung des Insolvenzverfahrens nach § 258 Abs. 1 InsO zurückerhalten müsse.[510] Unabhängig von der grundsätzlichen Kritik an dieser Rechtsprechung[511] steht diese in der hier zugrunde gelegte Konstellation nicht entgegen. Denn da der Schuldner mit Aufhebung des Insolvenzverfahrens nach Bestätigung des Insolvenzplans die Verfügungsbefugnis über die „Insolvenzmasse" zurückerhält, liegt ein Verstoß gegen die Anordnung des § 259 Abs. 1 S. 2 InsO nicht vor. Denn die Insolvenzmasse umfasst nach § 35 Abs. 1 InsO vor allem das Vermögen der GmbH als Insolvenzschuldnerin. Bei den Gesellschaftsanteilen des Gesellschafters an der GmbH handelt es sich jedoch nicht um einen

---

504 *Lüer/Streit*, in: Uhlenbruck, InsO, § 228 Rn. 1.

505 *Lüer/Streit*, in: Uhlenbruck, InsO, § 228 Rn. 1.

506 *Fiebig*, in: Kayser/Thole, InsO, § 228 Rn. 2; *Breuer*, in: MüKoInsO, § 228 Rn. 2.

507 Vgl. *Andres*, in: Andres/Leithaus, InsO, § 228 Rn. 3; *Breuer*, in: MüKoInsO, § 228 Rn. 3; *Eidenmüller*, in: MüKoInsO, § 217 Rn. 156, § 230 Rn. 3; *Fiebig*, in: Kayser/Thole, InsO, § 228 Rn. 3, 4.

508 *Lüer/Streit*, in: Uhlenbruck, InsO, § 228 Rn. 2.

509 Vgl. BGH, Beschl. v. 26.4.2018 – IX ZB 49/17, NZI 2018, 691, 692 Rn. 21 ff.; krit. *Roth*, in: FS Smid, S. 287 ff.

510 BGH, Beschl. v. 26.4.2018 – IX ZB 49/17, NZI 2018, 691, 692 Rn. 24, 29 et passim.

511 Zur Kritik *Roth*, in: FS Smid, S. 287 f.; vgl. auch *Nicht*, in: BeckOK InsR, InsO, § 203 Rn. 9, Stand: 15.10.2023.

Bestandteil der Insolvenzmasse im Insolvenzverfahren über das Vermögen der GmbH, sondern um Vermögen des Gesellschafters.[512]

d) Regelung in einem verfahrensleitenden Insolvenzplan

Die dargelegte treuhänderischen Übertragung der Gesellschaftsanteile kann anstatt in einem verfahrensbeendenden Insolvenzplan auch in einen verfahrensleitenden Insolvenzplan aufgenommen werden.

Grundsätzlich sind verfahrensleitende Insolvenzpläne spätestens seit dem ESUG ausdrücklich zulässig. Denn anlässlich einer Entscheidung des LG Frankfurt a. M. hat der Gesetzgeber im Rahmen des ESUG mit der Ergänzung der §§ 217 Abs. 1 S. 1, 258 Abs. 1 InsO die Zulässigkeit verfahrensleitender Insolvenzpläne klargestellt.[513] Der Gesetzgeber begründet die Zulässigkeit von verfahrensleitenden Insolvenzplänen insbesondere mit der nötigen Klärung von rechtlichen und tatsächlichen Vorfragen bei komplexen Sanierungen oder Abwicklungen.[514]

Ein verfahrensleitender Plan behandelt lediglich einzelne Aspekte der Regelabwicklung und kann alles enthalten, was auch in einem verfahrensbeendigenden Insolvenzplan zulässig ist.[515] Somit kann hinsichtlich der grundsätzlichen Zulässigkeit der Übertragung der Gesellschaftsanteile auf einen Treuhänder mit dem Ziel des Rückerwerbs durch den Gesellschafter auf die obigen Ausführungen zum verfahrensbeendigenden Insolvenzplan verwiesen werden. Bei einem verfahrensleitenden Insolvenzplan scheidet allerdings ein Konflikt mit § 259 Abs. 1 S. 2 InsO bereits aus dem Grund aus, dass der Schuldner seine Verfügungsbefugnis auch nach Planbestätigung nicht zurückerlangt. Denn es erfolgt keine Aufhebung des Insolvenzverfahrens, sodass § 259 Abs. 1 InsO nicht zur Anwendung gelangt (vgl. § 258 Abs. 1 InsO „nicht etwas anderes vorsieht").

Es ergibt sich jedoch die Schwierigkeit, dass die im Zuge des SanInsFoG in § 220 Abs. 2 S. 2 InsO normierte Pflicht zur Aufnahme einer Vergleichsrechnung in den darstellenden Teil des Insolvenzplans im Fall eines verfahrensleitenden Insolvenzplans kaum praktisch umsetzbar ist. Der Gesetzgeber hatte die Pflicht zur Aufnahme einer Vergleichsrechnung eingefügt, um den Gläubigern eine faktenbasierte Entscheidung darüber zu ermöglichen, ob sie durch den Plan schlechter gestellt werden.[516] Nach § 220 Abs. 2 S. 3 InsO ist im Rahmen der Vergleichsrechnung

---

512 Vgl. *Buteröwe*, in: K. Schmidt, InsO, § 35 Rn. 25.

513 BT-Drs. 17/5712, S. 54, 58; *Spliedt*, in: K. Schmidt, InsO, § 217 Rn. 14 f., § 258 Rn. 3; **a. A.** noch LG Frankfurt a. M., Beschl. v. 29.10.2007 – 2/9 T 198/07, NZI 2008, 110, 111; offenlassend BGH, Beschl. v. 5.2. 2009 – IX ZB 230/07, NJW-RR 2009, 839, 842.

514 BT-Drs. 17/5712, S. 54.

515 *Spliedt*, in: K. Schmidt, InsO, § 217 Rn. 15.

516 Vgl. die Begründung zum insoweit vergleichbaren § 6 Abs. 2 StaRUG, BT-Drs. 19/24181, S. 116.

für die voraussichtliche Befriedigung ohne Plan als Alternativszenario in der Regel zu unterstellen, dass das Unternehmen fortgeführt wird. Dies gilt jedoch nicht, wenn ein Verkauf des Unternehmens oder eine anderweitige Fortführung aussichtslos ist, § 220 Abs. 2 S. 4 InsO. Ausweislich der Gesetzesmaterialien zum inhaltlich entsprechenden § 6 Abs. 2 StaRUG bedarf letzteres einer fundierten Begründung, da ohne eine solche die Liquidation im hypothetischen Szenario ohne Planbestätigung nicht unterstellt werden dürfe, um ungerechtfertigte Eingriffsspielräume im Plan zu verhindern.[517]

In der hier gegenständlichen Konstellation ist eine Fortführung des Unternehmens ohne Mitwirkung des Gesellschafter-Geschäftsführers wie dargelegt nicht möglich. Somit sind in der Vergleichsrechnung Liquidationswerte zu Grunde zu legen. Bei einem verfahrensleitenden Plan lässt sich die endgültige Insolvenzquote allerdings nicht belastbar darstellen, da diese praktisch kaum prognostizierbar ist. Denn der verfahrensleitende Plan regelt häufig nur einzelne Aspekte des Verfahrens, sodass die übrigen Bereiche regelmäßig auch nach Planbestätigung mit rechtlichen und tatsächlichen Unsicherheiten belegt sein werden. Unterstellt man, dass der verfahrensleitende Plan im Wesentlichen die Enthaftung des Gesellschafter-Geschäftsführers zum Gegenstand hat, wird man den Mehrerlös für die Insolvenzmasse durch die Fortführung und die voraussichtliche Höhe des Erlöses bei einer Inanspruchnahme des Gesellschafter-Geschäftsführers ohne Fortführung gegenüberstellen müssen.

e) Person des Treuhänders

Fraglich ist, wer personell als Treuhänder in Betracht kommt. Jedenfalls eine Übertragung auf die GmbH scheidet aus, da der Erwerb der eigenen Anteile grundsätzlich die Liquidation der Gesellschaft zur Folge hätte.[518] Dagegen wird die Frage, ob der Insolvenzverwalter als Treuhänder auftreten kann, uneinheitlich beantwortet.[519] Bedenken gegen die Person des Insolvenzverwalters als Treuhänder werden mit Blick auf die treuhänderische Übertragung von Massebestandteilen hauptsächlich auf § 181 BGB gestützt.[520]

Jedenfalls auf § 221 S. 2 InsO lässt sich die Befugnis eines Insolvenzverwalters zur Ausübung der Funktion als Treuhänder nicht stützen. Zwar kann der Insolvenzverwalter nach § 221 S. 2 InsO durch den Plan bevollmächtigt werden, die zur

---

517 Vgl. die Begründung zum insoweit vergleichbaren § 6 Abs. 2 StaRUG, BT-Drs. 19/24181, S. 116.

518 Näher *Smid*, NZI 2020, 202, 205 f.

519 Vgl. *Dellit*, in: Brünkmans/Thole, HdB Insolvenzplan, § 24 Rn. 44; *Lüer/Streit*, in: Uhlenbruck, InsO, § 259 Rn. 70; *Madaus/Huber*, in: MüKoInsO, § 259 Rn. 32; *Smid*, NZI 2020, 202, 206.

520 Ausführlich *Lüer/Streit*, in: Uhlenbruck, InsO, § 259 Rn. 70.

Umsetzung notwendigen Maßnahmen zu ergreifen und offensichtliche Fehler des Plans zu berichtigen. Es wäre also zunächst denkbar, auch eine Tätigkeit als Treuhänder als eine der „zur Umsetzung notwendigen Maßnahmen" mit dem Wortlaut von § 221 S. 2 InsO zu legitimieren.[521] Allerdings lässt der Bericht des Rechtsausschusses im Gesetzgebungsverfahren des ESUG mit dem Verweis auf die ähnlich gelagerten Fälle bei notariellen Durchführungs- und Vollzugsvollmachten erkennen, dass es sich bei den notwendigen Maßnahmen nach dem Willen des Gesetzgebers lediglich um die Vornahme formaler Akte, etwa Antragstellungen oder Anmeldungen handelt,[522] weshalb eine extensive Auslegung des Wortlauts nicht geboten erscheint. Zieht man zudem § 248a InsO heran, nach dem für eine Berichtigung gemäß § 221 S. 2 InsO eine Bestätigung des Insolvenzgerichts nach vorheriger Anhörung des Gläubigerausschusses ergeht, sofern nicht ein Beteiligter durch die Berichtigung schlechter gestellt wird, wird das Wesen von § 221 S. 2 InsO noch deutlicher: § 221 S. 2 InsO ist nach der Intention des Gesetzgebers keine eigenständige Rechtsgrundlage für originäre Gestaltungen im Insolvenzplan, sondern allein Vehikel, um den auf anderer Grundlage zulässigen Gestaltungen durch eine Bevollmächtigung des Insolvenzverwalters zur Wirksamkeit zu verhelfen. Die treuhänderische Übertragung von Vermögensgegenständen auf den Insolvenzverwalter geht über diese Maßstäbe deutlich hinaus, da sie nicht lediglich Vollzugsakt ist.

Richtigerweise sollte deshalb ein Dritter die Funktion als Treuhänder wahrnehmen.[523] Denn eine treuhänderische Übertragung auf den Insolvenzverwalter ist unabhängig von der konkreten Rechtsgrundlage in der InsO bedenklich, da eine treuhänderische Verpflichtung gegenüber dem Gesellschafter-Geschäftsführer und den Gesellschaftergläubigern aus der Treuhandabrede nicht mit der von § 56 InsO geforderten Unabhängigkeit des Insolvenzverwalters vereinbar wäre.[524] Der Insolvenzverwalter würde sich als Treuhänder verpflichten und gleichzeitig als Insolvenzverwalter zur Erfüllung der insolvenzspezifischen Pflichten gegenüber den Beteiligten des Verfahrens verpflichtet sein, vgl. § 60 InsO,[525] welche mit den Pflichten aus dem Treuhandvertrag kollidieren können. Im Fall eines verfahrensleitenden Insolvenzplans verschärft sich dieser Konflikt zwischen den Pflichten aus dem Treuhandvertrag und denen als Insolvenzverwalter angesichts der fortbestehenden Amtsstellung des Insolvenzverwalters. Ebenso kann ein Scheitern der Planerfüllung zu einem erneuten Insolvenzverfahren führen (vgl. § 255 Abs. 2 InsO).

---

521 So etwa *Lüer/Streit*, in: Uhlenbruck, InsO, § 221 Rn. 14.
522 *Eidenmüller*, in: MüKoInsO, § 221 Rn. 69 unter Verweis auf BT-Drs. 17/5711, S. 35.
523 Im Ergebnis ebenso *Lüer/Streit*, in: Uhlenbruck, InsO, § 259 Rn. 70; *Smid*, NZI 2020, 202, 206.
524 *Smid*, NZI 2020, 202, 206.
525 Vgl. *Schoppmeyer*, in: MüKoInsO, § 60 Rn. 10, 68.

Regelmäßig wird das Insolvenzgericht den Insolvenzverwalter auch im Folgeverfahren erneut bestellen. In diesem Fall droht ein Konflikt zwischen den Pflichten aus dem Treuhandvertrag und den Pflichten als Insolvenzverwalter hinsichtlich der Interessen der Gläubigergesamtheit des Folgeverfahrens. Dass in der Literatur die Einbindung des Insolvenzverwalters dagegen lediglich unter dem Gesichtspunkt eines „ehemaligen Amtsträgers" betrachtet wird, vermag deshalb unter Berücksichtigung dieser Interessenkonflikte bei verfahrensleitenden Plänen oder einer möglichen Folgeinsolvenz nicht zu überzeugen.[526]

Für den Insolvenzverwalter birgt der dargestellte Konflikt zwischen den rechtsgeschäftlich übernommenen Pflichten aus dem Treuhandverhältnis und den Pflichten aus seiner Amtsstellung zudem ein nicht unerhebliches Risiko, denn eine Verletzung der Pflicht, fremde Vermögensinteressen wahrzunehmen, ist nach § 266 StGB strafbewehrt und hat unter den Voraussetzungen des § 823 Abs. 2 BGB ebenso eine zivilrechtliche Haftung zur Folge. Der Insolvenzverwalter wird sich zur Exkulpation insbesondere nicht auf eine Pflichtenkollision berufen können, da sich dieser den widerstreitenden Interessen freiwillig ausgesetzt hat.

f) Berücksichtigung etwaiger Rechte Dritter

Die Übertragung der Anteile erfolgt wie dargelegt entweder auf Grundlage von § 225a Abs. 3 InsO oder von § 228 InsO. Hierbei ist umstritten, ob bei einer derartigen Übertragung von Anteils- und Mitgliedschaftsrechten Rechte Dritter, insbesondere Pfandrechte, fortbestehen.[527] Die treuhänderische Übertragung der Anteile des Gesellschafters auf einen Dritten im Rahmen des Insolvenzplanverfahrens und der Rückerwerb durch diesen ist damit dem grundsätzlichen Risiko von Rechten Dritter an den übertragenen Anteilen ausgesetzt.

Diese Rechte Dritter können den Akteuren des Insolvenzplanverfahrens im Einzelfall unbekannt sein. Zwar bedarf die Verpfändung von GmbH-Anteilen nach § 15 Abs. 3, 4 GmbHG i.V.m. § 1274 Abs. 1 BGB der notariellen Beurkundung, allerdings ist entgegen der früheren Rechtslage keine Meldung an die Gesellschaft für die Wirksamkeit der Verpfändung erforderlich.[528] Auch kann eine Pfändung von Ge-

526 So wohl aber *Dellit*, in: Brünkmans/Thole, HdB Insolvenzplan, § 24 Rn. 44; *Madaus/Huber*, in: MüKoInsO, § 259 Rn. 32.

527 *Hölzle/Beyß*, ZIP 2016, 1461, 1463 f.; für ein Fortbestehen von Sicherheiten: *Eidenmüller*, in: MüKoInsO, § 225a Rn. 88; *Lüer/Streit*, in: Uhlenbruck, InsO, § 217 Rn. 55; differenzierend zwischen Rechten zwangsweise Planunterworfener und echter Dritter *Spahlinger*, in: Kübler/Prütting/Bork, InsO, § 225a Rn. 72 f.; zust. *Hirte*, in: Uhlenbruck, InsO, § 225a Rn. 43; **a. A.** für ein Erlöschen von Rechten Dritter *Spliedt*, in: K. Schmidt, InsO, § 225a Rn. 46 jeweils m. w. N.

528 *Servatius*, in: Noack/Servatius/Haas, GmbHG, § 15 Rn. 48, § 16 Rn. 4.

schäftsanteilen im Wege der Zwangsvollstreckung nach § 857 ZPO erfolgt sein.[529] Für die Bewirkung der Pfändung ist zwar die Zustellung an die Gesellschaft erforderlich, da diese Drittschuldner i. S. d. §§ 857, 829 ZPO ist.[530] Jedoch kann sowohl eine Verpfändung als auch eine Pfändung der Anteile oder die Wirksamkeit einer solchen Maßnahme den Beteiligten des Insolvenzplanverfahrens etwa wegen der typischen Reibungsverluste im Vorfeld einer Insolvenz unbekannt oder unklar sein. Im Ergebnis lassen sich somit etwaige Rechte Dritter bei einer Übertragung auf Grundlage von § 225a Abs. 3 InsO auf den Treuhänder nicht ausschließen. Gleiches gilt erst Recht für den (rechtsgeschäftlichen) Rückerwerb durch den Altgesellschafter im Insolvenzverfahren oder nach Aufhebung des Insolvenzverfahrens, da ein gutgläubiger lastenfreier Erwerb der Anteile in der Regel ausscheidet.[531] Zur Vermeidung dieser Risiken ist deshalb ein Kapitalschnitt auf Null mit anschließender Neubegründung der Anteile nach § 58a GmbHG durchzuführen, wodurch etwaige Rechte Dritter untergehen.[532]

3. Ansprüche der Insolvenzmasse

Typischerweise ist der Gesellschafter-Geschäftsführer neben Außenhaftungsansprüchen der Gläubiger auch Ansprüchen der Insolvenzmasse ausgesetzt. In diesem Fall ist eine Abtretung der Ansprüche der Insolvenzmasse auf den Treuhänder nicht erforderlich. Es ist ausreichend, wenn der Treuhänder sich verpflichtet, den Kaufpreis für den Rückerwerb der Anteile durch den Gesellschafter entsprechend der Treuhandabrede jeweils anteilig an die Außenhaftungsgläubiger und die Insolvenzgläubiger – bzw. bei einem verfahrensleitenden Plan hinsichtlich der letzteren Gruppe an den Insolvenzverwalter – auszukehren. Regelmäßig werden allerdings nur die deliktischen Gläubiger des Geschäftsführers eine Beteiligung am Erlös beanspruchen können, die über die hypothetische Quote im Liquidationsfall hinausgeht. Denn allein diese haben unter Berücksichtigung von § 302 Nr. 1 InsO in einem hypothetischen Insolvenzverfahren über das Vermögen des Gesellschafters Aussicht auf eine weitergehende Befriedigung, sofern der Gesellschafter nicht über erhebliches unbelastetes Privatvermögen verfügt.

529 Hierzu *Servatius*, in: Noack/Servatius/Haas, GmbHG, § 15 Rn. 60.

530 Vgl. *Servatius*, in: Noack/Servatius/Haas, GmbHG, § 15 Rn. 60.

531 *Servatius*, in: Noack/Servatius/Haas, GmbHG, § 16 Rn. 4, 26 f.

532 *Hölzle/Beyß*, ZIP 2016, 1461, 1463 f.; *Lüer/Streit*, in: Uhlenbruck, InsO, § 217 Rn. 57; *Spliedt*, in: K. Schmidt, InsO, § 225a Rn. 46.

4. Angemessene Beteiligung der Gläubiger, § 245 Abs. 2 S. 3 InsO

Die Enthaftung des Gesellschafter-Geschäftsführers im Rahmen des Insolvenzplans ist streng nach wirtschaftlichen Kriterien zu beurteilen. Diese Prüfung ist rechtlich in § 245 Abs. 2 InsO durch die Gewährleistung einer angemessenen Beteiligung verankert. Eine angemessene Beteiligung der Gläubiger liegt nach § 245 Abs. 2 S. 1 Nr. 2 InsO vor, wenn nach dem Plan weder der Schuldner noch eine an ihm beteiligte Person einen nicht vollständig durch Leistung in das Vermögen des Schuldners ausgeglichenen Wert erhält. Bei der Berechnung des durch den Gesellschafter auszugleichenden Werts ist jedoch nur derjenige Vorteil der Gläubiger auszugleichen, der bei einer anderen Plangestaltung zugunsten dieser hätte realisiert werden können.[533] Erhält der Gesellschafter dennoch Werte auf Grundlage des Plans, besteht nach § 245 Abs. 2 S. 2, 3 InsO die Möglichkeit, den entgangenen Vorteil der Gläubiger statt durch Ausgleichszahlung durch Mitwirkung am Planvollzug, begrenzt auf fünf Jahre, auszugleichen.[534] Der auszugleichende Wert ist im Plan festzulegen, da bei einer vorzeitigen Beendigung eine Nachzahlungspflicht greift.[535] In der hier zugrunde gelegten Konstellation scheidet eine Fortführung ohne den Gesellschafter-Geschäftsführer wie dargelegt aus. Dementsprechend könnten bei einer anderen Plangestaltung oder einer Verwertung im Regelverfahren ohne Mitwirkung des Gesellschafter-Geschäftsführers lediglich Liquidationswerte erzielt werden, nach denen sich der durch den Gesellschafter-Geschäftsführer nach den dargestellten Maßstäben auszugleichende Wert bestimmt.

5. Besicherung durch Gesellschafter-Geschäftsführer, § 44a InsO

Sicherheiten durch Gesellschafter für die Verbindlichkeiten der Gesellschaft kommt eine große praktische Bedeutung zu.[536] Grundsätzlich verweist § 44a InsO den Gläubiger eines gesellschafterbesicherten Darlehens auf die primäre Inanspruchnahme des Gesellschafters.[537] Erst wenn der Gläubiger bei der Inanspruchnahme seiner Sicherung ausfällt, kann er die Befriedigung seiner Forderung aus der Masse verlangen.[538] § 44a InsO ist als gläubigerschützende Vorschrift zwingendes Recht

533 *Spliedt*, in: K. Schmidt, InsO, § 245 Rn. 27.
534 *Pleister*, in: Kübler/Prütting/Bork, InsO, § 245 Rn. 24; *Spliedt*, in: K. Schmidt, InsO, § 245 Rn. 27.
535 *Spliedt*, in: K. Schmidt, InsO, § 245 Rn. 27.
536 *Habersack*, in: MüKoBGB, § 765 Rn. 117.
537 *Leithaus*, in: Andres/Leithaus, InsO, § 44a Rn. 2.
538 *Leithaus*, in: Andres/Leithaus, InsO, § 44a Rn. 11 ff.

und als solche vorinsolvenzlich nicht abdingbar.[539] Auch ein Verzicht oder Vergleich des Sicherungsgläubigers auf die Sicherheit nach Insolvenzeröffnung vermag die Wirkungen des § 44a InsO nicht zu umgehen.[540] Allerdings besteht im Insolvenzplanverfahren eine Vergleichs- und Regelungsbefugnis über die Rechtsfolgen des § 44a InsO.[541] Als Gründe für einen von § 44a InsO abweichenden (teilweisen) Erlass der Gesellschafterhaftung aus der Sicherheit können die im Einzelfall bessere Befriedigung der Gläubiger im Insolvenzplanverfahren im Gegensatz zur Liquidation, die Zeit- und Kostenvorteile durch einen Insolvenzplan und der Erhalt der Motivation des Geschäftsführers und Gesellschafters zur Mitwirkung an der Betriebsfortführung angeführt werden.[542] Im Übrigen folgt aus § 254 Abs. 2 InsO, dass eine Verpflichtung des Sicherungsgläubigers zum Abschluss eines Vergleichs hinsichtlich der Sicherung im Plan ohne individualvertragliche Mitwirkung desselben ausscheidet.

Im Insolvenzplan kann als weitere Möglichkeit lediglich das Recht des Gläubigers verankert werden, abweichend von § 44a InsO ohne vorherige Inanspruchnahme des Gesellschafters an der Insolvenzmasse zu partizipieren. Da dem Sicherungsgläubiger insoweit allein ein rechtlicher Vorteil zugewandt wird, folgt die Zulässigkeit einer derartigen Regelung im gestaltenden Teil des Insolvenzplans aus den Grundsätzen des Vertrags zugunsten Dritter, § 328 BGB. Dieser Gestaltung dürfte jedoch aufgrund der verbleibenden Unsicherheit für den Gesellschafter als Sicherungsgeber eine praktisch geringe Bedeutung zukommen.

In jedem Fall ist eine Erklärung des Gesellschafters als Sicherungsgeber oder Bürge bei einer Abweichung von § 44a InsO in den Insolvenzplan aufzunehmen. Denn für die Löschung von Hypothek, Grundschuld oder Rentenschuld bedarf es nach § 27 GBO der Mitwirkung des Eigentümers.[543] Die entsprechende Erklärung des Gesellschafters ist nach § 29 GBO grundsätzlich durch öffentliche oder öffentlich beglaubigte Urkunde nachzuweisen. Aus § 254a Abs. 3 InsO folgt jedoch, dass die in den Plan nach § 230 Abs. 3 InsO aufgenommenen Erklärungen als in der nach § 29 GBO erforderlichen Form abgegeben gelten.[544] Da § 254a InsO nur die Form fingiert, nicht aber die erforderlichen Vollzugsakte, ist der Insolvenzverwalter neben den grundbuchrechtlich Antragsberechtigten berechtigt, die erforderlichen Anmeldungen vorzunehmen.[545] Auch für das Erlöschen der Bürgschaft bedarf es einer Er-

---

539 *Bitter*, in: MüKoInsO, § 44a Rn. 1; *Schröder*, ZInsO 2015, 1040, 1044.

540 *Bitter*, in: MüKoInsO, § 44a Rn. 39; *Könen*, in: Kübler/Prütting/Bork, InsO, § 44a Rn. 20.

541 *Schröder*, ZInsO 2015, 1040, 1045; *Bitter*, in: MüKoInsO, § 44a Rn. 39.

542 *Schröder*, ZInsO 2015, 1040, 1045.

543 Näher *Holzer*, in: BeckOK GBO, § 27 Rn. 1f., Stand: 1.3.2024.

544 *Spliedt*, in: K. Schmidt, InsO, § 254a Rn. 1f.

545 *Spliedt*, in: K. Schmidt, InsO; § 254a Rn. 4, 5.

klärung des Bürgen, denn die Bürgschaft ist ein Schuldverhältnis i.S.v. § 241 Abs. 1 BGB[546] und begründet eine eigene Verbindlichkeit des Bürgen.[547] Dementsprechend ist der Erlass der Bürgschaftsforderung nicht durch einseitigen Verzicht, sondern nur durch Erlassvertrag i.S.v. § 397 BGB oder Aufhebung des Bürgschaftsvertrags möglich.[548]

6. Zwischenergebnis

Zusammenfassend ist eine Übertragung der Gesellschaftsanteile auf einen vom Insolvenzverwalter personenverschiedenen Treuhänder möglich. Insoweit wird durch den Rückerwerb der Gesellschaftsanteile durch den Altgesellschafter insbesondere eine Verletzung von § 245 Abs. 2 Nr. 2 InsO vermieden, da keine am Schuldner beteiligte Person einen wirtschaftlichen Wert erhält.[549]

V. Übertragbarkeit auf das StaRUG

1. Außenhaftung im Restrukturierungsplan

Die gesetzgeberische Konzeption des Restrukturierungsplans orientiert sich bekanntlich am Insolvenzplan.[550] Insbesondere wird ebenso wie im Insolvenzplan unterschieden zwischen Maßnahmen, die unmittelbar im Plan umgesetzt werden können und solchen, die außerhalb des Plans umgesetzt, aber durch einen Bedingungszusammenhang verknüpft werden.[551] Auch der zulässige Inhalt der zwangsweisen oder freiwilligen Gestaltung orientiert sich am Vorbild des Insolvenzplans.[552]

Grundsätzlich können Forderungen, die gegen den Verfahrensschuldner begründet sind, nach § 2 Abs. 1 Nr. 1 StaRUG gestaltet werden. Soweit diese Forde-

546 *Habersack*, in: MüKoBGB, § 765 Rn. 62.

547 BGH, Urt. v. 16.2.1984 – IX ZR 45/83, BGHZ 90, 187 = ZIP 1984, 633; BGH, Urt. v. 8.3.2001 – IX ZR 236/00, BGHZ 147, 99 = ZIP 2001, 833; *Habersack*, in: MüKoBGB, § 765 Rn. 2; *Stürner*, in: Staudinger, BGB, Vorb. zu §§ 765 ff. Rn. 12, § 765 Rn. 125.

548 *Habersack*, in: MüKoBGB, § 765 Rn. 62.

549 *Smid*, NZI 2020, 202, 206.

550 Vgl. *Riedemann*, in: Pannen/Riedemann/Smid, StaRUG, Vor §§ 2–28 Rn. 1; *Spliedt*, in: K. Schmidt, InsO, Einführung zu den §§ 217 f. InsO Rn. 23.

551 BT-Drs. 19/ 24181, S. 110.

552 BT-Drs. 19/24181, S. 110.

rungen mit Planbestätigung erlassen werden (vgl. § 67 Abs. 1 S. 1 StaRUG), erlöschen die Forderungen vorbehaltlich einer ausdrücklichen abweichenden Regelung mit Bestätigung des Restrukturierungsplans jedoch nicht i. S. v. § 397 Abs. 1 BGB, sondern bleiben als unvollkommene erfüllbare, aber undurchsetzbare Forderungen bestehen.[553] Wie im Insolvenzplanverfahren kann ein vollständiger Erlass i. S. v. § 397 BGB jedoch durch Aufnahme einer ausdrücklichen Regelung in den gestaltenden Teil in den Grenzen der § 10 Abs. 2, 3 StaRUG i.V.m. § 15 Abs. 3 StaRUG durchgeführt werden.[554] Eine derartige Regelung verstößt nicht gegen den Grundsatz der Gläubigergleichbehandlung, denn sofern die Gläubiger, die gleichzeitig Gläubiger des Geschäftsführers sind, in eine eigene Gruppe eingeteilt wurden, ist nur eine gruppeninterne Gleichbehandlung erforderlich.[555] Im Übrigen steht die Gläubigergleichbehandlung wie auch unter Geltung des § 226 Abs. 2 InsO der Gläubigerdisposition offen.[556] Denn im Fall einer beigefügten Zustimmungserklärung besteht kein Anlass, dem Plan aufgrund der Ungleichbehandlung die Bestätigung zu versagen.[557] Rechte gegen Mitschuldner und Bürgen können jedoch nach § 67 Abs. 3 S. 1 StaRUG nicht durch Mehrheitsentscheidung und Bestätigung des Restrukturierungsplans gestaltet werden, was § 254 Abs. 2 InsO entspricht. Ohne Zustimmung des jeweiligen Gläubigers der Außenhaftung ist somit eine Gestaltung dieser Haftung wie auch im Insolvenzplan nicht möglich.

Darüber hinaus fehlt im StaRUG eine § 92 InsO entsprechende Vorschrift, welche die Durchsetzung von Gesamtschadensansprüchen der Gläubiger für die Dauer des Verfahrens regeln würde, sodass anders als im Insolvenzplanverfahren auch eine Gestaltung dieser Gesamtschadensansprüche im Restrukturierungsplan mithilfe des Abstimmungsverfahrens gegen den Willen dissentierender Gläubiger ausscheidet.[558]

---

553 *Smid*, in: Pannen/Riedemann/Smid, StaRUG, § 11 Rn. 10 f.; zust. *Rieble*, in: Staudinger, BGB, § 397 Rn. 187.

554 *Smid*, in: Pannen/Riedemann/Smid, StaRUG, § 11 Rn. 11; *Wilke*, in: BeckOK StaRUG, § 67 Rn. 37, Stand: 1.4.2024.

555 Vgl. *Smid*, in: Pannen/Riedemann/Smid, StaRUG, § 9 Rn. 7.

556 Vgl. BT-Drs. 19/24181, S. 119.

557 Vgl. BT-Drs. 19/24181, S. 119.

558 Krit. zur unterbliebenen Normierung *Kunz*, in: Kluth/Harder/Harig/Kunz, Restrukturierungsrecht, § 13 Rn. 48. Ausführlich zu Gesamtschäden i. S. v. § 92 InsO im Insolvenzplanverfahren: Kap. C.II.3., S. 33 ff.

2. Außenhaftung im Sanierungsvergleich

Das StaRUG eröffnet zusätzlich zur Durchführung eines Restrukturierungsverfahrens die Möglichkeit, eine Sanierungsmoderation nach den §§ 94ff. StaRUG durchzuführen. In der Sanierungsmoderation kann ein Sanierungsvergleich zwischen dem Schuldner und seinen Gläubigern, an dem sich auch Dritte beteiligen können, durch das Restrukturierungsgericht bestätigt werden, sofern das zugrunde liegende Sanierungskonzept schlüssig ist, auf den tatsächlichen Gegebenheiten beruht und vernünftige Aussicht auf Erfolg hat, § 97 Abs. 1 InsO. Der Vorteil eines gerichtlich bestätigten Sanierungsvergleichs gegenüber einer außergerichtlichen Sanierung liegt insbesondere in der Rechtssicherheit für die Beteiligten, da dieser nach § 97 Abs. 3 StaRUG nur unter den Voraussetzungen des § 90 StaRUG der Insolvenz- oder Einzelgläubigeranfechtung unterliegt. Allerdings besteht in der Sanierungsmoderation kein Obstruktionsverbot oder eine materiellrechtliche Zustimmungspflicht der Gläubiger.[559]

Bei einem Sanierungsvergleich handelt es sich vor diesem Hintergrund materiellrechtlich um einen Vergleich i. S. v. § 779 BGB.[560] Ein im Vergleich enthaltener Erlass von Forderungen bewirkt dementsprechend keine Herabstufung zur Naturalobligation, sondern führt aufgrund der konsensualen Entstehung im Rahmen der Sanierungsmoderation als Erlassvertrag i. S. v. § 397 Abs. 1 BGB zum Erlöschen der Forderung.[561] Die Frage, ob der Erlass der Forderungen gegenüber dem Schuldner auch Wirkung gegenüber dem Geschäftsführer entfaltet, beurteilt sich somit nach dem allgemeinen Zivilrecht. Bei einer gesamtschuldnerischen Haftung kommt somit insbesondere ein Erlass mit Gesamtwirkung i. S. v. § 423 BGB in Betracht. Auch sofern ein Außenhaftungsgläubiger im Einzelfall nicht gleichzeitig Gläubiger des Verfahrensschuldners ist, kann ein Vergleich über dessen Ansprüche angesichts des Wortlauts von § 97 Abs. 1 S. 1 StaRUG („an dem sich auch Dritte beteiligen können") in den Sanierungsvergleich aufgenommen werden, sofern diesbezügliche Willenserklärungen sowohl vom Gläubiger der Außenhaftung als auch vom Geschäftsführer als Schuldner der Haftung vorliegen.

---

559 *Rieble*, in: Staudinger, BGB, § 397 Rn. 182 unter Verweis auf BGH, Urt. v. 12.12.1991 – IX ZR 178/91 (Akkordstörer), NJW 1992, 967.

560 *Riedemann*, in: Pannen/Riedemann/Smid, StaRUG, § 97 Rn. 3; *Schröder*, in: Römermann, InsO, § 97 StaRUG Rn. 26; *Smid*, ZInsO 2020, 2184, 2189.

561 *Rieble*, in: Staudinger, BGB, § 397 Rn. 182, 188; *Riedemann*, in: Pannen/Riedemann/Smid, StaRUG, § 97 Rn. 8.

E. Regelung der abgabenrechtlichen Haftungsschuld

Die Haftung des GmbH-Geschäftsführers nach den §§ 34, 69 AO ist in einer Vielzahl von Insolvenzverfahren einschlägig und dominiert den Bereich der Haftung für Steuerschulden in der Praxis deutlich.[562] Grundsätzlich lässt sich diese abgabenrechtliche Haftung den Außenhaftungsansprüchen zuordnen.[563] Jedoch ergeben sich aufgrund der öffentlich-rechtlichen Besonderheiten im Gegensatz zu den obig dargestellten sonstigen Außenhaftungsansprüchen Unterschiede bei der Gestaltung im Insolvenzplanverfahren, die im Folgenden thematisiert werden sollen.

I. Grundzüge

Die Grundzüge der abgabenrechtlichen Haftung des Geschäftsführers lassen sich wie folgt darstellen:[564]

1. Haftung des Geschäftsführers, §§ 34, 69 AO

a) Voraussetzungen

Der Geschäftsführer ist gem. § 35 Abs. 1 GmbHG der gesetzliche Vertreter der GmbH. In dieser Eigenschaft haftet er nach §§ 34 Abs. 1, 69 AO für die vorsätzliche oder grob fahrlässige Nichterfüllung der ihm auferlegten steuerlichen Pflichten hinsichtlich der GmbH.[565] Haftung bedeutet in diesem Zusammenhang die Pflicht des Haftungsschuldners für fremde Steuerschuld einzustehen.[566] Als Pflichtverletzung im Rahmen der §§ 34, 69 AO kommen insbesondere die verspätete oder unrichtige Steuererklärung sowie die unterbliebene oder verspätete Entrichtung fälliger

---

562 Vgl. *Nacke*, Haftung für Steuerschulden, Rn. 2.1, 2.4.

563 *Rüsken*, in: Klein, AO, § 69 Rn. 1a.

564 Ausführlich *Fuchs*, NZI 2018, 97; *Nacke*, Haftung für Steuerschulden, Rn. 2.1 ff.; *Ziemons*, in: Michalski, GmbHG, § 43 Rn. 636 ff.

565 *Kratzsch*, in: Koenig, AO, § 69 Rn. 22, 24; *Rüsken*, in: Klein, AO, § 69 Rn. 15.

566 St. Rspr., BFH, Urt. v. 12.10.1999 – VII R 98/98, DStRE 2000, 213, 214; BFH, Urt. v. 22.4.2015 – XI R 43/11, GmbHR 2015, 893, 894 Rn. 21; BFH, Urt. v. 8.3.2022 – VI R 19/20, DStR 2022, 1712, 1714; *Nacke*, Haftung für Steuerschulden, Rn. 2.2.

https://doi.org/10.1515/9783111535432-007

Steuern in Betracht.[567] Hierbei kann sich der Geschäftsführer bei fehlender Liquidität zur Exkulpation nur eingeschränkt auf eine tatsächliche Unmöglichkeit berufen, da aufgrund der Mittelvorsorgepflicht bereits vorab die nötigen Finanzmittel zurückgehalten werden müssen, um fällig werdende Steuern begleichen zu können.[568] Zudem müssen Steueransprüche nach dem sogenannten Grundsatz der anteiligen Tilgung zumindest anteilig bedient werden, um eine Benachteiligung der Finanzbehörden gegenüber anderen Gläubigern zu verhindern.[569] Verstößt der Geschäftsführer gegen den Grundsatz der anteiligen Tilgung, haftet er im Umfang des die durchschnittliche Tilgungsquote unterschreitenden Differenzbetrags.[570]

Der Haftungsanspruch entsteht bereits mit der Verwirklichung des Tatbestands, ohne dass es des Erlasses eines Haftungsbescheids nach § 191 AO bedarf.[571] Gemäß § 37 Abs. 1 AO ist der Haftungsanspruch Teil der Ansprüche aus dem Steuerschuldverhältnis. Die Durchsetzung erfolgt dementsprechend per Haftungsbescheid gem. § 191 Abs. 1, 4 AO.[572] Nach Insolvenzeröffnung kann ein Bescheid gegenüber dem Insolvenzschuldner wegen der Unterbrechung des Besteuerungsverfahrens gem. § 155 FGO i.V.m. § 240 S. 1 ZPO nicht mehr ergehen.[573] Diese Unterbrechung erfasst jedoch nicht Haftungsbescheide für Steuern des in Insolvenz befindlichen Rechtsträgers gegenüber anderen Personen, sofern nicht auch ein Insolvenzverfahren über das Vermögen des Haftenden eröffnet wurde.[574]

In zeitlicher Hinsicht endet der Anwendungsbereich der Haftung, wenn dem Geschäftsführer das Verfügungsrecht in der Insolvenz nach den §§ 22 Abs. 1, 80 Abs. 1 InsO entzogen wurde, da ab diesem Zeitpunkt die Kausalität zwischen Pflichtverletzung und Haftungsschaden entfällt.[575] Bis zur Insolvenzeröffnung war der Geschäftsführer bei Insolvenzreife einer Pflichtenkollision aus Massesicherungspflicht und der Erfüllung seiner steuerrechtlichen Pflichten ausgesetzt.[576] Für

567 BFH, Urt. v. 27.9.2017 – XI R 9/16, NZI 2018, 122, 123 Rn. 24; *Rüsken*, in: Klein, AO, § 69 Rn. 28 ff.; *Schnorbus*, in: Rowedder/Pentz, GmbHG, § 43 Rn. 121.

568 BFH, Urt. v. 20.5.2014 – VII R 12/12, BFH/NV 2014, 1353; *Rüsken*, in: Klein, AO, § 69 Rn. 47.

569 Näher *Roth*, Insolvenzsteuerrecht, Rn. 3.98; *Rüsken*, in: Klein, AO, § 69 Rn. 58 ff.

570 *Steffan*, in: Oppenländer/Trölitzsch, GmbH-GF-HdB, § 37 Rn. 164.

571 BFH, Urt. v. 15.10.1996 – VII R 46/96, BStBl. II 1997, 171, 172; BFH, Urt. v. 12.10.1999 – VII R 98/98, BStBl. II 2000, 486, 487; *Kemmler*, Geldschulden, S. 41 f.

572 *Roth*, Insolvenzsteuerrecht, Rn. 3.209, 3.210; *Ratschow*, in: Klein, AO, § 44 Rn. 12; *Rüsken*, in: Klein, AO, § 69 Rn. 158, § 191 Rn. 7; *Schüppen/Schlösser*, in: MüKoInsO, Insolvenzsteuerrecht Rn. 99.

573 BFH, Urt. v. 7.3.2006 – VII R 11/05, ZIP 2006, 968, 969; BFH, Urt. v. 31.01.2012 – I S 15/11, ZIP 2012, 1099–1100; *Klüger*, in: Koenig, AO, § 251 Rn. 42; *Werth*, in: Klein, AO, § 251 Rn. 9.

574 *Klüger*, in: Koenig, AO, § 251 Rn. 44; *Roth*, Insolvenzsteuerrecht, Rn. 3.210; *Schüppen/Schlösser*, in: MüKoInsO, Insolvenzsteuerrecht Rn. 100.

575 BFH, Urt. v. 17.11.1992 – VII R 13/92, NJW-RR 1994, 102.

576 *Sonnleitner*, in: Sonnleitner/Witfeld, Kap. 3 Rn. 209, 225 ff.

seit dem 1.1.2021 beantragte Insolvenzverfahren wird der Massesicherungspflicht unter den Voraussetzungen des § 15b Abs. 8 InsO grundsätzlich Vorrang vor den steuerlichen Zahlungspflichten eingeräumt, § 103m S. 1 EGInsO.[577] Sofern entgegen § 15a InsO die Verpflichtung zur Stellung eines Insolvenzantrags verletzt wird, gilt diese Privilegierung gem. § 15b Abs. 8 S. 2 InsO nur für die nach Bestellung eines vorläufigen Insolvenzverwalters oder der Anordnung der Eigenverwaltung fällig werdenden Steueransprüche.[578]

b) Akzessorietät des Haftungsanspruchs

Das Verhältnis von Haftungs- und Steuerschuld ist komplex. Grundsätzlich muss für die Haftungsinanspruchnahme im Zeitpunkt der letzten Verwaltungsentscheidung eine Steuerschuld bestehen.[579] Wenn der zugrunde liegende Steueranspruch gegenüber dem Steuerschuldner nicht mehr festgesetzt werden darf oder erloschen ist, darf kein Haftungsbescheid mehr ergehen, § 191 Abs. 5 S. 1 Nr. 2 AO.[580] Diese Akzessorietät gilt bis zum erstmaligen Erlass eines Haftungsbescheids.[581] Sobald der Haftungsbescheid ergangen ist, berührt der Erlass der Steuerschuld die Haftungsschuld grundsätzlich nicht mehr.[582] Denn mit Ergehen des Haftungsbescheids besteht die Haftungsschuld als weiterer Anspruch neben der Steuerschuld (vgl. § 37 AO), weshalb in diesem Fall die Akzessorietät zur Hauptschuld nur noch besteht, wenn das Gesetz dies – wie in § 44 Abs. 2 S. 1, 2 AO für die Erfüllung – ausdrücklich bestimmt.[583] Sofern die Steuerschuld erst nach Erlass des Haftungsbescheids aber vor der Einspruchsentscheidung erlischt, so ist der Haftungsbescheid nach § 130 AO oder in der Einspruchsentscheidung aufzuheben oder zu ändern.[584] Im Rahmen des Entschließungsermessens hat die Finanzbehörde in dieser Konstellation insbesondere zu berücksichtigen, dass zugunsten des Steuerschuldners ein Erlass der Steuerschuld erfolgt ist.[585]

577 *Bitter*, GmbHR 2022, 57; Bitter, ZIP 2021, 321, 328; *Schneider/M. Schmidt-Leithoff*, in: Rowedder/Pentz, GmbHG, Anh. II zu § 60 Rn. 42; zur möglichen Rückwirkung von § 15b Abs. 8 InsO: *Schumann, ZInsO 2022, 8.*

578 *Herbst/Harig*, in: Buth/Hermanns, Restrukturierung, § 29 Rn. 181.

579 *Rüsken*, in: Klein, AO, § 69 Rn. 9, § 191 Rn. 11.

580 *Boeker*, in: Hübschmann/Hepp/Spitaler, AO/FGO, § 191 AO Rn. 240 ff.; *Kratsch*, in: Koenig, AO, § 191 Rn. 117.

581 *Rüsken*, in: Klein, AO, § 191 Rn. 11.

582 *Kratzsch*, in: Koenig, AO, § 191 Rn. 118.

583 BFH, Beschl. v. 11.7.2001 – VII R 28/99, BB 2001, 2041, 2043.

584 *Rüsken*, in: Klein, AO, § 191 Rn. 16 m. w. N.

585 BFH, Urt. v. 26.7.1988 – VII R 83/87, BFHE 153, 512; BFH, Urt. v. 19.12.2000 – VII R 63/99, BFHE 193, 524; BFH, Urt. v. 16.11.2004 – VII R 8/04, BFH/NV 2005, 494; *Kratsch*, in: Koenig, AO, § 191 Rn. 118.

c) Auswahl- und Entschließungsermessen

Der Erlass eines Haftungsbescheids steht nach dem Wortlaut von § 191 Abs. 1 AO („kann") im Ermessen der Finanzbehörde i.S.v. § 5 AO. Beim Erlass des Haftungsbescheids sind somit zunächst die allgemeinen Grundsätze für Ermessensentscheidungen maßgeblich: Verhältnismäßigkeit der Mittel, Erforderlichkeit, Zumutbarkeit, Zweckmäßigkeit, Billigkeit, Treu und Glauben, Willkür- und Übermaßverbot.[586] Zu berücksichtigen sind auch das fiskalische Interesse am Steueraufkommen einerseits und die persönlichen Interessen des Steuer- sowie des Haftungsschuldners andererseits.[587] Dabei ist auf die rechtlichen und tatsächlichen Umstände zum Zeitpunkt der letzten Verwaltungsentscheidung, also in der Regel auf den Zeitpunkt der Einspruchsentscheidung, abzustellen.[588]

Die Überprüfung von Ermessen ist nur möglich, wenn die Finanzbehörde die Ermessensentscheidung spätestens in der Einspruchsentscheidung begründet,[589] weshalb die Behörde darlegen muss, warum sie den Haftungsschuldner anstelle des Steuerschuldners oder anstelle anderer potenzieller Haftungsschuldner in Anspruch nimmt.[590] Die insoweit erforderlichen Ermessenserwägungen hat die Behörde spätestens in der Einspruchsentscheidung darzustellen, da § 126 Abs. 2 AO nicht anwendbar ist und die Ermessenserwägungen in der Tatsacheninstanz nach § 102 S. 2 FGO nur teilweise ergänzt werden können.[591]

Dieses sog. Auswahlermessen ist von der Behörde in jedem Fall darzustellen.[592] Soweit rückständige Steuerschulden gegenüber dem ursprünglichen Steuerschuldner uneinbringlich sind, ist der diesbezügliche Hinweis für die Begründung des Auswahlermessens ausreichend.[593] Bei der Eröffnung eines Insolvenzverfahrens über das Vermögen eines Gesamtschuldners entspricht es demnach dem pflichtgemäßen Ermessen ohne Zwischenschritte den anderen Gesamtschuldner in Anspruch zu nehmen.[594]

Dagegen ist die Darlegung von Erwägungen zum Entschließungsermessen, d.h. ob der Haftungsanspruch gegen den Haftungsschuldner geltend gemacht wird,

---

586 *Boeker*, in: Hübschmann/Hepp/Spitaler, AO/FGO, § 191 AO Rn. 93.

587 *Boeker*, in: Hübschmann/Hepp/Spitaler, AO/FGO, § 191 AO Rn. 93.

588 St. Rspr., BFH, Urt. v. 20.9.2016 – X R 36/15, BFH/NV 2017, 593 m.w.N.; *Boeker*, in: Hübschmann/Hepp/Spitaler, AO/FGO, § 191 AO Rn. 91.

589 BFH, Urt. 29.5.1990 – VII R 85/89, NJW 1991, 1198, 1199; *Jatzke*, in: Gosch, AO/FGO, § 191 AO Rn. 17.

590 FG Münster, Urt. v. 20.1.2009 – 1 K 1873/06 U, GmbH-Stpr 2009, 278 = BeckRS 2009, 26027002.

591 BFH, Urt. v. 11.3.2004 – VII R 52/02, BB 2004, 1092, 1094; *Nieland*, AO-StB 2009, 262, 264.

592 BFH, Urt. v. 29.5.1990 – VII R 85/89, NJW 1991, 1198, 1199.

593 BFH, Urt. v. 13.6.1997 – VII R 96/96, BFH/NV 1998, 4; *Boeker*, in: Hübschmann/Hepp/Spitaler, AO/FGO, § 191 AO Rn. 94; *Jatzke*, in: Gosch, AO/FGO, § 191 AO Rn. 18.

594 BFH, Urt. v. 31.3.2004 – II R 54/01, DStRE 2004, 837; BFH, Urt. v. 6.7.2005 – II R 9/04, DStRE 2005, 1158, 1159; *Ratschow*, in: Klein, AO, § 44 Rn. 13.

nur ausnahmsweise erforderlich.[595] Die Rechtsprechung bejaht eine solche Ausnahme, „wenn besondere Umstände vorliegen, die auch eine Haftungsfreistellung des Haftungsschuldners als sachgerecht erscheinen lassen."[596] Das Entschließungsermessen umfasst auch, in welcher Höhe der Haftungsanspruch verfolgt werden soll.[597] Zudem hat das Finanzamt im Rahmen des Entschließungsermessens Billigkeitsgründe für einen Erlass hinsichtlich der ursprünglichen Steuerschuld oder der Haftungsschuld zu prüfen, die ganz oder teilweise einer Inanspruchnahme entgegenstehen.[598] Denn der Grundsatz der Akzessorietät der Haftungsschuld rechtfertigt, dass dem Haftungsschuldner die Erlassgründe angerechnet werden, die auch der Erstschuldner für einen Erlass aus Billigkeitsgründen hätte beanspruchen können.[599] Jedoch folgt aus der Zustimmung der Finanzbehörde zum Insolvenzplan nicht zwingend die Möglichkeit eines Erlasses aus Billigkeitsgründen gegenüber der GmbH nach § 227 AO, da die Zustimmung der Finanzbehörde gerade nicht anhand von § 227 AO zu beurteilen ist.[600] In diesem Rahmen ist insbesondere zu berücksichtigen, dass es im öffentlichen Interesse die Aufgabe des Steuergläubigers ist, Abgaben nach Möglichkeit zu erheben (vgl. § 85 AO), weshalb der Erlass eines Haftungsbescheids nur ausnahmsweise Ermessensfehlerhaft ist.[601]

2. Steuer(haftungs)ansprüche im Insolvenzverfahren

Grundsätzlich betrifft das Insolvenzverfahren alle Steuerforderungen, die gleichzeitig als Insolvenzforderungen einzuordnen sind.[602] Eine Steuerforderung ist Insolvenzforderung, sofern der Rechtsgrund für den Steueranspruch vor Insolvenzeröffnung gelegt bzw. der gesetzliche Besteuerungstatbestand verwirklicht wurde.[603] Diese Steuerforderungen sind wie alle sonstigen Insolvenzforderungen in vollem Umfang

---

595 FG Münster, Urt. v. 20.1.2009 – 1 K 1873/06 U, GmbH-Stpr 2009, 278 = BeckRS 2009, 26027002 m. w. N.

596 BFH, Urt. v. 29.5.1990 – VII R 81/89, BFH/NV 1991, 283; FG Münster, Urt. v. 20.1.2009 – 1 K 1873/06 U, GmbH-Stpr 2009, 278 = BeckRS 2009, 26027002.

597 *Boeker*, in: Hübschmann/Hepp/Spitaler, AO/FGO, § 191 AO Rn. 93.

598 BFH, Urt. v. 17.10.2001 – II R 67/98, BFH/NV 2002, 610; *Boeker*, in: Hübschmann/Hepp/Spitaler, AO/FGO, § 191 AO Rn. 96; *Jatzke*, in: Gosch, AO/FGO, § 191 AO Rn. 18.

599 BFH, Urt. v. 26.7.1988 – VII R 83/87, BFHE 153, 512; *Kratsch*, in: Koenig, AO, § 191 Rn. 118.

600 Zur Erlassbedürftigkeit unter diesem Gesichtspunkt: Kap. E.III.3.c)aa), S. 114 ff.

601 BFH, Urt. v. 29.5.1991 – VII R 81/89, BFH/NV 1991, 283; *Rätke*, in: Klein, AO, § 85 Rn. 3.

602 *König*, in: Buth/Hermanns, Restrukturierung, § 47 Rn. 37; *Koch/de Bra*, in: Gottwald/Haas, InsR-HdB, § 67 Rn. 29.

603 Näher *Werth*, in: Klein, AO, § 251 Rn. 23; *König*, in: Buth/Hermanns, Restrukturierung, § 47 Rn. 38.

den Regelungen des Insolvenzplans – ggf. auch durch Mehrheitsvotum bei fehlender Zustimmung des Fiskus – unterworfen.[604] Dementsprechend handelt es sich um eine bürgerlich-rechtliche Streitigkeit, wenn im Anschluss an die Bestätigung eines Insolvenzplans Streit über die Unwirksamkeit oder Nichtigkeit des Insolvenzplans in Bezug auf die erfassten Steuerforderungen besteht, denn die den Sachverhalt prägenden Rechtssätze sind solche des Insolvenzrechts.[605]

3. Verfahren und Wirkung der Feststellung der Steuerschuld zur Insolvenztabelle

Im Insolvenzverfahren sind Steuer- und Abgabenforderungen von der Finanzbehörde schriftlich nebst Kopien der Steuerbescheide und Steuerberechnungen beim Insolvenzverwalter bzw. beim Sachwalter zur Insolvenztabelle anzumelden, §§ 28 Abs. 1, 87, 174, 270f Abs. 2 S. 2 InsO.[606] Die Eintragung in die Insolvenztabelle tritt an die Stelle des Steuerbescheids[607] und zwar auch für die Berechnung der Haftungsschuld, wenn der Geschäftsführer die Möglichkeit des Widerspruchs namens der GmbH gegen die Forderungsanmeldung nicht genutzt hat.[608] Insoweit setzt die widerspruchslose Feststellung zur Insolvenztabelle die Steuerforderung unanfechtbar i.S.v. § 166 AO fest.[609] Sofern der Geschäftsführer zugleich Insolvenzgläubiger ist, hat er zudem die Möglichkeit als Insolvenzgläubiger zu widersprechen, vgl. § 178 Abs. 1 S. 1 InsO. Eine dennoch erfolgte Feststellung zur Insolvenztabelle wirkt in dieser Konstellation bereits nach § 178 Abs. 3 InsO bindend für den Umfang der Haftung des Geschäftsführers, sofern diese Bindungswirkung nicht in Ausnahmefällen aufgrund besonderer Umstände grob unbillig ist.[610]

---

604 *Eidenmüller*, in: MüKoInsO, § 217 Rn. 61.

605 OLG Stuttgart, Beschl. v. 9.8.2019 – 4 W 52/19, ZIP 2019 2169, 2170 f.; *Smid*, ZInsO 2019, 2341, 2352; *Spliedt*, in: K. Schmidt, InsO, § 254 Rn. 21a.

606 *Werth*, in: Klein, AO, § 251 Rn. 25.

607 St. Rspr., BFH, Urt. v. 19.8.2008 – VII R 36/07, NZI 2009, 195, 196; BFH, Urt. v. 27.9.2017 – XI R 9/16, NZI 2018, 122, 124; BFH, Beschl. v. 5.7.2018 – XI B 17/18, NZI 2018, 855, 856; BFH, Urt. v. 17.9.2019 – VII R 5/18, ZIP 2020, 186, 188; näher *Schumacher*, in: MüKoInsO, § 178 Rn. 88.

608 BFH, Urt. v. 27.9.2017 – XI R 9/16, NZI 2018, 122; BFH, Urt. v. 17.9.2019 – VII R 5/18, ZIP 2020, 186, 188; *Rüsken*, in: Klein, AO, § 191 Rn. 13b; *Sonnleitner*, in: Sonnleitner/Witfeld, Kap. 3 Rn. 213.

609 BFH, Urt. v. 27.9.2017 – XI R 9/16, NZI 2018, 122, 124 Rn. 26 f.

610 BFH, Urt. v. 16.5.2017 – VII R 25/16, DStRE 2017, 1249; BFH, Urt. v. 17.9.2019 – VII R 5/18, NZI 2020, 478, 481.

Die Eintragung zur Insolvenztabelle bei Ansprüchen aus dem Steuerverhältnis kann grundsätzlich unter den Voraussetzungen des § 130 AO geändert werden.[611] Etwas anderes gilt jedoch im Fall eines Insolvenzplans: Aufgrund der rechtsgestaltenden und abschließenden Regelungen des Plans ist nach dessen rechtskräftiger Bestätigung keine Änderung mehr zulässig.[612] Hat die Finanzbehörde eine vom Insolvenzverwalter oder von einem Gläubiger bestrittene Steuerforderung nicht gem. § 251 Abs. 3 AO durch Bescheid festgestellt und auch keine Einwendungen gegen den Insolvenzplan erhoben, ist sie mit dieser Forderung von der Verteilung ausgeschlossen.[613] Eines Feststellungsbescheids i. S. v. § 251 Abs. 3 AO bedarf es jedoch nicht, sofern es sich um eine bestandskräftig titulierte Forderung handelt, da es Aufgabe des Bestreitenden ist, den Widerspruch zu verfolgen, § 179 Abs. 2 InsO.[614]

4. Haftung bei (hypothetischer) Anfechtung der Steuerzahlung

Nach erfolgter Anfechtung lebt der ursprüngliche steuerrechtliche Zahlungsanspruch gem. § 144 Abs. 1 InsO wieder auf,[615] weshalb grundsätzlich auch eine steuerliche Haftung wieder in Betracht kommt. Hat der Geschäftsführer seine steuerlichen Pflichten – insbesondere fristgerechte Zahlung bzw. Vorhaltung ausreichender Mittel – erfüllt, lässt die Anfechtung der geleisteten Zahlungen die Haftung nicht wieder aufleben, denn es fehlt an einer Pflichtverletzung.[616] Hat dagegen die pflichtwidrig verspätete Zahlung durch den Geschäftsführer erst die Voraussetzungen der Insolvenzanfechtung geschaffen, unterbricht die Anfechtung nicht den Pflichtwidrigkeitszusammenhang der Steuerhaftung.[617]

Im Übrigen kann sich der Geschäftsführer bei verspäteter oder unterbliebener Zahlung gegenüber dem Finanzamt nicht auf den hypothetischen Kausalverlauf

611 BFH, Urt. v. 24.11.2011 – V R 20/10, BFH/NV 2012, 711; BFH, Urt. v. 24.11.2011 – V R 13/11, BFHE 235, 137; *Nacke*, Haftung für Steuerschulden, Rn. 11.1.

612 BFH, Urt. v. 22.10.2014 – I R 39/13, NZI 2015, 292, 293; BFH, Urt. v. 27.9.2017, XI R 9/16, NZI 2018, 122, 125.

613 AG Rottweil, Beschl. v. 22.9.2006 – 5 (2) IN 39/04, DZWIR 2007, 174; zust. *Loose*, in: Tipke/Kruse, AO/FGO, § 251 AO Rn. 118; näher zum Feststellungsbescheid nach § 251 Abs. 3 AO: *Schüppen/Schlösser*, in: MüKoInsO, Insolvenzsteuerrecht Rn. 62.

614 *Schüppen/Schlösser*, in: MüKoInsO, Insolvenzsteuerrecht Rn. 61 – 65.

615 BFH, Urt. v. 14.12.2021 – VII R 15/19, NZI 2022, 582, 583 Rn. 28.

616 BFH, Urt. v. 11.11.2008 – VII R 19/08, NZI 2009, 405, 406; Fuchs, NZI 2018, 97, 99.

617 BFH, Urt. v. 11.11.2008 – VII R 19/08, NZI 2009, 405.

einer mit an Sicherheit grenzender Wahrscheinlichkeit erfolgten Insolvenzanfechtung berufen.[618]

5. Zustimmung der Finanzbehörde zum Insolvenzplan

Die Zustimmung der Finanzbehörde zum Insolvenzplan ist mangels eines selbstständigen Regelungscharakters kein Verwaltungsakt, sondern schlichtes Verwaltungshandeln im Ermessen der Finanzbehörde innerhalb der Vorschriften der Insolvenzordnung.[619] Hierbei hat die Vollstreckungsstelle die Regelungen des gestaltenden Teils dahingehend zu prüfen, ob diese im Verhältnis zu anderen Gläubigern angemessen sind und den Fiskus nicht schlechter stellen, als er ohne Plan stünde.[620] Der Rahmen und die Rechtsgrundlage dieser Ermessensentscheidung werden hinsichtlich der Zustimmung dementsprechend auch nicht durch die §§ 222, 227, 258 AO bestimmt, sondern durch insolvenzrechtliche – d.h. wirtschaftliche – Argumente.[621] In der Regel wird die Finanzbehörde gem. Abschn. 61 Abs. 4 S. 2 VollstrA nicht zustimmen, „wenn aufgrund des bisherigen Verhaltens nicht mit der ordnungsgemäßen Erfüllung steuerlicher Pflichten zu rechnen ist, die Planvereinbarungen voraussichtlich nicht eingehalten werden oder die Vollstreckungsbehörde durch den Insolvenzplan schlechter gestellt wäre, als bei Fortführung des Insolvenzverfahrens ohne Insolvenzplan."

Da es sich bei der Zustimmung nicht um einen Verwaltungsakt handelt, kann gegen eine ablehnende Entscheidung lediglich die allgemeine Leistungsklage nach § 40 FGO erhoben werden; vorläufiger Rechtsschutz ist im Rahmen einer einstweiligen Anordnung nach § 114 FGO möglich.[622]

---

618 BFH, Beschl. v. 23.04.2007 – VII B 92/06, DStRE 2007, 1210; BFH, Urt. v. 23.9.2008 – VII R 27/07, DStRE 2009, 310, 312.

619 *Klüger*, in: Koenig, AO, § 251 Rn. 116; *Koch/de Bra*, in: Gottwald/Haas, InsR-HdB, § 67 Rn. 31 f.; *Loose*, in: Tipke/Kruse, AO/FGO, § 251 AO Rn. 110 f.; *Werth*, in: Klein, AO, § 227 Rn. 16, § 251 Rn. 34.

620 Absch. 61 Abs. 2 S. 2, 3 VollstrA.

621 Abschn. 61 Abs. 4 S. 1 VollstrA; *Loose*, in: Tipke/Kruse, AO/FGO, § 251 AO Rn. 110, 112; *Klüger*, in: Koenig, AO, § 251 Rn. 116; *Rüsken*, in: Klein, AO, § 163 Rn. 11; *Werth*, in: Klein, AO, § 227 Rn. 20, 33, § 251 Rn. 33.

622 *Loose*, in: Tipke/Kruse, AO/FGO, § 251 AO Rn. 111; *Klüger*, in: Koenig, AO, § 251 Rn. 116; *Koch/de Bra*, in: Gottwald/Haas, InsR-HdB, § 67 Rn. 31.

6. Auswirkungen der Planbestätigung auf die abgabenrechtliche Haftung

Die rechtskräftige Bestätigung des Insolvenzplans der GmbH nebst Erlass der die Insolvenzquote übersteigenden Forderungen lässt die Steuerhaftung des Geschäftsführers in voller Höhe bestehen:[623]

Der Forderungserlass im Insolvenzplan führt nicht zum Erlöschen der Steuerforderung i. S. v. § 47 AO, weshalb § 191 Abs. 5 Nr. 2 AO nicht anwendbar und ein Haftungsbescheid weiterhin möglich ist.[624] Denn die rechtsgestaltende Wirkung des Insolvenzplans nach § 254 Abs. 1 InsO erfasst zwar die Steuerverbindlichkeiten der Insolvenzschuldnerin, die jedoch als unvollkommene Naturalobligationen fortbestehen.[625] Haftungsschuldner können somit weiterhin in Anspruch genommen werden, sofern nicht im Einzelfall § 227 Abs. 2 InsO in Betracht kommt.[626] Denn nach § 254 Abs. 2 InsO lässt der Insolvenzplan die Rechte Dritter gegen Mitschuldner und Bürgen unberührt und der Begriff des Mitschuldners i. S. v. § 254 Abs. 2 S. 1 Alt. 1 InsO erfasst auch den Haftungsschuldner.[627]

Auch die Zustimmung des Finanzamts zu einem Insolvenzplan, der einen (Teil-) Erlass der Ansprüche vorsieht, ändert diesen Umstand nicht, da die Zustimmung keinen Erlass i. S. d. §§ 222, 227 AO darstellt.[628] Eine Inanspruchnahme des Haftungsschuldners nach Zustimmung zum Insolvenzplan ist insbesondere auch dann nicht ermessensfehlerhaft, wenn die Inanspruchnahme die Durchführung der Sanierung mittels Insolvenzplans wegen der Wichtigkeit des Haftungsschuldners für die Fortführung gefährdet.[629] Dementsprechend führt der Anwendungserlass zu § 251 AO aus, dass Steuerverfahren gegen Dritte, die sich nicht in Insolvenz befinden, grundsätzlich von den Wirkungen der Eröffnung des Insolvenzverfahrens unberührt bleiben, AEAO zu § 251 Nr. 4.1.5 S. 1. Dies gilt insbesondere für das Haftungsverfahren gegen den GmbH-Geschäftsführer, AEAO zu § 251 Nr. 4.1.5 S. 2.

---

623 *Boeker*, in: Hübschmann/Hepp/Spitaler, AO/FGO, § 47 AO Rn. 61; *Roth*, Insolvenzsteuerrecht, Rn. 3.106.

624 BFH, Beschl. v. 15.5.2013 – VII R 2/12, ZIP 2013, 1732; siehe auch Abschn. 61 Abs. 6 S. 5 VollstrA.

625 BFH, Beschl. v. 15.5.2013 – VII R 2/12, in: ZIP 2013, 1732, 1733; BFH, Beschl. v. 15.11.2018 – XI B 49/18, NJW 2019, 951, 952; *Boeker*, in: Hübschmann/Hepp/Spitaler, FGO/AO, § 47 AO Rn. 61; *Drüen*, in: Tipke/Kruse, AO/FGO, § 47 AO Rn. 16a; *König*, in: Buth/Hermanns, Restrukturierung, § 47 Rn. 124; *Ratschow*, in: Klein, AO, § 47 Rn. 11.

626 BFH, Beschl. v. 15.5.2013 – VI R 2/12, BFH/NV 2013, 1543; AEAO zu § 251 Rn. 11 Abs. 4 S. 3; Abschn. 61 Abs. 6 S. 4 VollstrA; *Nacke*, Haftung für Steuerschulden, Rn. 4.22; *Roth*, Insolvenzsteuerrecht, Rn. 3.106; *Werth*, in: Klein, AO, § 251 Rn. 35.

627 BFH, Beschl. v. 15.5.2013 – VII R 2/12, ZIP 2013, 1732, 1733.

628 BFH, Beschl. v. 15.5.2013 – VII R 2/12, ZIP 2013, 1732, 1733; BVerfG, Nichtannahmebeschl. v. 12.2.2014 – 1 BvR 2368/13, StEd 2014, 148; BFH, Urt. v. 8.3.2022 – VI R 33/19, NZI 2022, 752, 752 Rn. 26.

629 BFH, Beschl. v. 15.5.2013 – VII R 2/12, ZIP 2013, 1732, 1733.

II. Mittelbare Gestaltung der Haftung

Die grundsätzliche Akzessorietät von Steuer- und Haftungsschuld wirft die Frage auf, ob mithilfe eines vollständigen Erlasses der Steuerschuld im Insolvenzplan ohne verbleibende Naturalobligation die Haftung des Geschäftsführers gleichsam gestaltet werden kann. Denn grundsätzlich kann ein Haftungsbescheid nicht mehr ergehen, wenn die zugrunde liegende Steuer erlassen wurde, § 191 Abs. 5 S. 1 Nr. 2 Alt. 2 AO.[630]

1. Problemaufriss

Im Steuerrecht wirkt lediglich die Erfüllung durch einen Gesamtschuldner für die übrigen Schuldner, wohingegen andere Tatsachen nur für und gegen den Gesamtschuldner wirken, in dessen Person sie eintreten, § 44 Abs. 2 S. 1, 3 AO. Der Begriff der *anderen Tatsache* in diesem Sinne erfasst grundsätzlich auch einen Erlass i. S. v. § 227 AO.[631] Dies gilt jedoch nach § 191 Abs. 5 S. 1 AO ausdrücklich nicht im Fall eines Haftungsbescheids; dieser kann nicht mehr ergehen, sofern die Steuer gegen den Steuerschuldner nicht festgesetzt worden ist oder wegen Ablaufs der Festsetzungsfrist nicht mehr festgesetzt werden kann (Nr. 1) oder soweit die Steuer verjährt ist oder erlassen worden ist (Nr. 2).[632] § 191 Abs. 5 AO verankert damit normativ die (begrenzte) Akzessorietät zwischen Haftungs- und Steuerschuld.[633] Deshalb drängt sich angesichts dieser Akzessorietät von Haftungs- und Steuerschuld die Frage auf, ob im Insolvenzplanverfahren der GmbH eine Regelung zulässig ist, die das Erlöschen der Steuerschuld i. S. v. § 47 AO zur Folge hat, woraufhin ein Haftungsbescheid gegenüber dem Geschäftsführer nach § 191 Abs. 5 S. 1 Nr. 2 Alt. 2 AO nicht mehr ergehen könnte.[634]

Die (freiwillige) Modifikation der Erlasswirkung des Insolvenzplans hin zu einem vollständigen Erlass der Forderung i. S. v. § 397 BGB ist – wie bereits dargelegt – jedenfalls mit Zustimmung der betroffenen Insolvenzgläubiger grundsätzlich möglich.[635] Gesetzlicher Anknüpfungspunkt für diese Gestaltung ist der Wortlaut von § 227 Abs. 1 InsO („Ist im Insolvenzplan nichts anderes bestimmt"). Bei einem

630 Dies gilt nicht, sofern die Haftung auf Steuerhinterziehung oder Steuerhehlerei beruht, § 191 Abs. 5 S. 2 AO.

631 *Ratschow*, in: Klein, AO, § 44 Rn. 18; *Werth*, in: Klein, AO, § 227 Rn. 4.

632 *Ratschow*, in: Klein, AO, § 44 Rn. 18; *Rüsken*, in: Klein, AO, § 191 Rn. 170 f.

633 *Rüsken*, in: Klein, AO, § 191 Rn. 170.

634 Bejahend *Roth*, Insolvenzsteuerrecht, Rn. 3.106.

635 Ausführlich: Kap. D.III., S. 71 ff.

privatrechtlichen Gläubiger kommt dementsprechend auch ein Erlass mit Gesamtwirkung in Betracht.[636]

2. Kein mittelbarer Erlass mit Zwangswirkung

Jedenfalls gegen den Willen der Finanzbehörde ist ein Erlass mit Gesamtwirkung im Insolvenzplanverfahren nicht möglich. Zwar bilden Steuer- und Haftungsschuld grundsätzlich eine unechte Gesamtschuld, jedoch ist § 254 Abs. 2 InsO („Rechte der Insolvenzgläubiger gegen Mitschuldner") nicht durch Mehrheitsentscheidung der Gläubiger gestaltbar, weshalb die Haftungsschuld nicht mit Zwangswirkung mittelbar durch einen Erlass mit Gesamtwirkung gestaltet werden kann. Insoweit sind keine Anhaltspunkte ersichtlich, die eine unterschiedliche Behandlung der Haftungsschuld im Vergleich zu sonstigen Gläubigern von Außenhaftungsansprüchen rechtfertigen würden, denn die Finanzbehörde nimmt am Insolvenzplanverfahren wie jeder andere Insolvenzgläubiger mit den entsprechenden Rechten teil.[637]

3. Mittelbarer Erlass der Haftungsschuld

Grundsätzlich verdrängen die Regeln der Insolvenzordnung nach § 251 Abs. 2 S. 1 Alt. 1 AO diejenigen der Abgabenordnung.[638] Nach dem hierin kodifizierten Grundsatz „Insolvenzrecht vor Steuerrecht" erfasst der Vorrang des Insolvenzrechts generell die Geltendmachung steuerrechtlicher Ansprüche in einem Insolvenzverfahren.[639] Dieser Vorrang des Insolvenzrechts hat zu einem wesentlich von der Rechtsprechung geprägten „Insolvenzsteuerrecht" geführt.[640] Es gehört jedoch zu den Allgemeinplätzen der insolvenzsteuerrechtlichen Diskussion, dass Insolvenz- und Steuerrecht insbesondere aufgrund von Zielkonflikten unzureichend aufeinander abgestimmt sind.[641]

---

636 Zum Erlass mit Gesamtwirkung: Kap. D.III.2.b), S. 73 f.

637 Vgl. *Heintzen*, in: Musil/Weber-Grellet, Europ. StR, § 227 AO Rn. 4; *Klüger*, in: Koenig, AO, § 251 Rn. 116.

638 Näher *Loose*, in: Tipke/Kruse, AO/FGO, § 251 AO Rn. 5.

639 *Jatzke*, in: Hübschmann/Hepp/Spitaler, AO/FGO, § 251 AO Rn. 28, *Klüger*, in: Koenig, AO, § 251 Rn. 17; *Loose*, in: Tipke/Kruse AO/FGO, § 251 AO Rn. 5.

640 *Loose*, in: Tipke/Kruse, AO/FGO, § 251 AO Rn. 7.

641 *Loose*, in: Tipke/Kruse, AO/FGO, § 251 AO Rn. 7; *Kahlert/Kayser/Bornemann*, Perspektiven, et passim; *Roth*, Insolvenzsteuerrecht, Rn. 1.1; *Skauradszun/Kwauka*, DStR 2020, 953, 953.

Vor diesem Hintergrund lässt sich die Zulässigkeit einer freiwilligen Gestaltung von Haftungsansprüchen durch einen Erlass mit Gesamtwirkung und deren Umsetzung nicht auf den ersten Blick beurteilen, denn diese bewegt sich im Spannungsfeld zwischen den grundsätzlich gleichen Beteiligungsmöglichkeiten der Gläubiger im Insolvenzplanverfahren und der Bindung der Steuerbehörden an abgabenrechtlichen Vorschriften:

a) Kein Erlassvertrag – Vertragsformverbot und Gesetzmäßigkeit

Der Insolvenzplan bildet nach seiner Bestätigung die alleinige Grundlage für die gesamte Vermögens- und Haftungsabwicklung für alle – d.h. auch abgabenrechtliche – Forderungen.[642] Im Insolvenzverfahren steht der Fiskus als Steuergläubiger somit grundsätzlich anderen Gläubigern gleich.[643] Zum Teil wird deshalb gefolgert, es sei angesichts des Wortlauts zur Haftung des Schuldners in § 227 Abs. 1 InsO („Ist im Insolvenzplan nichts anderes bestimmt") möglich, auch Steuerforderungen ohne Bescheid durch Erlassvertrag i.S.v. § 397 Abs. 1 BGB zu erlassen, da § 155 Abs. 1 S. 1 AO lediglich die Festsetzung von Steuern durch Bescheid vorsieht „soweit nichts anderes vorgeschrieben ist".[644] Die Gegenansicht sieht die Beteiligung der Finanzbehörden an einem Erlassvertrag im Insolvenzplan als unvereinbar mit dem abgabenrechtlichen Vertragsformverbot nach §§ 85, 155 AO an.[645] Der letzteren Ansicht ist aus den folgenden Gründen der Vorzug zu gewähren:

Grundsätzlich hat die Finanzbehörde auch im Rahmen eines Insolvenzplanverfahrens die Grundsätze der Gesetzmäßigkeit der Verwaltung und der Gleichmäßigkeit der Besteuerung zu berücksichtigen.[646] Zwar kann ein Vergleich über öffentlich-rechtliche Ansprüche geschlossen werden,[647] jedoch erfolgt die Gestaltung von Steuerrechtsverhältnissen zwingend per Bescheid.[648] Denn durch den Grundsatz der Gesetzmäßigkeit der Besteuerung gem. § 85 AO sind die Finanzbehörden verpflichtet, Steueransprüche zu verfolgen, weshalb Vergleiche gem. § 779 BGB über Steueransprüche unzulässig sind.[649]

642 BGH, Urt. v. 22.10.2014 – I R 39/13, DStRE 2015, 297, 298 Rn. 15 m.w.N.
643 *Heintzen*, in: Musil/Weber-Grellet, Europ. StR, § 227 AO Rn. 4.
644 *Spliedt*, in: K. Schmidt, InsO, § 254 Rn. 12.
645 *Smid*, KSI 2020, 112, 113.
646 *Klüger*, in: Koenig, AO, § 251 Rn. 116; *Loose*, in: Tipke/Kruse, AO/FGO, § 251 AO Rn. 109.
647 BVerwG, Urt. v. 28.3.1962 – V C 100/61, NJW 1962, 1636; *Habersack*, in: MüKoBGB, § 779 Rn. 19.
648 Näher *Hahlweg*, in: Koenig, AO, § 78 Rn. 22.
649 *Boeker*, in: Hübschmann/Hepp/Spitaler, AO/FGO, § 47 AO Rn. 58; *Rätke*, in: Klein, AO, § 78 Rn. 4.

aa) Wortlaut von § 155 Abs. 1 S. 1 AO

Nichts anderes folgt zur Frage der Zulässigkeit eines Erlassvertrags unter Beteiligung der Finanzbehörden aus dem Wortlaut von § 155 Abs. 1 S. 1 AO („soweit nichts anderes vorgeschrieben ist").[650] Denn die von § 155 AO gestattete Festsetzung von Steuern ohne Bescheid im Insolvenzverfahren meint die Feststellung zur Insolvenztabelle.[651] Zudem bezieht sich § 155 Abs. 1 S. 1 AO nach seinem Wortlaut („festgesetzt") und seiner systematischen Stellung im Abschnitt „Festsetzungs- und Feststellungsverfahren" nicht auf den Erlass von Steuern, der sich nach § 227 AO richtet. Denn ein Erlass i. S. v. § 227 AO ist Teil des Erhebungsverfahrens (§§ 218–248 AO). Lediglich § 163 AO, der eine abweichende Steuerfestsetzung aus Billigkeitsgründen ermöglicht, kommt als direkter Anwendungsbereich der von § 155 Abs. 1 S. 1 AO geforderten Steuerfestsetzung durch Bescheid in Betracht. Die Steuerfestsetzung erfolgt jedoch im Insolvenzverfahren wie dargelegt durch Feststellung zur Insolvenztabelle. Daneben dürfte eine Anwendung von § 163 AO nicht möglich sein.

Insgesamt lässt sich aus § 155 AO somit keine Aussage zur Zulässigkeit der Modifikation der Erlasswirkung i. S. v. § 227 Abs. 1 InsO entnehmen, denn die Erlasswirkung des Insolvenzplans ist nicht Teil der Steuerfestsetzung.

bb) Keine abweichende Regelung i. S. v. § 217 Abs. 1 S. 1 InsO

Für die Zulässigkeit eines Erlassvertrags spricht indes, dass ein Vergleich im Erhebungsverfahren – zu dem der Erlass nach § 227 AO gehört – grundsätzlich möglich ist.[652] Ein Erlassvertrag i. S. v. § 397 Abs. 1 BGB über Ansprüche aus dem Steuerverhältnis im Insolvenzplanverfahren scheidet dennoch aus. Denn § 397 BGB findet als BGB-Vorschrift für Forderungen des Privatrechts nicht auf den Erlass von öffentlichrechtlichen Forderungen Anwendung.[653] Das Insolvenzplanverfahren erlaubt gem. § 217 Abs. 1 S. 1 InsO nur Abweichungen von den „Vorschriften dieses Gesetzes", d. h. den Vorschriften der Insolvenzordnung. Eine abweichende Gestaltung der Außenhaftung des Geschäftsführers erlaubt die Insolvenzordnung außerhalb des Anwendungsbereichs des § 92 InsO jedoch gerade nicht, vgl. § 254 Abs. 2 InsO. Soweit Außenhaftungsansprüche dennoch mit Zustimmung des jeweiligen Gläubigers gestaltet werden, basiert dies nicht auf den Vorschriften des Insolvenzplanverfahrens, die eine

650 So aber *Spliedt*, in: K. Schmidt, InsO, § 254 Rn. 12.

651 Vgl. *Rüsken*, in: Klein, AO, § 155 Rn. 21.

652 Vgl. FG Hamburg, Urt. v. 15. 6. 2011 – 3 K 135/10, BeckRS 2011, 96117, dort B. II. 2. c) der Gründe, die Revision wurde als unzulässig verworfen: BFH, Beschl. v. 20. 9. 2012 – VII R 42/11, BFH/NV 2013, 942 = BeckRS 2013, 94821 Rn. 12, 15; *Rätke*, in: Klein, AO, § 78 Rn. 4.

653 *Rieble*, in: Staudinger, BGB, § 397 Rn. 107.

abweichende Regelung gestatten, sondern ist Ausdruck der allgemeinen zivilrechtlichen Privatautonomie.

Aus Gründen der Gesetz- und Gleichmäßigkeit der Besteuerung bedarf jedoch ein Steuererlass als planmäßiger Nichtvollzug des Gesetzes einer gesetzlichen Grundlage.[654] Der Erlass von Steuerforderungen basiert somit gerade nicht auf einem privatautonomen Vertrag i. S. v. § 397 Abs. 1 BGB, sondern erfolgt durch Bescheid auf Grundlage der §§ 163, 227 AO. Damit ist die Beteiligung von Finanzbehörden an einem Erlassvertrag im Rahmen eines Insolvenzplanverfahrens unzulässig, denn nach § 85 S. 1 AO sind Steuern nicht nur nach Maßgabe der Gesetze festzusetzen, sondern auch zu erheben. Etwas anderes folgt auch nicht unter Berücksichtigung der §§ 228, 230 Abs. 3 InsO, da die zugrundeliegenden zivilrechtlichen Wertungen – insbesondere die Anknüpfung an die Verfügungsbefugnis für den Erlass einer Forderung – für öffentlich-rechtliche Forderungen keine Ausnahme vom Legalitätsprinzip darstellen.

cc) Keine Zulässigkeit durch §§ 230, 254a Abs. 1 InsO

Ferner ist zu berücksichtigen, dass ein zivilrechtlicher Erlassvertrag mit dem Gegenstand der Steuerverbindlichkeiten der GmbH zur Enthaftung des Geschäftsführers entsprechend § 191 Abs. 5 Nr. 2 Alt. 2 AO gleichzeitig § 254 Abs. 2 InsO abbedingen würde. Denn grundsätzlich wird die steuerrechtliche Haftung des Geschäftsführers von der Herabstufung der Steuerforderung zur Naturalobligation durch den Insolvenzplan nach § 254 Abs. 2 InsO nicht berührt.[655] Sofern im Einzelfall von § 254 Abs. 2 InsO abgewichen werden soll, ist analog zu § 230 Abs. 3 InsO die entsprechende Erklärung der Behörde dem Plan beizufügen.[656] Und obwohl auf Grundlage von § 230 Abs. 3 InsO die entsprechende Erklärung mit dem Insolvenzplan verknüpft werden kann, richtet sich deren Form nach dem materiellen Recht.[657] Der Erlass einer Steuerforderung erfolgt materiellrechtlich auf Grundlage der §§ 163, 227 AO durch Verwaltungsakt.[658] Dementsprechend scheidet auch aus diesem Grund ein zivilrechtlicher Erlass der Steuerhaftung aus. Etwas anderes ergibt sich insbesondere auch nicht aus § 254a Abs. 1 InsO, nach dem die in den Insolvenzplan aufgenommenen Willenserklärungen der Beteiligten als in der vorgeschriebenen Form abgegeben gelten, da diese Vorschrift die Form privatrechtli-

---

654 BVerwG, Urt. v. 18.4.1975 – VII C 15/73, BVerGE 48, 166 = VerwRspr 1976, 216, 217; *Klüger*, in: Koenig, AO, § 227 Rn. 2.

655 Hierzu: Kap. E.I.6., S. 102 f.

656 Bereits allgemein: Kap. D.III.3.a), S. 75 f.

657 Vgl. *Eidenmülller*, in: MüKoInsO, § 230 Rn. 91.

658 *Loose*, in: Tipke/Kruse, AO/FGO, § 227 AO Rn. 132.

chen Handelns von Privatsubjekten betrifft, nicht die Ersetzung der Handlungsform von Hoheitsträgern.[659]

dd) Zwischenergebnis

Unter Berücksichtigung der nach Art. 20 Abs. 3 GG gebotenen Gesetzmäßigkeit der Verwaltung, die einfachgesetzlich in § 85 AO normiert wurde, ist es bei Steuerforderungen anders als bei privatrechtlichen Forderungen nicht möglich, einen Erlass mit Gesamtwirkung i. S. v. §§ 397 Abs. 1, 423 BGB mit Zustimmung der Finanzbehörde in den gestaltenden Teil eines Insolvenzplans aufzunehmen. Einem Insolvenzplan, der dennoch Steuerforderungen zum Gegenstand eines Erlassvertrags i. S. v. § 397 Abs. 1 BGB macht, wäre gemäß § 250 Nr. 1 InsO die Bestätigung von Amts wegen zu versagen. Für den Gläubiger der steuerrechtlichen Haftung des Geschäftsführers bedeutet dies, dass für den Erlass – mangels einer abweichenden Regelung im Insolvenzplanverfahren – die abgabenrechtlichen Spezialvorschriften, d. h. insbesondere § 227 AO, den materiellrechtlichen Rahmen bilden.

Dieses Ergebnis ist problematisch. Es kann im Einzelfall wünschenswerte Sanierungspläne verhindern und greift in die Gläubigergleichbehandlung ein. Deshalb wird zu Recht für eine Ergänzung der Abgabenordnung de lege ferenda plädiert, die zugunsten von Erlassverträgen unter Beteiligung der Finanzbehörden im Insolvenzplanverfahren eine Ausnahme vom Vertragsformverbot schaffen würde.[660]

b) Erlass der Steuerschuld nach § 227 AO

Dagegen kommt ein Erlass der Steuerschuld der GmbH auf Grundlage von § 227 AO auch im Insolvenzverfahren in Betracht, mit der Folge, dass gem. § 191 Abs. 5 S. 1 Nr. 2 Alt. 2 AO ein Haftungsbescheid gegenüber dem Geschäftsführer nicht mehr ergehen könnte. Einem Erlass der Steuerschuld auf Grundlage des § 227 AO steht insbesondere nicht § 251 Abs. 2 S. 1 AO entgegen, der dem Insolvenzrecht Vorrang vor dem Steuerrecht einräumt. Denn dieser Vorrang erfasst nicht die Höhe der der Ansprüche aus dem Steuerschuldverhältnis, die sich auch in einem Insolvenzverfahren nach den Vorschriften des Steuerrechts richtet.[661] Das Finanzamt ist insbesondere nicht an die Tabelleneintragung gebunden, sondern kann auf die

---

659 *Smid*, KSI 2020, 112, 113.

660 *Smid*, KSI 2020, 112, 117.

661 *Jatzke*; in: Hübschmann/Hepp/Spitaler, AO/FGO, § 251 AO Rn. 29; *Klüger*, in: Koenig, AO, § 251 Rn. 17.

daraus erworbenen Rechte nach § 227 AO verzichten.[662] Die erforderliche öffentlich-rechtliche Erklärung zur abweichenden Festsetzung der Steuern oder zum Erlass der Steuern aus Billigkeitsgründen kann entsprechend § 230 InsO dem Plan beigefügt werden.[663]

Hinsichtlich der Voraussetzungen für einen Erlass der Steuerschuld kann auf die nachfolgend näher beleuchteten Voraussetzungen für den Erlass der Haftungsschuld verwiesen werden, da die Gründe, die einen Erlass zugunsten des Steuerschuldners rechtfertigen, aufgrund der Akzessorietät von Steuer- und Haftungsschuld wie dargelegt auch zugunsten des Haftungsschuldners zu berücksichtigen sind.

III. Erlass der Haftungsschuld gem. § 227 AO

Infolge des Grundsatzes der Gesetzmäßigkeit der Verwaltung ist es dem Finanzamt untersagt, sich über Steueransprüche zu vergleichen, auch wenn dies aus Sicht des Finanzamts wirtschaftlich sinnvoll wäre.[664] Selbst im Rahmen eines Steuerprozesses ist die Beilegung des Rechtsstreits nicht in entsprechender Anwendung der § 794 Abs. 1 Nr. 1 ZPO, § 106 VwGO durch gerichtlichen Vergleich möglich, soweit ein Steueranspruch Gegenstand der Klage ist.[665]

Dies gilt auch im Insolvenzplanverfahren der GmbH, denn es entspricht allgemeinen insolvenzsteuerrechtlichen Grundsätzen, dass sich auch im Insolvenzverfahren die Höhe der abgabenrechtlichen Forderung nach dem Steuerrecht richtet.[666] Da über das Vermögen des Geschäftsführers selbst kein Insolvenzverfahren eröffnet worden ist, hat sich der Erlass der Haftungsschuld nach den speziellen Normen der Abgabenordnung, insbesondere § 227 AO, zu richten. Insoweit ist der Erlass der Haftungsschuld des Geschäftsführers mangels abweichender Regelungen in Abgabenordnung und Insolvenzordnung wie im Fall einer außergerichtlichen Sanierung zu behandeln.

Hierzu im Einzelnen:

---

662 *Schüppen/Schlösser*, in: MüKoInsO, Insolvenzsteuerrecht Rn. 62; noch zum Konkursvorrecht nach § 61 Abs. 1 Nr. 2 KO: BFH, Urt. v. 15.7.1992 – II R 59/90, BFHE 168, 310 = BeckRS 1992, 22010384.

663 *Smid*, KSI 2020, 112, 113.

664 St. Rspr., vgl. nur BFH, Urt. v. 7.12.2010, GmbHR 2011, 557, 560 Rn. 44; *Bauer*, GmbH in der Krise, S. 160 Rn. 445.

665 *Rauda*, in: Hübschmann/Hepp/Spitaler, AO/FGO, § 95 FGO Rn. 21.

666 *Jatzke*; in: Hübschmann/Hepp/Spitaler, AO/FGO, § 251 AO Rn. 29; *Klüger*, in: Koenig, AO, § 251 Rn. 17.

1. Grundlagen zum Erlass seitens des Staates

Der Erlass einer Forderung durch den Staat unterliegt den Bindungen des öffentlich-rechtlichen Geldschuldrechts, die sich insbesondere aus den Grundsätzen der Gesetzesbindung der Verwaltung aus Art. 20 Abs. 3 GG, der Rechtssicherheit als Element des Rechtsstaatsprinzips und dem Gleichheitssatz aus Art. 3 Abs. 1 GG ergeben.[667] Der Erlass von Geldschulden seitens des Staates als Gläubiger ist allgemein in § 59 Abs. 1 S. 1 Nr. 3 BHO im Fall von „besonderer Härte" aus persönlichen Gründen möglich.[668] Im Steuerrecht wird § 59 BHO durch die zentrale Norm des § 227 AO verdrängt, die es in das Ermessen der Behörde stellt, eine Forderung aus Billigkeitsgründen, d.h. persönlichen und sachlichen Erwägungen, zu erlassen.[669] Dagegen findet § 397 BGB auf den Erlass von öffentlich-rechtlichen Forderungen als BGB-Vorschrift für den Erlass von Forderungen des Privatrechts keine Anwendung.[670] Insbesondere ist der Erlass einer Forderung vor diesem Hintergrund im öffentlichen Recht anders als im Zivilrecht durch einseitige Erklärung der Behörde grundsätzlich möglich.[671]

2. Rechtlicher Rahmen der Abgabenordnung

Das Steuerrecht enthält neben dem Erlass nach § 227 AO weitere Ermächtigungsnormen, die einem Erlass ähnlich sind. Grundsätzlich unterscheidet die Abgabenordnung zwischen Festsetzungs- und Erhebungsverfahren und kennt für das jeweilige Verfahren einen Erlass als Billigkeitsmaßnahme, denn wie § 227 AO erlaubt auch § 163 AO die abweichende Steuerfestsetzung aus Billigkeitsgründen.[672] § 163 AO findet im Festsetzungsverfahren und § 227 AO im Erhebungsverfahren Anwendung, wobei sich die materiellen Voraussetzungen der Normen entsprechen.[673] § 163 S. 1 AO ermöglicht eine nach unten abweichende Festsetzung der Steuer, womit ein Erlass verbunden ist, da die Behörde die sich aus der abwei-

---

667 *Kemmler*, Geldschulden, S. 339.

668 *Kemmler*, Geldschulden, S. 334 f., die jeweiligen Haushaltsordnungen der Länder enthalten wortgleiche Regelungen.

669 *Kemmler*, Geldschulden, S. 335; *Rieble*, in: Staudinger, BGB, § 397 Rn. 107.

670 Statt aller *Rieble*, in: Staudinger, BGB, § 397 Rn. 107.

671 *Schlüter*, in: MüKoBGB, § 397 Rn. 19.

672 *Heintzen*, in: Musil/Weber-Grellet, Europ. StR, § 227 AO Rn. 1; *Klüger*, in: Koenig, AO, § 227 Rn. 1.

673 BFH, Beschl. v. 30.8.1999 – X B 67/99, BFH/NV 2000, 301 = BeckRS 1999, 30071337; BFH, Beschl. v. 28.11.2016 – GrS 1/15, DStR 2017, 305, 312 Rn. 97; *Oellerich*, in: Gosch, AO/FGO, § 227 AO Rn. 61.

chenden Festsetzung ergebende Differenz erlässt.[674] Allerdings können i.R.v. § 163 AO lediglich „Steuern" Gegenstand des Erlasses sein und nicht wie in § 227 AO „Ansprüche aus dem Steuerverhältnis", weshalb § 163 AO Haftungs- und Erstattungsansprüche sowie Ansprüche auf steuerliche Nebenleistungen nicht erfasst.[675] Damit ist die Berücksichtigung von Billigkeitserwägungen beim Erlass eines Haftungsbescheids jedoch nicht ausgeschlossen, denn der Erlass von Haftungsbescheiden steht im Ermessen der Finanzbehörde, die bei der Ausübung dieses Ermessens in jedem Fall eigene Billigkeitserwägungen zu berücksichtigen hat, die den §§ 163, 227 AO weitestgehend entsprechen.[676] Für eine zusätzliche Billigkeitsentscheidung nach Maßgabe des § 163 AO besteht insoweit kein eigenständiger Anwendungsbereich.[677]

Über die Generalklauseln der §§ 163, 227 AO hinaus bestehen für den steuerrechtlichen Erlass je nach Art der Geldschuld weitere Regelungen, etwa § 234 Abs. 2 AO für den Verzicht auf Zinsen wegen Billigkeit, § 237 AO für Zinsen nach Aussetzung der Vollziehung oder § 240 Abs. 3 AO in Form einer Schonfrist für Säumniszuschläge bei einer Säumnis von weniger als drei Tagen. Ferner eröffnet § 156 AO die Möglichkeit, zur Vereinfachung der Verwaltung durch Rechtsverordnung zu bestimmen, dass eine Steuer in bestimmten Fällen nicht festgesetzt wird, vgl. § 156 Abs. 1 S. 1 AO. Zu unterscheiden ist zum einen zwischen der Kleinbetragsregelung in § 156 Abs. 1 AO, nach der von der Festsetzung von Beträgen bis zu 25 Euro abgesehen werden kann.[678] Zum anderen kann nach § 156 Abs. 2 AO auch die Festsetzung höherer Beträge unterbleiben, wenn die Erhebung keinen Erfolg haben wird oder die Kosten der Festsetzung und die Kosten der Erhebung außer Verhältnis zu dem Betrag stünden. Das Absehen von Steuerfestsetzung bringt den Steueranspruch jedoch nicht zum Erlöschen; eine Nachholung der Steuerfestsetzung ist jederzeit bis zum Ende der Festsetzungsfrist möglich, vgl. § 169 AO.[679] Schließlich besteht die Möglichkeit der Niederschlagung nach § 261 AO, die systematisch zum Vollstreckungsverfahren gehört und als lediglich verwaltungsinternes vorläufiges Absehen von Vollstreckungsmaßnahmen ebenfalls nicht zum Erlöschen

674 *Kemmler*, Geldschulden, S. 335.

675 *Gercke*, in: Koenig, AO, § 163 Rn. 10; *von Groll*, in: Hübschmann/Hepp/Spitaler, AO/FGO, § 163 AO Rn. 51, § 227 Rn. 221; *Heintzen*, in: Musil/Weber-Grellet, Europ. StR, § 227 AO Rn. 1; *Oellerich*, in: Gosch, AO/FGO, § 227 AO Rn. 15; *Rüsken*, in: Klein, AO, § 163 Rn. 9.

676 *Rüsken*, in: Klein, AO, § 163 Rn. 7.

677 *Rüsken*, in: Klein, AO, § 163 Rn. 7.

678 *Gercke*, in: Koenig, AO, § 156 Rn. 4.

679 *Rüsken*, in: Klein, AO, § 156 Rn. 8.

des zu vollstreckenden Anspruchs führt.[680] Allerdings kann der Eintritt eines Erlöschensgrundes, etwa der Ablauf der Verjährungsfrist, zum Erlöschen während der Niederschlagung führen.[681]

3. Voraussetzungen eines Erlasses nach § 227 AO

Grundsätzlich können nach § 227 AO Ansprüche aus dem Steuerschuldverhältnis ganz oder teilweise erlassen werden, sofern deren Einziehung im Einzelfall unbillig wäre. Auch ein Haftungsanspruch ist gem. § 37 Abs. 1 AO ein „Anspruch aus dem Steuerschuldverhältnis" in diesem Sinne, weshalb dieser Gegenstand eines Erlasses nach § 227 AO sein kann.[682] Soweit der Haftungsbescheid noch nicht ergangen ist, musss die Behörde die Billigkeitsgründe bereits im Rahmen der entsprechenden Ermessensausübung berücksichtigen.[683] Insoweit umfasst das Entschließungsermessen auch, in welcher Höhe der Haftungsanspruch verfolgt werden soll.[684]

Aufgrund der erforderlichen Einzelfallbetrachtung sind die Erlassvoraussetzungen komplex. In der hier zugrunde gelegten Konstellation, welche die Enthaftung des Geschäftsführers im Insolvenzplanverfahren der GmbH behandelt, kann auf die folgenden Maßstäbe zurückgegriffen werden.

a) Grundzüge von Billigkeitsmaßnahmen

Nach der Rechtsprechung des BFH dienen Billigkeitsmaßnahmen „der Anpassung des steuerrechtlichen Ergebnisses an die Besonderheiten des Einzelfalls, um Rechtsfolgen auszugleichen, die das Ziel der typisierenden gesetzlichen Vorschrift verfehlen und deshalb ungerecht erscheinen."[685] § 227 AO beabsichtigt, ohne Änderung des Steuerbescheids durch eine Änderung des Steuerbetrags den sachlichen und persönlichen Besonderheiten des Einzelfalls Rechnung zu tragen.[686] Tatbestandsvoraussetzung für eine Maßnahme nach § 227 AO ist allein, dass die Einziehung entweder aus sachlichen oder persönlichen Gründen unbillig ist.[687]

---

680 *Drüen*, in: Tipke/Kruse, AO/FGO, § 47 AO Rn. 13; *Loose*, in: Tipke/Kruse, AO/FGO, § 261 AO Rn. 8; *Oellerich*, in: Gosch, AO/FGO, § 227 AO Rn. 29 f.

681 *Drüen*, in: Tipke/Kruse, AO/FGO, § 47 AO Rn. 13; *Loose*, in: Tipke/Kruse, AO/FGO, § 261 AO Rn. 8.

682 *Klüger*, in: Koenig, AO, § 227 Rn. 3; *Loose*, in: Tipke/Kruse, AO/FGO, § 227 AO Rn. 5; *Oellerich*, in: Gosch, AO/FGO, § 227 AO Rn. 16, 60; *Werth*, in: Klein, AO, § 227 Rn. 16.

683 *Oellerich*, in: Gosch, AO/FGO, § 227 AO Rn. 16.

684 *Boeker*, in: Hübschmann/Hepp/Spitaler, AO/FGO, § 191 AO Rn. 93.

685 BFH, Beschl. v. 28.11.2016 – GrS 1/15, DStR 2017, 305, 314 Rn. 113.

686 BFH, Urt. v. 20.9.2012 – IV R 29/10, DStR 2012, 2488, 2489.

687 *Werth*, in: Klein, AO, § 227 Rn. 26; *Oellerich*, in: Gosch, AO/FGO, § 227 AO Rn. 61.

Die Voraussetzungen der Billigkeit unterliegen dabei uneingeschränkt der gerichtlichen Auslegung und Kontrolle.[688] Eine verbindliche, allgemeine Definition des Begriffs der Unbilligkeit existiert jedoch nicht, sondern das Tatbestandsmerkmal ist für jeden einzelnen Fall auszufüllen.[689] Abzuwägen sind insbesondere das Interesse der öffentlichen Hand, dass das erwartete Steueraufkommen nicht geschmälert wird, und das Interesse des Steuerpflichtigen, dass die gegen ihn gerichteten Ansprüche mit seinen persönlichen und wirtschaftlichen Verhältnissen in Einklang stehen.[690] Bei dieser Abwägung der schutzwürdigen Interessen ist zu berücksichtigen, dass die Einziehung eines Anspruchs aus dem Steuerschuldverhältnis grundsätzlich nicht unbillig ist, sondern die Unbilligkeit die Ausnahme darstellt.[691] Wenn sachliche oder persönliche Unbilligkeit vorliegen, ist das Entschließungsermessen in der Regel auf Null reduziert und es ist eine Billigkeitsmaßnahme zu treffen.[692]

Beim Erlass einer Haftungsschuld sind als Gründe für die sachliche oder persönliche Unbilligkeit, die einen Erlass rechtfertigen, nicht nur diejenigen Gründe zu berücksichtigen, die in der Person des Haftungsschuldners liegen, sondern auch Gründe in der Person des Steuerschuldners.[693] Mit anderen Worten begründet eine Erlasssituation zugunsten des Steuerschuldners aufgrund der Akzessorietät der Haftungsschuld in gleichem Maße einen Anspruch des Haftungsschuldners auf Erlass der Haftungsschuld.[694]

b) Sachliche Billigkeitsgründe

Die Rechtsprechung nimmt sachliche Billigkeitsgründe an, wenn aus dem erklärten oder mutmaßlichen Willen des Gesetzgebers folgt, dass dieser die im Billigkeitswege zu entscheidende Frage bei einer hypothetischen Regelung im Sinne der Billigkeitsmaßnahme entschieden hätte.[695] Der Gesetzgeber hat die dieser Untersuchung zugrunde liegende Konstellation, in der die Mitwirkung des Geschäftsführers an der Fortführung wesentlich zur Gläubigerbefriedigung beiträgt, nicht hinsichtlich der

---

688 BFH, Urt. v. 23.8.2017 – I R 52/14, BFHE 259, 20 = NZI 2017, 936 Rn. 15; *Loose*, in: Tipke/Kruse, AO/FGO, § 227 AO Rn. 22; *Oellerich*, in: Gosch, AO/FGO, § 227 AO Rn. 63.2; 100.

689 *Loose*, in: Tipke/Kruse, AO/FGO, § 227 AO Rn. 20.

690 *Loose*, in: Tipke/Kruse, AO/FGO, § 227 AO Rn. 29 f.

691 *Loose*, in: Tipke/Kruse, AO/FGO, § 227 AO Rn. 28.

692 *Oellerich*, in: Gosch, AO/FGO, § 227 AO Rn. 100.

693 *Oellerich*, in: Gosch, AO/FGO, § 227 AO Rn. 93.

694 BFH, Urt. v. 26.7.1988 – VII R 83/87, BFHE 153, 512 = ZIP 1989, 519, 522; *Oellerich*, in: Gosch, AO/FGO, § 227 AO Rn. 93.

695 Vgl. nur BFH, Urt. v. 23.3.1998 – II R 41/96, BFHE 185, 270 Rn. 12; BFH, Urt. v. 4.2.2010 – II R 25/08, BFHE 228, 130 = ZIP 2010, 937 Rn. 11.

Haftungsschuld des Geschäftsführers geregelt. Lediglich allgemein lässt sich § 254 Abs. 2 InsO entnehmen, dass die Haftungsschuld des Geschäftsführers vom Erlass i. S. v. § 227 Abs. 1 InsO unberührt bleibt, ohne eine differenzierte Herangehensweise für die Geschäftsführerhaftung in der hier zugrunde gelegten Konstellation zu ermöglichen.

Grundsätzlich erlaubt die Insolvenzordnung keine zwangsweise Gestaltung der Außenhaftung des Geschäftsführers, was auch für die Haftungsschuld gilt.[696] Der Gesetzgeber hat jedoch in § 245 Abs. 2 S. 2, 3 InsO berücksichtigt, dass der Erhalt der Leitungs- und Eigentümerstruktur im Einzelfall im Interesse der bestmöglichen Gläubigerbefriedigung möglich ist. Eine zwangsweise Regelungsmöglichkeit für die Außenhaftung des Geschäftsführers ist abseits von § 92 InsO nicht ersichtlich. Es kommt für die Frage der sachlichen Unbilligkeit jedoch nicht auf die Möglichkeit der zwangsweisen Gestaltbarkeit der Haftungsschuld als Außenhaftung an, sondern auf den Umstand, dass der Gesetzgeber in der Insolvenz der GmbH dem Erhalt von Schlüsselpositionen ausweislich § 245 Abs. 2 S. 2, 3 InsO zum Ziele der bestmöglichen Gläubigerbefriedigung Vorrang einräumt. Dieser gesetzgeberische Leitgedanke hat in die Abgabenordnung im Zusammenhang mit der Haftung des Geschäftsführers bisher keinen Eingang gefunden. Es liegt somit nahe, dass der Gesetzgeber den Erlass der Haftungsschuld im Insolvenzverfahren der GmbH in den Fällen im Rahmen einer hypothetischen Regelung ermöglicht hätte, in denen der Erlass zu einem wirtschaftlich besseren Ergebnis für den Fiskus und die Gläubigergesamtheit führt. Somit sind sachliche Billigkeitsgründe in der dieser Untersuchung zugrunde liegenden Konstellation zu bejahen, da so dem Interesse an einem möglichst ungeschmälerten Steueraufkommen stärker Rechnung getragen wird.

c) Persönliche Billigkeitsgründe

Neben der sachlichen Unbilligkeit kann sich eine Billigkeitsmaßnahme aus persönlichen Gründen ergeben. Persönliche Unbilligkeit erfordert kumulativ Erlassbedürftigkeit und Erlasswürdigkeit.[697]

aa) Erlassbedürftigkeit

Generell hat die persönliche Billigkeit die Aufgabe, für eine Besteuerung nach der wirtschaftlichen Leistungsfähigkeit zu sorgen.[698] Dementsprechend kann Erlassbedürftigkeit bei natürlichen Personen vorliegen, wenn sie im Fall der Inan-

696 Hierzu bereits: Kap. D.II., S. 66 ff.
697 *Loose*, in: Tipke/Kruse, AO/FGO, § 227 AO Rn. 86.
698 Näher *Loose*, in: Tipke/Kruse, AO/FGO, § 227 AO Rn. 87.

spruchnahme ihre wirtschaftliche oder persönliche Existenzgrundlage verlieren würden.[699] Somit kann Erlassbedürftigkeit vorliegen, wenn durch die Einziehung die Fortführung eines Betriebs oder die Erwerbstätigkeit dauernd gefährdet würde.[700] Voraussetzung für den Erlass bei einem Unternehmen ist aber, dass dieses unverschuldet in eine voraussichtlich nicht nur zeitweise Krise geraten ist.[701] Ebenso wenig ist es die Funktion eines Erlasses, einzelnen Unternehmen die von ihnen durch ihre wirtschaftliche Betätigung nicht erreichte Rentabilität zu verschaffen.[702] Erlassbedürftigkeit liegt auch nicht vor, wenn sich die wirtschaftliche Situation des Steuerschuldners durch den Erlass der Steuerschuld nicht verbessern würde, etwa bei einem Einkommen des Schuldners unterhalb der Pfändungsfreigrenzen oder wenn der Steuererlass lediglich die Befriedigungsaussichten weiterer Gläubiger erhöhen würde.[703] Dementsprechend kommt ein Erlass zur Unternehmenssanierung nur in Ausnahmefällen in Betracht, etwa im Rahmen eines Gläubigerakkords.[704]

Aus diesen Maßstäben ergibt sich für den Erlass einer Haftungsschuld als Beitrag zur Unternehmensfortführung eine zurückhaltende Handhabung. Der Bundesfinanzhof hatte etwa die Ermessensentscheidung eines Finanzamts nicht beanstandet, in der dieses die negativen Auswirkungen der Haftungsinanspruchnahme des Vorstands und Anteilseigners auf die Sanierung einer AG im Insolvenzplanverfahren im Rahmen der Ermessensentscheidung trotz der vom Haftungsschuldner vorgetragenen faktischen Ausgestaltung des Unternehmens als Einzelunternehmen keine maßgebliche Bedeutung zugebilligt hatte.[705] Das Finanzamt habe nach Ansicht des Bundesfinanzhofs zutreffend angenommen, dass es in der Gestaltungsfreiheit des Haftungsschuldners gelegen habe, ob er sein Unternehmen als AG führe und somit im Insolvenzplanverfahren nicht gem. § 227 Abs. 2 InsO von den Erlasswirkungen erfasst werde.[706] Zu beachten ist aber, dass der Bundesfinanzhofs ausdrücklich offengelassen hat, ob negative Auswirkungen auf die Sanierung im Rahmen der Ermessensentscheidung über die Haftungsinanspruchnahme grundsätzlich beachtlich sein können.[707] Allerdings eröffnet das

---

699 *Loose*, in: Tipke/Kruse, AO/FGO, § 227 AO Rn. 89; *Werth*, in: Klein, AO, § 227 Rn. 31.

700 BFH, Urt. v. 27.9.2001 – X R 134/98, DStRE 2002, 251; FG Düsseldorf, 4 K 212/10, BeckRS 2010, 26030065; *Loose*, in: Tipke/Kruse, AO/FGO, § 227 AO Rn. 93; *Werth*, in: Klein, AO, § 227 Rn. 36.

701 *Werth*, in: Klein, AO, § 227 Rn. 36.

702 *Loose*, in: Tipke/Kruse, AO/FGO, § 227 AO Rn. 93; *Werth*, in: Klein, AO, § 227 Rn. 31.

703 St. Rspr., vgl. nur BFH, Urt. v. 27.9.2001 – X R 134/98, DStRE 2002, 251, 254; *Klüger*, in: Koenig, AO, § 227 Rn. 34; *Loose*, in: Tipke/Kruse, AO/FGO, § 227 AO Rn. 96; *Werth*, in: Klein, AO, § 227 Rn. 33.

704 Vgl. BFH, Beschl. v. 4.3.1998 – XI S 1/98, DStRE 1998, 423, 425.

705 BFH, Beschl. v. 15.5.2013 – VII R 2/12, ZIP 2013, 1732, 1733 f., dort Rn. 18–19.

706 BFH, Beschl. v. 15.5.2013 – VII R 2/12, ZIP 2013, 1732, 1733 f., dort Rn. 19.

707 BFH, Beschl. v. 15.5.2013 – VII R 2/12, ZIP 2013, 1732, 1733, dort Rn. 19.

Entschließungsermessen der Finanzbehörde jedenfalls nicht die Möglichkeit, den Haftungsschuldner unter Berücksichtigung der Zahlungsfähigkeit des Haftungsschuldners lediglich auf einen Teilbetrag in Anspruch zu nehmen, da ansonsten der Finanzbehörde auferlegt würde, dies im Rahmen des Ermessens zu ermitteln und zu prüfen.[708]

Ordnungspolitische Gesichtspunkte, etwa allgemeine wirtschafts- und sozialpolitische Aspekte, sind dagegen keine Billigkeitsgründe.[709] Jedoch kann eine Billigkeitsmaßnahme im Einzelfall bereits zur Abwendung eines Insolvenzverfahrens in Betracht kommen, um zu verhindern, dass anderweitig nicht zu vermittelnde Arbeitnehmer gekündigt werden, da in diesem Fall kein allgemeines volkswirtschaftliches Ziel verfolgt wird, sondern die Einziehung der Steuer gegenüber dem umgrenzten Personenkreis der Arbeitnehmer unbillig wäre.[710]

bb) Erlasswürdigkeit

Als zweites Element der persönlichen Unbilligkeit muss Erlasswürdigkeit vorliegen. Erlasswürdig ist der Steuerpflichtige, wenn dieser seine mangelnde Leistungsfähigkeit nicht selbst herbeigeführt oder sein Verhalten nicht in eindeutiger Weise gegen die Interessen der Allgemeinheit verstoßen hat.[711] Billigkeitsmaßnahmen sind somit geboten, wenn der Steuerpflichtige unverschuldet, entschuldbar oder leicht fahrlässig in die wirtschaftliche Notlage geraten ist.[712] Zu beachten ist hierbei aber, dass selbst die Bestrafung wegen Steuerhinterziehung oder Steuerverkürzung die Erlasswürdigkeit nicht schlechthin ausschließt, solange der Steuerpflichtige unter Einsatz der ihm zur Verfügung stehenden Mittel alles tut, um die Folgen seines steuerunehrlichen Verhaltens zu beseitigen.[713] Insgesamt ist für die Prüfung der Erlasswürdigkeit eine Gesamtwürdigung des Verhaltens des Steuerpflichtigen erforderlich, einzelne Verstöße machen ihn nicht erlassunwürdig.[714] Auch unsachgemäße Geschäftsführung, die ihre Ursache in fehlenden kaufmännischen Fähigkeiten oder mangelnder Geschäftserfahrung hat, steht der Erlasswürdigkeit

---

708 BFH, Urt. v. 26.2.1991 – VII R 3/90, BFH/NV 1991, 504; *Nacke*, Haftung für Steuerschulden, Rn. 9.86 m.w.N.

709 Ausführlich *Loose*, in: Tipke/Kruse, AO/FGO, § 227 AO Rn. 81.

710 *Loose*, in: Tipke/Kruse, AO/FGO, § 227 AO Rn. 83.

711 BFH, Urt. v. 17.7.2019 – III R 64/18, BFH/NV 2020, 7 Rn. 17; *Loose*, in: Tipke/Kruse, AO/FGO, § 227 AO Rn. 103; *Werth*, in: Klein, AO, § 227 Rn. 45 f.

712 *Loose*, in: Tipke/Kruse, AO/FGO, § 227 AO Rn. 103.

713 BFH, Urt. v. 2.3.1961 – IV 126/60 U, BFHE 73, 53; *Loose*, in: Tipke/Kruse, AO/FGO, § 227 AO Rn. 105; *Werth*, in: Klein, AO, § 227 Rn. 45.

714 BFH, Beschl. v. 15.10.1992 – X B 152/92, BFH/NV 1993, 80 = BeckRS 1992, 7794; *Werth*, in: Klein, AO, § 227 Rn. 46.

nicht entgegen, sofern sie nicht grob fahrlässig oder vorsätzlich erfolgt.[715] Im Übrigen kann trotz fehlender Erlasswürdigkeit die Durchsetzung einer Steuerforderung bei einer damit einhergehenden Existenzvernichtung in Abwägung mit dem öffentlichen Interesse an der Einziehung festgesetzter Steuern unbillig sein.[716]

Vor diesem Hintergrund ist der Geschäftsführer in der hier zugrunde liegenden Konstellation erlasswürdig. Zwar basiert die Haftung des Geschäftsführers für die Steuerschuld der GmbH auf einer eigenen Pflichtverletzung, jedoch wirkt er gerade durch seine Mitwirkung auf eine bestmögliche Erfüllung des Steueranspruchs hin. Zudem wird der Erhalt des Unternehmens gewährleistet, was auch die Arbeitsplätze der Angestellten und die wirtschaftliche Existenz des Geschäftsführers sichert.

d) Berücksichtigung wirtschaftlicher Aspekte

Neben diesen streng abgabenrechtlich geprägten Billigkeitserwägungen sind nach der hier vertretenen Auffassung bei einem Erlass der Haftungsschuld wirtschaftliche Aspekte und die Ziele der Insolvenzordnung zu berücksichtigen. Dies folgt bei Fremdgeschäftsführern und Minderheitsgesellschaftern bereits aus der Anwendung von § 305 Abs. 1 Nr. 1 InsO (hierzu unter 1.) und in den übrigen Fällen aus dem Telos des Haftungsanspruchs (hierzu unter 2.).

aa) Berücksichtigung insolvenzrechtlicher Ziele

Nach § 305 Abs. 1 Nr. 1 InsO muss in einem Verbraucherinsolvenzverfahren ein außergerichtlicher Schuldenbereinigungsversuch durchgeführt werden. Sofern im Einzelfall der Anwendungsbereich der Vorschrift – insbesondere die Verbrauchereigenschaft des Geschäftsführers und Insolvenzreife – vorliegen, werden die strengen abgabenrechtlichen Voraussetzungen der Unbilligkeit durch die Ziele der Insolvenzordnung gelockert. Damit dürften jedenfalls bei einem Fremdgeschäftsführer oder geschäftsführenden Minderheitsgesellschafter die Kriterien des Bundesfinanzministeriums für die Entscheidung über den Einigungsversuch zur außergerichtlichen Schuldenbereinigung (§ 305 Abs. 1 Nr. 1 InsO) zu berücksichtigen sein.[717] Denn soweit die §§ 304 ff. InsO auf den konkreten Geschäftsführer anwendbar sind, ist die Enthaftung des Geschäftsführers als außergerichtlicher Schuldenbereinigungsplan i. S. v. § 305 Abs. 1 Nr. 1 InsO zu qualifizieren.

---

715 *Loose*, in: Tipke/Kruse, AO/FGO, § 227 AO Rn. 107.

716 BFH, Beschl. v. 15.10.1992 – X B 152/92, BFH/NV 1993, 80 = BeckRS 1992, 7794; *Werth*, in: Klein, AO, § 227 Rn. 47.

717 Vgl. BMF, Schr. v. 27.1.2021 – IV A 3 – S 0550/20/10008:001, DOK 2021/0076958, BMF, DStR 2021, 543.

Hierfür muss der Geschäftsführer zunächst im Einzelfall als Verbraucher einzuordnen sein. Grundsätzlich üben Personen wie der hier gegenständliche GmbH-Geschäftsführer, die eine herausgehobene Position in einem Unternehmen bekleiden, keine selbständige wirtschaftliche Tätigkeit i. S. v. § 304 Abs. 1 InsO aus.[718] Etwas anderes gilt für geschäftsführende Mehrheitsgesellschafter. Diese partizipieren derart am Erfolg oder Misserfolg der GmbH, dass eine selbstständige wirtschaftliche Tätigkeit ausgeübt wird.[719] Ferner muss auch im Verbraucherinsolvenzverfahren ein zulässiger Insolvenzeröffnungsantrag vorliegen.[720] Dementsprechend muss der Geschäftsführer für die direkte Anwendung von § 305 Abs. 1 Nr. 1 InsO zumindest drohend zahlungsunfähig sein.[721]

Die außergerichtliche Schuldenbereinigung wird materiellrechtlich als gegenseitiger Vertrag eingeordnet und das Handeln der Beteiligten wird vom Grundsatz der Vertragsfreiheit geprägt.[722] Es erscheint somit zunächst als Verstoß gegen die Gesetzmäßigkeit der Verwaltung, wenn sich Finanzbehörden an einem derartigen Vertrag beteiligen. Die Besonderheit für die Beteiligung der Finanzbehörde an einem außergerichtlichen Schuldenbereinigungsverfahren i. S. v. § 305 Abs. 1 Nr. 1 InsO liegt jedoch darin begründet, dass die Rechtsgrundlage für den Erlass zwar die §§ 163, 222, 227 AO bilden, jedoch die tatbestandlichen Voraussetzungen der einzelnen Normen nicht vorliegen müssen.[723] Die Finanzverwaltung wendet die §§ 163, 222, 227 AO dementsprechend mit der Maßgabe an, dass bei der Prüfung der Erlassbedürftigkeit und -würdigkeit die Ziele der Insolvenzordnung zu berücksichtigen sind.[724] Es handelt sich bei der Zustimmung zu einem außergerichtlichen Schuldenbereinigungsplan um eine Ermessensentscheidung.[725] Die Zielsetzung der Insolvenzordnung,

---

718 *Savini*, in: BeckOK InsR, InsO, § 304 Rn. 9 f., Stand: 15.1.2024; *Sternal*, in: Uhlenbruck, InsO, § 304 Rn. 12; *Vuia*, in: MüKoInsO, § 304 Rn. 66 jew. m. w. N.

719 *Savini*, in: BeckOK InsR, InsO, § 304 Rn. 9, Stand: 15.1.2024; *Vuia*, in: MüKoInsO, § 304 Rn. 66 jew. m. w. N.

720 *Sternal*, in: Uhlenbruck, InsO, § 304 Rn. 30.

721 Vgl. *K. Schmidt*, in: K. Schmidt, InsO, § 18 Rn. 6.

722 h.M. *Sternal*, in: Uhlenbruck, InsO, § 308 Rn. 3; *Vallender*, VuR 1997, 43, 46; *Vuia*, in: MüKoInsO, § 305 Rn. 30, § 308 Rn. 10.

723 Krit. *Loose*, in: Tipke/Kruse, AO/FGO, § 251 AO Rn. 126, 130, der als Rechtsgrundlage allein die §§ 307 ff. InsO identifiziert.

724 BMF, Schr. v. 27.1.2021 – IV A 3 – S 0550/20/10008 :001, DOK 2021/0076958, Nr. 2, DStR 2021, 543; BMF, AEAO zu § 251 Nr. 12.1; krit. *Loose*, in: Tipke/Kruse, AO/FGO, § 251 AO Rn. 126 m. w. N.

725 BFH, Urt. v. 26.10.2011 – VI R 50/10, BFH/NV 2012, 552 = BeckRS 2012, 94303 Rn. 27; *Loose*, in: Tipke/Kruse, AO/FGO, § 251 AO Rn. 126.

redlichen Schuldnern einen wirtschaftlichen Neuanfang zu gewähren, ist somit im Rahmen der Ermessenserwägungen zu berücksichtigen.[726]

bb) Übertragbarkeit auf Mehrheitsgesellschafter-Geschäftsführer

Es stellt sich vor diesem Hintergrund die im Ergebnis zu bejahende Frage, ob beim Erlass der Haftungsschuld eines Mehrheitsgesellschafter-Geschäftsführers allein die strengen Maßstäbe des § 227 AO zum Tragen kommen oder ob ähnlich wie bei der Zustimmung zum Insolvenzplan oder der Beteiligung der Finanzbehörden an einem außergerichtlichen Schuldenbereinigungsplan vorrangig insolvenzrechtliche – d.h. wirtschaftliche und von der Restschuldbefreiung geprägte – Gesichtspunkte berücksichtigt werden können.

Zunächst ist dabei zu berücksichtigen, dass der Rahmen der Ermessensentscheidung zur Zustimmung zum Insolvenzplan nicht durch die §§ 222, 227, 258 AO bestimmt wird, sondern insolvenzrechtlichen Zielen folgt.[727] Mit anderen Worten richtet sich die Zustimmung somit nicht nach abgabenrechtlichen Vorschriften, sondern nach insolvenzrechtlichen, d.h. im Wesentlichen wirtschaftlichen Erwägungen.[728] Hierbei sind in der Ermessensentscheidung auch das Interesse des Steuergläubigers am Einzug der Forderung mit dem öffentlichen Interesse an der Sanierung und Fortführung des Betriebs abzuwägen.[729] Wenn man der Ansicht folgt, die einen über die Herabstufung zur Naturalobligation hinausgehenden Erlass von Steuerforderungen befürwortet,[730] ist somit ein Erlass der Steuerschuld auf Grundlage von § 227 AO aus wirtschaftlichen Gründen zugunsten der GmbH möglich.

Richtigerweise ergibt sich die Berücksichtigungsfähigkeit von wirtschaftlichen Aspekten im Rahmen der Ermessensentscheidung von § 227 AO bei Mehrheitsgesellschafter-Geschäftsführern auch ohne vollständigen Erlass der Steuerschuld unter Berücksichtigung der folgenden Überlegungen: Ohne die Berücksichtigung wirtschaftlicher Aspekte im Rahmen der Ermessensentscheidung würde man geschäftsführenden Gesellschaftern, denen mangels Verbrauchereigenschaft der Zugang zu einem außergerichtlichen Schuldenbereinigungsplan i.S.v. § 305 Abs. 1 Nr. 1 InsO verwehrt ist, schlechter stellen als solche mit Verbrauchereigenschaft. Zudem ist das Ziel der Haftung des Geschäftsführers zu berücksichtigen. Deren Ziel

---

726 Nr. 2 des BMF-Schreibens v. 27.1.2021 – IV A 3 – S 0550/20/10008 :001, DOK 2021/0076958, BStBl. 2021 I S. 152.

727 *Loose*, in: Tipke/Kruse, AO/FGO, § 251 AO Rn. 110; *Klüger*, in: Koenig, AO, § 251 Rn. 116.

728 Vgl. Nr. 61 Abs. 4 S. 1 VollstrA; näher: Kap. E.I.5., S. 101f.

729 *Klüger*, in: Koenig, AO, § 251 Rn. 116.

730 So *Roth*, Insolvenzsteuerrecht, Rn. 3.106; vgl. auch *Spliedt*, in: K. Schmidt, InsO, § 254 Rn. 12.

ist es, Steuerausfälle auszugleichen, die durch schuldhafte Pflichtverletzungen des Geschäftsführers verursacht worden sind.[731] Deshalb würde eine Ablehnung eines Erlasses der Steuerhaftung des Geschäftsführers unter Berücksichtigung der dieser Untersuchung zu Grunde liegenden Konstellation, in der die Mitwirkung des Haftungsschuldners die Fortführung und gleichzeitig einen wirtschaftlichen Mehrwert für die Insolvenzgläubiger sichert, nicht mehr vom Ziel der steuerlichen Haftung, also der Vermeidung von Steuerausfällen, gedeckt sein. Denn wenn der Geschäftsführer aufgrund der Haftungsinanspruchnahme nicht bereit ist, allein zum wirtschaftlichen Wohl der Gläubiger an der Fortführung mitzuwirken, würde der Steuerausfall größer ausfallen als bei einem (Teil-)Erlass der Haftungsschuld.

Die Berücksichtigungsfähigkeit wirtschaftlicher Aspekte wird auch durch die Funktion der Billigkeit im Recht gestützt. Diese dient der Gerechtigkeit des Einzelfalls.[732] Gegenständlich trägt der Geschäftsführer durch seine Mitwirkung an der Sanierung zur Steigerung der Befriedigungsaussichten der Steuerforderungen der GmbH bei. Dieser wirtschaftliche Mehrwert ist auch zu seinen Gunsten bei der Ausübung des Entschließungsermessens oder hinsichtlich des Erlasses der Haftungsschuld zu berücksichtigen. Den Geschäftsführer allein auf die Restschuldbefreiung in einem eigenen Insolvenzverfahren zu verweisen, verursacht lediglich Mehrkosten und vermindert die Wahrscheinlichkeit, den Steueranspruch bestmöglich zu realisieren. Zudem wird die Anspruchsverfolgung beschleunigt, die Insolvenzquote der Gläubiger erhöht und ein kostenintensives Verfahren über das Vermögen des Geschäftsführers vermieden. Die Vergleichsrechnung im Insolvenzplanverfahren stellt hierbei sicher, dass die Finanzbehörde im Vergleich zum Alternativszenario der Anspruchsverfolgung gegen den Geschäftsführer und Liquidation der GmbH nicht schlechter gestellt wird.

e) Erlass von Säumniszuschlägen

Aufgrund der Funktion von Säumniszuschlägen ergeben sich Besonderheiten bei deren Erlass. Denn Säumniszuschläge kompensieren neben der Funktion als Druckmittel den beim Finanzamt durch die Säumnis eingetretenen Zinsschaden und den erhöhten Verwaltungsaufwand.[733] Wenn nun der Steuerpflichtige wegen Insolvenzreife tatsächlich nicht in der Lage ist, die fälligen Steuern zu entrichten, geht die Funktion als Druckmittel verloren, wohingegen die Funktion als Zins- und

---

731 Vgl. BFH, Urt. v. 23.4.2014 – VII R 41/12, DStRE 2014, 1143, 1145 Rn. 13; *Rüsken*, in: Klein, AO, § 69 Rn. 1.

732 *Loose*, in: Tipke/Kruse, AO/FGO, § 227 AO Rn. 18 m. w. N.

733 *Rüsken*, in: Klein, AO, § 240 Rn. 1.

Aufwandsausgleich auch im Insolvenzverfahren fortbesteht.[734] In diesem Fall ist das Ermessen der Finanzbehörde derart auf Null reduziert, dass als einzig rechtmäßige Ermessensentscheidung ein Teilerlass der Säumniszuschläge verbleibt.[735] Diese Billigkeitsgesichtspunkte, die zugunsten des primär Steuerpflichtigen einen Erlass nach § 227 AO rechtfertigen, sind auch zugunsten des Haftungsschuldners zu berücksichtigen.[736] Ein vollständiger Erlass der Säumniszuschläge kommt im Übrigen aus persönlichen Billigkeitsgründen – etwa bei ernstlicher Gefährdung oder Vernichtung der wirtschaftlichen und persönlichen Existenz des Steuerpflichtigen – in Betracht[737] oder wenn bei Fälligkeit der Steuerschuld die Voraussetzungen für den Erlass oder die Stundung derselben vorlagen.[738]

4. Form, Zuständigkeit und Rechtsfolge

Grundsätzlich kann der Staat als Gläubiger Geldschulden sowohl durch Erlassvertrag als auch durch Verwaltungsakt erlassen, wohingegen ein Erlass durch öffentlich-rechtliche Willenserklärung nicht möglich ist.[739] Im Steuerrecht kann ein Erlass dagegen allein als einseitige staatliche Erklärung in Form eines Verwaltungsaktes auf Grundlage der §§ 163, 227 AO erfolgen.[740] Ein dennoch geschlossener Erlassvertrag (§ 397 BGB) oder Vergleich (§ 779 BGB) ist nichtig und führt nicht zum Erlöschen der Ansprüche.[741] Eine bestimmte Form ist für Billigkeitsmaßnahmen nicht vorgeschrieben, solange die Billigkeitsentscheidung hinreichend bestimmt ist.[742] Aus dem Erlass mittels Verwaltungsakt als einseitige Erklärung folgt weiterhin, dass die Wirksamkeit nicht von einer Annahmeerklärung des Geschäftsführers abhängig ist.[743] Für einen Erlass i. S. v. § 227 AO ist weder ein Antrag[744] noch eine

734 BFH, Urt. v. 9.7.2003 – V R 57/02, DStRE 2003, 1361, 1362; *Koenig*, in: Koenig, AO, § 240 Rn. 56.

735 *Koenig*, in: Koenig, AO, § 240 Rn. 56; vgl. auch AEAO zu § 240 Nr. 5.

736 BFH, Urt. v. 19.12.2000 – VII R 63/99, DStRE 2001, 383; BFH, Urt. v. 16.11.2004 – VII R 8/04, GmbHR 2005, 501.

737 *Koenig*, in: Koenig, AO, § 240 Rn. 54.

738 BFH, Urt. v. 16.11.2004 – VII R 8/04, GmbHR 2005, 501; *Koenig*, in: Koenig, AO, § 240 Rn. 56, 59; *Oellerich*, in: Gosch, AO/FGO, § 227 AO Rn. 78.

739 Näher *Kemmler*, Geldschulden, S. 352.

740 *Drüen*, in: Tipke/Kruse, AO/FGO, § 47 AO Rn. 21; *Kemmler*, Geldschulden, S. 353.

741 *Drüen*, in: Tipke/Kruse, AO/FGO, § 47 AO Rn. 20, 21; *Offerhaus*, BB 1977, 740, 742; **a.A.** wohl *Wollring/Quitzau*, ZRI 2021, 616, 626.

742 *Rüsken*, in: Klein, AO, § 163 Rn. 98.

743 *Kemmler*, Geldschulden, S. 352.

744 *von Groll*, in: Hübschmann/Hepp/Spitaler, AO/FGO, § 227 AO Rn. 370, 371; *Loose*, in: Tipke/Kruse, AO/FGO, § 227 AO Rn. 132; *Klüger*, in: Koenig, AO, § 227 Rn. 48.

Annahme erforderlich, da der Erlass mit Zugang wirksam wird.[745] Im Übrigen hat die Umsetzung als Verwaltungsakt zur Folge, dass aus der Unzulässigkeit eines Steuererlasses nicht dessen Nichtigkeit folgt, sondern dieser grundsätzlich lediglich rechtswidrig aber wirksam ist.[746]

Der Erlass der Steuerforderung auf Grundlage von § 227 AO stellt wie dargelegt eine Billigkeitsmaßnahme dar. Für Billigkeitsmaßnahmen legt der Stundungserlass 2021 der Obersten Finanzbehörden der Länder einzelne Zuständigkeits- und Zustimmungserfordernisse fest, die sich nach der Höhe der jeweils gegenständlichen Beträge richten.[747] Daneben hat das BMF mit Schreiben vom 2.11.2021 diverse Betragsgrenzen für die Mitwirkung des BMF an Billigkeitsmaßnahmen für Steuern festgelegt, die von den Landesfinanzbehörden im Auftrag des Bundes verwaltet werden.[748]

Als Rechtsfolge zieht der Erlass einer Abgabenforderung nach §§ 163, 227 AO gem. § 47 AO deren völliges oder teilweises Erlöschen nach sich.[749] Keine Auswirkungen hat es, wenn die zu erlassenden Haftungsschulden (noch) nicht fällig sind, da auch der Erlass künftig fällig werdender Forderungen weder einfachrechtlich noch aus spezielleren Erwägungen untersagt ist.[750]

5. Verknüpfung mit dem Insolvenzplan

Der Erlass der Haftungsschuld kann durch unterschiedliche Gestaltungen mit dem Insolvenzplan der GmbH verknüpft werden.

Zunächst ist § 230 Abs. 3 InsO, nach dem Verpflichtungserklärungen Dritter dem Plan als Anlage beizufügen sind, auf Verpflichtungen von öffentlich-rechtlichen Stellen zu steuerlichen Tatbeständen als sonstige Erklärung Dritter anwend-

745 *Loose*, in: Tipke/Kruse, AO/FGO, § 227 AO Rn. 134.

746 *Kemmler*, Geldschulden, S. 353.

747 Oberste Finanzbehörden der Länder, Gleich lautende Erlasse betr. Zuständigkeit für Stundungen nach § 222 AO und § 6 Abs. 4 AStG, Erlasse nach § 227 AO, Billigkeitsmaßnahmen nach § 163, § 234 Abs. 2, § 237 Abs. 4 AO, Absehen von Festsetzungen nach § 156 Abs. 2 AO und Niederschlagungen nach § 261 AO von Landessteuern und sonstigen durch Landesbehörden verwalteten Steuern und Abgaben vom 2.11.2021, BStBl. I S. 2154.

748 BMF, Schreiben v. 2.11.2021 – IV A 3 – S 0336/20/10004 :001, DOK 2021/1103127, BStBl. 2021 I S. 2153; *Loose*, in: Tipke/Kruse, AO/FGO, § 227 AO Rn. 124.

749 *Klüger*, in: Koenig, AO, § 227 Rn. 54; *Oellerich*, in: Gosch, AO/FGO, § 227 AO Rn. 103.

750 Str.; *von Groll*, in: Hübschmann/Hepp/Spitaler, AO/FGO, § 227 AO Rn. 211; *Kemmler*, Geldschulden, S. 354; **a. A.** *Klüger*, in: Koenig, AO, § 227 Rn. 54.

bar, die zur Realisierung des Plans erforderlich sind.[751] Weiterhin kann die positive Bescheidung eines Erlasses i. S. v. § 227 AO durch das Finanzamt bzw. eine diesbezügliche verbindliche Auskunft i. S. v. § 89 Abs. 2 AO zur Planbedingung im Sinne von § 249 InsO gemacht werden.[752] Etwas anderes ergibt sich auch nicht aus der Entscheidung des Bundesfinanzhofs zum Sanierungserlass vom 28.11.2016, da Billigkeitsmaßnahmen im Kontext eines Insolvenzplanverfahrens – sofern ihre jeweiligen Voraussetzungen im Einzelfall erfüllt sind – ausdrücklich nicht gegen die Gesetzmäßigkeit der Verwaltung nach Maßgabe dieser Entscheidung verstoßen.[753]

Ferner ist auch ein Scheitern der Planerfüllung zu antizipieren. Bei dem Haftungsanspruch handelt es sich nicht um eine Insolvenzforderung im Insolvenzverfahren der GmbH, weshalb die gesetzliche Wiederauflebensklausel des § 255 InsO keine Anwendung findet. Erforderlich ist somit eine ausdrückliche Regelung. Möglich ist eine derartige Regelung, mit welcher der Steuererlass mit der Planerfüllung verknüpft wird, durch Erlass unter aufschiebender Bedingung, denn ein Erlass kann nach überzeugender Ansicht unter aufschiebender Bedingung oder Auflage (§ 120 Abs. 2 Nr. 2, 4 AO) ergehen; lediglich ein Widerrufsvorbehalt scheidet aus.[754] Dagegen kann ein Erlass i. S. v. § 227 AO sowie der zugrunde liegende Haftungsbescheid nicht nach § 165 AO vorläufig festgesetzt werden, obwohl ein diesbezügliches praktisches Bedürfnis besteht.[755]

6. Vereinbarkeit mit Art. 20 Abs. 3 GG bzw. § 85 S. 1 AO

Der Grundsatz der Gesetzmäßigkeit der Verwaltung aus Art. 20 Abs. 3 GG ist für das Steuerrecht einfachgesetzlich in § 85 S. 1 AO dahingehend konkretisiert, dass die Finanzbehörden verpflichtet sind, die Steuern nach Maßgabe der Gesetze gleichmäßig festzusetzen und zu erheben. § 85 S. 1 AO normiert damit das Legalitätsprinzip für den Bereich des Steuerrechts.[756] Insbesondere dürfen die Finanzbehörden nicht ohne gesetzliche Grundlage frei Steuern erlassen oder von de-

751 LG Düsseldorf, Beschl. v. 21.09.2015 – 25 T 404/15, NZI 2015, 978, 979; *Eidenmüller*, in: MüKoInsO, § 230 Rn. 76; *Lüer/Streit*, in: Uhlenbruck, InsO, § 249 Rn. 9; *Ober*, in: Römermann, InsO, § 230 Rn. 11; *Sinz*, in: Uhlenbruck, InsO, § 230 Rn. 6; *Smid*, KSI 2020, 112, 113; *Spliedt*, in: K. Schmidt, InsO, § 230 Rn. 8.

752 *Lüer/Streit*, in: Uhlenbruck, InsO, § 249 Rn. 9; *Sinz*, in: Uhlenbruck, InsO, § 249 Rn. 11.

753 Vgl. BFH, Beschl. v. 28.11.2016 – GrS 1/15, NZI 2017, 163, 171 Rn. 145.

754 *Oellerich*, in: Gosch, AO/FGO, § 227 AO Rn. 122; *Werth*, in: Klein, AO, § 227 Rn. 63; **a. A.** *Klüger*, in: Koenig, AO, § 227 Rn. 53.

755 *Gercke*, in: Koenig, AO, § 155 Rn. 17, § 165 Rn. 8.

756 BFH, Beschl. v. 28.11.2016 – GrS 1/15, DStR 2017, 305, 312 Rn. 91.

ren Erhebung absehen.[757] Diese Pflicht zur Steuerfestsetzung und -erhebung auf Grundlage der bestehenden Gesetze gilt auch für den Haftungsbescheid.[758] Vor diesem Hintergrund verstößt ein Erlass unter den Voraussetzungen des § 227 AO – anders als ein Erlass der Haftungsschuld durch einen Erlassvertrag i. S. v. § 397 Abs. 1 BGB – nicht gegen den Grundsatz der Gesetzmäßigkeit der Verwaltung. Besondere Bedeutung kommt diesbezüglich der Entscheidung des BFH vom 28.11.2016 zu, die den sog. Sanierungserlass[759] als unvereinbar mit dem Grundsatz der Gesetzmäßigkeit der Verwaltung einstuft.[760] Zur Begründung führt der BFH an, dass das Merkmal der Billigkeit i. S. v. §§ 163, 227 AO ein in vollem Umfang gerichtlich überprüfbarer Rechtsbegriff sei.[761] Dementsprechend könne weder ein dieses Merkmal einschließendes Ermessen noch eine Ermessenreduktion auf Null durch Verwaltungsvorschrift erreicht werden, da andernfalls der Steuererlass gänzlich im Ermessen der Finanzbehörden stünde, was mit dem von § 85 S. 1 AO begründeten Legalitätsprinzip unvereinbar wäre.[762] Lediglich in atypischen Einzelfällen könne eine sachliche Billigkeitsmaßnahme erlassen werden; allerdings könne auch eine Gruppe gleichgelagerter Einzelfälle einheitlich beurteilt werden, soweit in jedem Einzelfall die Voraussetzungen der sachlichen Unbilligkeit erfüllt sind.[763] Die hier vorgeschlagene Lösung eines Erlasses nach § 227 AO, der gem. § 230 Abs. 3 InsO dem Insolvenzplan beigefügt wird, ist demnach zulässig, denn die Finanzbehörden haben in jedem Einzelfall zu prüfen, ob die Erlassvoraussetzungen der Ermächtigungsgrundlage vorliegen. Dass die Finanzbehörde dabei auch die Zielsetzung der Insolvenzordnung bei der Ermessensausübung berücksichtigen muss, entspricht für Fremd- und Minderheitsgesellschafter-Geschäftsführer dem geltenden Recht zu außergerichtlichen Schuldenbereinigungsplänen im Verbraucherinsolvenzverfahren, ohne dass eine unzulässige Ermessensreduktion eintritt.[764] Für Mehrheitsgesellschafter-Geschäftsführer gilt wie dargelegt nichts anderes, denn auch bei diesen sind im Rahmen von § 227 AO nach der hier vertretenen Auffassung wirtschaftliche Erwägungen leitend.[765]

757 BFH, Beschl. v. 28.11.2016 – GrS 1/15, DStR 2017, 305; *Rätke*, in: Klein, AO, § 85 Rn. 3.

758 FG Berlin-Brandenburg, Urt. v. 4.3.2014 – 6 K 9244/11, DStR 2014, 1480, 1483; *Rätke*, in: Klein, AO, § 85 Rn. 3.

759 BMF-Schreiben v. 27.3.2003 – IV A 6-S 2140 – 8/03, BStBl. I 2003, 240 = DStR 2003, 690.

760 BFH, Beschl. v. 28.11.2016 – GrS 1/15, DStR 2017, 305.

761 BFH, Beschl. v. 28.11. 2016 – GrS 1/15, DStrR 2017, 305, 313 Rn. 102, 105, 106.

762 BFH, Beschl. v. 28.11.2016 – GrS 1/15, DStR 2017, 305, 314 Rn. 106.

763 BFH, Beschl. v. 28.11.2016 – GrS 1/15, DStR 2017, 305, 314 Rn. 112.

764 Näher: Kap. E.III.3.d)aa), S. 117 ff.

765 Näher: Kap. E.III.3.d)bb), S. 119 f.

Die Verknüpfung des Erlasses i.S.v. § 227 AO mit dem Insolvenzplan ist im Übrigen ebenso unter der Prämisse mit den steuerrechtlichen Gesetzmäßigkeitsanforderungen vereinbar, wenn der Insolvenzplan zumindest auch als Vertrag eingeordnet wird.[766] Denn materiellrechtlich bildet § 227 AO die Rechtsgrundlage für den Erlass durch Verwaltungsakt. Dass dieser Verwaltungsakt mit dem Insolvenzplan auf Grundlage von § 230 Abs. 3 InsO verknüpft wird, ändert nichts an der öffentlich-rechtlichen Ermächtigungsgrundlage für den Erlass der Haftungsschuld, zumal für den Erlass i.S.v. § 227 AO keine bestimmte Form oder Annahme erforderlich ist. Dieses Ergebnis wird durch den Vergleich mit der außergerichtlichen Schuldenbereinigung i.S.v. § 305 Abs. 1 Nr. 1 InsO gestützt. Denn obwohl die außergerichtliche Schuldenbereinigung materiellrechtlich als gegenseitiger Vertrag eingeordnet wird und das Handeln der Beteiligten vom Grundsatz der Vertragsfreiheit geprägt wird,[767] bildet § 227 AO die Rechtsgrundlage für den Erlass der Steuerbehörde im Rahmen des außergerichtlichen Schuldenbereinigungsplans, auch wenn die Zielsetzung der Insolvenzordnung, redlichen Schuldnern einen wirtschaftlichen Neuanfang zu gewähren, bei den Ermessenserwägungen zu berücksichtigen ist.[768] Gerade in den Fällen, in denen der Geschäftsführer Verbraucher ist, kommt die Beteiligung der Gläubiger des Geschäftsführers am Insolvenzplan einem außergerichtlichen Schuldenbereinigungsplan gleich. Diese Erwägungen zeigen, dass es mit dem Legalitätsprinzip vereinbar ist, wenn sich eine Finanzbehörde mit Abgabenforderungen an einem Vergleich beteiligt, sofern § 227 AO die Rechtsgrundlage für dieses Handeln bildet.

IV. Unionsrechtliche Zulässigkeit – Beihilfeverbot des Art. 107 AEUV

Cranshaw hat das komplexe Verhältnis von Insolvenzplanverfahren und europäischem Beihilferecht bereits vor 20 Jahren umfassend bearbeitet,[769] weshalb mit Blick auf die Schwerpunktsetzung dieser Arbeit nachfolgend lediglich eine kursorische Darstellung erfolgt und im Übrigen auf die Arbeit von *Cranshaw* verwiesen wird.

766 So etwa *Eidenmüller*, in: MüKoInsO, § 217 Rn. 14 ff.

767 *Sternal*, in: Uhlenbruck, InsO, § 308 Rn. 3; *Vallender*, VuR 1997, 43, 46; *Vuia*, in: MüKoInsO, § 305 Rn. 30, § 308 Rn. 10.

768 Nr. 2 des BMF-Schreibens v. 27.1.2021 – IV A 3 – S 0550/20/10008 :001, DOK 2021/0076958, BStBl. 2021 I S. 152.

769 Vgl. *Cranshaw*, Einflüsse des Europäischen Rechts, S. 1208 ff., 1224 et passim.

Auch im Insolvenzplanverfahren ist das unionsrechtliche Beihilferecht bei einem Erlass von Verbindlichkeiten durch einen öffentlich-rechtlichen Gläubiger zu berücksichtigen.[770] Zwar besteht für das Abgabenrecht grundsätzlich keine Rechtssetzungskompetenz der Europäischen Union.[771] Allerdings erfasst der in Art. 107 Abs. 1 AEUV enthaltene Beihilfebegriff nicht nur positive Leistungen, sondern auch die Verminderung von Belastungen, sodass grundsätzlich auch Steuervergünstigungen und sonstige Abgabenbefreiungen eine Beihilfe darstellen können.[772] Die dem Erlass zugrunde liegenden Normen der §§ 163, 227 AO sind als solche mit Art. 107 AEUV vereinbar,[773] allerdings kann ein auf diese Normen gestützter Erlass im Einzelfall eine verbotene Beihilfe darstellen.[774] Sofern ein Insolvenzplan eine verbotene Beihilfe enthält, ist dieser regelmäßig insgesamt nichtig.[775] Die Befreiung des Geschäftsführers von der abgabenrechtlichen Haftung muss dementsprechend mit dem Beihilfeverbot des Art. 107 AEUV vereinbar sein.

Nach der Legaldefinition in Art. 107 Abs. 1 AEUV liegt eine verbotene Beihilfe vor, wenn eine staatliche oder aus staatlichen Mitteln gewährte Beihilfe durch eine Begünstigung bestimmter Unternehmen oder Produktionszweige den Wettbewerb verfälscht oder zu verfälschen droht. Für die Qualifizierung einer Maßnahme als Beihilfe sind maßgeblich deren Wirkungen zu berücksichtigen.[776]

1. Staatlichkeit der Maßnahme

Hinsichtlich der Staatlichkeit eines Steuererlasses ist im Insolvenzplanverfahren zwischen einem Erlass durch (bindende) Mehrheitsentscheidung und einem freiwilligen Erlass zu unterscheiden. Grundsätzlich handelt es sich um eine Zuwendung aus „staatlichen Mitteln“ i. S. v. Art. 107 Abs. 1 AEUV, sofern diese sowohl dem Staat zurechenbar ist als auch aus staatlichen Mitteln gewährt wurde.[777] Staatliche Mittel

770 Vgl. nur EuG, Urt. v. 15.12.2021 – T-565/19. ECLI:EU:T:2021:904 (Oltchim); *Quardt/Hanke*, ZInsO 2022, 497, 499.

771 *Heintzen*, in: Musil/Weber-Grellet, Europ. StR, § 227 AO Rn. 9.

772 EuGH, Urt. v. 19.5.1999 – C-6/97, ECLI:EU:C:1999:251, Slg. 1999, I-2981 Rn. 16; *Cremer*, in: Calliess/Ruffert, AEUV, Art. 107 Rn. 43; *Nowak*, in: Pechstein/Nowak/Häde, AEUV, Art. 107 Rn. 20.

773 *Heintzen*, in: Musil/Weber-Grellet, Europ. StR, § 227 AO Rn. 9; *Kemmler*, Geldschulden, S. 351; *Reimer*, NVwZ 2011, 263, 266.

774 *Kemmler*, Geldschulden, S. 351.

775 *Quardt/Hanke*, ZInsO 2022, 497, 501.

776 *Cremer*, in: Calliess/Ruffert, AEUV, Art. 107 Rn. 11.

777 EuG, Urt. v. 19.3.2019 – T-98/16, T-196/16, T-198/16, EuZW 2019, 546.

liegen vor, wenn der Beihilfegeber unmittelbar oder mittelbar als Hoheitsträger anzusehen ist.[778]

Für die Zurechenbarkeit der Zuwendung im Insolvenzplanverfahren wird auf die Mehrheitsverhältnisse abgestellt. Soweit die Zustimmung staatlicher Einheiten zum Insolvenzplan für dessen Annahme notwendige Bedingung ist, erfüllt der Schuldenerlass das beihilferechtlich erforderliche Merkmal der Staatlichkeit i. S. v. Art. 107 AEUV.[779] Umgekehrt fehlt das Merkmal der Staatlichkeit, wenn die Annahme des Insolvenzplans nicht auf staatlich zurechenbaren Mehrheitsverhältnissen basiert, sodass eine Beihilfe i. S. v. Art. 107 Abs. 1 AEUV ausscheidet.[780] Denn die Erlasswirkung des Insolvenzplans tritt in diesem Fall unabhängig davon ein, ob die Finanzbehörde dem Plan zugestimmt hat. Die Finanzbehörden werden mit ihrer Forderung im Insolvenzplan wie jeder andere Gläubiger behandelt. Die Vermögens- und Haftungsabwicklung der erfassten Abgabenforderungen wird mit rechtskräftiger gerichtlicher Bestätigung von den Regelungen des Insolvenzplans bestimmt.[781]

Der Erlass von Abgaben im Rahmen eines Insolvenzplans lässt sich jedoch nur nach den Mehrheitsverhältnissen als nicht-staatlich – und damit als nicht beihilferelevant – qualifizieren, soweit es sich um einen Bestandteil des Insolvenzplans handelt, der durch Mehrheitsentscheidung auch mit Zwangswirkung gegenüber widersprechenden Gläubigern durchgesetzt werden kann. Soweit wie in der hier diskutierten Konstellation der Erlass der abgabenrechtlichen Haftung des Geschäftsführers nach §§ 34, 69 AO nicht ohne die im insolvenzrechtlichen Sinne freiwillige[782] Mitwirkung der Finanzbehörden möglich ist, kann die Staatlichkeit nicht unter Verweis auf die Bindung durch Mehrheitsentscheidung gem. § 245 InsO verneint werden. Da die Haftungsschuld des Geschäftsführers gem. §§ 34, 69 AO von dem insolvenzrechtlichen Erlass der Steuerschuld i. S. v. § 227 Abs. 1 InsO unberührt bleibt[783] und eine von diesem Ergebnis abweichende Regelung im Insolvenzplan-

778 *Eisenhut*, in: Geiger/Khan/Kotzur/Kirchmair, AEUV, Art. 107 Rn. 14; *Cremer*, in: Calliess/Ruffert, AEUV, Art. 107 Rn. 32.

779 Vgl. EuG, Urt. v. 15.12.2021 – T-565/19, ECLI:EU:T:2021:904 (Oltchim).

780 *Quardt/Hanke*, ZInsO 2022, 497, 498 f.

781 BFH, Urt. v. 22.10.2014 – I R 39/13, NZI 2015, 292, 292.

782 Das Merkmal der Freiwilligkeit ist hier ausschließlich vor dem Hintergrund der Mehrheitsentscheidung im Rahmen des Insolvenzplanverfahrens zu prüfen. Etwaig öffentlich-rechtlich bestehende Rechtsmittel auf Erlass eines Verwaltungsakts, der den Erlass der abgabenrechtlichen Haftung gem. § 227 AO zum Inhalt hat, ändern nichts an der Staatlichkeit. Allein im Rahmen der Abstimmung im Insolvenzplanverfahren ist der öffentlich-rechtliche Gläubiger jedem anderen Gläubiger grundsätzlich gleichgestellt, vgl. § 251 Abs. 2 S. 1 Alt. 1 AO.

783 Ausführlich: Kap. E.I.6., S. 102 f.

verfahren nicht mit Zwangswirkung gegenüber der Finanzbehörde erreicht werden kann,[784] handelt es sich somit um eine staatliche Maßnahme i. S. v. Art. 107 AEUV.

2. Unternehmensbezug der Maßnahme

Die Maßnahme müsste sich auf die wirtschaftliche Tätigkeit eines Unternehmens beziehen (sog. Selektivität),[785] denn Art. 107 Abs. 1 AEUV erfordert die selektive Begünstigung eines Unternehmens oder Produktionszweiges, wohingegen Privathaushalte nicht dem Beihilferecht unterliegen.[786]

Der Unternehmensbegriff erfasst nach dem im EU-Wettbewerbsrecht geltenden funktionalen Unternehmensbegriff alle Einheiten, die am Marktgeschehen durch Angebot und Nachfrage von Gütern und Leistungen teilnehmen, ohne dass es einer Gewinnerzielungsabsicht bedarf.[787] Ein (Gesellschafter-)Geschäftsführer stellt als solcher kein Unternehmen i. S. v. Art. 107 AEUV dar.[788] Entscheidend ist allein die Ausübung einer wirtschaftlichen Tätigkeit.[789] Eine Tätigkeit ist wirtschaftlich, wenn auf einem bestimmten Markt Waren und/oder Dienstleistungen angeboten werden.[790]

Der Erlass der abgabenrechtlichen Haftung des Geschäftsführers beinhaltet zumindest einen mittelbaren Unternehmensbezug, da er zum Erhalt des Unternehmens beiträgt. Die Finanzbehörde wendet der GmbH jedenfalls mittelbar etwas zu, wenn sie dem Geschäftsführer die abgabenrechtliche Haftung für die Steuerschuld der GmbH als Beitrag zur Fortführung der GmbH erlässt, sodass dessen fehlende Unternehmereigenschaft unerheblich ist. Denn das Beihilferecht ist aufgrund seines universellen Geltungsanspruchs von einem weiten wirkungsorientierten Verständnis geprägt,[791] weshalb auch mittelbare Begünstigungen – etwa über andere juristische oder natürliche Personen – von Art. 107 Abs. 1 AEUV erfasst

---

784 Näher: Kap. E.II.2., S. 104.

785 *Cremer*, in: Calliess/Ruffert, AEUV, Art. 107 Rn. 8, 30.

786 *Cremer*, in: Calliess/Ruffert, AEUV, Art. 107 Rn. 12; *Nowak*, in: Pechstein/Nowak/Häde, AEUV, Art. 107 Rn. 34.

787 *Gundel*, in: BeckOK Informations- u. MedienR, AEUV, Art. 107 Rn. 5 m. w. N., Stand: 1.2.2024.

788 *Stockenhuber*, in: Grabitz/Hilf/Nettesheim, AEUV, Art. 101 Rn. 54. Der Unternehmensbegriff ist im europäischen Wettbewerbsrecht einheitlich zu bestimmen, weshalb z. B. auch auf das EU-Kartellrecht zurückgegriffen werden kann, *Nowak*, in: Pechstein/Nowak/Häde, AEUV, Art. 107 Rn. 35.

789 *Cremer*, in: Calliess/Ruffert, AEUV, Art. 107 Rn. 30 mit umfangreichen Nachweisen zur Rechtsprechung.

790 EuGH, Urt. v. 18.6.1998 – C-35/96, ECLI:EU:C:1998:303, EuZW 1999, 93, 95 Rn. 36.

791 Vgl. EuGH, Urt. v. 13.6.2002 – Rs. C-382/99 (Niederl. Tankstellen), EuZW 2002, 692, 696 Rn. 61; EuGH, Urt. v. 13.2.2003 – C-409/00, Slg. 2003, I-1487 Rn. 46.

werden.[792] Das Ziel, die Mitwirkung des Geschäftsführers an der wirtschaftlich vorteilhaften Fortführung zu erhalten, bewirkt in beiden Varianten einen Beitrag zur Fortführung der GmbH.

Damit handelt es sich beim Erlass der Steuerhaftung des Geschäftsführers in dieser Konstellation nicht um eine soziale Maßnahme zugunsten eines Verbrauchers i. S. v. Art. 107 Abs. 2 lit. a AEUV, sondern um eine selektive Maßnahme mit Unternehmensbezug.

3. Keine Begünstigung bei wirtschaftlichem Verhalten

Eine Begünstigung i. S. v. Art. 107 Abs. 1 AEUV erfasst allerdings nur alle mittelbaren oder unmittelbaren staatlichen Fördermaßnahmen, die das Unternehmen unter gewöhnlichen Marktbedingungen nicht erhalten hätte.[793] Dementsprechend erfüllt ein Erlass i. S. v. § 227 AO nicht den Begriff der „Beihilfe" i. S. v. Art. 107 AEUV, wenn derselbe Vorteil, der aus Staatsmitteln gewährt wurde, unter gleichen Umständen auch unter normalen Marktbedingungen hätte erlangt werden können.[794]

Die Abgrenzung zwischen tatbestandlicher Begünstigung und marktüblichen Maßnahmen des Staates wird nach der ständigen Rechtsprechung des EuGH daran ausgerichtet, „ob ein privater Marktteilnehmer von vergleichbarer Größe wie die Einrichtung des öffentlichen Sektors unter den gleichen Umständen hätte veranlasst werden können, Kapitalhilfen dieses Umfangs zu gewähren" (sog. *Private Investor Test*).[795] Diese Abgrenzung wird auf Beihilfeformen, die keine Kapitalhilfen darstellen, anhand des „privaten Wirtschaftsteilnehmers in der Marktwirtschaft" verallgemeinert, wonach direkte oder indirekte staatliche Mittel, die unter normalen Marktbedingungen gewährt werden, keine Beihilfe i. S. v. Art. 107 Art. 1 AEUV darstellen (sog. *Market Economy Operator Principle* – MEOP).[796] Das MEOP findet im Übrigen nach der Rechtsprechung des EuGH entgegen der Ansicht der Kommission und der bisher wohl herrschenden Meinung in der Literatur grundsätzlich auch

---

792 *Mestmäcker/Schweitzer*, in: Immenga/Mestmäcker, WettbR, Art. 107 AEUV Rn. 57–59; *Soltész/Hellstern*, EuZW 2013, 489, 491 f.

793 *Nowak*, in: Pechstein/Nowak/Häde, AEUV, Art. 107 Rn. 23–29; ausführlich *Cranshaw*, Einflüsse des Europäischen Rechts, S. 1298 ff.

794 *Oellerich*, in: Gosch, AO/FGO, § 227 AO Rn. 50.1.

795 EuGH, Urt. v. 16. 5. 2002 – Rs. C-482/99 (Stardust Marine), EuZW 2002, 468, 473 Rn. 70; *Cremer*, in: Calliess/Ruffert, AEUV, Art. 107 Rn. 12; *Reimer*, NVwz 2011, 263, 266.

796 EuG, Urt. v. 12. 12. 2000 – T-296/97 (Alitalia), Slg. 2000, II – 3871 Rn. 80; EuG, Urt. v. 17. 5. 2011 – Rs. T-1/08 (Buczek Automotive), Slg. 2011. II – 2112 Rn. 80; *Nowak*, in: Pechstein/Nowak/Häde, AEUV, Art. 107 Rn. 24 m. w. N.

auf steuerrechtliche Maßnahmen ohne Beachtung der typischerweise hoheitlichen Handlungsform Anwendung.[797]

Das Verhalten des öffentlichen Gläubigers ist somit anhand des Kriteriums des „privaten Wirtschaftsteilnehmer in der Marktwirtschaft" mit dem marktgerechten hypothetischen Verhalten eines privaten Gläubigers eines Schuldners in finanziellen Schwierigkeiten zu vergleichen, der die Bezahlung der geschuldeten Beträge zu erlangen sucht.[798] Insoweit lässt die gem. § 227 AO gewährte Billigkeitsmaßnahme die Verbindlichkeit erlöschen und führt zu einer Begünstigung, wenn nicht ein privater Wirtschaftsteilnehmer gleichermaßen gehandelt hätte.[799] Der Erlass der Abgabenschuld entspricht in der Regel umso mehr dem Handeln eines privaten Gläubigers, wenn die Werthaltigkeit der Forderung aufgrund wirtschaftlicher Schwierigkeiten gemindert ist.[800]

Unter der dieser Arbeit zugrunde gelegten Prämisse einer wirtschaftlichen Besserstellung aller Gläubiger einschließlich des Steuergläubigers durch den Erhalt der Mitwirkung des Geschäftsführers im Rahmen des Insolvenzplanverfahrens, handelt die Finanzbehörde wie ein privater Wirtschaftsteilnehmer, wenn sie zugunsten einer erhöhten Befriedigungsquote die zur Sanierung erforderliche Mitwirkung des Geschäftsführers durch den Erlass der Haftungsschuld ermöglicht. Die Vergleichsrechnung des Insolvenzplanverfahrens unter Berücksichtigung der Werthaltigkeit der Haftungsforderung bildet insoweit eine hinreichende Grundlage für die Prüfung einer Begünstigung anhand des MEOP.

4. Ausnahmeregelung des Art. 107 Abs. 3 lit. c AEUV

Soweit das beihilferechtliche Kriterium des marktüblich handelnden Wirtschaftsbeteiligten nicht erfüllt ist und damit eine Begünstigung i. S. v. Art. 107 Abs. 1 AEUV besteht, kann die Beihilfe dennoch nach Art. 107 Abs. 3 lit. c AEUV erlaubt sein. Art. 107 Abs. 3 lit. c AEUV ist die praktisch bedeutsamste Ausnahme in Art. 107 Abs. 3 AEUV und erfasst insbesondere Rettungs- und Umstrukturierungsbeihilfen,[801] deren Prüfung im Interesse von Rechtssicherheit und Transparenz durch die „Leit-

797 EuGH, Urt. v. 5.6.2012 – C-124/10 P (Électricité de France – EDF), EuZW 2012, 581, 583 Rn. 88 ff.; *Nowak*, in: Pechstein/Nowak/Häde, AEUV, Art. 107 Rn. 26; *Cremer*, in: Calliess/Ruffert, AEUV, Art. 107 Rn. 12; *Melcher*, EuZW 2012, 576; *Thalmann*, EuR 2013, 432.

798 EuG, Urt. v. 11.7.2002 – T-152/99, Slg. 2002, II-3049 Rn. 167; EuG, Urt. v. 17.5.2011 – Rs. T-1/08 (Buczek Automotive), Slg. 2011. II – 2112 Rn. 70 ff.

799 *Reimer*, NVwz 2011, 263, 266.

800 *Kemmler*, Geldschulden, S. 352; *Reimer*, NVwz 2011, 263, 266.

801 *Nowak*, in: Pechstein/Nowak/Häde, AEUV, Art. 107 Rn. 63.

linien für staatliche Beihilfen zur Rettung und Umstrukturierung nichtfinanzieller Unternehmen in Schwierigkeiten“ (im Folgenden: Leitlinien)[802] konkretisiert und erläutert wird. Hierbei ist zu berücksichtigen, dass die in Art. 107 Abs. 3 AEUV aufgezählten Ausnahmetatbestände grundsätzlich eng auszulegen sind.[803]

Zunächst gilt ein Unternehmen als ein Unternehmen in Schwierigkeiten i. S. d. Leitlinien, „wenn es auf kurze oder mittlere Sicht so gut wie sicher zur Einstellung seiner Geschäftstätigkeiten gezwungen sein wird, wenn der Staat nicht eingreift.“[804] Dies wird unwiderleglich vermutet, wenn ein Unternehmen Gegenstand eines Insolvenzverfahrens ist oder ein Insolvenzgrund für einen Gläubigerantrag auf Eröffnung des Insolvenzverfahrens vorliegt.[805] Allerdings bildet die Verhinderung des Marktaustritts eines Unternehmens als solche keine hinreichende Rechtfertigung i. S. v. Art. 107 Abs. 3 lit. c AEUV, wenn nicht der Nachweis erbracht wird, „dass mit der Beihilfe ein Ziel von gemeinsamem Interesse verfolgt wird, da sie darauf abzielt, soziale Härten zu vermeiden oder Marktversagen zu beheben, indem sie die langfristige Rentabilität des Unternehmens wiederherstellt.“[806] Der Nachweis der sozialen Härte oder des schweren Marktversagens wird durch die nicht abschließende Aufzählung in Nr. 44 lit. a – g der Leitlinien konkretisiert, welche die erheblichen Anforderungen an die Tatbestandsvoraussetzungen der Ausnahme gem. Art. 107 Abs. 3 lit. c AEUV verdeutlichen. Im Übrigen werden diese strengen Anforderungen für kleinere Begünstigte, d. h. KMU oder kleinere staatliche Unternehmen, gelockert.[807]

5. Ergebnis zur beihilferechtlichen Zulässigkeit

Die beihilferechtliche Zulässigkeit der Befreiung des Geschäftsführers von der abgabenrechtlichen Haftung nach §§ 34, 69 AO lässt sich nicht absolut beantworten. Allerdings können die folgenden Eckpfeiler für die Bewertung im Einzelfall hervorgehoben werden:

Das Beihilfeverbot des Art. 107 Abs. 1 AEUV findet auch im Insolvenzplanverfahren Anwendung. Soweit ein Erlass unter Berücksichtigung der Mehrheitsver-

802 Mitteilung der Kommission – Leitlinien für staatliche Beihilfen zur Rettung und Umstrukturierung nichtfinanzieller Unternehmen in Schwierigkeiten, ABl. C 249/01 v. 31.7.2014; zur Rechtsnatur und Wirkung von Leitlinien: *Nowak*, in: Pechstein/Nowak/Häde, AEUV, Art. 107 Rn. 58.

803 *Nowak*, in: Pechstein/Nowak/Häde, AEUV, Art. 107 Rn. 56.

804 ABl. 2014/C 249/01, S. 6, dort 2.2., Nr. 20.

805 ABl. 2014/C 249/01, S. 6, dort 2.2., Nr. 20 c).

806 ABl. 2015/C 249/01, S. 9, dort 3.1., Nr. 43.

807 ABl. 2015/C 249/01, S. 20, dort 6.1., Nr. 104, 6.2., Nr. 107.

hältnisse auch gegen den Willen der beteiligten staatlichen Gläubiger erzwingbar wäre, kommt das Beihilfeverbot unabhängig von einer etwaig erteilten Zustimmung der Finanzbehörde mangels Staatlichkeit der Maßnahme nicht zur Anwendung. Soweit staatliche Gläubiger eine Mehrheitsentscheidung verhindern könnten oder es sich um einen nicht mit insolvenzplanrechtlichem Zwang erreichbaren Erlass der Steuerhaftung handelt, liegt durch einen Erlass mit dem Ziel der Sanierung der GmbH eine mittelbare Beihilfe an die GmbH vor. Das Verhalten der Finanzbehörde muss sich in diesem Fall am MEOP messen lassen. Nach diesem liegt keine Begünstigung und damit auch keine Beihilfe vor, wenn auch ein wirtschaftlich handelnder Marktteilnehmer dem Erlass unter den Bedingungen des Einzelfalls zugestimmt hätte.

V. Ergebnis zum Erlass der Steuerhaftung

Zusammenfassend lassen sich hinsichtlich der steuerrechtlichen Haftung des Geschäftsführers folgende Ergebnisse festhalten: Der Erlass der Steuerschuld der GmbH im Insolvenzplanverfahren hat als Herabstufung zur Naturalobligation keine Auswirkungen auf die Haftungsschuld des Geschäftsführers. Allerdings ist ein Erlass der Haftungsschuld auf Grundlage von § 227 AO im Rahmen des Insolvenzplanverfahrens anders als ein Erlass i. S. v. § 397 Abs. 1 InsO im Einzelfall bei Unbilligkeit der Einziehung möglich. Im Rahmen von § 227 AO finden zugunsten des Haftungsschuldners insbesondere alle Erlassgründe Berücksichtigung, auf die sich auch die GmbH als Steuerschuldner hätte berufen können. Ein Erlass ist aufgrund des Ausnahmecharakters von § 227 AO regelmäßig an strenge Voraussetzungen geknüpft. In der vorliegenden Konstellation werden diese Voraussetzungen jedoch durch die (wirtschaftlichen) Ziele der Insolvenzordnung gelockert. Die Umsetzung des Erlasses erfolgt auf Grundlage von § 227 AO durch einseitige Erklärung der Finanzbehörde, die als Planbedingung i. S. v. § 249 InsO oder als Verpflichtung i. S. v. § 230 Abs. 3 InsO mit dem Insolvenzplan der GmbH verknüpft werden kann.

F. Enthaftung Dritter im US-amerikanischen Chapter 11

Die vorangestellten Kapitel dieser Untersuchung haben die Möglichkeiten, Grenzen und praktischen Schwierigkeiten einer Enthaftung von (Gesellschafter-)Geschäftsführern zwecks Fortführung im Gläubigerinteresse dargelegt. Insbesondere das von *Roth* und *Smid* in die Literatur eingebrachte und auch in der Praxis umgesetzte Treuhandmodell vermag viele der aufgeworfenen Probleme zu berücksichtigen.[808] Jedoch ist auch das Treuhandmodell zur Gestaltung der Außenhaftung nicht unproblematisch, da sich der Insolvenzverwalter durch diese Treuhandgestaltung im Rahmen der Verwertung eines Dritten bedienen muss und die nunmehr von § 220 Abs. 2 S. 2 InsO geforderte Vergleichsrechnung insbesondere im Fall eines verfahrensbegleitenden Insolvenzplans schwer zu handhaben ist. Zudem ist bereits die grundsätzliche Zulässigkeit derartiger Gestaltungen zur Enthaftung Dritter im Insolvenzplan zumindest rechtsunsicher, da hierzu bisher keine höchstrichterliche Rechtsprechung ergangen ist.[809] Dies ist bedenklich, da der Erfolg von Restrukturierungen im Insolvenzverfahren in besonderem Maße anfällig für rechtliche Unsicherheiten ist, die zu zeit- und kostenintensiven Auseinandersetzungen zwischen den Beteiligten beitragen. Deshalb soll zur Verringerung der dargelegten rechtlichen Unsicherheiten das in der Entstehung der Insolvenzordnung omnipräsente *Chapter 11*-Verfahren herangezogen werden. Zwar sieht sich eine rechtsvergleichende Betrachtung zumindest insgeheim unweigerlich dem Vorwurf der Beliebigkeit ausgesetzt. Dennoch soll im Folgenden ein Vergleich mit dem US-amerikanischen *Chapter 11*-Verfahren als Methode der Rechtserkenntnis und Auslegung genutzt werden, denn ein Rechtsvergleich kann jedenfalls den Blick auf die eigene Rechtsordnung schärfen, auch wenn die konkrete Umsetzung angesichts der strukturellen Unterschiede der Rechtsordnungen nicht ungeprüft auf das Insolvenzplanverfahren übertragen werden kann.

Das US-amerikanische Recht hat der Insolvenzordnung bekanntlich vielfältig Pate gestanden.[810] Allerdings hat die Enthaftung von Organen im Planverfahren der Gesellschaft bei diesen rechtsvergleichenden Einflüssen im Gesetzgebungsverfahren der Insolvenzordnung und der nachfolgenden Reformen bisher soweit ersichtlich keine Rolle gespielt. Dies überrascht, da die Enthaftung Dritter im *Chapter 11*-Verfahren unter den Begriffen *„nondebtor release“* und *„third-party release“*

808 *Roth*, in: FS Smid, S. 294 f.; *Smid*, NZI 2020, 202.
809 Näher bereits: Kap. D.IV.2., S. 80 ff.
810 Ausführlich sogleich: Kap. F.I.1., S. 135 ff.

https://doi.org/10.1515/9783111535432-008

(fortan: *third-party release*) in der US-amerikanischen Rechtsprechung, Literatur und Legislative kontrovers diskutiert[811] und zugleich als häufiger Bestandteil und wichtiger Grund für den Erfolg von *Chapter 11*-Verfahren genannt wird.[812]

Auch im Anschluss an das Gesetzgebungsverfahren der Insolvenzordnung hat die deutsche rechtswissenschaftliche Literatur dem *third-party release* bisher wenig Beachtung geschenkt. Erst jüngst hat *Paulus* anlässlich der umstrittenen Gestaltungen in den *Chapter 11*-Verfahren des pharmazeutischen Unternehmens *Purdue Pharma*[813] und der Pfadfinderorganisation *Boy Scouts of America*[814], die auch in die deutsche überregionale Presse Eingang gefunden hatten, einen abwägenden Blick auf Haftungsbegrenzungen mittels *third-party release* geworfen.[815] *Madaus* nimmt den Begriff des *third-party release* zum Anlass, die Gestaltung von Sicherheiten an Drittvermögen in Konzernsanierungen zu beleuchten.[816] Es wird allerdings nicht deutlich, ob ein *third-party release* US-amerikanischer Provenienz als Stichwortgeber diente oder ein *third-party release* auf Grundlage anderer Rechtsordnungen. Schließlich haben *Case II/Newton* im Jahr 2011 einen Statusbericht zum *third-party release* in *Chapter 11* in der in München auf Englisch erschienenen *International Insolvency Law Review* veröffentlicht.[817] Zudem wird in der Entscheidung des *Bankruptcy Court Eastern District of Virginia* vom 28.10.2011, die in der ZIP veröffentlicht wurde, in Fußnote 4 ein *third-party release* – allerdings auf Grundlage des kanadischen Rechts – erwähnt.[818] Im europäischen Kontext hat zudem *Kokorin* die Möglichkeiten zur Enthaftung Dritter im Zusammenhang mit Konzernsanierungen untersucht.[819] Diesbezüglich hat der deutsche Gesetzgeber im Rahmen der Umsetzung der RL (EU) 2019/1023 die Gestaltbarkeit der Rechte von Insolvenzgläubigern normiert, die diesen gegenüber einem verbundenem Unternehmen aus ei-

---

811 Vgl. nur *In re Aegean Marine Petroleum Network Inc.*, 599 B.R. 717, 726 (S.D.N.Y. 2019); *In re Purdue Pharma*, 635 B.R. 26, 37 (S.D.N.Y. 2021); *Boyle*, 61 Fordham L. Rev. 421 (1992); *Coco*, 88 Fordham L. Rev. 231 (2019); *Douglas*, 1 Pratt's J. Bankr. L. 444 (2005); *Silverstein*, 23 Emory Bankr. Dev. J. 13, 14 (2006); ausführlich: Kap. F.III., S. 159 ff.

812 *Feldman*, 30 No. 4 Norton J. Bankr. L. & Prac. NL Art. 4, 1 (2021).

813 *In re Purdue Pharma LP*, No. 22–110 (2d Cir. 2023); *In re Purdue Pharma*, 635 B.R. 26, 66 (S.D.N.Y. 2021); *Schroeder/Carlson*, 31 Am. Bankr. Inst. L. Rev. 1 (2023).

814 *In re Boy Scouts of Am.*, 642 B.R. 504 (Bankr. D. Del. 2022).

815 *Paulus*, ZIP 2022, 2465.

816 *Madaus*, in: Brünkmans/Thole, HdB Insolvenzplan, § 23 Rn. 33, 36, 38.

817 *Case II/Newton*, IILR 2011, 511–544.

818 *Bankruptcy Court Eastern District of Virginia*, Urt. v. 28.10.2011 – 09–14766, ZIP 2011, 2314; zum kanadischen Recht: Kap. F.IV., S. 187 ff.

819 *Kokorin*, ECFR 2021, 107, 124 et seq.

ner gruppeninternen Drittsicherheit zustehen, vgl. § 217 Abs. 2 InsO.[820] Somit ist zusammenfassend bisher keine umfassende Betrachtung des *third-party release* in *Chapter 11* erfolgt. Diesen Befund nimmt diese Arbeit zum Anlass, einen rechtsvergleichenden Seitenblick auf die US-amerikanische Praxis des *third-party release* zu werfen.[821]

Zum besseren Verständnis und für den Vergleich mit der deutschen Rechtsordnung werden zunächst die Grundzüge des amerikanischen Insolvenzrechts und des *Chapter 11*-Verfahrens und anschließend die Einzelheiten des *third-party release* dargestellt. Hierbei lassen sich juristische Fachbegriffe nur eingeschränkt wörtlich übersetzen, denn die deutsche Übersetzung spiegelt den rechtlichen Inhalt bestenfalls ungenau, weshalb im Folgenden auch die jeweils näher erläuterten Begriffe des US-amerikanischen Rechts verwendet werden.

I. Chapter 11 als Grundlage des Rechtsvergleichs

1. Chapter 11 als Vorbild des deutschen Gesetzgebers

Mit dem Inkrafttreten der Insolvenzordnung hat der Insolvenzplan die praktisch wenig relevanten[822] Rechtsinstitute des Vergleichs nach der Vergleichsordnung und des Zwangsvergleichs nach § 173 KO abgelöst und ein für das deutsche Insolvenzrecht neues Rechtsinstitut in Form einer Sanierungsmöglichkeit im Rahmen eines einheitlichen Insolvenzverfahrens begründet.[823]

---

820 RegE SanInsFoG, BT-Drs. 19/24181, S. 110; vgl. insb. § 217 Abs. 2, 223a InsO; s. auch Art. 2 Abs. 1 Nr. 4 RestruktRL.

821 Der Vergleich der Enthaftung von Organen im deutschen Insolvenzplanverfahren mit dem US-amerikanischen *third-party release* wurde durch den Verfasser in einem Vortrag im Rahmen eines Seminars vom 29.–31.01.2020 erstmals öffentlich vorgestellt. Von diesem Vortrag hat sich der Seminarteilnehmer *Wollring* wohl inspirieren lassen, vgl. *Wollring/Quitzau*, ZRI 2021, 616, 617.

822 Erster Bericht der Kommission für Insolvenzrecht, S. 155. Die praktische Bedeutung des Zwangsvergleichs schwand während der Geltungszeit der Konkursordnung von gut 25 % auf ca. 5 % der eröffneten Verfahren; ab Inkrafttreten der Vergleichsordnung folgte das Vergleichsverfahren dieser Entwicklung parallel, *Wolf*, Praxis des Zwangsvergleichs, S. 83–91, 306–314.

823 BT-Drs. 12/2443, S. 194; Art. 2 Nr. 1, 4 EGInsO, BGBl. I 1994, S. 2913; §§ 217 ff. InsO, BGBl. I 1994, S. 2894; *Häsemeyer*, Insolvenzrecht, Rn. 28.01; *Lüer/Streit*, in: Uhlenbruck, InsO, Vorb. zu §§ 217–269 Rn. 2; *Pape*, in: Pape/Reichelt/Schultz/Voigt-Salus, InsR, § 8 Rn. 1 ff.; zu Geschichte und Gesetzgebungsverfahren des Insolvenzplans: *Braun*, in: Braun/Uhlenbruck, Unternehmensinsolvenz, S. 427; *Smid*, HdB Insolvenzrecht, § 38 Rn. 1.

Dem Gesetzgebungsverfahren der Insolvenzordnung ging die Arbeit der vom Justizministerium beauftragten Kommission für Insolvenzrecht voraus.[824] Die Kommission berücksichtigte bei der Ausarbeitung ihrer Reformvorschläge das im Jahr 1978 erlassene US-amerikanische *Chapter 11*[825] und entwickelte daraus ein Reorganisationsverfahren, welches den Fortbestand des schuldnerischen Unternehmens und die Wiederherstellung der Ertragskraft zum Ziel hatte.[826] Eine Liquidation war im Rahmen dieses vorgeschlagenen Planverfahrens nicht vorgesehen, jedoch war die Prüfung der Einleitung eines Liquidationsverfahrens von Amts wegen bei Versagung der Planbestätigung möglich.[827] Die Vorschläge der Kommission wurden zum Teil kritisch aufgefasst, was dazu beigetragen haben dürfte, das Insolvenzplanverfahren de lege lata nicht auf Sanierung und Reorganisation zu beschränken, sondern auch eine Liquidation im Insolvenzplanverfahren zu ermöglichen.[828] Die grundlegenden Wertungen des ersten Berichts der Kommission wurden jedoch im Regierungsentwurf fortgeführt und in den §§ 217–269 InsO normiert.[829] Die Entstehung des Insolvenzplanverfahrens war somit maßgeblich durch rechtsvergleichende Einflüsse geprägt, insbesondere durch *Chapter 11* mit seiner flexiblen Ausgestaltung.[830]

Die Auseinandersetzung des Gesetzgebers mit *Chapter 11* lässt sich in der Gesetzesbegründung nachvollziehen.[831] Zunächst entsprechen sich Insolvenzplan und *Chapter 11* in ihrer Konzeption als finanz- und/oder leistungswirtschaftlicher Gestaltungsvorschlag, der durch Mehrheitsentscheidung angenommen wird.[832] Vorwiegend sind die Gruppenbildung,[833] das Obstruktionsverbot und der Minderhei-

---

824 *Pape*, in: Pape/Reichelt/Schultz/Voigt-Salus, InsR, § 8 Rn. 3.

825 Erster Bericht der Kommission für Insolvenzrecht, S. 10 f., 13 f., 15.

826 Erster Bericht der Kommission für Insolvenzrecht, S. 16, 37 ff., dort Leitsätze 2.1.2. ff., 152 ff., insb. S. 156 f. und S. 161.

827 Erster Bericht der Kommission für Insolvenzrecht, S. 43, 2.2.22; nach dem geltenden Recht kommt bei rechtskräftiger Versagung der Planbestätigung die Verwertungspflicht des Insolvenzverwalters nach den §§ 159 ff. InsO wieder zur Anwendung, vgl. *Sinz*, in: MüKoInso, § 252 Rn. 15.

828 BT-Drs. 12/2443, S. 91; *Braun*, in: Braun/Uhlenbruck, Unternehmensinsolvenz, S. 426; *Lüer/Streit*, in: Uhlenbruck, InsO, Vorb. zu §§ 217–269 Rn. 8 m. w. N.

829 *Rühle*, in: Römermann, InsO, § 217 Rn. 1.

830 Vgl. nur EInsO, S. B216; RegE InsO, BT-Drs. 12/2443, S. 78, 194 f.; *Eidenmüller*, in: MüKoInsO, Vorb. vor §§ 217–269 Rn. 19, *Kern*, in: MüKoInsO, Vorb. vor §§ 270–285 Rn. 10 f.; *Lüer/Streit*, in: Uhlenbruck, InsO, Vorb. zu §§ 217–269 Rn. 9; *Smid*, in: Leipold, Insolvenzrecht im Umbruch, S. 141 f.; *Zipperer*, in: Uhlenbruck, InsO, § 270 Rn. 1.

831 BT-Drs. 12/2443, S. 91, 94, 100, 101, 104 ff., 188, 194 f., 205, 208; vgl. auch die Gegenüberstellung bei *Kemper*, Chapter 11, S. 246 ff.

832 *Braun*, in: Braun/Uhlenbruck, Unternehmensinsolvenz, S. 437.

833 11 U.S.C. § 1122; EInsO, S. B217; RegE InsO, BT-Drs. 12/2443, S. 195.

tenschutz[834] sowie die Erforderlichkeit einer umfassenden Information der Gläubiger[835] den Regelungen des *Chapter 11*-Verfahrens nachgebildet. Im Fall eines Insolvenzplanverfahrens in Eigenverwaltung unter Aufsicht eines Sachwalters nach den §§ 270 ff. InsO entspricht das deutsche Recht dem *Chapter 11*-Verfahren, das mit dem *debtor in possession* grundsätzlich verwalterlos durchgeführt wird.[836] Im Rahmen des Gesetzes zur weiteren Erleichterung der Sanierung von Unternehmen (ESUG) hat sich das Insolvenzplanrecht dem US-amerikanischen *Chapter 11* durch die Einbeziehung der Alteigentümer und das Schutzschirmverfahren weiter angenähert.[837]

Allerdings dürfen diese Einflüsse des *Chapter 11*-Verfahrens bei der Entwicklung des Insolvenzplanverfahrens nicht zu der Annahme verleiten, es handele sich beim Insolvenzplan um eine Kopie von *Chapter 11.* Denn das *Chapter 11*-Verfahren ist ein eigenständiges Verfahren, wohingegen das Insolvenzplanverfahren systematisch ein Teil eines einheitlichen Insolvenzverfahrens ist.[838] Auch der Kreis der Planvorlageberechtigten ist in § 218 InsO anders als in 11 U.S.C. 1121 (b), (c), der nach Ablauf der ausschließlichen Planvorlageperiode des Schuldners grundsätzlich jeden Verfahrensbeteiligten zur Planvorlage berechtigt, restriktiver ausgestaltet.[839]

Im Übrigen sind der Rechtsvergleich als Methode des deutschen Konkurs- bzw. Insolvenzrechts und damit US-amerikanische Einflüsse nicht erst im Gesetzgebungsverfahren der Insolvenzordnung aufgekommen. Denn bereits der *Bankruptcy Act of 1867*[840] hat vielfältig Eingang in die Motive des Entwurfs einer Deutschen Gemeinschuldordnung von 1873[841] und in den nachfolgenden Entwurf einer Kon-

---

834 11 U.S.C. § 1129, § 245 InsO; BT-Drs. 12/2443, S. 205, 208; *Braun*, in: Braun/Uhlenbruck, Unternehmensinsolvenz, S. 438; zur Entstehungsgeschichte *Drukarczyk/Schüler*, MüKoInsO, § 245 Rn. 6–12.

835 Vgl. § 222 InsO, im *Chapter 11*-Verfahren als *disclosure statement* bezeichnet (11 U.S.C. § 1125, FED. R. BANKR. P. 3016).

836 RegE ESUG, BT-Drs. 17/5712, S. 18; *Braun*, in: Braun/Uhlenbruck, Unternehmensinsolvenz, S. 438; *Ellers*, in: BeckOK InsR, InsO, § 270 vor Rn. 1, Stand: 15.1.2023; *Kern*, in: MüKoInsO, Vorb. vor §§ 270–285 Rn. 93.

837 Vgl. §§ 225a, 245 Abs. 3 InsO; RegE ESUG, BT-Drs. 17/5712, S. 18, 30; *Drukarczyk/Schüler*, MüKoInsO, § 245 Rn. 117; *Kern*, in; MüKoInsO, Vorb. vor §§ 270–285 Rn. 58; *Lüer/Streit*, in: Uhlenbruck, InsO, Vorb. zu §§ 217–269 Rn. 9.

838 *Braun*, in: Braun/Uhlenbruck, Unternehmensinsolvenz, S. 434; *Lüer/Streit*, in: Uhlenbruck, InsO, Vorb. zu §§ 217–269 Rn. 14.

839 *Braun*, in: Braun/Uhlenbruck, Unternehmensinsolvenz, S. 435.

840 *Bankruptcy Act of 1867* (verabschiedet am 2.3.1867, 14 Stat. 517, aufgehoben am 7.6.1878, 20 Stat. 99).

841 Motive des Entwurfs einer Deutschen Gemeinschuldordnung, Anlage-Band S. 113 ff.

kursordnung von 1875[842] gefunden. Der Zwangsvergleich der Konkursordnung von 1877 folgt indes maßgeblich dem Akkord der Preußischen Konkursordnung von 1855.[843]

2. Chapter 11 als funktionale Vergleichsgrundlage

Es stellt sich die Frage, ob und inwieweit das *Chapter 11*-Verfahren als funktionale Vergleichsgrundlage herangezogen werden kann.

Bei der Betrachtung des US-amerikanischen Rechts ist aus deutscher Perspektive insbesondere die Rechtskultur des *Common Law* und deren stärkere Prägung durch die Jurisprudenz zu berücksichtigen. Jedoch sind trotz dieses strukturellen Unterschieds jedenfalls die wirtschaftlichen und gesellschaftlichen Ausgangsprobleme vergleichbar. Denn jede Gesellschaft weist grundsätzlich die gleichen sozialen Konflikte auf, auf die eine Rechtsordnung eine Antwort finden muss.[844] Diese gleichen Konflikte stehen als sog. *tertium comparationis* zwischen den zu vergleichenden Rechtsordnungen und bilden Grundlage und Ausgangspunkt für die zentrale Frage des funktionalen Rechtsvergleichs, wie die fremde Rechtsordnung mit diesem Konflikt umgeht.[845]

Zudem können auch bei historisch nicht näher verwandten Rechtsordnungen – ähnlich wie bei einer konvergenten Evolution[846] – für den gleichen sozialen Konflikt vergleichbare Lösungen entstehen. Trotz systematischer Unterschiede kommt der Methode des Rechtsvergleichs somit eine erhebliche Kommunikations- und Dialogfunktion zu, auch um Lücken in den eigenen Annahmen offen zu legen.[847]

Zudem war das *Chapter 11*-Verfahren Gegenstand von umfangreichen empirischen Untersuchungen,[848] wohingegen derartige Untersuchungen in der Forschung zum deutschen Insolvenzrecht selten geblieben sind. Somit bietet der Vergleich mit *Chapter 11* die Möglichkeit, von dieser empirisch unterlegten (Rechts-)Wissenschaft

842 Entwurf einer Konkursordnung, Motive S. 9, 11, 35, 47, 61, 125, 127, 172, 253, 265, 267, 275, 302, 326, 377, 383, 427, 451, Anlage-Band zu den Motiven S. 95 – 105 mit einer Darstellung des *Bankruptcy Act of 1867*.

843 *Wolf*, Praxis des Zwangsvergleichs, S. 43 m. w. N.

844 Vgl. *Forster*, AI 2018, 98, 104.

845 *Forster*, AI 2018, 98, 104.

846 Als konvergente Evolution werden in der Evolutionstheorie analoge Entwicklungspfade für dieselbe Funktionalität bezeichnet, vgl. *Conway Morris*, S. 21 f. et passim.

847 *Forster*, AI 2018, 98, 109.

848 Vgl. etwa die umfassende Untersuchung zu den Kosten: *Bris/Welch/Zhu*, 61 J. Fin. 1253 – 1303 (2006); zu natürlichen Personen in *Chapter 11: Hynes/Lawton/Howard*, 25 Am. Bankr. Inst. L. Rev. 61 – 175 (2017); zur Erfolgsquote von *Chapter 11: Warren/Westbrook*, 107 Mich. L. Rev. 603 (2009).

zu profitieren und den praktischen Erfolg im Rahmen des Rechtsvergleichs zu berücksichtigen.

Trotz der unterschiedlichen Rechtskulturen gleicht *Chapter 11* dem Insolvenzplanverfahren zudem funktional. Zunächst dient *Chapter 11* wie der deutsche Insolvenzplan primär der Erzielung einer Haftungsmasse zugunsten der Gläubiger.[849] Denn der *fresh start* als Motiv der US-amerikanischen Insolvenzgesetze bedeutet gerade nicht, dass Sanierung und Entschuldung einer Haftungsverwirklichung entgegenstehen.[850] Vielmehr dient auch die Sanierung im Rahmen von *Chapter 11* der Erzielung einer Teilungsmasse.[851] Dies folgt aus der Geltung der *absolute priority rule* sowohl im Insolvenzplanverfahren als auch im *Chapter 11*-Verfahren,[852] denn diese bewirkt die Einstufung beider Verfahren als „echte" konkursliche, d.h. der Haftungsverwirklichung dienende Verfahren.[853] Dementsprechend hat der BGH das *Chapter 11*-Verfahren als Insolvenzverfahren i.S.d. §§ 352, 343 InsO eingeordnet.[854] Dieser Einordnung widerspricht weder die Möglichkeit einer abweichenden Regelung im *Chapter 11*-Reorganisationsplan zum Erhalt des Unternehmens[855] noch der grundsätzliche Erhalt der Verwaltungs- und Verfügungsbefugnis des Schuldners nach 11 U.S.C. § 1101 (1).[856] Denn dem deutschen Insolvenzrecht ist der Erhalt der Verwaltungs- und Verfügungsbefugnis ausweislich der Möglichkeit der Eigenverwaltung unter den Voraussetzungen der §§ 270 ff. InsO ebenfalls nicht fremd.[857]

Auch das *receivership*-Verfahren als Vorläufer von *Chapter 11* verdeutlicht das Ziel der Haftungsverwirklichung: Denn erst die wirtschaftlichen Bedingungen in der exponentiell wachsenden Eisenbahnindustrie haben zur Entwicklung eines Sanierungsverfahrens außerhalb der Insolvenzgesetze geführt, da erhebliche Differenzen zwischen dem Erlös bei einer Liquidation im Vergleich zum Erlös bei einer (übertragenden) Sanierung bestanden.[858]

---

849 *Smid*, Internationales InsR, § 1 Rn. 38 m.w.N.

850 In diese Richtung aber wohl *Eidenmüller*, in: MüKoInsO, Vorb. vor §§ 217–269 Rn. 20; *Heese*, Funktion des Insolvenzrechts, S. 23; *Rühle*, in: Römermann, InsO, § 217 Rn. 1.

851 *Smid*, Internationales InsR, § 1 Rn. 38.

852 Vgl. § 245 Abs. 1 Nr. 2 InsO sowie 11 U.S.C. § 1129(a)(9).

853 *Smid*, Internationales InsR, § 1 Rn. 38 m.w.N.

854 BGH, Urt. v. 13.10.2009 – X ZR 79/06, NZI 2009, 856, 860 f.; vgl. auch BAG, Urt. v. 27.2.2007 – 3 AZR 618/06, BAGE 121, 309, NZI 2008, 122, 124 Rn. 22 ff.; auch bereits *Reinhart*, Sanierungsverfahren, S. 175 f.

855 BGH, Urt. v. 13.10.2009 – X ZR 79/06, NZI 2009, 856, 860 Rn. 11.

856 BGH, Urt. v. 13.10.2009 – X ZR 79/06, NZI 2009, 856, 860 Rn. 13.

857 BGH, Urt. v. 13.10.2009 – X ZR 79/06, NZI 2009, 856, 860 Rn. 13.

858 Zur Entwicklung des *receivership*-Verfahrens: Kap. F.II.2.b), S. 151 ff.; Sanierungsverfahren per se als schuldnerfreundlich zu bezeichnen verkürzt die tatsächlichen Umstände, sofern man „schuldnerfreundlich" als Gegenpol zur bestmöglichen Befriedigung der Gläubiger ansieht. Der Erhalt des Unternehmens erfordert oftmals erhebliche Eingriffe in die Rechte der Anteilseigner.

3. Zwischenergebnis zu Chapter 11 als Vergleichsgrundlage

Abgesehen von § 348 Abs. 2 InsO, der die gerichtlichen Kooperationsmöglichkeiten in internationalen Insolvenzverfahren dem UNCITRAL-Modellgesetz und dem diesem Modellgesetz folgenden *Chapter 15*-Verfahren nachbildet,[859] sind die US-amerikanischen Reformen und Erfahrungen von der deutschen Legislative soweit ersichtlich unberücksichtigt geblieben.[860] Die letztmalige Auseinandersetzung mit dem *Chapter 11*-Verfahren auf dem Stand während des Gesetzgebungsverfahrens der Insolvenzordnung birgt deshalb die Gefahr, die erfolgten Anpassungen und das erforderliche Marktumfeld zu übersehen, die zum Erfolg von *Chapter 11* beigetragen haben.[861] Insbesondere widerlegen empirische Untersuchungen die dem *Chapter 11*-Verfahren nachgesagte geringe Erfolgs- und hohe Verzögerungsquote.[862] Zudem herrscht in der US-amerikanischen Literatur die Überzeugung, dass die internationalen Ableger von *Chapter 11* ohne die gesellschaftliche Akzeptanz eines wirtschaftlichen Neubeginns bei ungeprüfter Normierung eines vergleichbaren Verfahrens ohne Beachtung der wirtschaftlichen und kulturellen Rahmenbedingungen wenig Erfolg versprechen.[863]

Im Ergebnis darf das *Chapter 11*-Verfahren trotz der zahlreichen Ähnlichkeiten nicht pauschal zur Auslegung der Vorschriften zum Insolvenzplan herangezogen werden.[864] Allerdings lässt die Annäherung des Insolvenzplanrechts an das *Chapter 11*-Verfahren zu, die umfangreichen praktischen US-amerikanischen Erfahrungen nutzbar zu machen.[865] Hierbei sind jedoch die wirtschaftlichen und

---

Durch den Vergleich mit dem Liquidationsszenario (Stichworte: *no creditor worse off* bzw. *„best interest test"*) und die *absolute priority rule* dienen Sanierungen zumindest auch Gläubigerinteressen. Zudem ergeben langjährige Untersuchungen der Weltbank, dass die höchsten Befriedigungsquoten der Gläubiger in den Rechtsordnungen erreicht werden, in denen die Reorganisation von geeigneten Unternehmen den Regelfall darstellt, vgl. World Bank, Doing Business 2020, S. 13, 55 f.; ebenso Folgenabschätzung v. 23.11.2016, Dok.-Nr.: SWD(2016)357, S. 30.

859 ESUG RegE, BT-Drs. 17/5712, S. 43.

860 In diese Richtung deutet auch die verwendete Literatur der Ausarbeitung des Wissenschaftlichen Dienstes des Deutschen Bundestages, vgl. *Trips-Hebert*, Restrukturierungsmaßnahmen im US-amerikanischen Insolvenzrecht, WD 7 – 3000 – 061/09, abrufbar unter https://www.bundestag.de/resource/blob/494348/fbb93f98b9eb4d35cddd5db1c765392b/Restrukturierungsmassnahmen-im-US-amerikanischen-Insolvenzrecht-data.pdf, zuletzt abgerufen am 10.5.2024.

861 *Roe*, 7 Harv. Bus. L. Rev. 187, 217 (2017).

862 Ausführlich *Warren/Westbrook*, 107 Mich. L. Rev. 603 (2009); *Warren*, 102 Yale L. J. 437 (1992).

863 Näher *Roe*, 7 Harv. Bus. L. Rev. 187, 217 (2017); *Martin*, 28 B.C. INT'l & COMP. L. REV. 1, 2 (2005).

864 *Eidenmüller*, in: MüKoInsO, Vorb. vor §§ 217–269 Rn. 20 f; *Kern*, in: MüKoInsO, Vorb. vor §§ 270–285 Rn. 11.

865 *Eidenmüller*, in: MüKoInsO, Vorb. vor §§ 217–269 Rn. 22; *Drukarczyk/Schüler*, in: MüKoInsO, § 245 Rn. 117.

gesellschaftlichen Rahmenbedingungen einzubeziehen.[866] Der Rechtsvergleich findet somit weniger als Teil des Auslegungskanons seine Berechtigung, sondern als Anstoß, die bestehenden Möglichkeiten des deutschen Insolvenzplans kritisch zu hinterfragen.

Im Übrigen bewirkt die Auseinandersetzung mit und teilweise Adaption von Regelungen des *Bankruptcy Code* in der globalisierten Weltwirtschaft weitere positive Nebeneffekte. So sollen etwa die Ähnlichkeiten des deutschen Eigenverwaltungsverfahrens zu *Chapter 11* insbesondere in internationalen Verfahren das Vertrauen angelsächsischer Gläubiger in die Eigenverwaltung bestärkt haben.[867]

II. Überblick über das US-amerikanische Insolvenzrecht

Die Rechtslage zur Enthaftung des Geschäftsführers in *Chapter 11* kann nicht isoliert übertragen werden, da gerade *Chapter 11* von den gesellschaftlichen und marktwirtschaftlichen Bedingungen in den USA profitiert.[868] Im Folgenden werden deshalb zunächst die Grundzüge des amerikanischen Insolvenz- bzw. Konkursrechts dargestellt.

1. Grundzüge

a) Systematik

Die wesentlichen Teile des US-amerikanischen Insolvenzrechts befinden sich in *Title 11 United States Code (U.S.C.)*,[869] dem *Bankruptcy Code*, der eine für das in weiten Teilen richterrechtlich geprägte angloamerikanische *Common Law* untypische gesetzliche Regelungstiefe aufweist.[870]

Die Gesetzgebungskompetenz des Kongresses für den *Bankruptcy Code* ist in Artikel 1 Abschnitt 8 der Verfassung der USA (*U.S. Constitution Art. 1, Sec. 8*) normiert.[871] *U.S. Constitution Art. 1, Sec. 8* gibt dem Kongress das Recht, für das gesamte

---

866 Vgl. *Roe*, 7 Harv. Bus. L. Rev. 187, 217 (2017); *Martin*, 28 B.C. INT'l & COMP. L. REV. 1, 2 (2005).

867 *Kern*, in: MüKoInsO, Vorb. vor §§ 270–285 Rn. 18.

868 *Roe*, 7 Harv. Bus. L. Rev. 187, 217 (2017); *Martin*, 28 B.C. INT'l & COMP. L. REV. 1, 2 (2005).

869 *Code of Laws of the United States of America* (U.S.C.), abrufbar unter http://uscode.house.gov, zuletzt abgerufen am 10.5.2024.

870 Bis zur umfassenden Reform von 1978 wurden die Insolvenzgesetze als *Bankruptcy Act* bezeichnet, *Skeel*, Debt's Dominion, S. 6.

871 *Harner*, 59 Wm. & Mary L Rev. 147, 157 (2017). Ausführlich zur Geschichte von Art. 1 Abschn. 8 Klausel 4, *Noel*, A history of the bankruptcy clause, S. 85 ff. et passim.

Gebiet der Vereinigten Staaten ein einheitliches Konkursrecht zu schaffen („*uniform Laws on the subject of Bankruptcies*").[872] Wenn und soweit der Kongress diese Gesetzgebungskompetenz nicht nutzt, haben grundsätzlich auch die einzelnen Bundesstaaten das Recht, Insolvenzgesetze zu erlassen.[873]

Der *Bankruptcy Code* ist innerhalb von *Title 11 U.S.C.* in neun Abschnitte („*Chapter*") unterteilt. Dies sind:
- Chapter 1 – General Provisions, Sec. 101 – 112,
- Chapter 3 – Case Administration, Sec. 301 – 366,
- Chapter 5 – Creditors, the Debtor, and the Estate, Sec. 501 – 562,
- Chapter 7 – Liquidation, Sec. 701 – 784,
- Chapter 9 – Adjustment of Debts of a Municipality, Sec. 901 – 946,
- Chapter 11 – Reorganization, Sec. 1101 – 1174,
- Chapter 12 – Adjustments of Debts of a Family Farmer or Family Fisherman with Regular Annual Income, Sec. 1201 – 1231,
- Chapter 13 – Adjustment of Debts of an Individual with Regular Income, Sec. 1301 – 1330,
- *Chapter 15 – Ancillary and Other Cross-Border Cases, Sec. 1502 – 1532.*

Grundsätzlich bestehen sechs Verfahrensformen, die entsprechend den Abschnitten, in denen sie normiert sind, als *Chapter 7, Chapter 9, Chapter 11, Chapter 12, Chapter 13* und *Chapter 15* bezeichnet werden. Daneben enthalten die *Chapter 1, 3* und *5* allgemeine Verfahrensvorschriften und Begriffsbestimmungen, die grundsätzlich auf die *Chapter 7, 11, 12, 13* und in Teilen auch auf *Chapter 15* Anwendung finden, 11 U.S.C. § 103 (a).[874]

Chapter 7 normiert ein Liquidationsverfahren, wohingegen die anderen Verfahrensarten grundsätzlich Reorganisationsverfahren sind. *Chapter 9* normiert ein Verfahren ausschließlich für kommunale Schuldner,[875] *Chapter 11* ein Verfahren

872 Artikel 1 Abschnitt 8 der Verfassung der Vereinigten Staaten von Amerika vom 17.9.1787 (*Constitution of the United States Article 1 Section 8*).

873 Dies wurde frühzeitig durch die Urteile des *Supreme Court* in den Entscheidungen *Sturges v. Crowninshiel*, 17 U.S. 122, 199 (1819) und *Ogden v. Saunders*, 25 U.S. 213, 368 (1827) bestätigt. Dem Bundesrecht widersprechende Insolvenzgesetze der Bundesstaaten ruhen, *Butler v. Goreley*, 146 U.S. 303, 314 (1892).

874 In *Chapter 11* werden durch 11 U.S.C. § 1161 diverse allg. Vorschriften im Verfahren über das Vermögen einer Eisenbahngesellschaft ausgeschlossen, die im Abschnitt 11 U.S.C. §§ 1161 – 1174 abweichend geregelt werden, 11 U.S.C. § 103(a),(h). In *Chapter 9* sind gem. 11 U.S.C. § 103(f) grundsätzlich nur die Regelungen des *Chapter 1* anwendbar, es sei denn es besteht ein ausdrücklicher Verweis auf andere Normen.

875 Ausführlich zu Geschichte und Wirkung am Beispiel der Stadt Detroit: *Mears*, ZInsO 2015, 1813 – 1831.

zur Reorganisation und *Chapter 12* ein Verfahren für Familienbetriebe im Bereich der Landwirtschaft oder der Fischerei. Im Rahmen von *Chapter 13* können sich natürliche Personen mit regelmäßigem Einkommen durch einen Plan über die Dauer von drei bis fünf Jahren reorganisieren, deren ungesicherte Verbindlichkeiten 250.000 US-Dollar und deren gesicherte Verbindlichkeiten 750.000 US-Dollar nicht überschreiten, 11 U.S.C. § 109(e), § 1322(a),(d). *Chapter 15* hat 11 U.S.C. § 304 abgelöst und stellt Regelungen für die Anerkennung ausländischer Verfahren zur Verfügung, welche weitgehend auf dem Modellgesetz für grenzüberschreitende Insolvenzen der Kommission der Vereinten Nationen für internationales Handelsrecht[876] (UNCITRAL MLCBI[877]) basieren.[878] *Chapter 15* ermöglicht damit Verfahren vor einem US-amerikanischen *Bankruptcy Court*, die ein ausländisches Insolvenzverfahren ergänzen und unterstützen, indem Vermögenswerte und Personen durch das Nebenverfahren in das ausländische Hauptverfahren einbezogen werden.[879] Sofern der Umfang des in den USA belegenen Vermögens dies nahelegt, steht *Chapter 15* im Übrigen nicht der Einleitung eines eigenständigen Verfahrens nach *Chapter 7* oder *Chapter 11* entgegen, 11 U.S.C. § 1520(c). Zudem gibt *Chapter 15* ausländischen Gläubigern das Recht an US-amerikanischen Verfahren des *Bankruptcy Code* teilzunehmen und verbietet die Benachteiligung von ausländischen Gläubigern, 11 U.S.C. § 1513. Darüber hinaus liegt ein Schwerpunkt von *Chapter 15* in der Förderung von Kommunikation und Zusammenarbeit in grenzüberschreitenden Verfahren, der in 11 U.S.C. §§ 1525–1527 geregelt ist. Im Übrigen kann ein eingeleitetes Verfahren in ein Verfahren nach einem anderen *Chapter* umgewandelt werden.[880]

Aus prozessualer Sicht wird *Title 11 U.S.C.* durch die *Federal Rules of Bankruptcy Procedure* (*Fed. R. Bankr. P.*) ergänzt, vgl. *Rule 1001 Fed. R. Bankr. P.*[881] Die *Federal Rules of Civil Procedure* (*Fed. R. Civ. P.*) finden auf Verfahren nach *Title 11 U.S.C.* dagegen keine Anwendung, es sei denn auf die *Fed. R. Civ. P.* wird ausdrücklich in den *Fed. R. Bankr. P.* verwiesen, *Rule 81 (a) (1) Fed. R. Civ. P.*[882] Sachlich zuständig für

876 *United Nations Commission on International Trade Law (UNCITRAL).*

877 UNCITRAL Model Legislative Provisions on Cross-Border Insolvency with Guide to Enactment (MLCBI), United Nations Publication No. E.99.V.3.

878 *Soh*, 16 Norton J. Bankr. L. & Prac. 873 (2007).

879 Ausführlich *Rüfner*, ZIP 2005, 1859 ff.; *Schiller*, NZI 2015, 744; *Soh*, 16 Norton J. Bankr. L. & Prac. 873, 875, 877 (2007); *Westbrook*, 79 Am. Bankr. L. J. 713 (2005); zur aufgehobenen Vorgängerregelung 11 U.S.C. § 304 näher *Reinhart*, Sanierungsverfahren, S. 108 ff., 164 f., 206 f.

880 11 U.S.C. §§ 706, 1112, 1208, 1307.

881 Zur Entstehungsgeschichte der *Fed. R. Bankr. P.* näher *King*, 70 Am. Bankr. L. J. 217 (1996).

882 *Klein*, 70 Am. Bankr. L. J. 301 (1996).

die verschiedenen Verfahren ist der *Bankruptcy Court* als Abteilung des *District Court*, 28 U.S.C. §§ 151, 1334(a).

Die Verteilung auf die verschiedenen Verfahrensarten innerhalb eines Zeitraums von zwölf Monaten bis zum 30.9.2021 stellt sich wie folgt dar:[883]

Verfahrensart	**Anzahl**	**Anteil**	**davon *Business***		**davon *Nonbusiness***	
Chapter 7	310.597	71,48 %	9.541	59,11 %	301.056	71,95 %
Chapter 11	5.622	1,29 %	5.162	31,98 %	460	0,11 %
Chapter 13	117.784	27,11 %	900	5,58 %	116.884	27,94 %
Chapter 12	344	0,08 %	344	2,13 %	0	0 %
Chapter 15	188	0,04 %	188	1,16 %	0	0 %
Chapter 9	5	>0,00 %	5	0,03 %	0	0 %
Gesamt:	434.540	100 %	16.140	100 %	418.400	100 %

Anmerkung: Die angeführten Prozentangaben zur Häufigkeit der einzelnen Verfahrensarten sind auf zwei Nachkommastellen gerundet.

Insgesamt wurden innerhalb eines Jahres 434.540 Verfahren beantragt, wovon 16.140 aufgrund überwiegend geschäftlicher Verbindlichkeiten als Unternehmensinsolvenz[884] klassifiziert wurden. Von diesen Unternehmensinsolvenzen wurden 9.541 auf Grundlage von *Chapter 7* (59,11 %), 5.162 auf Grundlage von *Chapter 11* (31,98 %), 900 auf Grundlage von *Chapter 13* (5,58 %), 344 nach *Chapter 12* (2,13 %), 188 nach *Chapter 15* (1,16 %) und 5 auf Grundlage von *Chapter 9* (0,03 %) beantragt. Betrachtet man die Verfahrenszahlen der *Chapter 11*-Verfahren wird deutlich, dass diese mit 1,29 % lediglich einen geringen Anteil an der Gesamtzahl der beantragten Verfahren haben. Dies tritt noch deutlicher in den sog. *Nonbusiness*-Verfahren hervor, von denen lediglich 0,11 % auf Grundlage von *Chapter 11* beantragt werden.

883 Vgl. Administrative Office of the U.S. Courts, *Table F-2, „U.S. Bankruptcy Courts–Business and Nonbusiness Cases Commenced, by Chapter of the Bankruptcy Code, During the 12-Month Period Ending September 30, 2021“*, abrufbar unter https://www.uscourts.gov/data-table-topics/bankruptcy, zuletzt abgerufen am 10.5.2024.

884 Die Einteilung in *Business*- und *Nonbusiness*-Verfahren erfolgt auf Grundlage der überwiegenden Verbindlichkeiten. Die Verbindlichkeiten sind in diesem Sinne geschäftlich, wenn der Schuldner eine Kapital- oder Personengesellschaft ist oder wenn die Verbindlichkeiten im Zusammenhang mit dem Betrieb eines Unternehmens überwiegen, vgl. die Anm. a. E. von *„Table F-2: U.S. Bankruptcy Courts–Business and Nonbusiness Cases Commenced, by Chapter of the Bankruptcy Code, During the 12-Month Period Ending September 30, 2021“*, abrufbar unter https://www.uscourts.gov/data-table-topics/bankruptcy, zuletzt abgerufen am 10.5.2024.

Auch bei den sog. *Business*-Verfahren werden lediglich 31,98 % auf Grundlage von *Chapter 11* beantragt. Im Übrigen werden von der Gesamtzahl der *Chapter 11*-Verfahren knapp 30 % von natürlichen Personen beantragt.[885]

b) Schuldnerfreundliche Ausgestaltung des US-Insolvenzrechts

Als grundlegendes Ziel sollen die auf Grundlage von *United States Constitution Art. 1, Sec. 8* erlassenen Insolvenzgesetze dem aufrichtigen, aber glücklosen Schuldner einen finanziellen Neubeginn, den sog. *fresh start*, ermöglichen, was durch Befreiung von den bestehenden Verbindlichkeiten erreicht werden soll.[886] Dies wird jedoch nicht als altruistischer Selbstzweck gesehen. Vielmehr soll der ungehinderte Einsatz des Einzelnen zum Wohle der Gesellschaft gesichert[887] und der *fresh start* als soziales Korrektiv für unternehmerisches Scheitern in einer kapitalistisch geprägten Wirtschaftsordnung verankert werden.[888] Diese Herleitung hat eine lange Tradition. Bereits im späten 18. Jahrhundert wurde die spekulative Kreditaufnahme als Grundpfeiler für Wirtschaftswachstum durch die Föderalisten der Nordstaaten identifiziert, wenngleich die Unionisten der Südstaaten Konkursgesetze als Gefahr für ihre Vorstellung einer landwirtschaftlich geprägten Wirtschaft ansahen.[889] Die Regelungen des US-amerikanischen Insolvenzrechts sind damit Ausdruck der Entwicklung der US-amerikanischen Gesellschaft, die von Wirtschaftswachstum und Unternehmertum sowie der diese Faktoren begünstigenden Zunahme des Kreditwesens im Geschäfts- und Verbrauchersektor geprägt ist.[890] Dies schlägt sich in einer nüchternen, die wirtschaftlichen Interessen in den Vordergrund stellenden Sichtweise nieder, die den Wert bei Unternehmensfortführung („*going-concern value*") dem Liquidationserlös gegenüberstellt.[891]

---

885 *Lawton*, 89 Am. Bankr. L. J. 455, 456 (2015); *Hynes/Lawton/Howard*, 25 Am. Bankr. Inst. L. Rev. 61, 71 (2017).

886 Diese Zielsetzung wurde durch die *Supreme Court*-Entscheidung *Local Loan Co. v. Hunt*, 292 U.S. 234, 244 (1934) mit der Formulierung „*a new opportunity in life and a clear field for future effort, unhampered by the pressure and discouragement of preexisting debt*" zusammengefasst und geprägt. Zu den vielfältigen argumentativen Ursprüngen des Konzepts des *fresh starts: Hirsch*, 45 Hastings L. J. 175, 202 (1994); *Jackson*, 98 Harv. L. Rev. 1393 (1986).

887 *Jackson*, 98 Harv. L. Rev. 1393 (1986); *Noel*, A history of the bankruptcy clause, S. 181.

888 *Braun*, in: Braun/Uhlenbruck, Unternehmensinsolvenz, S. 428; *Kramer*, Sonderverfahren, S. 131; ausführlich *Martin*, 28 B.C. INT'l & COMP. L. REV. 1, 3, 6 et passim (2005). Sinn und Rechtfertigung von (schuldnerfreundlichen) Insolvenzgesetzen ist in der amerikanischen Literatur Gegenstand unterschiedlicher Ansichten, näher *Skeel*, Debt's Dominion, S. 12 f.

889 *Skeel*, Debt's Dominion, S. 3, 26.

890 *Martin*, 28 B.C. INT'l & COMP. L. REV. 1, 6 (2005).

891 Näher *Flessner*, Sanierung und Reorganisation, S. 140.

Neben dieser Herleitung von Reorganisation als Korrektiv des Kapitalismus lässt sich die Ausgestaltung des US-amerikanischen Insolvenzrechts auch auf die amerikanischen Ursprünge als Kolonie zurückführen. Vor der Betrachtung der historischen Wurzeln ist der relativierende Hinweis zwingend, dass historischen Herleitungen immer mit einer gewissen Skepsis begegnet werden sollte, da sich aus nahezu jedem geschichtlichen Prozess je nach Interpretationswille beinahe jede Lehre gewinnen lässt.[892] Mit diesem Hinweis im Hinterkopf sollen nachfolgend als prägend für das amerikanische Insolvenzrecht eingestufte Vorgänge dargestellt werden:

In der Zeit als englische Kolonie waren die Insolvenzgesetze der Bundesstaaten restriktiv ausgestaltet.[893] Der harsche, zum Teil grausame Umgang mit säumigen Schuldnern beruhte auf den Regeln der englischen Kolonialmacht,[894] die auch noch weitgehend für das erste (schnelllebige) US-amerikanische Insolvenzgesetz aus dem Jahr 1800 übernommen wurden.[895] In dieser Zeit entwickelte sich eine schuldnerfreundliche Grundstimmung in der Bevölkerung der Kolonie, da ein erheblicher Teil der Verbindlichkeiten gegenüber Unterstützern des Vereinigten Königreichs bestand und der Staat und viele seiner Bürger, die den Unabhängigkeitskrieg unterstützt hatten, hoch verschuldet waren.[896] Dies beruhte auf dem Umstand, dass bereits vor dem Unabhängigkeitskrieg ein erheblicher Teil der Investitionen auf dem nordamerikanischen Kontinent aus der alten Welt finanziert wurde, weshalb während des Unabhängigkeitskriegs schuldnerfreundliche Gesetzesvorschläge Teil der Tagespolitik wurden und auch entgegen der grundsätzlich föderalen Ausgestaltung der Verfassung eine Gesetzgebungskompetenz des Bundesgesetzgebers für einheitliche Insolvenzgesetze in Form von *U.S. Constitution Art. 1, Sec. 8, Cl. 4* normiert wurde.[897] Dies wurde auch mit der untrennbaren Verknüpfung des Insol-

892 *Kotzur*, JöR 2015, 355, 356.

893 *Hirsch*, 45 Hastings L. J. 175, 226 (1994); *Noel*, A history of the bankruptcy clause, S. 36 f.; *Tabb*, 3 Am. Bankr. L. Rev. 5, 7, 12 (1995); zu beachten sind jedoch auch die englischen Ursprünge der Entschuldung aus dem Jahr 1705: *McCoid*, 70 Am. Bankr. L. J. 163 (1996).

894 *Hirsch*, 45 Hastings L. J. 175, 226 (1994); *Noel*, A history of the bankruptcy clause, S. 36 ff., 124.

895 *Noel*, A history of the bankruptcy clause, S. 124; *Skeel*, Debt's Dominion, S. 2.

896 *Noel*, A history of the bankruptcy clause, S. 72, 87 et passim; *Warren*, Bankruptcy in United States History, S. 13; eine ausführliche Schilderung des Falls Robert Morris bietet *Weisman*, 45 Com. L. J. 163 (1940): Morris hatte als Unterstützer der Unabhängigkeitsbewegung Bekanntheit erreicht, sich nach dem Krieg jedoch durch Immobiliengeschäfte hoch verschuldet und erst nach über drei Jahren Haft durch Schuldenerlass auf Grundlage des neu geschaffenen *Bankruptcy Act of 1800* seine Freiheit wiedererlangt.

897 *Braun*, in: Römermann, InsO, Vorb. vor §§ 217–269 Rn. 35; *Braun*, in: Braun/Uhlenbruck, Unternehmensinsolvenz, S. 427; ausführlich zum Gesetzgebungsverfahren v. Art. 1 Sec. 8 Cl. 4: *Noel*, A history of the bankruptcy clause, S. 67 ff.; *Warren*, Bankruptcy in United States History, S. 4 f.

venzrechts mit dem Handelsrecht begründet, da letzteres bereits als Teil der Gesetzgebungskompetenz des Bundes in Form von *U.S. Constitution Art. 1, Sec. 8, Cl. 3* vorgesehen war.[898] In den eigentlichen Beratungen zur Verfassung wurde das Thema der Insolvenzgesetzgebungskompetenz allerdings nur geringfügig behandelt.[899] Trotz dieser Umstände dauerte es bis zum Jahr 1839 bis Haftstrafen für nichtdeliktische Schulden auf Bundesebene abgeschafft wurden.[900]

c) Gesetzgebungsgeschichte

Die Gesetzgebung auf Grundlage von *U.S. Constitution Art. 1, Sec. 8* war in den noch jungen USA zunächst von kurzlebigen Entwicklungen geprägt. Ein beständiges US-amerikanisches Insolvenzrecht wurde erst 1898 in Form des *Bankruptcy Act of 1898* (fortan: *1898 Act*)[901] geschaffen, vor dem lediglich drei schnelllebige Krisengesetze aus den Jahren 1800, 1841 und 1867 bestanden.[902] Trotz einer Geltungsdauer von lediglich elf Jahren hat das dritte dieser Gesetze, der *Bankruptcy Act of 1867*, in Deutschland sowohl in die Motive des Entwurfs einer Gemeinschuldordnung von 1873[903] als auch in die Motive des Entwurfs einer Konkursordnung von 1875[904] Eingang gefunden. In den USA bestanden bedingt durch die negativen rechtsmissbräuchlichen Erfahrungen mit dem letzten Krisengesetz aus dem Jahr 1867[905] starke Widerstände im Gesetzgebungsverfahren des *1898 Act*.[906] Dennoch ist der *1898*

898 *Noel*, A history of the bankruptcy clause, S. 5; *Skeel*, Debt's Dominion, S. 23; *Warren*, Bankruptcy in United States History, S. 7.

899 *Noel*, A history of the bankruptcy clause, S. 77; *Tabb*, 3 Am. Bankr. L. Rev. 5, 13 (1995) m. w. N.; *Warren*, Bankruptcy in United States History, S. 4 f.

900 *Warren*, Bankruptcy in United States History, S. 52; *Mann*, Republic of Debtors, S. 78 ff.

901 30 Stat. 544, geändert durch Gesetz v. 22.6.1938 (Chandler Act), 52 Stat. 840, aufgehoben durch *Bankruptcy Reform Act of 1978*, Pub, L. No. 95–598, 92 Stat. 2549; ausführlich zum *1898 Act: Noel*, A history of the bankruptcy clause, S. 157; *Skeel*, Debt's Dominion, S. 23; *Tabb*, 3 Am. Bankr. Inst. L. Rev. 5, 23 (1995).

902 *Flessner*, Sanierung und Reorganisation, S. 37. Zu den einzelnen Krisengesetzen: *Kramer*, Sonderverfahren, S. 5 ff.; *Noel*, A history of the bankruptcy clause, S. 124, 134, 145; *Skeel*, Debt's Dominion, S. 25, 37 et passim; *Tabb*, 3 Am. Bankr. L. Rev. 5, 13, 16, 18 (1995). Die drei Krisengesetze waren: *Bankruptcy Act of 1800* (verabschiedet am 4.4.1800, 2 Stat. 19, aufgehoben am 19.12.1803, 2 Stat. 248), *Bankruptcy Act of 1841* (verabschiedet am 19.8.1841, 5 Stat. 440, aufgehoben am 3.3.1843, 5 Stat. 614) und *Bankruptcy Act of 1867* (verabschiedet am 2.3.1867, 14 Stat. 517, aufgehoben am 7.6.1878, 20 Stat. 99).

903 Motive des Entwurfs einer Deutschen Gemeinschuldordnung, Anlage-Band S. 113 ff.

904 Entwurf einer Konkursordnung, Motive S. 9, 11, 35, 47, 61, 125, 127, 172, 253, 265, 267, 275, 302, 326, 377, 383, 427, 451, vgl. auch Anlage-Band zu den Motiven S. 95–105 mit einer Übersicht über den *Bankruptcy Act of 1867*.

905 *Tabb*, 3 Am. Bankr. L. Rev. 5, 19 (1995).

906 *Tabb*, 3 Am. Bankr. Inst. L. Rev. 5, 23 (1995).

Act geprägt von einer großzügigeren Behandlung des Schuldners, was sich im Vergleich zu den drei vorherigen Gesetzen insbesondere in den moderaten Voraussetzungen für die Enthaftung des Schuldners äußert.[907] Dennoch war die gerechte und effiziente Verwaltung und Verteilung des Schuldnervermögens und nicht die Entlastung des Schuldners primäres Ziel des *1898 Act.*[908]

Mit dem *Chandler Act of 1938*[909] wurde der *1898 Act* als Reaktion auf die Wirtschaftskrise im Jahr 1929 umfassend umgestaltet und die Reorganisationsverfahren erstmals in Abschnitte („*Chapter*") eingeteilt.[910] Anlass der Reform waren auch Missstände des Reorganisationsverfahrens nach § 77B des *1898 Act*, da sich besonders Unternehmensleitungen und Banken durch ihren Informationsvorsprung gegenüber Kapitalanlegern vielfach ungerechtfertigte Vorteile sichern konnten.[911]

Das heutige US-amerikanische Insolvenzrecht wurde durch den *Bankruptcy Reform Act of 1978*[912] (fortan: *1978 Act*) in Form von *Title 11 U.S.C.*, der den sogenannten *Bankruptcy Code* enthält, geschaffen.[913] In der Geschichte des US-amerikanischen Insolvenzrechts sticht der *1978 Act* als erste große Reform dieses Rechtsgebiets hervor, die nicht als Reaktion auf eine schwere Wirtschaftskrise geschaffen wurde.[914] Der *1978 Act* brachte als wesentliche Neuerung eine Zuständigkeitskonzentration am *Bankruptcy Court* für nahezu jede Angelegenheit, die sich aus dem Verfahren ergibt oder mit diesem zusammenhängt[915] sowie ferner das Reorganisationsverfahren nach *Chapter 11.*[916] Auch wurden die unpfändbaren Bestandteile des Schuldnervermögens bei natürlichen Personen erweitert, um den Anreiz für wirtschaftlich unvernünftige Verwertungen zur Deckung von Verfahrenskosten zu mindern, und der Zugriff auf das zukünftige Einkommen eingeschränkt.[917] Besonders die letzten beiden Bestandteile des *1978 Act* führten zu er-

---

907 *Tabb*, 3 Am. Bankr. Inst. L. Rev. 5, 24 (1995) m. w. N.

908 *Tabb*, 3 Am. Bankr. Inst. L. Rev. 5, 25 (1995).

909 52 Stat. 840; einen Überblick über die Reformen bis zum *Chandler Act of 1938* bieten *Noel*, A history of the bankruptcy clause, S. 162 ff.; *Tabb*, 3 Am. Bankr. L. Rev. 5, 26 (1995).

910 *Tabb*, 3 Am. Bankr. Inst. L. Rev. 5, 30 (1995); *Flessner*, Sanierung und Reorganisation, S. 74, 80; *Kramer*, Sonderverfahren, S. 8.

911 *Flessner*, Sanierung und Reorganisation, S. 79.

912 Pub. L. No. 95–598, 92 Stat. 2549; eine Übersicht über die Regelungen des *Bankruptcy Reform Act* bieten *Jander/Sohn*, RIW 1981, 744.

913 *Tabb*, 3 Am. Bankr. Inst. L. Rev. 5, 32 (1995).

914 *Tabb*, 3 Am. Bankr. Inst. L. Rev. 5, 32 (1995); zum Gesetzgebungsverfahren *Cyr*, 49 Am. Bankr. L. J. 99 (1979); *Klee*, 28 DEPAUL L. REV. 941 (1979); *Kramer*, Sanierung und Reorganisation, S. 86 ff.

915 *Tabb*, 3 Am. Bankr. Inst. L. Rev. 5, 34 (1995); vgl. auch 11 U.S.C. § 105.

916 Zur Entstehungsgeschichte von *Chapter 11:* Kap. F.II.2.b), S. 151 ff.

917 *Morris*, 27 Wm. & Mary L. Rev 91, 93 (1985).

heblichen Lobbyismusanstrengungen der Kreditindustrie, die sich im *Bankruptcy Amendments and Federal Judgeship Act of 1984*[918] in einer Verschärfung der Regelungen zur Verbraucherinsolvenz zugunsten der Kreditindustrie niederschlugen.[919] Zudem wurde die Zuständigkeit der *Bankruptcy Courts* als Reaktion auf ein Urteil des *Supreme Court* modifiziert, der die weitreichende Zuständigkeit als unvereinbar mit *United States Constitution Art. 3* ansah.[920]

Eine weitere Reform des *1978 Act* erfolgte durch den *Bankruptcy Judges, United States Trustees, and Family Farmer Bankruptcy Act of 1986*,[921] gefolgt vom *Bankruptcy Reform Act of 1994*.[922] Neben der Anpassung diverser Regelungen wurde die *National Bankruptcy Review Commission* ins Leben gerufen, die das Gesetz und dessen Auswirkungen in den folgenden zwei Jahren untersuchte und weitere Reformvorschläge empfahl.[923]

Eine tiefgreifende Reform erfolgte ferner durch den *Bankruptcy Abuse Prevention and Consumer Protection Act of 2005* (BAPCPA).[924] Insbesondere hat diese Reform verpflichtende Beratungen, erhöhte Anforderungen für Verbraucher zur sofortigen Entschuldung auf Grundlage von *Chapter 7* sowie eine Erweiterung des Insolvenzbeschlags geschaffen.[925]

Der *Bankruptcy Code* wurde durch den *Small Business Reorganization Act of 2019* (SBRA) erneut reformiert, der mit dem neu eingefügten *Subchapter V* Sonderregeln innerhalb des *Chapter 11*-Verfahrens für kleine Unternehmen (*small business)* geschaffen hat.[926] Ziel der Neuerungen ist der erleichterte Zugang zum *Chapter 11*-Verfahren für kleine Unternehmen, denen bisher aufgrund des Aufwands und der formellen Anforderungen der Zugang faktisch verwehrt war.[927]

---

918 Pub. L. No. 98–353, 98 Stat. 333.

919 *Skeel*, Debt's Dominion, S. 189–191; krit. *Morris*, 27 Wm. & Mary L. Rev 91, 95 et passim (1985).

920 *Northern Pipeline Construction Co. v. Marathon Pipeline Co.*, 458 U.S. 50, 87–88 n.40 (1982); *McDonough*, 46 Ohio St. L. J. 1035 (1985); hierzu *Germain*, Bankruptcy Law, S. 48 f.

921 100 Stat. 3088.

922 Pub. L. No. 103–394, 108 Stat. 4106.

923 *Tabb*, 3 Am. Bankr. Inst. L. Rev. 5, 5 (1995).

924 *Bankruptcy Abuse Prevention and Consumer Protection Act of 2005*, Publ. L. 109–8, 119 Stat. 23; zum Gesetzgebungsverfahren: *Jensen*, 79 Am. Bankr. L. J. 485 (2005); krit. *Bufford/Chemerinsky*, 82 Am. Bankr. L. J. 1 (2008).

925 *Germain*, Bankruptcy Law, S. 46, 73, 93 et passim; *Meyer/Duckstein*, ZIP 2006, 935, 935 f.

926 *Small Business Reorganization Act of 2019*, H.R. 3311, 116th Cong., 1th Sess. (2019) (in Kraft), abrufbar unter https://www.congress.gov/116/bills/hr3311/BILLS-116hr3311enr.pdf, zuletzt abgerufen am 10.5.2024; systematischer Überblick bei *Janger*, 29 Int. Insolv. Rev. 254 (2020).

927 *Grauke/Fail/Hwangpo*, in: MüKoInsO, Länderberichte USA Rn. 12, 64–66; zu der systematisch gleichgelagerten Problematik der Verfahrensbewältigung durch KMU i.R.d. StaRUG: *Smid*, ZInsO 2020, 2184, 2189; *Smid*, NZI-Beilage 2021, 64 ff.; *Vallender*, ZinsO 2020, 2677, 2687 f.

Zukünftig könnte eine Reform des *Bankruptcy Code* durch den Gesetzentwurf *Nondebtor Release Prohibition Act of 2021* erfolgen, der den hier untersuchten *third-party release* weitgehend untersagen würde.[928] Der Gesetzentwurf wird derzeit jedoch soweit ersichtlich nicht weiter vorangetrieben.

2. Grundlagen des Chapter 11-Verfahrens

Die Regelungen des *Chapter 11*-Verfahrens werden in einer Vielzahl von deutsch-[929] und englischsprachigen[930] Veröffentlichungen in unterschiedlicher Tiefe und Aktualität dargestellt. Deshalb genügt es für die Ziele dieser Arbeit, den Aspekt des *third-party release* innerhalb des *Chapter 11*-Verfahrens zu fokussieren und im Übrigen die Grundzüge des Verfahrens lediglich kursorisch voranzustellen.

a) Zielsetzung und Bewertung von Chapter 11

Das *Chapter 11*-Verfahren ist elementarer Bestandteil des US-amerikanischen Unternehmensinsolvenzrechts,[931] indem es dem Schuldner ermöglicht, seine geschäftlichen und finanziellen Angelegenheiten neu zu ordnen.[932] Die Bewertung von *Chapter 11* hat sich stark gewandelt. In den ersten Jahren seiner Geltung wurde das neu geschaffene Verfahren nahezu durchweg kritisch bewertet.[933] Insbesondere sei das Verfahren ineffizient und kostenintensiv.[934] Spätere (empirische) Untersuchungen konnten diese Einschätzung nicht bestätigen.[935] Überlange Verfahren sind jedenfalls für die Mehrzahl der Verfahren ausgeblieben[936] und im Vergleich zu Transaktionen außerhalb von Insolvenzen konnten zudem keine erhöhten Verfahrenskosten fest-

---

928 Näher zum *Nondebtor Release Prohibition Act of 2021:* Kap. F.III.6., S. 186 f.

929 Eine deutschsprachige Darstellung des Chapter 11-Verfahrens bieten etwa *Bruder/Martin*, BeckOK InsR, Länderbericht USA Rn. 82 ff., Stand: 15.1.2023; umfassend *Kemper*, Chapter 11, S. 4 ff.; *Reinhart*, Sanierungsverfahren, S. 33 ff.

930 Einen komprimierten Überblick über das amerikanische Insolvenzrecht bietet die Ausarbeitung des *Congressional Research Service*, Bankruptcy Basics: A Primer, CRS Report R45137, aktualisierte Fassung vom 22.3.2018, abrufbar unter: https://crsreports.congress.gov/product/pdf/R/R45137, zuletzt abgerufen am 10.5.2024.

931 *Smid*, DZWIR 2011, 45, 51.

932 *Ahart/Meadows*, 70 Am. Bankr. L. J. 127 (1996); *Kemper*, Chapter 11, S. 11 ff.

933 Überblick über die Kritik: *Hynes*, 6 Va. L. & Bus. Rev. 183, 193 – 201 (2011).

934 *Hynes*, 6 Va. L. & Bus. Rev. 183, 206 (2011) m. w. N.

935 *Hynes*, 6 Va. L. & Bus. Rev. 183, 192, 205 – 208 (2011); *Warren/Westbrook*, 107 Mich. L. Rev. 603 (2007).

936 *Warren/Westbrook*, 107 Mich. L. Rev. 603, 626 – 628 et passim (2007).

gestellt werden.[937] Neben diesem Befund wird der Erfolg besonders auf die wachsende Mitbestimmung durch Gläubiger und die Zunahme des sog. *363-Sale* in den vergangenen Jahrzehnten zurückgeführt.[938]

In der öffentlichen Wahrnehmung nimmt *Chapter 11* eine prominente Position im Vergleich zu anderen Rechtsinstituten ein, wozu zahlreiche Großverfahren beigetragen haben.[939] Mehrere größere Unternehmensinsolvenzen haben dazu geführt, dass die Verfahrenseröffnung in der öffentlichen Wahrnehmung nicht mehr zwingend als Makel empfunden wird.[940] Hier schwankt die öffentliche Wahrnehmung jedoch und tendiert nach den jüngeren Insolvenzverfahren von *Purdue Pharma*,[941] diversen katholischer Diözesen und der *Boy Scouts of America*,[942] in denen deliktische Schadenersatzansprüche wegen des sexuellen Missbrauchs von Minderjährigen über einen Zeitraum von mehreren Jahrzenten oder wegen der Absatzsteigerung durch gezielte Verharmlosung der Suchtgefahr opioidhaltiger Medikamente im Rahmen von *Chapter 11*-Verfahren gestaltet wurden, zu einer restriktiven Haltung.[943] Auch wird zum Teil vorgebracht, *Chapter 11* sei lediglich nützliches Vehikel für Investoren,[944] was umfangreiche Untersuchungen zum Reformbedarf ausgelöst hat.[945]

b) Entstehungsgeschichte des Chapter 11-Verfahrens

Die Regelungen und Wertungen von *Chapter 11* werden nachvollziehbarer, wenn man die historischen Wurzeln berücksichtigt. Der Ursprung US-amerikanischer Reorganisationsverfahren liegt in der zweiten Hälfte des 19. Jahrhunderts in den *equity*-Regeln des Common Law,[946] aus denen das *equity receivership*-Verfahren richterrechtlich entwickelt wurde.[947] Auslöser dieser Rechtsfortbildung waren die

---

937 *Bris/Welch/Zhu*, 61 J. Fin. 1253, 1301 (2006); *Hynes*, 6 Va. L. & Bus. Rev. 183, 206 (2011).

938 *Hynes*, 6 Va. L. & Bus. Rev. 183, 192, 206 (2011) m. w. N.; siehe auch zum *363-Sale:* Kap. F.II.2.d), S. 154 ff.

939 *Skeel*, Debt's Dominion, S. 212 ff.

940 *Harner*, 77 Fordham L. Rev. 703, 729 (2008) m. w. N.

941 *Schroeder/Carlson*, 31 Am. Bankr. Inst. L. Rev. 1 (2023).

942 *In re Boy Scouts of Am.*, 642 B.R. 504 (Bankr. D. Del. 2022).

943 *Sheinfeld/Pippit*, 60 Bus. Law. 79, 85 (2004). Diese Kritik führte auch zum Gesetzentwurf *Nondebtor Release Prohibition Act of 2021*, hierzu: Kap. F.III.6., S. 186 f.

944 Etwa *Jacoby*, 166 Univ. Pa. Law Rev. 1716 (2018).

945 Näher *Silverman*, IILR 2015, 123; *Wessels/de Weijs*, IILR 2014, 441.

946 *Braun*, in: Römermann, InsO, Vorb. vor §§ 217–269 Rn. 36; *Kramer*, Sonderverfahren, S. 5; *Flessner*, Sanierung und Reorganisation, S. 39 f.

947 *Braun*, in: Römermann, InsO, Vorb. vor §§ 217–269 Rn. 36, 39; *Braun*, in: Braun/Uhlenbruck, Unternehmensinsolvenz, S. 428 f.; *Eidenmüller*, in: MüKoInsO, Vorb. vor §§ 217–269 Rn. 18; *Flessner*,

zahlreichen Konkurse der für die Erschließung des nordamerikanischen Kontinents überaus wichtigen Eisenbahngesellschaften, die durch deren hohe Risikobereitschaft und exorbitante Fremdfinanzierung verursacht wurden.[948] Das *receivership*-Verfahren war ein gerichtliches Zwangsverwaltungsverfahren,[949] in welchem das gesamte Vermögen der insolventen Eisenbahngesellschaft zunächst auf einen Zwangsverwalter (*receiver*) und nach Bereinigung der Kapitalstruktur auf eine Auffanggesellschaft übertragen wurde.[950] Das *receivership*-Verfahren reagierte somit auf die wirtschaftlichen Zwänge, die sich aus der Notwendigkeit der Eisenbahnen für die Erschließung des Kontinents und der gleichzeitig geringen Zerschlagungswerte ergaben und ermöglichte die Fortführung des Betriebs unter einem neuen Unternehmensträger.[951] Dennoch enthielt der *1898 Act*[952] zunächst keine Regelungen für ein Unternehmensreorganisationsverfahren.[953] Erst 1933 wurde mit § 77 des *1898 Act* das *receivership*-Verfahren für Eisenbahngesellschaften, die im Handel zwischen Bundesstaaten tätig sind, kodifiziert.[954] Bereits 1934 erfolgte die nächste Reform des *1898 Act,* in der mit § 77B erstmals ein Reorganisationsverfahren geschaffen wurde, das grundsätzlich allen Unternehmen offen stand.[955] Der *Chandler Act of 1938* unterteilte § 77B und erstmals Abschnitte für einzelne Verfahren („*Chapter*"), die für bestimmte Unternehmensreorganisationen Anwendung fanden.[956] *Chapter X* beabsichtigte die Reorganisation von großen börsennotierten Unternehmen, wohingegen *Chapter XI* für kleinere Unternehmen vorgesehen war.[957] Allerdings wich diese gesetzgeberische Intention von der Anwendungsrealität in erheblichem Maße ab.[958] Schließlich fasste der *1978 Act* die

Sanierung und Reorganisation, S. 34 ff.; *Kramer,* Sonderverfahren, S. 29; ausführlich *Lubben*, 89 Cornell L. Rev. 1420 (2004).

948 *Braun*, in: Braun/Uhlenbruck, Unternehmensinsolvenz, S. 428 f.; *Flessner,* Sanierung und Reorganisation, S. 35, zur wirtschaftlichen und sozialen Bedeutung der Eisenbahn, S. 67 f.; *Skeel,* Debt's Dominion, S. 4.

949 *Flessner,* Sanierung und Reorganisation, S. 34.

950 *Braun*, in: Römermann, InsO, Vorb. vor §§ 217 bis 269 Rn. 36 f.; *Flessner,* Sanierung und Reorganisation, S. 40 ff.; *Eidenmüller,* in: MüKoInsO, Vorb. vor §§ 217–269 Rn. 18; *Kramer,* Sonderverfahren, S. 29 ff.

951 *Braun*, in: Braun/Uhlenbruck, Unternehmensinsolvenz, S. 429.

952 *Bankruptcy Act of 1898* (*Nelson Act*), v. 1.7.1898, ch. 541, 30 Stat. 544.

953 *Baird/Rasmussen*, 1999 Sup. Ct. Rev 393, 403 (1999); *Hicks*, 5 Nev. L. J. 820, 824 (2005); *Weiner,* 34 Col. L. Rev. 1173 (1934).

954 *Act of March 3, 1933*, ch. 204, 47 Stat. 1467 (aufgehoben 1938); *Hicks*, 5 Nev. L. J. 820, 827 (2005).

955 *Hicks*, 5 Nev. L. J. 820, 828 (2005); zum § 77B-Verfahren *Kramer,* Sonderverfahren, S. 35 ff.

956 *Tabb*, 3 Am. Bankr. Inst. L. Rev. 5, 30 (1995); *Hicks*, 5 Nev. L. J. 820, 828 (2005).

957 *Hicks*, 5 Nev. L. J. 820, 828 (2005).

958 *Hicks*, 5 Nev. L. J. 820, 828–830 (2005).

Chapter X[959] und *Chapter XI*[960] in einem einheitlichen, verwalterlosen Reorganisationsverfahren in Form des heute fortbestehenden *Chapter 11* zusammen.[961]

Zusammenfassend lässt sich der Ursprung der US-amerikanischen Reorganisationsverfahren auf die komplexe Finanzierungsstruktur großer US-amerikanischer Unternehmen zurückverfolgen, woraus sich erst langsam ein auch für kleinere Unternehmen geeignetes Verfahren entwickelte.[962]

c) Grundzüge

Im US-amerikanischen Insolvenzrecht stehen einer Gesellschaft in wirtschaftlichen Schwierigkeiten grundsätzlich zwei Verfahrensmöglichkeiten zur Verfügung. Entweder ein Liquidationsverfahren nach *Chapter 7*, in dem die Vermögenswerte verwertet werden, um die Gläubiger zu befriedigen[963] oder das auf Sanierung ausgerichtete *Chapter 11*-Verfahren. Im Rahmen von *Chapter 7* verliert der Schuldner die Verfügungsbefugnis und ein Treuhänder wird zur Verfahrensabwicklung bestellt.[964] Dagegen behält der Schuldner im Rahmen von *Chapter 11* grundsätzlich die Verwaltungs- und Verfügungsbefugnis, 11 U.S.C. § 1101(1).

Der persönliche Anwendungsbereich von *Chapter 11* wird durch 11 U.S.C. § 109(a),(d) festgelegt. 11 U.S.C. § 109(a) normiert als allgemeine Zugangsvoraussetzung für alle Verfahrensarten, dass der Schuldner in den Vereinigten Staaten wohnen, einen dortigen Wohn- oder Geschäftssitz oder Eigentum oder eine US-amerikanische öffentliche Körperschaft sein muss. Zulässiger Schuldner im Rahmen von *Chapter 11* ist nach 11 U.S.C. § 109(d) grundsätzlich jede natürliche oder juristische Person, die auch Schuldner eines *Chapter 7*-Liquidationsverfahrens sein kann oder eine Eisenbahngesellschaft ist. Der Zugang zu *Chapter 11* wird damit für bestimmte Schuldner beschränkt: So können Börsenmakler kein *Chapter 11*-Ver-

---

959 Eine umfassende Darstellung von *Chapter X* des *1898 Act* bietet *Kramer*, Sonderverfahren, S. 8, 41 et passim.

960 Zu *Chapter XI* des *1898 Act: Flessner*, Sanierung und Reorganisation, S. 85 f.; *Hanisch*, Rechtszuständigkeit der Konkursmasse, S. 248 ff.; *Kramer*, Sonderverfahren, S. 15 f.

961 *Braun*, in: Römermann, InsO, Vorb. vor §§ 217–269 Rn. 36, 40; *Braun*, in: Braun/Uhlenbruck, Unternehmensinsolvenz, S. 431; *Flessner*, Sanierung und Reorganisation, S. 89; *Hicks*, 5 Nev. L. J. 820, 830 (2005); *Jackson*, 166 Univ. Pa. Law Rev. 1867, 1870 (2018); *Tabb*, 3 Am. Bankr. Inst. L. Rev. 5, 35 (1995).

962 *Flessner*, Sanierung und Reorganisation, S. 137.

963 Vgl. 11 U.S.C. §§ 701–727.

964 *Harner*, 77 Fordham L. Rev. 703, 729 (2008).

fahren anstreben und Banken und sonstigen Finanzinstituten ist der Zugang zu den Verfahren des *Bankruptcy Code* verwehrt.[965]

Soweit es sich bei dem Schuldner um eine natürliche Person handelt, werden die Regeln des *Chapter 11*-Verfahrens zum Teil durch Regeln von *Chapter 13* ergänzt, das ein Reorganisationsverfahren überwiegend für Verbraucherinsolvenzen normiert.[966] Ein *Chapter 11*-Verfahren über das Vermögen einer natürlichen Person ist deshalb einem *Chapter 13*-Verfahren gerade hinsichtlich der Anforderungen an das zukünftige verfügbare Einkommen („*projected disposable income test*") sowie hinsichtlich des Zeitpunkts des Forderungserlasses („*discharge*") angenähert.[967] Andererseits bestehen zwischen *Chapter 11* und *Chapter 13* auch bei natürlichen Personen als Schuldner grundlegende Unterschiede, insbesondere ermöglicht und erfordert *Chapter 11* durch seine flexible Ausgestaltung die Initiative des eigenverwaltenden Schuldners und die Mitwirkung der Gläubiger,[968] wohingegen *Chapter 13* nahezu ausschließlich an die gerichtliche Prüfung anknüpft, ob die konkreten Regelungen gerichtlich bestätigt werden können.[969]

d) Verfahrensablauf

Ein *Chapter 11*-Verfahren wird grundsätzlich auf Antrag des Schuldners eingeleitet, 11 U.S.C. § 301 (a).[970] Eines Eröffnungsgrundes bedarf es nicht.[971] *Chapter 11* steht dabei grundsätzlich jeder natürlichen oder juristischen Person offen.[972] Im *Chapter 11*-Verfahren ist der eigenverwaltende Schuldner, der sog. *debtor in possession*,

965 Über Banken-Holdinggesellschaften kann dagegen ein Verfahren eröffnet werden, wohingegen für deren Banken-Tochtergesellschaften diese Möglichkeit nicht besteht, vgl. insb. zur Ratio *Hynes/Walt*, 67 Wash. & Lee L. Rev. 985, 993 (2010) et passim.

966 Natürliche Personen haben die Möglichkeit, ein vereinfachtes Reorganisationsverfahren nach *Chapter 13* durchzuführen, sofern sie über ein regelmäßiges Einkommen verfügen und ihre ungesicherte Verbindlichkeiten 250.000 US-Dollar und ihre gesicherten Verbindlichkeiten 750.000 US-Dollar nicht überschreiten, 11 U.S.C. § 109(e).

967 *Hynes/Lawton/Howard*, 25 Am. Bankr. Inst. L. Rev. 61, 65 (2017), die Anforderungen an das Einkommen werden i.R.d. sog. *projected disposable income test* gemessen, 11 U.S.C. §§ 1129(a)(15)(B), 1325(b).

968 *Hynes/Lawton/Howard*, 25 Am. Bankr. Inst. L. Rev. 61, 66 (2017).

969 *Germain*, Bankruptcy Law, S. 47.

970 Eine Verfahrenseinleitung durch Gläubiger ist nur unter den erhöhten Voraussetzungen von 11 U.S.C. § 303 möglich. 99 % der Verfahren werden auf Antrag des Schuldners eingeleitet, *Harner*, 77 Fordham L. Rev. 703, 730 (2008); *Heese*, Funktion des Insolvenzrechts, S. 25; *Kemper*, Chapter 11, S. 15.

971 *Reinhart*, Sanierungsverfahren, S. 34.

972 *Kemper*, Chapter 11, S. 17.

der Regelfall,[973] wohingegen ein Treuhänder („*trustee*“) nur aus wichtigem Grund ernannt werden kann, 11 U.S.C. § 1104.

Ein *Chapter 11*-Verfahren kann grundsätzlich auf drei Arten enden:

Erstens können Schuldner und Gläubiger einen Plan verhandeln, welcher insbesondere die Vermögensverteilung regelt.[974] Der grundsätzliche Planinhalt wird durch 11 U.S.C. § 1123 bestimmt. Für das Einreichen des Reorganisationsplans gewährt 11 U.S.C. § 1121 (b) dem Schuldner grundsätzlich eine Frist von 120 Tagen, während derer allein der Schuldner einen Plan einreichen darf.[975]

Zweitens kann der *Bankruptcy Court* das Verfahren in eine Liquidation nach *Chapter 7* umwandeln[976] und drittens kann der *Bankruptcy Court* das Verfahren abweisen[977] und den Zustand vor dem Verfahren wieder herstellen (*dismissal*), 11 U.S.C. § 349 (b). Im Einzelfall (*for cause*) kann das Gericht hierbei auch von der Wiederherstellung des Zustands vor dem Verfahren absehen und in der Abweisungsentscheidung die Verteilung des Vermögens und sonstige Bedingungen festlegen (*structured dismissal*).[978] Der zulässige Umfang der Regelungen im Rahmen einer *structured dismissal*, insbesondere ob anders als in *Chapter 7* oder *Chapter 11* endgültig oder jedenfalls zeitweise von der *absolute priority rule* abgewichen werden kann, ist umstritten.[979]

Im Übrigen wird das *Chapter 11*-Verfahren teilweise durch einen Verkauf des Unternehmens im Ganzen oder einzelner Bestandteile frei von Rechten Dritter ohne Reorganisation des Rechtsträgers beendet, was in Anlehnung an die maßgebliche Norm (11 U.S.C. § 363) als „*363–Sale*“ bezeichnet wird.[980] Bei einem *363–Sale* besteht keine Abstimmungsmöglichkeit der Gläubiger, allerdings muss der Schuldner auch in diesem Fall die gerichtliche Zustimmung beantragen, wogegen die Gläubiger lediglich die Ablehnung des Schuldnerantrags beantragen können.[981] Durch die nicht erforderliche Abstimmung kann eine Blockade der Gläubiger umgangen werden, was mittelbar deren Kompromissbereitschaft im Rahmen der Abstimmung über einen *Chapter 11*-Plan steigert. Zudem ist ein *363–Sale* im Vergleich

---

973 *Harner*, 77 Fordham L. Rev. 703, 729 (2008); *Kemper*, Chapter 11, S. 56 f.; *Reinhart*, Sanierungsverfahren, S. 35.

974 Vgl. insb. 11 U.S.C. §§ 1121, 1123, 1129, 1141.

975 Für *small business cases* normiert 11 U.S.C. 1121(e) grds. eine Frist von 180 Tagen.

976 11 U.S.C. §§ 1112(a),(b), 726.

977 11 U.S.C. § 1112 (b).

978 Vgl. *Czyzewski v. Jevic Holding Corp.*, 137 S.Ct. 973 (2017); *Bruder/Martin*, in: BeckOK InsR, Länderbericht USA Rn. 98 f., Stand: 15.1.2023.

979 *Tracht*, 44 Preview U.S. Sup. Ct. Cas. 98 (28).

980 *Hynes/Walt*, 67 Wash. & Lee L. Rev. 985, 987 (2010), mit Nachweisen zum *363-Sale* im Verfahren der Chrysler LLC; auch *Kemper*, Chapter 11, S. 116 f.

981 *Hynes/Walt*, 67 Wash. & Lee L. Rev. 985, 988 (2010).

zur Sanierung i. R. v. *Chapter 11* deutlich zeitsparender.[982] Der *363-Sale* nimmt damit eine wichtige Funktion im Gefüge des *Chapter 11*-Verfahrens ein und hat maßgeblich zum Erfolg von *Chapter 11* beigetragen.[983] Bis zum Jahr 2015 ist der *363-Sale* bereits in 44 % der *Chapter 11*-Verfahren präsent, während 1989 noch keine entsprechenden Verfahren durchgeführt wurden.[984]

e) Planannahme und Planbestätigung

Der Reorganisationsplan bedarf zur Wirksamkeit zum einen der Annahme durch die Gläubiger sowie zum anderen der Bestätigung durch das Insolvenzgericht.

Für die Abstimmung der Gläubiger werden die erfassten Forderungen je nach Art in verschiedene Klassen eingeteilt, in denen jeweils die Mehrheit für die Plannahme stimmen muss. Nach 11 U.S.C. §§ 1126(c) – (d), 1129 liegt die Zustimmung einer Gläubigergruppe vor, wenn sowohl Zweidrittelsummenmehrheit als auch einfache Kopfmehrheit vorliegen.[985] Nur diejenigen Gläubiger, in deren Rechte der Plan eingreift, können über den Plan abstimmen.[986]

Sofern eine oder mehrere Gläubigergruppen nicht zustimmen, kann das Gericht die Zustimmung widersprechender Beteiligter nach inhaltlicher Prüfung des Plans im Rahmen der Planbestätigung ersetzen, 11 U.S.C. § 1129 (b).[987] Hierfür muss allerdings zumindest eine der betroffenen Gläubigerklassen auch im Fall der gerichtlichen Zustimmungsersetzung (*cram down*) dem Plan zugestimmt haben.[988] Die Bestätigung darf zudem nur erfolgen, wenn der Plan *fair and equitable* im Hinblick auf jede widersprechende Gläubigergruppe ist.[989] Dies bedeutet insbesondere, dass die Beteiligten gegen ihren Willen nicht schlechter gestellt werden können als sie bei einer Liquidation nach *Chapter 7* stünden.[990]

Gegen den Willen der betroffenen Beteiligten kann auch mithilfe des *cram down* nicht von Grundprinzipien des Verfahrens, insbesondere der *absolute priority*

---

982 *Kling*, 17 Stan. J. L. Bus. & Fin. 258, 260 (2012).

983 *Heese*, Funktion des Insolvenzrechts, S. 38 – 41; *Hynes*, 6 Va. L. & Bus. Rev. 183, 192, 206 (2011) m. w. N.; *Roe*, 7 Harv. Bus. L. Rev. 187, 189 (2017).

984 *Roe*, 7 Harv. Bus. L. Rev.187, 206 et seq. (2017).

985 *Coco*, 88 Fordham L. Rev. 231, 248 (2019).

986 *Coco*, 88 Fordham L. Rev. 231, 235 (2019).

987 *Kemper*, Chapter 11, S. 173; *Reinhart*, Sanierungsverfahren, S. 37. Inwieweit ein Gericht die erforderlichen wirtschaftlichen Bewertungen hinreichend präzise beurteilen kann und sollte, wird wiederholt hinterfragt. Empirisch ließen sich diese Befürchtungen nicht belegen, näher *Hynes*, 6 Va. L. & Bus. Rev. 183, 196 (2011).

988 11 U.S.C. § 1129(a)(10).

989 Näher *Hynes*, 6 Va. L. & Bus. Rev. 183, 195 f. (2011).

990 11 U.S.C. § 1129(a)(7); *Hynes*, 6 Va. L. & Bus. Rev. 183, 195 (2011) dort Fn. 57.

rule, abgewichen werden.[991] Dies gilt auch bei der Beendigung des *Chapter 11*-Verfahrens durch eine *structured dismissal*,[992] im Wege derer Reorganisationen häufig ohne *cram down* beendet werden.[993] Für die Anwendung der *absolute priority rule* in *Chapter 11* kommt es abgesehen von geringfügigen Abweichungen nicht darauf an, ob es sich um eine natürliche Person oder um ein Unternehmen als Schuldner handelt, wohingegen die *absolute priority rule* im Verfahren nach *Chapter 13* keine Anwendung findet.[994]

Wenn die Mehrheit in jeder Gläubigergruppe dem Plan zugestimmt hat oder die Voraussetzungen eines *cram down* vorliegen und die Verfahrensvorschriften eingehalten wurden, bestätigt das Insolvenzgericht den *Chapter 11*-Plan ohne sachliche gerichtliche Überprüfung, 11 U.S.C. §§ 1126, 1129.[995] Das Gericht kann einen *Chapter 11*-Plan jedoch nur bestätigen, wenn der Plan mit den Vorschriften des *Bankruptcy Code* vereinbar ist, 11 U.S.C. § 1129(a)(1).[996] Das Gericht hat zudem eine weitreichende Zuständigkeit für alle Verfahrensarten des *Bankruptcy Code* und für Streitigkeiten, die sich im Zusammenhang mit diesen Verfahren ergeben.[997]

Die Voraussetzungen der Planbestätigung werden durch 11 U.S.C. § 1129(a) konkretisiert.[998] Zunächst ist eine umfassende Information der Verfahrensbeteiligten im Rahmen des sog. *disclosure statement* erforderlich, welches den betroffenen Verfahrensbeteiligten ermöglichen soll, eine sachkundige Entscheidung über die Planannahme zu treffen.[999] Die Grundvoraussetzungen der Planbestätigung werden durch das Begriffspaar *fair and equitable* geprägt, vgl. 11 U.S.C. § 1129, aus dem auch die *absolute priority rule* hergeleitet wird.[1000] Die *absolute priority rule* wurde richterrechtlich durch die sog. *new value exception* ergänzt.[1001] Nach der *new value exception* können Alt-Anteilseigner an der sanierten Insolvenzschuldnerin beteiligt bleiben, wenn sie die Anteile durch eine marktgerechte Leistung er-

---

991 Mit Zustimmung der betroffenen Gläubigergruppe kann von der *absolute priority rule* abgewichen werden, 11 U.S.C. § 1129(b); die uneingeschränkte Geltung der *absolute priority rule* ist umstritten, *Hynes*, 6 Va. L. & Bus. Rev. 183, 196 (2011) dort Fn. 66 m.w.N.

992 *Czyzewski v. Jevic Holding Corp*, 137 S. Ct. 973, 983, 197 L. Ed. 2d 398 (2017).

993 *Hynes/Walt*, 67 Wash. & Lee L. Rev. 985, 987 (2010).

994 *Hynes/Lawton/Howard*, 25 Am. Bankr. Inst. L. Rev. 61, 66, 149 (2017).

995 *Roe*, 7 Harv. Bus. L. Rev. 187, 195 ff. (2017).

996 *Coco*, 88 Fordham L. Rev. 231, 236 (2019).

997 28 U.S.C. § 157(b)(1); instruktiv zur Zuständigkeit das Urteil des *Supreme Court* vom 23.6.2011 i.S. *Stern v. Marshall*, 564 U.S. 462 (2011), dort II.A. der Gründe.

998 Näher *Kemper*, Chapter 11, S. 166 f.

999 11 U.S.C. § 1125; FED. R. BANKR. P. 3016; *In re Del. & Hudson Ry. Co.*, 124 B.R. 169, 174 (D. Del. 1991).

1000 Ausführlich zur Rechtsentwicklung *Flessner*, Sanierung und Reorganisation, S. 95 ff.

1001 *Casey*, 120 COL. L. REV. 1709, 1767 (2020).

werben.[1002] Ferner sieht 11 U.S.C. § 1123(a)(4) vor, dass in einem Plan die Forderungen der Gläubiger innerhalb einer Gruppe gleichbehandelt werden müssen.[1003]

f) Rechtsfolgen der Planbestätigung

Mit der Planbestätigung durch das Insolvenzgericht ist der Reorganisationsplan für den Schuldner, Gläubiger und Anteilseigner verbindlich, 11 U.S.C. § 1141(b).[1004] Die wesentlichen Folgen der Planbestätigung werden in 11 U.S.C. § 1141 festgelegt („*effect of confirmation*"). Insbesondere gelten mit Bestätigung nur noch die Regelungen des Reorganisationsplans, 11 U.S.C. § 1141 (a), (b).

Nach 11 U.S.C. § 1141(b) erlangt der Schuldner mit der Planbestätigung vorbehaltlich abweichender Regelungen die Verfügungsbefugnis zurück. Jedoch ist die wohl wichtigste Folge der Planbestätigung der als *discharge* bezeichnete Erlass der Verbindlichkeiten des Schuldners, 11 U.S.C. § 1141(d). Die Ausnahmen und Wirkungen der *discharge* normiert 11 U.S.C. § 1141(d), der durch die allgemeinen Regelungen der 11 U.S.C. §§ 523, 524 ergänzt wird. Nach 11 U.S.C. § 1141(d)(1)(A) gelten die vor dem *Chapter 11*-Verfahren begründeten Verbindlichkeiten grundsätzlich als erlassen.[1005] Jedoch wird die Wirkung des Forderungserlasses bei natürlichen Personen auf den Zeitpunkt der Planerfüllung verschoben, 11 U.S.C. §§ 1141(d)(5)(A).[1006] Der Erlass hat grundsätzlich keine Wirkung zugunsten von Mitschuldnern, 11 U.S.C. § 524(e).[1007]

Zudem bestehen nach 11 U.S.C. § 1141(d)(3) drei Ausnahmen von der Grundregel, nach der die Planbestätigung gleichzeitig einen Forderungserlass gewährt: Erstens, wenn der Plan die (nahezu) vollständige Liquidation vorsieht, zweitens, wenn der Schuldner nach Vollzug des Plans nicht mehr unternehmerisch tätig ist und drittens, wenn der Schuldner auch im Liquidationsverfahren nach *Chapter 7* keinen Forderungserlass gem. 11 U.S.C. § 727(a) erreichen könnte. So soll eine Umgehung des *Chapter 7*-Verfahrens vermieden werden.[1008] Im Übrigen sind unabhängig von der jeweiligen Verfahrensart gem. 11 U.S.C. § 523 bestimmte Verbindlichkeiten vom Forderungserlass ausgenommen (sog. „*nondischargeable debts*"). Dies gilt insbesondere für bestimmte Steuerverbindlichkeiten, 11 U.S.C. § 523(a)(1),

---

1002 *Bank of Am. Nat'l Tr. & Sav. Ass'n v. 203 N. LaSalle St. P'ship*, 526 U.S. 434, 457–58 (1999); *Baird/Rasmussen*, 1999 Sup. Ct. Rev. 393, 419; *Casey*, 120 COL. L. REV. 1709, 1767 (2020); *Haines*, 72 Am. Bankr. L. J. 387 (1998).

1003 Vgl. *In re Dow Corning Corp.*, 280 F.3d 648, 659 (6th Cir. 2002).

1004 *Grauke/Fail/Hwangpo*, in: MüKoInsO, Länderberichte, USA Rn. 62; *Kemper*, Chapter 11, S. 182.

1005 *Kemper*, Chapter 11, S. 183 f., S. 191.

1006 *Brown*, 79 Am. Bankr. L. J. 419, 422 (2005).

1007 *In re Applewood Chair Co.*, 203 F.3d 914 (5th Cir. 2000): „*The general rule is that a discharge in bankruptcy does not affect a guarantor's liability.*"

1008 *Grauke/Fail/Hwangpo*, in: MüKoInsO, Länderberichte, USA Rn. 63.

Verbindlichkeiten aufgrund von durch Betrug erlangten Krediten, 11 U.S.C. § 523(a)(2), und Unterhaltsverpflichtungen, 11 U.S.C. § 523(a)(5).

Nach der vollständigen Planerfüllung wird das *Chapter 11*-Verfahren durch Beschluss des *Bankruptcy Court* formal beendet.[1009]

III. Enthaftung Dritter: third-party release

Gestaltungen zur Enthaftung Dritter haben sich in Form des *third-party release* zu einem regelmäßigen Bestandteil des *Chapter 11*-Verfahrens entwickelt.[1010] Die Einzelheiten sind komplex und mangels ausdrücklicher gesetzlicher Regelung und eindeutiger höchstrichterlicher Rechtsprechung stark von den Präjudizien der jeweiligen Bezirksgerichte abhängig.[1011]

Bereits die grundsätzliche Zulässigkeit des *third-party release* und – falls diese bejaht wird – deren Rahmenbedingungen sind umstritten. Dabei kreist die Diskussion um die Fragen, ob der *Bankruptcy Court* grundsätzlich für die Entscheidung über die Vereinbarkeit des *third-party release* mit den Normen des *Bankruptcy Code* zuständig ist und – falls diese Zuständigkeit bejaht wird – ob der *Bankruptcy Code* es dem Gericht untersagt, einen Plan zu bestätigen, der Dritte von Ansprüchen der Gläubiger befreit. Im Folgenden sollen zunächst die grundlegenden Begriffe dargelegt und von vergleichbaren Rechtsinstituten abgegrenzt werden, um darauf aufbauend die Diskussion zum *third-party release* im Einzelnen darzustellen. Anschließend folgt in gesonderten Abschnitten ein Seitenblick auf die Rechtslage in Kanada, das über eine weitreichende ausdrückliche Regelung verfügt, und die internationale Anerkennung von *third-party releases* in den USA und Deutschland.

1. Grundlagen und Abgrenzung

a) Begriff des third-party release

Grundsätzlich wird im amerikanischen Recht der Begriff „*release*" als die Beendigung einer Verpflichtung oder Aufgabe eines Rechts verstanden, was regelmäßig durch eine vertragliche Vereinbarung zwischen den beteiligten Parteien umgesetzt wird.[1012] Damit entspricht der Begriff „*release*" des Common Law am ehesten

---

1009 11 U.S.C. 350 (a); Fed. R. Bankr. P. Rule 3022.

1010 *Douglas*, 1 Pratt's J. Bankr. L. 444 (2005); *Silverstein*, 23 Emory Bankr. Dev. J. 13, 14 (2006).

1011 *Coco*, 88 Fordham L. Rev. 231, 237 (2019).

1012 Wex Legal dictionary, abrufbar unter https://www.law.cornell.edu/wex/release, zuletzt abgerufen am 10. 5. 2024.

dem des zivilrechtlichen Erlasses.[1013] Im Zusammenhang mit *Chapter 11* bezeichnet *third-party release* die Befreiung einer vom Schuldner personenverschiedenen (juristischen) Person von Ansprüchen Dritter, regelmäßig von Ansprüchen der Gläubiger des Verfahrensschuldners gegen den begünstigten Dritten.[1014] Synonym, wenn auch weniger gebräuchlich, wird der Begriff des *nondebtor release* verwendet. Ein *third-party release* befreit den Dritten in der Regel von Verbindlichkeiten gegenüber den Gläubigern des *Chapter 11*-Schuldners, wobei eine Sanierung des Schuldners nicht notwendig Ergebnis der Gestaltung durch den Plan sein muss.[1015] Neben der Regelung im *Chapter 11*-Plan kommt auch ein *third-party release* im Rahmen einer *structured dissmissal* in Betracht.[1016]

Strategisch wird ein *third-party release* in der Regel genutzt, um komplexe Verfahren zügig abzuwickeln, die ansonsten in jahrelangen Rechtsstreitigkeiten münden würden, oder um Dritte im Gegenzug gegen die Enthaftung zur (finanziellen) Mitwirkung an der Sanierung zu bewegen.[1017]

b) Directors & officers als Äquivalent zum GmbH-Geschäftsführer

Die neben dem Schuldner durch den *third-party release* enthafteten Dritten sind häufig Teil der Geschäftsleitung des Schuldners, die *directors* und *officers.*[1018]

Im US-amerikanischen Recht besteht kein gesetzlich definiertes Gegenstück zur GmbH, vielmehr kann eine *corporation* je nach Ausgestaltung im Einzelfall eher einer AG oder einer GmbH entsprechen.[1019] Gesetzlich wird die Unternehmensführung den *directors* zugeordnet, wobei in der Praxis das Tagesgeschäft oftmals einer Gruppe von *officers* übertragen wird und das *board of directors* Überwachungsaufgaben bei gleichzeitiger Entscheidungsgewalt erfüllt.[1020] Sofern *director* und *officer* personenidentisch sind, werden diese als *inside* (bzw. *executive*) *directors* bezeichnet.[1021] Im Gegensatz dazu sind sogenannte *outside directors* lediglich Teil des *board of directors* ohne gleichzeitig Geschäftsführungsaufgaben zu über-

---

1013 *Kleinschmidt*, in: HWB-EuP 2009, Erlass einer Forderung.

1014 *Coco*, 88 Fordham L. Rev. 231, 265 (2019).

1015 *In re Purdue Pharma*, 635 B.R. 26, 66 (S.D.N.Y. 2021).

1016 ABI-Report Chapter 11, 2014, S. 270; zur *structured dismissal:* Kap. F.II.2.d), S. 154 ff.

1017 *Coco*, 88 Fordham L. Rev. 231, 235, 265 (2019).

1018 *Mokbel*, 7 St. John's Bankr. Research Libr. No. 16, 1, 1 (2015); *Coco*, 88 Fordham L. Rev. 231, 235 (2019).

1019 *Schwesinger*, Haftung, S. 49; insb. die sog. *close corporation* kann als Gegenstück zur GmbH angesehen werden, vgl. *Fleischer*, in: MüKoGmbHG, Einleitung Rn. 273.

1020 *Lederer*, Haftung von Aufsichtsratsmitgliedern, S. 51; *Schwesinger*, Haftung, S. 50.

1021 *Schwesinger*, Haftung, S. 51.

nehmen.[1022] Durch die immanenten Interessenkonflikte bei personeller Verknüpfung von Überwachung und Geschäftsführung im Fall von *inside directors* nimmt die Bedeutung der *outside directors* zu.[1023]

c) Überblick über die Haftung von directors & officers

Die Haftung der Organe einer *corporation* lässt sich holzschnittartig in Innenhaftung, Außenhaftung und Haftung aufgrund der Verletzung von abgabenrechtlichen Pflichten einteilen:

Im Innenverhältnis gegenüber der Gesellschaft und deren Anteilseignern haften die Organe für die Verletzung von Treue- und Sorgfaltspflichten,[1024] wenngleich es im jeweiligen bundesstaatlichen Gesellschaftsrecht in der Regel möglich ist, die Haftung von *directors* und *officers* für Sorgfaltspflichtverletzungen im Gesellschaftsvertrag auszuschließen, sofern diese nicht auf Vorsatz basieren.[1025] Diese gesellschaftsvertraglichen Regelungen gelten grundsätzlich auch in der Insolvenz der *corporation* fort.[1026] Tendenziell lässt sich seit den öffentlichkeitswirksamen Verfahren *Sarbanes-Oxley, Enron* und *WorldCom* in der Rechtsprechung eine Verschärfung der Pflichten und der korrespondierenden Haftung der Geschäftsleiter verzeichnen.[1027]

Auch im Außenverhältnis bestehen zahlreiche potenzielle Haftungsgrundlagen,[1028] die sich insbesondere aus Pflichtverletzungen vor oder während eines Insolvenzverfahrens ergeben.[1029] Denn obwohl die Geschäftsleiter gegenüber den Gläubigern der Gesellschaft anders als gegenüber der Gesellschaft und den Gesellschaftern grundsätzlich keine Treuepflichten treffen, gilt dies nicht bei Insolvenzreife der Gesellschaft vor Verfahrenseröffnung[1030] oder für den eigenverwaltenden Schuldner (*debtor-in-possession*) und dessen Geschäftsleiter im *Chapter 11*-Verfahren.[1031] Insbesondere trifft den *debtor-in-possession* die Verpflichtung, alle

1022 *Lederer*, Haftung von Aufsichtsratsmitgliedern, S. 51; *Schwesinger*, Haftung, S. 51.

1023 *Schwesinger*, Haftung, S. 51 f. m. w. N.

1024 *Sheinfeld/Pippit*, 60 Bus. Law. 79, 79 et seq. (2004).

1025 Vgl. § 102(b)(7) Delaware General Corporation Law; *Sheinfeld/Pippit*, 60 Bus. Law. 79, 97 (2004); *Schwesinger*, Haftung, S. 47, 456.

1026 *Production Resources*, 863 A.2d 772 (2004), *Black/Cheffins/Klausner*, 58 Stan. L. Rev. 1055, 1093 (2006).

1027 *Sheinfeld/Pippit*, 60 Bus. Law. 79, 85 (2004).

1028 *Schwesinger*, Haftung, S. 67 et passim.

1029 Ausführlich *Sheinfeld/Pippit*, 60 Bus. Law. 79 (2004); *Varallo/Finkelstein*, 48 Bus. Law. 239, 240, 243 (1992).

1030 *Sheinfeld/Pippit*, 60 Bus. Law. 79, 88 et seq. (2004).

1031 *Sheinfeld/Pippit*, 60 Bus. Law. 79, 92 (2004).

Beteiligten gleichberechtigt zu behandeln.[1032] Die sicherlich wichtigste Verpflichtung des Schuldners und seiner Organe ist insoweit der Erhalt der Insolvenzmasse, deren Verletzung auch strafrechtlich geahndet werden kann, vgl. 18 U.S.C. § 153.[1033] Zudem kann sich eine persönliche Haftung aus der Verletzung von steuer- und sozialversicherungsrechtlichen Pflichten vor und während des Verfahrens ergeben, vgl. 26 U.S.C. § 6672.[1034]

Die meisten Klagen gegen Geschäftsleiter werden außergerichtlich verglichen, sodass gerichtliche Verhandlungen in diesem Bereich eine Ausnahme darstellen.[1035] Die Zahlungen erfolgen in den seltensten Fällen aus dem persönlichen Vermögen der *directors*, sondern in der Regel durch D&O-Versicherer, Mehrheitseigner oder sonstige Dritte und, sofern diese nicht insolvent ist, durch die Gesellschaft.[1036]

Directors und *officers* können grundsätzlich auch im Fall eines bestätigten *Chapter 11*-Plans in Anspruch genommen werden. Diesbezüglich bestimmt 11 U.S.C. § 524(e), dass der Erlass der Verbindlichkeiten des Schuldners grundsätzlich keine Auswirkungen auf die Mithaftung oder etwaige dingliche Sicherheiten von Dritten entfaltet.[1037]

d) Abgrenzung

Es bestehen ähnliche Gestaltungen, die jedoch keinen *third-party release* i. e. S. darstellen. Als *third-party release* i. e. S. ist dieser Untersuchung die Enthaftung von Dritten in *Chapter 11* ohne Zustimmung des betroffenen Gläubigers zugrunde gelegt. Unter dieser Prämisse sind die folgenden rechtlichen Gestaltungen nicht umfasst:

aa) Erlass mit Zustimmung der betroffenen Gläubiger – consensual release

Die erste Abgrenzung ergibt sich unter Berücksichtigung der vorgenannten Prämisse zur Enthaftung Dritter, die mit Zustimmung des betroffenen Gläubigers im Rahmen eines *Chapter 11*-Verfahrens durchgeführt wird.

Diese Enthaftung eines Dritten, d. h. nicht des *Chapter 11*-Schuldners, mit Zustimmung des betroffenen Gläubigers wird als *consensual third-party release* be-

---

1032 *Sheinfeld/Pippit*, 60 Bus. Law. 79, 93 (2004) unter Verweis auf *In re Cent. Ice Cream Co.*, 836 F.2d 1068, 1072 (7th Cir. 1987).

1033 *Sheinfeld/Pippit*, 60 Bus. Law. 79, 95 (2004).

1034 *Sheinfeld/Pippit*, 60 Bus. Law. 79, 85 (2004); siehe auch *United States v. Energy Resources Co., Inc., 495 U.S. 545, 549 (1990)* und die diesbezüglichen Ausführungen: Kap. F.III.4.c), S. 173.

1035 *Black/Cheffins/Klausner*, 58 Stan. L. Rev. 1055, 1063 (2006); *Rock*, 44 UCLA L. Rev. 1009, 1012 (1997); *Varallo/Finkelstein*, 48 Bus. Law. 239, 239 (1992).

1036 *Black/Cheffins/Klausner*, 58 Stan. L. Rev. 1055, 1060, 1063 (2006).

1037 *Douglas*, 1 Pratt's J. Bankr. L. 444, 445 (2005).

zeichnet. Anders als beim *non-consensual release* sind von der Wirkung nur diejenigen Gläubiger betroffen, die dem Erlass zugestimmt haben.[1038] Ein *consensual third-party release* ist häufiger Bestandteil von *Chapter 11*-Plänen, allerdings handelt es sich aufgrund der Zustimmung des Gläubigers auch bei Aufnahme einer entsprechenden Regelung in einen *Chapter 11*-Plan weniger um eine insolvenzrechtliche als um eine vertragsrechtliche Frage, da eine derartige Gestaltung keine Abweichungen gegenüber einem Vergleich oder einem sonstigen Vertrag aufweist.[1039] Sofern die Zustimmung des betroffenen Gläubigers besteht, haben die Gerichte die Bestätigung eines entsprechenden Plans als regelmäßig zulässig erachtet.[1040] Allerdings sind die Voraussetzungen, unter denen die Zustimmung des Gläubigers angenommen werden kann, umstritten. Insbesondere ist strittig, ob Schweigen im Rahmen des Abstimmungsverfahrens als Zustimmung gewertet werden darf.[1041]

bb) Erlass von Forderungen des Schuldners – estate release

Ebenso stellt es keinen *third-party release* i. e. S. unter der hier zugrunde gelegten Definition dar, wenn Forderungen, die der Schuldner gegenüber seinen Geschäftsleitern („*directors*") geltend machen kann, im *Chapter 11*-Verfahren gestaltet werden. Denn grundsätzlich kann auch der Erlass von Forderungen des Schuldners als Bestandteil der Masse in einen *Chapter 11*-Plan aufgenommen und gerichtlich bestätigt werden.[1042] Dies ist ausdrücklich in 11 U.S.C. § 1123(b)(3)(A*)* normiert, nach dem ein Plan eine vergleichende Regelung von Ansprüchen des Schuldners oder der Insolvenzmasse zum Gegenstand haben darf.[1043] Nach 11 U.S.C. § 1123(b)(3)(A) können Forderungen des Schuldners gegenüber Dritten erlassen werden, wenn der Erlass die allgemeinen Voraussetzungen von *Chapter 11* erfüllt, somit insbesondere „*fair and equitable and in the best interest of creditors*" wirkt, vgl. 11 U.S.C. § 1129.[1044] Lediglich vereinzelt wird argumentiert, die Kriterien zur Prüfung von *third-party*

1038 *In re Specialty Equipment Companies, Inc.*, 3 F.3d 1043, 1047 (7th Cir. 1993).

1039 *Coco*, 88 Fordham L. Rev. 231, 246 (2019); *Murphy*, 20 Norton J. Bankr. L. & Prac. 4 Art. 7 at 2 (2011); *Silverstein*, 23 Emory Bankr. Dev. J. 13, 25 (2006).

1040 *In re Metromedia Fiber Network, Inc.*, 416 F.3d 136, 142 (2d Cir. 2005); *In re Specialty Equip. Companies, Inc.*, 3 F.3d 1043, 1047 (7th Cir. 1993); *Coco*, 88 Fordham L. Rev. 231, 240, 265 (2019); *Murphy*, 20 Norton J. Bankr. L. & Prac. 4 Art. 7 at 2 (2011).

1041 Zu den Anforderungen an die Zustimmung: Kap. F.III.5.c), S. 180 f.

1042 Siehe etwa *In re Mallinckrodt PLC*, 639 B.R. 837, 865 (Bankr. D. Del. 2022); *Schroeder/Carlson*, 31 Am. Bankr. Inst. L. Rev. 1, 2 (2023).

1043 11 U.S.C. § *1123(b)(3)(A)*: *„a plan may provide for the settlement or adjustment of any claim or interest belonging to the debtor or the estate."*

1044 *Murphy*, 20 Norton J. Bankr. L. & Prac. 4 Art. 7 at 2 (2011).

releases seien auch auf den Erlass von Forderungen des Schuldners anzuwenden.[1045]

Zu beachten ist, dass die Innenhaftung Teil der Insolvenzmasse ist, weshalb grundsätzlich eine Verpflichtung zur Geltendmachung besteht,[1046] und ein Vergleich oder Verkauf der Forderungen unter Wert Schadenersatzansprüche auslösen kann, 11 U.S.C. § 363(n). Als Maßstab für eine Verwertung durch Verkauf gem. 11 U.S.C. § 363 hat sich im Nachgang der Entscheidung in Sachen *In re Lionel Corp.* des *Second Circuit* der sogenannte *„good business reason"*-Standard etabliert.[1047]

cc) Haftung für asbestbedingte Gesundheitsschäden, 11 U.S.C. § 524(g)

Die Enthaftung Dritter von Außenhaftungsansprüchen auch gegen den Willen der jeweiligen Gläubiger ist ausdrücklich lediglich für Schadenersatzforderungen aufgrund von Gesundheitsschäden durch Asbest in 11 U.S.C. § 524(g) normiert. Der Gesetzgeber hatte 11 U.S.C. § 524(g) im Jahr 1994 auf Betreiben von Insolvenzrechtlern und Managern des Asbestproduzenten Manville zur Bewältigung der zahlreichen, exorbitanten Schadenersatzforderungen aufgrund der gesundheitsschädlichen Auswirkungen von Asbest geschaffen, die drohten, die finanziellen Möglichkeiten der Beteiligten der Produktions- und Lieferketten von asbesthaltigen Produkten sowie die ihrer Versicherer zu übersteigen.[1048] 11 U.S.C. § 524(g) ermöglicht dem Schuldner und seinen Versicherern durch Zahlung an ein zugunsten der Geschädigten im jeweiligen Verfahren einzurichtendes Treuhandvermögen, alle Ansprüche der Geschädigten auf dieses Treuhandvermögen zu bündeln.[1049]

dd) Pflichtverletzungen während Chapter 11 – exculpation clause

In einen *Chapter 11*-Plan werden zudem üblicherweise Regelungen zur Entlastung der „an der Bearbeitung des *Chapter 11*-Verfahrens beteiligten Personen" aufgenommen, sog. *exculpation clauses.*[1050] Diese *exculpation* unterscheidet sich von ei-

1045 *In re Washington Mutual, Inc.*, 2011 WL 57111 (Bankr. D. Del. 2011).

1046 *Sheinfeld/Pippit*, 60 Bus. Law. 79, 95 (2004) unter Verweis auf *Harstad v. First Am. Bank*, 39 F.3d 898, 903 (8th Cir. 1994).

1047 *Committee of Equity Securitty Holders v. Lionel Corp. (In re Lionel Corp.)*, 722 F.2d 1063 (2d Cir. 1983); *Sheinfeld/Pippit*, 60 Bus. Law. 79, 95 (2004); *In re Mallinckrodt PLC*, 639 B.R. 837, 865 (Bankr. D. Del. 2022).

1048 *Federal Ins. Co. v. Grace, Slip Copy*, 2004 WL 5517843 (D. Del. 2004), p. 4; *Douglas*, 1 Pratt's J. Bankr. L. 444, 446 (2005); *Germain*, Bankruptcy Law, S. 298 ff., 319; *Skeel*, Debt's Dominion, S. 220.

1049 *Douglas*, 1 Pratt's J. Bankr. L. 444, 446 (2005).

1050 Vgl. etwa *In re Mallinckrodt*, 639 B.R. 837, 881 (Bankr. D. Del. 2022).

nem *third-party release* wesentlich durch den Zeitraum, in dem die potenzielle Haftung entstanden sein darf. Während ein *third-party release* in der Regel Nicht-Verfahrensschuldner von Haftungsansprüchen Dritter für Pflichtverletzungen vor Antragstellung befreit, schirmt die *exculpation* die Geschäftsleiter, Berater und sonstige Fachleute von Ansprüchen aufgrund ihres Verhaltens während des Verfahrens ab, sofern diese nicht im Einzelfall auf grober Fahrlässigkeit oder Vorsatz beruhen.[1051]

Die *exulpation* wird auf 11 U.S.C. § 1103(c) gestützt, der die Mitglieder des Gläubigerausschusses zur Mitwirkung an der Planerstellung und sonstigen Handlungen im Interesse der von ihnen vertretenen Gläubiger ermächtigt.[1052] Die Gerichte haben den Mitgliedern des Gläubigerausschusses bei der Ausübung dieser Befugnisse eine Haftungsfreistellung gewährt, sofern sie nicht grob fahrlässig oder vorsätzlich ihre Treuepflichten gegenüber den Gläubigern oder der Masse verletzen.[1053] Diese Maßstäbe hat die Rechtsprechung auch auf die professionellen Berater und leitende Angestellte ausgedehnt, die zur Durchführung des Verfahrens vom Verfahrensschuldner herangezogen wurden.[1054]

Aufgrund der Anknüpfung an 11 U.S.C. § 1103(c) ohne Bezug zu 11 U.S.C. § 524(e) stehen selbst diejenigen Gerichte, die einen *third-party release* ablehnen, einer *exculpation* im dargestellten Umfang offen gegenüber.[1055]

ee) Bündelung von Ansprüchen – channeling injunction

Eine mit dem *third-party release* artverwandte Gestaltung besteht in Form der sogenannten *channeling injunction*. Gegenstand von *channeling injunctions* ist die geordnete Abwicklung von Forderungen aus Sammelklagen („*mass tort claims*") innerhalb eines treuhänderischen Verfahrens, indem eine Anspruchsverfolgung gegen Dritte, häufig Versicherer, nach deren Dotierung des Zweckvermögens ausgeschlossen ist und die Anspruchsinhaber aus dem Treuhandvermögen gleichmäßig befriedigt werden.[1056] Dritte erbringen somit einen wesentlichen Beitrag zum Zweckvermögen und werden im Gegenzug von Direktansprüchen befreit, auch

1051 *Murphy*, 20 Norton J. Bankr. L. & Prac. 4 Art. 7 at 5 (2011).

1052 *Murphy*, 20 Norton J. Bankr. L. & Prac. 4 Art. 7 at 5 (2011).

1053 *In re Pacific Lumber Co.*, 584 F.3d 229, 253 (5th Cir. 2009); *Pan A Corp. v. Delta Air Lines, Inc.*, 175 B.R. 438, 514 (S.D. N.Y. 1994); *Murphy*, 20 Norton J. Bankr. L. & Prac. 4 Art. 7 at 5 (2011).

1054 Etwa *United Artists Theatre Co. v. Walton*, 315 F.3d 217, 229 (3rd Cir. 2003); *Murphy*, 20 Norton J. Bankr. L. & Prac. 4 Art. 7 at 5 (2011).

1055 *Murphy*, 20 Norton J. Bankr. L. & Prac. 4 Art. 7 at 5 (2011) unter Verweis auf *In re Exide Technologies*, 303 B.R. 48, 71–74, 42 Bankr. Ct. Dec. (CRR) 108 (Bankr. D. Del. 2003).

1056 *Gamble*, 38 Fordham Urb. L. J. 821, 848 (2011).

wenn sie selbst kein *Chapter 11*-Verfahren durchlaufen haben.[1057] Gerade in Verfahren mit einer Vielzahl an Geschädigten werden *channeling injunctions* regelmäßig mit einem *third-party release* verbunden.[1058]

ff) Haftungsfreistellung – corporate indemnification

Mit einer vergleichbaren Zielsetzung wie ein *third-party release*, also der Abschirmung Dritter von wirtschaftlichen Risiken, wird im US-amerikanischen Recht die Haftungsfreistellung und -erleichterung von leitenden Personen, die sogenannte *corporate indemnification*, durchgeführt,[1059] die erst als Reaktion auf teils widersprüchliche Präjudizien umfassend in den Bundesstaaten der USA kodifiziert wurde.[1060] Abstrakt beinhaltet die *indemnification* eine dahingehende Vereinbarung des Schuldners mit einem Dritten, dass der Dritte den Schuldner von Ansprüchen freihält, wodurch die Verantwortung für den Anspruch im Innenverhältnis auf den Dritten übergeht.[1061] Möglich sind die Haftungsfreistellung und -erleichterung gegenüber der Gesellschaft[1062], die Freistellung von zivilrechtlicher Haftung gegenüber Dritten[1063], die Erstattung von Geldstrafen und Geldbußen[1064] sowie die Erstattung von Verfahrenskosten[1065]. Allerdings ist jedenfalls in der Insolvenz der Gesellschaft eine Freistellung durch die insolvente Schuldnerin nicht möglich.[1066]

gg) Abgrenzung zu nondebtor stay und co-debtor stay

Der *Chapter 11*-Schuldner genießt gem. 11 U.S.C. § 362 mit Einleitung des Verfahrens den als *automatic stay* bezeichneten zeitweiligen Schutz vor einer unmittelbaren Inanspruchnahme durch seine Gläubiger. Gläubiger versuchen deshalb regelmäßig, ihre Forderungen gegen mithaftende Dritte, Bürgen oder Sicherungsgeber zu verfolgen,[1067] da diese vom *automatic stay* grundsätzlich nicht geschützt werden.[1068]

1057 *Gamble*, 38 Fordham Urb. L. J. 821, 824 (2011).

1058 *Gamble*, 38 Fordham Urb. L. J. 821, 848 (2011).

1059 Der Begriff der „Leitungspersonen" i. d. S. umfasst *directors* und *officers*, Mitglieder des Aufsichtsrats, des Vorstands und der Geschäftsführung und leitende Angestellte, *Bastuck*, Enthaftung, S. 12.

1060 *Bastuck*, Enthaftung, S. 13 f.; *Sheinfeld/Pippit*, 60 Bus. Law. 79, 104 (2004).

1061 *Gwynne*, 10 Am. Bankr. Inst. L. Rev. 711, 725 (2002).

1062 *Bastuck*, Enthaftung, S. 21 ff.

1063 *Bastuck*, Enthaftung, S. 35 ff.

1064 *Bastuck*, Enthaftung, S. 47 ff.

1065 *Bastuck*, Enthaftung, S. 56 ff.

1066 *Black/Cheffins/Klausner*, 58 Stan. L. Rev. 1055, 1089 et passim (2006).

1067 *Gamble*, 38 Fordham Urb. L. J. 821, 827 (2011).

Allerdings kann das Insolvenzgericht den *automatic stay* zusätzlich auf Dritte ausweiten oder ein Gerichtsverfahren gegen den Dritten unterbinden, 11 U.S.C. §§ 105, 362.[1069] Dies ist etwa der Fall, wenn der *Chapter 11*-Schuldner höchstwahrscheinlich erfolgreich reorganisiert werden kann und die Mitschuldner und Bürgen wesentlich für die Reorganisation sind.[1070] Insoweit sichert ein *nondebtor stay* auch einen späteren *third-party release* im Plan.[1071] Jedenfalls bis zur Aufhebung des *Chapter 11*-Verfahrens halten auch die Gerichte, die einen *third-party release* im Übrigen ablehnen, die Anordnung von *nondebtor stays* für zulässig.[1072]

2. Maßgebliche Normen des Bankruptcy Code

Die Diskussion zur Zulässigkeit des *third-party release* bewegt sich maßgeblich zwischen den folgenden Normen, die zum besseren Verständnis der Diskussion vorangestellt werden.

Zunächst normiert 11 U.S.C. § 524(e), dass der Erlass einer Verbindlichkeit des Schuldners vorbehaltlich der Bestimmungen in 11 U.S.C. § 524(a)(3) nicht die Haftung eines anderen Rechtssubjekts für diese Schuld oder sonstige für diese Schulden bestehende Rechte am Vermögen eines Dritten berührt. 11 U.S.C. § 524(a)(3) betrifft lediglich die Haftung des Ehegatten, die für die Zwecke dieser Untersuchung unbeachtlich ist.

Wörtlich führt 11 U.S.C. § 524(e) aus:

> Except as provided in subsection (a)(3) of this section, discharge of a debt of the debtor does not affect the liability of any other entity on, or the property of any other entity for, such debt.

Allerdings kann nach 11 U.S.C. § 1123(b)(6) ein Plan auch weitere Regelungen enthalten, sofern sie nicht den anwendbaren Normen des *Bankruptcy Code* widersprechen.

Wörtlich führt 11 U.S.C. § 1123(b)(6) aus:

1068 *In re Panther Mountain Land Dev., LLC*, 686 F.3d 916, 921 (8th Cir. 2012).

1069 *AH Robins Co. Inc. v. Piccinin*, 788 F.2d 994 (4th Cir. 1986); *In re Bailey Ridge Partners*, LLC, 517 B.R. 430 (Bankr. N.D. Iowa 2017); *Germain*, Bankruptcy Law, S. 142 f.; *Silverstein*, 23 Emory Bankr. Dev. J. 13, 33 (2006); *Zaretsky*, 73 Cornell L. Rev. 213 (1988).

1070 *In re Bailey Ridge Partners, LLC*, 517 B.R. 430 (Bankr. N.D. Iowa 2017); *Silverstein*, 23 Emory Bankr. Dev. J. 13, 33 (2006).

1071 *In re Purdue Pharma*, 635 B.R. 26, 60 (S.D.N.Y. 2021).

1072 *A.H. Robins Co. v. Piccinin*, 788 F.2d 994, 1001(4th Cir. 1986); *In re Circle K Corp.*, 121 B.R. 257, 262 (Bankr. D. Ariz. 1990); *In re Myerson & Kuhn*, 121 B.R. 145, 15 1–52 (Bankr. S.D.N.Y. 1990); *Silverstein*, 23 Emory Bankr. Dev. J. 13, 33 (2006).

> Subject to subsection (a) of this section, a plan may […] include any other appropriate provision not inconsistent with the applicable provisions of this title.

Daneben ermächtigt 11 U.S.C. § 105(a) das Gericht, alle Anordnungen, Verfügungen oder Urteile zu erlassen, die zur Durchführung der Bestimmungen dieses Titels [d.h. des *Bankruptcy Code*] erforderlich oder angemessen sind.

11 U.S.C. § 105(a) lautet:

> The court may issue any order, process, or judgment that is necessary or appropriate to carry out the provisions of this title.

Schließlich enthält 11 U.S.C. § 524(g) eine ausführliche Spezialregelung für den Erlass und Vollstreckungsschutz zugunsten Dritter für die Haftung aufgrund von Gesundheitsschäden durch asbesthaltige Produkte. Neben 11 U.S.C. § 524(g) besteht keine Norm, die den Erlass von Forderungen Dritter ausdrücklich zum Gegenstand hat.[1073]

3. Überblick über die Argumente der Diskussion

Vor diesem normativen Hintergrund kreist die Diskussion insbesondere um die Frage, in welchem Verhältnis die Regelungen in 11 U.S.C. §§ 105(a), 524(e) zueinanderstehen.[1074] Grundsätzlich erlangt nur der Schuldner mit der Planbestätigung den Erlass seiner Verbindlichkeiten nach Maßgabe der Regelungen des Plans, 11 U.S.C. §§ 524(a), 1141(d). Allerdings gewährt 11 U.S.C. § 105(a) dem Gericht weitreichende Befugnisse zum Erlass von verfahrensfördernden Maßnahmen, worauf auch die Bestätigung eines *third-party release* gestützt werden könnte.[1075] Zudem räumt 11 U.S.C. § 1123(b)(6) dem Gericht die Befugnis ein, „jede andere geeignete Regelung aufzunehmen, die nicht im Widerspruch zu den Bestimmungen des Bankruptcy Code steht".[1076] Allerdings wird an 11 U.S.C. § 524(e) deutlich, dass der Erlass zugunsten des Verfahrensschuldners grundsätzlich weder die Haftung Dritter noch dingliche Sicherheiten berührt. Da das Gericht bei Ausübung der durch 11 U.S.C. § 105(a) gewährten Befugnisse an den *Bankruptcy Code* gebunden ist, wird die Frage

1073 *In re Continental Airlines*, 203 F.3d 203, 211 (3d Cir. 2000); *In re Dow Corning Corp.*, 280 F.3d 648, 656 (6th Cir. 2002); *Sheinfeld/Pippit*, 60 Bus. Law. 79, 98 (2004).

1074 *Murphy*, 20 Norton J. Bankr. L. & Prac. 4 Art. 7 at 2 (2011).

1075 Näher *In re Dow Corning Corp.*, 280 F.3d 648, 656 (6th Cir. 2002).

1076 11 U.S.C. § 1123(b)(6): *„include any other provision not inconsistent with the applicable provision of this title."*

aufgeworfen, ob das Gericht dennoch eine von 11 U.S.C. § 524(e) abweichende Regelung erlassen kann.[1077] In die gleiche Kerbe schlägt der Umstand, dass in Form von 11 U.S.C. § 524(g) eine ausdrückliche Regelung zu den Voraussetzungen des *third-party release* in Asbesthaftungsfällen besteht, die als Ausnahme abschließenden Charakter haben könnte.[1078] Allerdings führt die Gesetzesbegründung zu 11 U.S.C. § 524 aus, dass die Ergänzung von 11 U.S.C. § 524(g) nicht so auszulegen sei, dass andere Befugnisse des Gerichts zum Erlass von Anordnungen im Zusammenhang mit der Bestätigung eines Reorganisationsplans geändert, beeinträchtigt oder ersetzt werden.[1079] Ob der Gesetzgeber hierbei die Befugnis zur Umsetzung von *non-consensual third-party releases* im Blick hatte, ist allerdings nicht ersichtlich.

4. Meinungsstand

Wie bereits ausgeführt, wird die Frage der Zulässigkeit eines *non-consensual third-party release* in den verschiedenen Gerichtsbezirken durch die US-Berufungsgerichte (*United States Court of Appeals*, fortan: *Circuit Courts*) unterschiedlich beantwortet.[1080] Die *Circuit Courts* des fünften, neunten und zehnten Bezirks lehnen *non-consensual third-party releases* insgesamt ab. Dagegen haben die Bezirksgerichte des zweiten, dritten, vierten, sechsten, siebten und elften Bezirks einen *non-consensual third-party release* unter bestimmten Voraussetzungen für zulässig erachtet. Die Bezirksgerichte des ersten Bezirks sowie des Bezirks District Columbia haben noch keine ausdrückliche Entscheidung zum Verhältnis von 11 U.S.C. § 105(a) und 11 U.S.C. § 524(e) erlassen, auch wenn in weiteren Entscheidungen dieser Gerichte eine zustimmende Haltung zum *third-party release* erkennbar ist.[1081] Im Übrigen ist eine ausdrückliche Entscheidung des *Supreme Court* bisher nicht ergangen, auch wenn in absehbarer Zeit eine Positionierung erfolgen könnte.[1082]

1077 *Murphy*, 20 Norton J. Bankr. L. & Prac. 4 Art. 7 at 2 (2011).

1078 *In re Metromedia Fiber Network, Inc.*, 416 F.3d 136, 142 (2d Cir. 2005).

1079 Pub. L. No. 103–394, § 110(b), 108 Stat. 4117.

1080 Es bestehen 13 *Circuit Courts* in den USA, wobei der *Federal Circuit* ausschließlich Rechtsmittelinstanz für Bundesgerichte ist (28 U.S.C. §§ 41, 43(a)).

1081 *Murphy*, 20 Norton J. Bankr. L. & Prac. 4 Art. 7 at 3 (2011) unter Verweis auf *Monarch Life Ins. Co. v. Ropes & Gray*, 65 F.3d 973, 980 et seq. (1st Cir. 1995); *Matter of Munford, Inc.*, 97 F.3d 449, 454–55 (11th Cir. 1996); *In re AOV Industries, Inc.*, 792 F.2d 1140, 1150–1154 (D.C. Cir. 1986).

1082 Näher: Kap. F.III.4.c), S. 173 ff.

a) Ablehnende Ansicht

Die ablehnende Ansicht, die einen *non-consensual third-party release* unter keinen Umständen als zulässig ansieht, wird nunmehr noch durch den *Fifth Circuit*[1083], *Ninth Circuit*[1084] und *Tenth Circuit*[1085] vertreten.[1086]

Dieser Ansicht liegt eine enge Auslegung der gerichtlichen Kompetenzen auf Grundlage von 11 U.S.C. §§ 105, 524(e) zugrunde.[1087] Insbesondere werde nach dieser Ansicht an 11 U.S.C. § 524(e) deutlich, dass die Ausnahmen zur Enthaftung Dritter im *Bankruptcy Code* abschließend seien, weshalb aufgrund der allgemeinen gerichtlichen Ermächtigungsklauseln keine Enthaftung Dritter gegen den Willen des betroffenen Gläubigers möglich sei.[1088] Nach dieser Ansicht fehle den *Bankruptcy Courts* somit die rechtliche Grundlage für die Bestätigung eines *third-party release*, der die Haftung Dritter zum Gegenstand hat.[1089] Nach Auffassung dieser Gerichte können lediglich für die Dauer der Reorganisation zeitweise gerichtliche Anordnungen getroffen werden, die eine Vollstreckung auch gegenüber Dritten untersagen, um die Sanierung zu ermöglichen, wohingegen eine derartige Untersagung der Vollstreckung über die Verfahrensaufhebung hinaus nicht möglich sei.[1090] Eine dauerhafte Untersagung der Vollstreckung käme andernfalls einem – nach der Rechtsprechung dieser Gerichte – unzulässigen *non-consensual third-party release* gleich.[1091]

b) Bejahende Ansicht

Dagegen bejaht die Mehrheit der Gerichte die Frage nach der Zulässigkeit eines *non-consensual third-party release*, obwohl es im *Bankruptcy Code* abseits des speziellen 11 U.S.C. § 524(g) für Asbesthaftungsfälle keine ausdrückliche Norm zum *third-party*

1083 *In re Zale Corp.*, 62 F.3d 746 (5th Cir. 1995); *In re Pac. Lumber Co.*, 584 F.3d 229, 251–53 (5th Cir. 2009).

1084 *In re Lowenschuss*, 67 F.3d 1394 (9th Cir. 1995); beachte aber *Blixseth v. Credit Suisse*, 961 F.3d 1074, 1084 (9th Cir. 2020): In dieser Entscheidung hatte der *Ninth Circuit* zumindest *non-consensual exculpation clauses* für zulässig erachtet hat.

1085 *In re W. Real Estate Fund*, 922 F.2d 592, 600 et seq. (10th Cir. 1990).

1086 Näher *Coco*, 88 Fordham L. Rev. 231, 238 (2019); *Silverstein*, 23 Emory Bankr. Dev. J. 13, 44 (2006).

1087 *In re Zale Corp.*, 62 F.3d 746 (5th Cir. 1995); *In re W. Real Estate Fund*, 922 F.2d 592 (10th Cir. 1990); *In re Seaside Eng'g & Surveying, Inc.*, 780 F.3d 1070, 1077 (11th Cir. 2015).

1088 *In re Lowenschuss*, 67 F.3d 1394, 1402 (9th Cir. 1995).

1089 Exemplarisch *In re Zale Corp.*, 62 F.3d 745; *In re Lowenschuss*, 67 F.3d 1394; *In re W. Real Estate Fund*, 922 F.2d 592 (10th Cir. 1990).

1090 *Sheinfeld/Pippit*, 60 Bus. Law. 79, 98 (2004).

1091 *In re Zale Corp.*, 62 F.3d 746 at 761 (5th Cir. 1995); *In re American Hardwoods, 885 F.2d 621 at 626* (9th Cir. 1989); *Sheinfeld/Pippit*, 60 Bus. Law. 79, 99 (2004).

release gibt. Insbesondere *Second Circuit,*[1092] *Third Circuit*[1093], *Fourth Circuit*[1094], *Sixth Circuit*[1095], *Seventh Circuit*[1096] und *Eleventh Circuit*[1097] befürworten die Zulässigkeit eines *non-consensual release* mit unterschiedlichen Akzentuierungen in ihren Entscheidungen.[1098]

Es werden zwei Fragen getrennt geprüft: Zum einen, ob der *Bankruptcy Court* überhaupt für die Entscheidung über die Zulässigkeit eines *third-party release* sachlich zuständig ist und zum anderen, wenn man die erste Frage bejaht, ob der *Bankruptcy Code* eine rechtliche Grundlage für einen *non-consensual third-party release* eröffnet.

Hinsichtlich der ersten Frage bejaht diese Ansicht die sachliche Zuständigkeit („*subject matter jurisdiction*") des *Bankruptcy Court* für die Entscheidung über einen *third-party release* im Rahmen von *Chapter 11.*[1099] Grundsätzlich ist die Zuständigkeit des *Bankruptcy Court* nach 28 U.S.C. § 1334(b) auf zivilrechtliche Verfahren nach Titel 11 oder Angelegenheiten, die sich aus Verfahren nach Titel 11 ergeben oder mit diesen zusammenhängen, beschränkt.[1100] Für den *third-party release* wird eine Zuständigkeit des *Bankruptcy Court* auf dieser Grundlage angenommen, sofern Auswirkungen auf die Masse möglich erscheinen, auch wenn sich der *third-party release* damit im Randbereich der gerichtlichen Zuständigkeit des *Bankruptcy Court* befindet.[1101]

Auch die zweite Frage wird von dieser Ansicht bejaht.

1092 *In re Johns-Manville Corp.*, 843 F.2d 636, 640, 649 (2d Cir. 1988); *In re Drexel Burnham Lambert Group, Inc.*, 960 F.2d 285, 293 (2d Cir. 1992); *In re Metromedia Fiber Network, Inc.*, 416 F.3d 136, 142 (2d Cir. 2005); *In re Purdue Pharma LP*, No. 22–110 (2d Cir. 2023); ausführlich zu *Purdue Pharma: Schroeder/Carlson*, 31 Am. Bankr. Inst. L. Rev. 1 (2023).

1093 *In re Continental Airlines*, 203 F.3d 203, 214 (3rd Cir.2000); *In re Millenium Lab Holdings II, LLC*, 945 F.3d 126 (3rd Cir. 2019).

1094 *In re A.H. Robins, Co.*, 880 F.2d 694, 701–02 (4th Cir.1989).

1095 *In re Dow Corning Corp.*, 280 F.3d 648, 658 (6th Cir. 2002).

1096 Zum *consensual third-party release: In re Specialty Equipment, Co.*, 3 F.3d 1043, 1046–47 (7th Cir. 1993); zum *non-consensual third-party release: In re Airadigm Communications, Inc.*, 616 F.3d 642 (7th Cir. 2008).

1097 *In re Seaside Eng'g & Surveying, Inc.*, 780 F.3d 1070, 1078 (11th Cir. 2015).

1098 Näher *Silverstein*, 23 Emory Bankr. Dev. J. 13, 53 et seq. (2006).

1099 *In re Purdue Pharma*, 636 B.R. 26, 83 (S.D.N.Y. 2021); *In re Boy Scouts of Am.*, 642 B.R: 504, 592 (Bankr. D. Del. 2022); *In re Mallinckrodt PLC*, 639 B.R. 837, 855 (Bankr. D. Del. 2022); *In re Millenium Lab Holdings II, LLC*, 945 F.3d 126 (3rd Cir. 2019).

1100 *In re Purdue Pharma*, 635 B.R. 26, 86 (S.D.N.Y. 2021). 28 U.S.C. § 1334(b): „*civil proceedings arising under title 11, or arising in or related to cases under title 11*".

1101 *In re Johns-Manville Corp.*, 517 F.3d 52, 55 (2d Cir. 2008); *In re Purdue Pharma*, 635 B.R. 26, 83 (S.D.N.Y. 2021).

Grundsätzlich wirkt sich der Planerlass zugunsten des Verfahrensschuldners nicht auf die Haftung oder dingliche Sicherheiten Dritter aus, 11 U.S.C. § 524(e). Nach der bejahenden Ansicht sperrt 11 U.S.C. § 524(e) damit allerdings nicht weitergehende Maßnahmen, sondern sichert lediglich die Rechte der Gläubiger gegen Dritte vor Rechtsunsicherheiten bei der Auslegung des Plans und des *Bankruptcy Code* vorbehaltlich einer abweichenden Regelung.[1102] Hätte der Gesetzgeber eine solche Sperrwirkung von 11 U.S.C. § 524(e) beabsichtigt, hätte er im Wortlaut statt *„does"* eine bindende Formulierung, wie etwa *„shall"* oder *„will"*, gewählt.[1103] Im Übrigen habe der Gesetzgeber die Befugnisse des *Bankruptcy Court* in sonstigen Fällen ausdrücklich begrenzt, sodass im Fall des *third-party release* keine Einschränkung über den Wortlaut der 11 U.S.C. §§ 105(a), 1123(b)(6) geboten sei.[1104]

Es sei dem *Bankruptcy Court* zudem möglich, die Enthaftung des Dritten auch gegen den Willen des betroffenen Gläubigers durchzusetzen.[1105] Denn die Kompetenzen des *Bankruptcy Court* seien gerade im Bereich des Billigkeitsrechts (sog. *„equity"*) weit auszulegen.[1106] 11 U.S.C. § 105(a) kodifiziere dieses Verständnis, indem der *Bankruptcy Court* notwendige und angemessene Maßnahmen treffen kann.[1107] Zudem erlaube 11 U.S.C. § 1123(b)(6) dem Gericht „jede andere geeignete Regelung aufzunehmen, die nicht im Widerspruch zu den Bestimmungen des Bankruptcy Code steht".[1108] Auf dieser gesetzlichen Grundlage sei im Einzelfall unter bestimmten Kriterien die Bestätigung eines *third-party release* als Teil eines *Chapter 11*-Plans möglich.[1109] Insbesondere lasse sich aus 11 U.S.C. § 524(e) kein Verbot des *third-party release* ableiten, da 11 U.S.C. § 524(e) lediglich die Auswirkungen des Erlasses zugunsten des Verfahrensschuldners konturiere.[1110]

1102 *In re Specialty Equip. Companies, Inc.*, 3 F.3d 1043, 1047 (7th Cir. 1993); *In re Airadigm Communications, Inc.*, 616 F.3d 642 (7th Cir. 2008).

1103 *In re Airadigm Communications, Inc.*, 616 F.3d 642 (7th Cir. 2008).

1104 Etwa 11 U.S.C. § 105(b): „[A] *court may not appoint a receiver in a case under this title*"; *In re Airadigm Communications, Inc.*, 616 F.3d 642, 656 (7th Cir. 2008); *Coco*, 88 Fordham L. Rev. 231, 242 (2019); *Silverstein*, 23 Emory Bankr. Dev. J. 13, 61 (2006).

1105 *In re Millenium Lab Holdings II, LLC*, 575 B.R. 252, 274 (Bankr. D. Del. 2017); *Coco*, 88 Fordham L. Rev. 231, 239 (2019).

1106 *Energy Resources Co., Inc.*, 495 U.S. 545, 549, 110 S.Ct. 2139, 109 L.Ed.2d 580 (1990); *In re Airadigm Communications, Inc.*, 616 F.3d 642 (7th Cir. 2008); zu den Ursprüngen des *equity*-Billigkeitsrechts: *Rösler/Tüngler*, JuS 2002, 782, 782 f.

1107 *Energy Resources Co., Inc.*, 495 U.S. 545, 549, 110 S.Ct. 2139, 109 L.Ed.2d 580 (1990); *In re Airadigm Communications, Inc.*, 616 F.3d 642 (7th Cir. 2008).

1108 11 U.S.C. § 1123(b)(6): *„include any other provision not inconsistent with the applicable provision of this title."*

1109 *In re Airadigm Communications, Inc.*, 616 F.3d 642 (7th Cir. 2008); *In re Millenium Lab Holdings II, LLC*, 945 F.3d 126, 139 (3rd Cir. 2019); *Coco*, 88 Fordham L. Rev. 231, 241 (2019).

1110 *Coco*, 88 Fordham L. Rev. 231, 241 (2019).

c) Unklare Position des Supreme Court

Eine vereinheitlichende Entscheidung des *Supreme Court* ist bisher nicht (ausdrücklich) ergangen.[1111] Allerdings bestehen Anhaltspunkte, die eine zustimmende Haltung des obersten Bundesgerichts zum *non-consensual third-party release* andeuten.

Silverstein hat bereits 2006 auf die Entscheidung des Supreme Court in Sachen *Energy Resources* vom 29.5.1990[1112] hingewiesen, aus der sich nach Ansicht von *Silverstein* eine zustimmende Haltung des *Supreme Court* ableiten lässt.[1113] In der Entscheidung ging es um die Frage, ob ein *Bankruptcy Court* die Bundessteuerbehörde (*Internal Revenue Service* – IRS) anweisen kann, die Zahlungen des Schuldners im Rahmen der Planerfüllung entsprechend der Tilgungsbestimmung zunächst mit den vom Arbeitgeber abzuführenden Steuern und Sozialversicherungsbeiträgen und erst sekundär mit den sonstigen Steuerverbindlichkeiten zu verrechnen.[1114] Der *Supreme Court* hat eine entsprechende Kompetenz des *Bankruptcy Court* unter Verweis auf die weiten gerichtlichen Kompetenzen aus 11 U.S.C. §§ 1123(b)(6), 105 bejaht, da eine entsprechende Tilgungsreihenfolge für den Erfolg des Reorganisationsplans erforderlich sei.[1115] Denn nach 11 U.S.C. § 1123(b)(b) kann ein Plan jede weitere Regelung enthalten, die nicht den anwendbaren Normen des *Bankruptcy Code* widerspricht.[1116] Daneben ermächtigt 11 U.S.C. § 105(a) das Gericht, alle Anordnungen, Verfügungen oder Urteile zu erlassen, die zur Durchführung der Bestimmungen dieses Titels [d. h. des *Bankruptcy Code*] erforderlich oder angemessen sind.[1117]

1111 *In re Aegean Marine Petroleum Network Inc.*, 599 B.R. 717, 724 et seq (Bankr. S.D.N.Y. 2019) unter Verweis auf die mangelnde Entscheidungserheblichkeit in der Entscheidung des *Supreme Court* in Sachen *Stoll v. Gottlieb*, 305 U.S. 165, at 171, 59 S.Ct. 134, 83 L.Ed. 104 (1938).

1112 *United States v. Energy Resources Co., Inc.*, 495 U.S. 545 (1990); *In re Johns-Manville Corp.*, 517 F.3d 52 (2d Cir.2008).

1113 *Silverstein*, 23 Emory Bankr. Dev. J. 13, 14, 104 (2006).

1114 *United States v. Energy Resources Co., Inc., 495 U.S. 545 at 549 (1990).* Die zu separierenden Beträge werden als *„trust fund taxes"* bzw. *„trust fund tax liabilities"* bezeichnet. Hintergrund dieser Bezeichnung sind 26 U.S.C. §§ 3102(a), 3402(a), 7501(a), die Arbeitgeber verpflichten die für die Tilgung der persönlichen Einkommenssteuer und Sozialversicherungsbeiträge der Arbeitnehmer erforderlichen Beträge für den Staat zu separieren (*„trust for the United States"*). Bei einem Verstoß gegen diese Verpflichtung haftet der Arbeitgeber bzw. dessen Geschäftsführer (*„officer"*) für die entsprechenden Beträge auch persönlich, 26 U.S.C. § 6672.

1115 *United States v. Energy Resources Co., Inc., 495 U.S. 545 at 547, 548–49 (1990); Silverstein*, 23 Emory Bankr. Dev. J. 13, 103 (2006).

1116 11 U.S.C. § 1123(b)(6): *„Subject to subsection (a) of this section, a plan may [...] include any other appropriate provision not inconsistent with the applicable provisions of this title."*

1117 11 U.S.C. § 105(a): *„The court may issue any order, process, or judgment that is necessary or appropriate to carry out the provisions of this title."*

Silverstein überträgt dieses weite Verständnis der gerichtlichen Kompetenz auf *non-consensual third-party releases*, da auch die Zulässigkeit eines *third-party release* wesentlich auf 11 U.S.C. §§ 1123(b)(6), 105 gestützt wird.[1118] Mit anderen Worten impliziert die Auslegung des *Supreme Court* von 11 U.S.C. §§ 1123(b)(6), 105 in der Entscheidung vom 25.5.1990 nach Ansicht von *Silverstein* ein ebenso weites Verständnis für die Frage, ob auf Grundlage von 11 U.S.C. §§ 1123(b)(6), 105 eine gerichtliche Kompetenz zur Bestätigung eines *Chapter 11*-Plans besteht, der einen *third-party release* enthält.[1119]

Ein weiterer Anhaltspunkt für eine zustimmende Haltung des *Supreme Court* zum *non-consensual third-party release* folgt aus der Rechtssache *In re Millennium Lab Holdings II:*

In dieser Rechtssache hat der *Supreme Court* das Rechtsmittel mit Beschluss vom 26.5.2020 nicht zur Entscheidung angenommen, mit dem die Bestätigung eines Plans mit einem *non-consensual third-party release* angegriffen wurde.[1120] Die vorgehende Entscheidung des *Third Circuit* ist damit rechtskräftig geworden.[1121] Der *Third Circuit* hatte den im Plan enthaltenen *third-party release* für zulässig erachtet, mit dem *Insider* der Schuldnerin im Gegenzug für einen Planbeitrag in Höhe von 325 Mio. US-Dollar und den Verlust von Gesellschaftsanteilen von ihrer Haftung gegenüber Dritten befreit wurden.[1122] Besondere Beachtung verdient dabei der Umstand, dass der *Third Circuit* zur Begründung seiner Entscheidung *In re Millennium Lab Holdings II* die allgemeinen Ausführungen des *Supreme Court* in Sachen *Stern v. Marshall*[1123] zur Zuständigkeit des *Bankruptcy Court* herangezogen hatte, um die gerichtliche Zuständigkeit zur Bestätigung eines Plans mit *third-party release* zu begründen.[1124] In Anbetracht des Umstands, dass der *Supreme Court* das eingelegte Rechtsmittel gegen die Entscheidung des *Third Circuit* nicht zur Entscheidung angenommen hat, kann somit zumindest implizit eine grundsätzliche Zustimmung des *Supreme Court* zum *third-party release* zum Zeitpunkt der Entscheidung über die Nichtannahme angenommen werden.

Zukünftig könnte eine ausdrückliche Entscheidung des *Supreme Court* zur Zulässigkeit des *third-party release* in zwei Rechtssachen erfolgen:

1118 *Silverstein*, 23 Emory Bankr. Dev. J. 13, 104 et seq. (2006).

1119 *Silverstein*, 23 Emory Bankr. Dev. J. 13, 20, 104 et seq. (2006).

1120 Petition for a Writ of Certiorari, ISL Loan Trust, et.al., Petitioners v. Millennium lab Holdings II, LLC, et al., Supreme Court Dok. No. 19–1152, abrufbar unter https://www.supremecourt.gov/search.aspx?filename=/docket/docketfiles/html/public/19-1152.html, zuletzt abgerufen am 10.5.2024.

1121 *In re Millennium Lab Holdings II*, LLC, 945 F.3d 126 (3d Cir. 2019).

1122 *In re Millennium Lab Holdings II*, LLC, 945 F.3d 126, 131 (3d Cir. 2019).

1123 *Stern v. Marshall*, 564 U.S. 462 (2011).

1124 *In re Millennium Lab Holdings II*, LLC, 945 F.3d 126 (3d Cir. 2019).

Zum einen ist bisher noch keine Entscheidung des *Supreme Court* über die Annahme der Rechtssache *In re Highland Capital Management, L.P.*, ergangen.[1125] Der *Fifth Circuit* hatte in dieser Rechtssache die Entscheidung des zuständigen *Bankruptcy Court* aufgehoben, mit der dieses einen Plan inklusive des enthaltenen *third-party release* bestätigt hatte, denn nach Ansicht des *Fifth Circuit* sei die Klausel zur Enthaftung zu weit gefasst und verstoße somit gegen 11 U.S.C. § 524(e).[1126] Daraufhin hatte der Schuldner, *Highland Capital Management, L.P.*, dem *Supreme Court* am 5.1.2023 die Frage vorgelegt, ob 11 U.S.C. § 524(e) es dem *Bankruptcy Court* untersage, Forderungen gegen Dritte, die nicht selbst Insolvenz beantragt haben, zu erlassen.[1127] Die Rechtssache wurde am 1.12.2023 vertagt und erneut dem Beratungspool zugewiesen; eine Entscheidung ist per 10.5.2024 noch nicht ergangen.[1128]

Zum anderen könnte in der Rechtssache zum *Chapter 11*-Plan der *Purdue Pharma, L.P.*, eine Positionierung des *Supreme Court* erfolgen,[1129] die von hohem öffentlichen Interesse begleitet wird.[1130] Nachdem der *District Court (S.D. New York)* zunächst die Bestätigung des Plans aufgehoben hatte,[1131] hatte der *Circuit Court* (*2nd Circuit*) diesen mit Änderungen bestätigt.[1132] Inhalt des Plans ist insbesondere die Abschirmung der Eigentümerfamilie der *Purdue Pharma, L.P.*, von Schadenersatzforderungen aufgrund des Verkaufs von opioidhaltigen Schmerzmitteln mittels eines *third-party release* im Gegenzug gegen eine Plandotierung in Höhe von rund sechs Mrd. US-Dollar aus dem Privatvermögen der Familie Sackler.[1133] Der *Supreme Court* hatte am 10.8.2023 das gegen die Bestätigung des Plans gerichtete Rechtsmittel

1125 Vgl. *Petition for a Writ of Certiorari, Highland Capital Management, L.P. v. Nexpoint Advisors, L.P., et al., No. 22–631*, abrufbar unter https://www.supremecourt.gov/docket/docketfiles/html/public/22-631.html, zuletzt abgerufen am 10.5.2024.

1126 *In re Highland Capital Mgmt., L.P.*, 48 F.4th 419 (5th Cir. 2022).

1127 *Petition for a Writ of Certiorari, Highland Capital Management, L.P. v. Nexpoint Advisors, L.P., et al., No. 22–631*, abrufbar unter https://www.supremecourt.gov/docket/docketfiles/html/public/22-631.html, zuletzt abgerufen am 10.5.2024.

1128 Der aktuelle Verfahrensstand ist auf der Website des Supreme Court abrufbar: Case Number 21–10449, Docket No. 22–631, *Highland Capital Management, L.P., Petitioner v. Nexpoint Advisors, L.P., et al.*, abrufbar unter https://www.supremecourt.gov/docket/docketfiles/html/public/22-631.html, zuletzt abgerufen am 10.5.2024.

1129 *William K. Harrington, United States Trustee v. Purdue Pharma L.P., et al*, Case Number 23–124, abrufbar unter https://www.supremecourt.gov/docket/docketfiles/html/public/23-124.html, zuletzt abgerufen am 10.5.2024.

1130 Vgl. New York Times, Supreme Court Appears Split Over Opioid Settlement for Purdue Pharma, Artikel vom 4.12.2023, abrufbar unter https://www.nytimes.com/2023/12/04/us/politics/supreme-court-purdue-pharma.html, zuletzt abgerufen am 10.5.2024.

1131 *In re Purdue Pharma*, 635 B.R. 26 (S.D.N.Y. 2021).

1132 *In re: Purdue Pharma L.P.*, Case No. 22–110, 13 et seq. (2d. Cir. 2023).

1133 Ausführlich *In re: Purdue Pharma L.P.*, Case No. 22–110 (2d. Cir. 2023).

zur Entscheidung zugelassen und am 4.12.2023 mündlich verhandelt.[1134] In der mündlichen Verhandlung vom 4.12.2023 wurden nach Auffassung von Prozessbeobachtern konträre Positionen der Richter zur Zulässigkeit des *third-party release* deutlich.[1135] Bis zum 10.5.2024 ist allerdings noch keine Entscheidung ergangen.[1136]

5. Kriterien der bejahenden Ansicht

a) Sachliche Voraussetzungen im Einzelfall

Auch die Gerichte, die einen *third-party release* grundsätzlich für zulässig erachten, stufen diesen als eine im Einzelfall aufgrund besonderer Umstände zu begründende Ausnahme ein.[1137] Für die Prüfung, wann derartige Umstände vorliegen, haben die Gerichte eigene Voraussetzungen entwickelt.[1138]

Der *Second Circuit* hat in der Entscheidung *In re Metromedia Fiber Network, Inc.* fünf Kriterien angewendet, wobei es jedoch immer auf die Umstände des Einzelfalls ankomme.[1139] Auch der *Third Circuit* hat in den Entscheidungen *In re Master Mortgage Investment Fund, Inc.* und *In re Continental Airlines* fünf Kriterien geprüft,[1140] wobei die drei Merkmale Billigkeit, Notwendigkeit für die Sanierung und

---

1134 *Purdue Pharma L.P., et al*, Case Number 23–124, abrufbar unter https://www.supremecourt.gov/docket/docketfiles/html/public/23-124.html, zuletzt abgerufen am 10.5.2024.

1135 Näher *Howe*, Scotusblog, Court conflicted over Purdue Pharma bankruptcy plan that shields Sacklers from liability, Beitrag vom 4.12.2023, abrufbar unter https://www.scotusblog.com/2023/12/purdue-bankruptcy-sacklers/#:~:text=In%20Sept.,created%20by%20the%20opioid%20epidemic, zuletzt abgerufen am 10.5.2024; *VanSickle*, New York Times, Supreme Court Appears Split Over Opioid Settlement for Purdue Pharma, Artikel vom 4.12.2023, abrufbar unter https://www.nytimes.com/2023/12/04/us/politics/supreme-court-purdue-pharma.html, zuletzt abgerufen am 10.5.2024.

1136 Zum aktuellen Stand des Verfahrens *Purdue Pharma L.P., et al*, Case Number 23–124, abrufbar unter https://www.supremecourt.gov/docket/docketfiles/html/public/23-124.html, zuletzt abgerufen am 10.5.2024.

1137 *In re Dow Corning Corp.*, 280 F.3d 648, 658 (6th Cir. 2002); *In re Metromedia Fiber Network, Inc.*, 416 F.3d 136, 141 (2d Cir. 2005); *In re Seaside Eng'g & Surveying, Inc.*, 780 F.3d 1070, 1078 (11th Cir. 2015).

1138 *In re Dow Corning Corp.*, 280 F.3d 648, 658 (6th Cir. 2002); *In re Continental Airlines*, 203 F.3d 203, 214 (3d Cir. 2000); *Coco*, 88 Fordham L. Rev. 231, 242–245 (2019); *Silverstein*, 23 Emory Bankr. Dev. J. 13, 64 et seq. (2006).

1139 *In re Metromedia Fiber Network, Inc.*, 416 F.3d 136, 142–144 (2d Cir. 2005): *„But this is not a matter of factors and prongs."*

1140 *In re Master Mortgage Investment Fund, Inc.*, 416 F.3d 136 (2d Cir.2005); *In re Continental Airlines*, 203 F.3d 203, 212 (3d Cir. 2000): *„(1) the identity of interest between the debtor and the third party, usually an indemnity relationship, such that a suit against the nondebtor is, in essence, a suit against the debtor or will deplete assets of the estate; (2) whether the nondebtor has contributed substantial assets to the reorganization; (3) whether the injunction is essential to reorganization; (4) whether a substantial majority of the creditors agree to such injunction—specifically, whether the impacted*

diesbezügliche gerichtliche Tatsachenfeststellungen von besonderer Bedeutung seien.[1141] Diesen fünf Faktoren hat der *Sixth Circuit* mit seiner Entscheidung *In re Master Mortgage* zwei weitere Faktoren (Nr. 6 und 7) hinzugefügt,[1142] wobei Kriterium Nr. 7 weniger ein eigenständiges Kriterium darstellt, sondern den Umfang der erforderlichen Tatsachenfeststellungen des Gerichts bestimmt.[1143] Dieser Ansicht haben sich der *Fourth Circuit* und der *Eleventh Circuit* angeschlossen.[1144]

Insgesamt berücksichtigt die Rechtsprechung bei der Abwägung,

1. ob gemeinsame Interessen zwischen dem Schuldner und dem Dritten bestehen, etwa aufgrund von Entschädigungsansprüchen, so dass eine Klage gegen den Dritten im Kern einer Klage gegen den Schuldner gleichkommt oder die Verfahrensmasse verringern würde,
2. ob der Dritte einen wesentlichen finanziellen Beitrag zur Sanierung geleistet hat,
3. ob die gerichtliche Untersagung der Inanspruchnahme des Dritten für die Sanierung unerlässlich ist, was insbesondere der Fall ist, wenn die Sanierung aufgrund von Freistellungs- oder Regressansprüchen des Dritten gegen den Verfahrensschuldner in Folge der Haftung gegenüber den Gläubigern scheitern würde,
4. ob die betroffene Gläubigergruppe dem Plan mit deutlicher Mehrheit zugestimmt hat,

---

class or classes have „overwhelmingly" voted to accept the proposed plan treatment; and (5) whether the plan provides a mechanism for the payment of all, or substantially all, of the claims of the class or classes affected by the injunction." Näher *Coco*, 88 Fordham L. Rev. 231, 243 (2019); *Silverstein*, 23 Emory Bankr. Dev. J. 13, 64 et seq. (2006).

1141 *In re Continental Airlines*, 203 F.3d 203, 214 (3rd Cir. 2000): *„fairness, necessity to the reorganization, and specific factual findings to support these conclusions*".

1142 *In re Dow Corning Corp.*, 280 F.3d 648, 658 (6th Cir. 2002).

1143 *Silverstein*, 23 Emory Bankr. Dev. J. 13, 68 (2006).

1144 *Nat'l Heritage Found., Inc. v. Highbourne Found.*, 760 F.3d 344, 348–250 (4th Cir. 2014); *In re Seaside Eng'g & Surveying, Inc.*, 780 F.3d 1070, 1079 (11th Cir. 2015): *„(1) There is an identity of interests between the debtor and the third party, usually an indemnity relationship, such that a suit against the non-debtor is, in essence, a suit against the debtor or will deplete the assets of the estate; (2) The non-debtor has contributed substantial assets to the reorganization; (3) The injunction is essential to reorganization, namely, the reorganization hinges on the debtor being free from indirect suits against parties who would have indemnity or contribution claims against the debtor; (4) The impacted class, or classes, has overwhelmingly voted to accept the plan; (5) The plan provides a mechanism to pay for all, or substantially all, of the class or classes affected by the injunction; (6) The plan provides an opportunity for those claimants who choose not to settle to recover in full and; (7) The bankruptcy court made a record of specific factual findings that support its conclusions.*"

5. ob der Plan die Erfüllung aller oder eines wesentlichen Teils der Ansprüche der betroffenen Gläubigergruppen vorsieht („*unimpaired creditors*"),[1145]
6. ob der Plan die Möglichkeit vorsieht, dass Gläubiger ihre Zustimmung verweigern können und vollständig befriedigt werden,[1146]
7. ob der für die Planbestätigung zuständige *Bankruptcy Court* die vorgenannten Kriterien durch konkrete Tatsachenfeststellungen untermauert hat.

Die jeweiligen Kriterien dürfen allerdings nicht dahingehend verstanden werden, dass sie in jedem Einzelfall kumulativ vorliegen müssen. Es soll gerade keine strikte Prüfung der Faktoren stattfinden, sondern lediglich auf dieser Grundlage eine sachbezogene Prüfung unter Abwägung der Umstände des Einzelfalls durchgeführt werden, ohne dass in jedem Fall alle Kriterien vorliegen oder vollumfänglich erfüllt sein müssen.[1147] Dies gilt insbesondere, da die Kriterien sich teilweise – etwa mit Blick auf Nr. 5 und Nr. 6 – stark überschneiden.[1148]

b) Anwendung der Kriterien auf directors & officers

Auch sofern die Geschäftsleiter des Verfahrensschuldners (*directors & officers*) durch den Erlass begünstigt werden, berücksichtigt die Rechtsprechung im Grundsatz die vorgenannten Kriterien.[1149] Im Einzelfall werden diese Kriterien jedoch flexibel gehandhabt und vor allem ein finanzieller Beitrag zum Plan im Gegenzug für die Enthaftung gefordert.[1150] Sofern keine derartige Plandotierung möglich ist, kann die

1145 Nur Gläubiger, in deren Rechte eingegriffen wird, können über den Plan abstimmen. Ob ein *third-party release* ein Eingriff in diesem Sinne ist, ist umstritten, wird aber überwiegend bejaht, *Coco*, 88 Fordham L. Rev. 231, 236 (2019).

1146 Diese Voraussetzung wird vor dem Hintergrund der speziellen *cram-down*-Voraussetzungen nach 11 U.S.C. § 1129(b)(2)(B) verständlich, nach denen ohne Zustimmung der betroffenen einfachen Insolvenzgläubiger („*general unsecured claims*") nachrangige Forderungen erst bedient werden dürfen, nachdem die einfachen Insolvenzforderungen befriedigt wurden („*absolute priority rule*"). Bei Verletzung der *absolute priority rule* ist keine Planbestätigung gegen den Willen der betroffenen dissentierenden Gläubiger möglich, vgl. auch *In re Dow Corning Corp.*, 280 F.3d 648, 659 (6th Cir. 2002).

1147 *In re Master Mortgage Investment Fund, Inc.*, 168 B.R. 930, 935 (Bankr. W.D. MO 1994); *In re Genesis Health Ventures, Inc.*, 266 B.R. 591, 606 (Bankr. D. Del. 2001); *In re Metromedia Fiber Network, Inc.*, 416 F.3d 136, 141 et seq. (2d Cir. 2005); *In re Washington Mutual, Inc.*, 442 B.R. 314, 347 (Bankr. D. Del. 2011); *In re Seaside Eng'g & Surveying, Inc.*, 780 F.3d 1070, 1079 (11th Cir. 2015); *Silverstein*, 23 Emory Bankr. Dev. J. 13, 65 (2006).

1148 *Nat'l Heritage Found., Inc. v. Highbourne Found.*, 760 F.3d 344, 351 (4th Cir. 2014).

1149 *In re Washington Mutual, Inc.*, 442 B.R. 314, 348 (Bankr. D. Del. 2011); *Murphy*, 20 Norton J. Bankr. L. & Prac. 4 Art. 7 at 7, 9 (2011).

1150 *In re Continental Airlines*, 203 F.3d 203, at 215 (3d Cir. 2000); *Murphy*, 20 Norton J. Bankr. L. & Prac. 4 Art. 7 at 4, 9 (2011).

Enthaftung der Geschäftsleiter sekundär auf deren (für die Planerfüllung erforderliche) Mitwirkung im Unternehmen nach der Planbestätigung gestützt werden.[1151]

Die Mitwirkung an der Planerstellung als solche rechtfertigt hingegen für sich allein keine Enthaftung der Geschäftsleitung, sofern kein über die üblichen Verfahrenspflichten erkennbarer Beitrag ersichtlich ist.[1152] In der Entscheidung *In re Genesis Health Ventures* hatte das Gericht die Enthaftung von Geschäftsleitung, Angestellten und Beratern für die vor Verfahrenseröffnung begründeten Ansprüche, die mit deren maßgeblicher Mitwirkung an der Durchführung des Verfahrens und Planerstellung begründet wurde, abgelehnt, da dies bereits durch deren Gehalt kompensiert worden sei.[1153] Insbesondere war im konkreten Verfahren die Enthaftung für den Erfolg des Plans nach den gerichtlichen Feststellungen nicht notwendig.[1154]

Auch im Verfahren *In re Washington Mutual* hatte das Gericht die Mitwirkung an der Planerstellung und Durchführung des Verfahrens nicht als hinreichende Rechtfertigung für einen *third-party release* zugunsten der Geschäftsleitung genügen lassen, da es sich hierbei lediglich um die verfahrensmäßigen Pflichten bei einem eigenverwaltenden Schuldner handele.[1155] Auch die Möglichkeit, dass die Geschäftsleiter mit Haftungsfreistellungsansprüchen („*indemnification*") an die Schuldnerin und deren Tochtergesellschaften herantreten könnten, sofern die Geschäftsleiter nicht enthaftet werden, rechtfertige nach Ansicht des Gerichts im konkreten Fall keinen *third-party release.*[1156]

Dagegen hatte der *Eleventh Circuit* in seiner Entscheidung *In re Seaside Eng'g & Surveying, Inc.* die Wichtigkeit des Fachwissens der von der Enthaftung begünstigten Führungskräfte und mögliche Ansprüche gegen die Masse auf Haftungsfreistellung als ausreichendes Argument für die Bestätigung des *third-party release* gewertet.[1157] Denn es bestünden aufgrund der Notwendigkeit dieser Personen für

---

1151 *In re Ion Media Networks, Inc.*, 419 B.R. 585, 601–602 (Bankr. S.D. N.Y. 2009); *In re Washington Mutual, Inc.*, 442 B.R. 314, 350 (Bankr. D. Del. 2011); *Murphy*, 20 Norton J. Bankr. L. & Prac. 4 Art. 7 at 9 et seq. (2011).

1152 *Nat'l Heritage Found., Inc. v. Highbourne Found.*, 760 F.3d 344, 348 (4th Cir. 2014); *In re Genesis Health Ventures, Inc.*, 266 B.R. 591, 606–607 (Bankr. D. Del. 2001); *In re SL Liquidation, Inc.*, 428 B.R. 799, 804 (Bankr. S.D. Ohio 2010); *In re Spansion, Inc.*, 426 B.R. 114, 145 (Bankr. D. Del. 2010); *In re Washington Mutual, Inc.*, 442 B.R. 314, 350, 354 (Bankr. D. Del. 2011).

1153 *In re Genesis Health Ventures, Inc.*, 266 B.R. 591, 606–607 (Bankr. D. Del. 2001).

1154 *In re Genesis Health Ventures, Inc.*, 266 B.R. 591, 607 (Bankr. D. Del. 2001).

1155 *In re Washington Mutual, Inc.*, 442 B.R. 314, 350, 354 (Bankr. D. Del. 2011).

1156 *In re Washington Mutual, Inc.*, 442 B.R. 314, 349 (Bankr. D. Del. 2011).

1157 *In re Seaside Eng'g & Surveying, Inc.*, 780 F.3d 1070, 1079–1080 (11th Cir. 2015): „*The reorganized entity's business is completely dependent upon the skilled labor of the releasees, its professional surveyors and engineers, as was the former business of the Debtor.*"

die Fortführung des Unternehmens übereinstimmende Interessen zwischen dem schuldnerischen Unternehmen und den enthafteten Führungskräften, die durch ihre Mitwirkung einen substantiellen Planbeitrag erbracht hätten, da ohne diese Personen und deren Enthaftung eine Fortführung nicht möglich gewesen sei.[1158] Da die betroffenen Gläubiger der Führungskräfte ganz überwiegend dem Plan zugestimmt hatten, die betroffenen Gläubiger zudem für die Enthaftung finanziell kompensiert wurden und der *Bankruptcy Court* diese Umstände auf gründliche Tatsachenfeststellungen gestützt hatte, bestätigte der *Eleventh Circuit* den Plan mit der darin enthaltenen Regelung zum *third-party release.*[1159]

c) Anforderungen an die Zustimmung der Gläubiger

Innerhalb der Diskussion um den *third-party release* sind auch die Anforderungen, die an die Zustimmung des betroffenen Gläubigers zu stellen sind, umstritten.[1160] Grundsätzlich erlauben Gerichte *third-party releases* wie dargelegt unproblematisch mit Zustimmung des betroffenen Gläubigers.[1161] Dagegen werden *third-party releases* gegen den Willen der betroffenen Gläubiger, auch von den Gerichten, die einen *third-party release* grundsätzlich als zulässig einstufen, nur in sachlich gerechtfertigten Ausnahmefällen bestätigt.[1162] Schwierigkeiten bei der Abgrenzung dieser Fallgruppen bereiten Sachverhalte, in denen keine ausdrückliche Reaktion von Gläubigern vorliegt, da die Voraussetzungen, unter denen auch ohne ausdrückliche Reaktion von einer Zustimmung ausgegangen werden kann, zwischen den Gerichten umstritten sind.[1163] Mit dieser Frage eng verknüpft ist die Abgrenzung zwischen *non-consensual* und *consensual release*, die aufgrund der unterschiedlichen (gerichtlichen) Ansichten zur Zulässigkeit eines *non-consensual third-party release* als Planinhalt erhebliche praktische Bedeutung erlangt.[1164] Dementsprechend engmaschig wird die gerichtliche Kontrolle der Klauseln zur Zustimmung im Plan ausgeübt, etwa bei *opt-out*-Klauseln, welche die Zustimmung der Gläubiger fingieren.[1165]

Zum Teil wird bei der Prüfung der Zustimmung ein weites Verständnis zugrunde gelegt, weshalb auch das Schweigen eines Gläubigers zu einem Plan als

1158 *In re Seaside Eng'g & Surveying, Inc.*, 780 F.3d 1070, 1079 et seq. (11th Cir. 2015).
1159 *In re Seaside Eng'g & Surveying, Inc.*, 780 F.3d 1070, 1079–1084 (11th Cir. 2015).
1160 Näher *Coco*, 88 Fordham L. Rev. 231, 249 (2019).
1161 Hierzu bereits: Kap. F.III.1.d)aa), S. 162 f.
1162 Ausführlich zu den Kriterien der bejahenden Ansicht: Kap. F.III.5., S. 176 ff.
1163 *Coco*, 88 Fordham L. Rev. 231, 233 (2019).
1164 *Murphy*, 20 Norton J. Bankr. L. & Prac. 4 Art. 7 at 5 (2011).
1165 *Murphy*, 20 Norton J. Bankr. L. & Prac. 4 Art. 7 at 4 (2011).

Zustimmung zu dem enthaltenen *third-party release* gewertet werden könne.[1166] Rechtstechnisch wird eine *opt-out*-Klausel in den Plan aufgenommen, um das Schweigen von Gläubigern zum *third-party release* unabhängig von der eigentlichen Abstimmung über den Plan als Zustimmung zum *third-party release* werten zu können, was nach der Entscheidung *In re Mallinckrodt PLC* jedenfalls in Sachverhalten mit einer Vielzahl an Beteiligten zulässig sein soll.[1167] Auch im Plan im Verfahren *In re DBSD North America, Inc.* war eine Klausel enthalten, aufgrund derer der enthaltene *third-party release* sowohl diejenigen Beteiligten erfasste, die abgestimmt hatten, als auch diejenigen, die nicht abgestimmt hatten, sofern sie nicht zusätzlich zur Abstimmung über den Plan auch ihre Ablehnung („*opt-out*") des *third-party release* zum Ausdruck gebracht hatten.[1168] Nach Ansicht des Gerichts konnte durch diese Gestaltung die Zustimmung zum *third-party release* fingiert werden, da die Gläubiger angemessen über diese Wirkung in den Planunterlagen informiert worden waren.[1169] Im Ergebnis war der *third-party release* aufgrund der *opt-out*-Klausel somit freiwillig („*consensual*") in Bezug auf diejenigen Beteiligten, die von der *opt-out*-Klausel erfasst wurden.[1170]

Aufgrund der unterschiedlichen rechtlichen Würdigungen durch die Gerichte streben Geschäftsleiter gerade die Gerichtsbezirke an, die an die Erlangung der Zustimmung zu *third-party releases* geringere Anforderungen stellen, auch um sich selbst von einer etwaigen zivilrechtlichen Haftung abzuschirmen.[1171]

d) Allgemeine formale Anforderungen

Neben den speziellen sachlichen Voraussetzungen finden auch die allgemeinen Verfahrensvorschriften von *Chapter 11* auf *third-party releases* Anwendung.

Insbesondere kann die Abstimmung über den Plan nach 11 U.S.C. § 1125(b) erst dann durchgeführt werden, wenn Gläubiger und Anteilseigner ein vom Gericht genehmigtes Informationsschreiben mit adäquaten Informationen erhalten.[1172] Wann „adäquate Informationen" vorliegen, wird in 11 U.S.C. § 1125(a) näher erläu-

---

1166 *In re CJ Holding Co.*, 2019 WL 497728 (S.D. Tex. 2019).

1167 Näher *In re Mallinckrodt PLC*, 639 B.R. 837, 881 (Bankr. D. Del. 2022); ausführlich zum Streitstand *In re Aegean Marine Petroleum Network Inc.*, 599 B.R. 717, 724 (Bankr. S.D.N.Y. 2019).

1168 *In re DBSD North America, Inc.*, 419 B.R. 179 (Bankr. S.D.N.Y. 2009); *Murphy*, 20 J. Bankr. L. & Prac. 4 Art. 7 at 4 (2011).

1169 *In re DBSD North America, Inc.*, 419 B.R. 179, at 218 (Bankr. S.D.N.Y. 2009); *Murphy*, 20 Norton J. Bankr. L. & Prac. 4 Art. 7 at 4 (2011).

1170 *In re DBSD North America, Inc.*, 419 B.R. 179, at 218 (Bankr. S.D.N.Y. 2009); *Murphy*, 20 Norton J. Bankr. L. & Prac. 4 Art. 7 at 4 (2011).

1171 *Coco*, 88 Fordham L. Rev. 231, 265 (2019).

1172 *Coco*, 88 Fordham L. Rev. 231, 245 (2019).

tert, insbesondere müssen die Informationen unter Berücksichtigung der Komplexität des Einzelfalls eine geeignete Grundlage für eine fundierte Prüfung des Plans bilden, ohne allerdings alternative Planszenarien darstellen zu müssen.[1173] Die gerichtliche Kontrolle der zur Verfügung gestellten Informationen vor der Abstimmung über den Plan nach 11 U.S.C. § 1125 soll insbesondere die gelebte Praxis unter Geltung des *1898 Act* unterbinden, die es Gläubigern und Anteilseignern aufgrund unzureichender Informationen unmöglich gemacht hatte, ihre eigenen Interessen effektiv wahrzunehmen.[1174] Sofern gegen 11 U.S.C. § 1125 verstoßen wird, können die verfahrensrechtlich fehlerhaft erlangten Stimmen gem. 11 U.S.C. § 1126(e) auf Antrag eines Beteiligten von der Abstimmung ausgeschlossen bzw. bei der Stimmenzählung unberücksichtigt bleiben.[1175] Häufig wird das Gericht die Bestätigung des Plans bereits ohne Antrag ablehnen, wenn die Gläubiger durch den Schuldner unzureichend über einen *third-party release* aufgeklärt werden.[1176]

e) Einzelfälle

Aufgrund der unklaren Rechtslage hat sich eine stark vom jeweiligen Sachverhalt und dem zuständigen Gerichtsbezirk abhängige Rechtsprechung entwickelt. Allen Ansichten gemein ist, dass ein *non-consensual third-party release* im Einzelfall sachlich gerechtfertigt sein muss, um in einen Plan aufgenommen werden zu können.[1177]

aa) In re Washington Mutual, Inc.

Die Entscheidung *In re Washington Mutual, Inc.* ist für die vorliegende Untersuchung von besonderer Bedeutung, da diese Entscheidung auch die Enthaftung der Geschäftsleitung behandelt.[1178] Nach dieser Entscheidung kommt die Enthaftung der Geschäftsleitung auch ohne einen unmittelbaren finanziellen Beitrag zum Plan grundsätzlich in Betracht, sofern sie auch nach Planbestätigung Aufgaben

---

1173 Neben 11 U.S.C. § 1125 enthält Fed. R. Bankr. P. 3017 strenge verfahrensrechtliche Vorgaben für die gerichtliche Bestätigung, vgl. *In re Clamp-All Corp.*, 233 B.R. 198, 208 (Bankr. D. Mass. 1999).

1174 *In re Clamp-All Corp.*, 233 B.R. 198, 208 (Bankr. D. Mass. 1999); *In re Heritage Organization, L.L.C., 376 B.R. 783, 794 (Bankr. N.D. Tex. 2007).*

1175 *In re DBSD N. Am., Inc.*, 634 F.3d 79, 106 (2d Cir. 2011).

1176 *In re Lower Bucks Hospital*, 571 F. App'x 139 (3rd Cir. 2014); *Coco*, 88 Fordham L. Rev. 231, 245 (2019).

1177 *In re Continental Airlines*, 203 F.3d 203, 212 (3d Cir. 2000); *In re Dow Corning Corp.*, 280 F.3d 648, 658 (6th Cir. 2002); *In re Metromedia Fiber Network, Inc.*, 416 F.3d 136, 142 et seq. (2d Cir. 2005).

1178 *In re Washington Mutual, Inc.*, 442 B.R. 314 (Bankr. D. Del. 2011), ausführlich besprochen von *Murphy*, 20 Norton J. Bankr. L. & Prac. 4 Art. 7 at 6 (2011).

im Unternehmen übernimmt.[1179] Die Verfahrensschuldnerin hatte zur Begründung dieser Enthaftung insbesondere angeführt, dass aufgrund der ohne die Enthaftung der Geschäftsleitung fällig werdenden Ansprüche der Geschäftsleiter auf Haftungsfreistellung durch die Verfahrensschuldnerin übereinstimmende Interessen zwischen der Verfahrensschuldnerin und der Geschäftsleitung bestünden.[1180] Weder dies noch die Mitwirkung an der Planerstellung hat das Gericht als hinreichenden Beitrag gewertet, der einen *third-party release* zugunsten der Geschäftsleitung rechtfertigen würde, da es sich hierbei lediglich um Umstände handele, die in nahezu jedem Verfahren bei einem eigenverwaltenden Schuldner bestünden.[1181] Mangels weiterer sachlicher Anhaltspunkte, etwa der erforderlichen Mitwirkung an der weiteren Reorganisation, hat das Gericht dementsprechend die Bestätigung versagt.[1182]

bb) In re Continental Airlines Holding, Inc.

Auch der *Third Circuit* hat sich in Sachen *Continental Airlines* mit der Zulässigkeit von Klauseln im Plan, welche eine Enthaftung der Geschäftsleitung des Schuldners zum Inhalt haben, befasst.[1183] Der *Third Circuit* hat die Entscheidung nicht an den Maßstäben der anderen *Circuit Courts* ausgerichtet, sondern eigene Kriterien für die Bestätigung von *non-consensual releases* entwickelt.[1184] Nach Auffassung des *Third Circuit* müsse ein *third-party release* gerecht, erforderlich für die Restrukturierung und auf konkrete Tatsachenfeststellungen des *Bankruptcy Court* gestützt sein.[1185] Im streitgegenständlichen Fall hatte das Gericht nach diesen Maßstäben die Planbestätigung aufgehoben, da die nötigen sachlichen Voraussetzungen fehlten.[1186]

cc) National Heritage Foundation, Inc.

In der Rechtssache *National Heritage Foundation Inc. v. Highbourne Foundation* hat der *Fourth Circuit* die Enthaftung der Unternehmensleitung und Angestellten im

---

1179 *In re Washington Mutual, Inc.*, 442 B.R. 314, 350 (Bankr. D. Del. 2011); *Murphy*, 20 Norton J. Bankr. L. & Prac. 4 Art. 7 at 10 (2011).
1180 *In re Washington Mutual, Inc.*, 442 B.R. 314, 349 (Bankr. D. Del. 2011).
1181 *In re Washington Mutual, Inc.*, 442 B.R. 314, 350, 354 (Bankr. D. Del. 2011).
1182 *In re Washington Mutual, Inc.*, 442 B.R. 314, 350 (Bankr. D. Del. 2011).
1183 *In re Continental Airlines*, 203 F.3d 203, 212 (3d Cir. 2000).
1184 *In re Continental Airlines*, 203 F.3d 203, 214 (3d Cir. 2000); vgl. auch *In re Boy Scouts of Am.*, 642 B.R. 504, 587 (Bankr. D. Del. 2022).
1185 *In re Continantal Airlines*, 203 F.3d 203, 212–214 (3d Cir. 2000).
1186 *In re Continental Airlines*, 203 F.3d 203, 211–218 (3d Cir. 2000).

Chapter 11-Plan von allen Ansprüchen, die im Zusammenhang mit der Insolvenz stehen, abgelehnt.[1187] Nachdem der *Fourth Circuit* als Revisionsinstanz den Plan mangels ausreichender sachlicher Notwendigkeit der Enthaftung für den Erfolg des Plans zum *Bankruptcy Court* zurückverwiesen hatte, versagte letzterer dem Plan unter Berücksichtigung der Ausführungen des *Fourth Circuit* die Bestätigung.[1188]

dd) In re Metromedia Fiber Network, Inc.

In der Entscheidung *Metromedia* hatte der *Second Circuit* einen *non-consensual third-party release* aus Billigkeitsgründen bestätigt, obwohl der im Plan enthaltene *third-party release* als solcher nicht die Voraussetzungen für eine Planbestätigung erfüllte.[1189] Denn die Bestätigung eines Plans mit *third-party release* sei eine aufgrund von sachlichen Umständen zu begründende Ausnahme.[1190] Im streitgegenständlichen Fall habe der vom Erlass begünstigte Dritte zwar einen wesentlichen Beitrag zum Plan geleistet, aber für die Enthaftung eines Dritten sei zudem erforderlich, dass gerade die Enthaftung für den Erfolg des Plans erforderlich ist, was nach Ansicht des Gerichts nicht feststehe.[1191]

Der *Second Circuit* hat die gerichtliche Bestätigung des Plans dennoch aufrechterhalten, da der Plan bereits weitgehend vollzogen und der Rechtsmittelführer die Planbestätigung auch nicht im Wege des einstweiligen Rechtsschutzes angegriffen hatte.[1192]

ee) In re Mallinckrodt PLC

Die Mallinckrodt PLC ist ein irisches Unternehmen, das in den USA über ihre in Kalifornien ansässige Tochtergesellschaft Medikamente herstellt und vertreibt. Aufgrund von Schadenersatzforderungen in Milliardenhöhe im Zusammenhang mit dem Verkauf von opioidhaltigen Medikamenten hat Mallinckrodt ein *Chapter 11*-Verfahren beantragt und einen Plan eingereicht, der nach mehreren Änderungen vom *Bankruptcy Court of Delaware* bestätigt wurde.[1193]

1187 *National Heritage Foundation Inc. v. Highbourne Foundation*, 760 F.3d 344 (4th Cir. 2014).

1188 *National Heritage Foundation Inc. v. Highbourne Foundation*, 760 F.3d 344 (4th Cir. 2014).

1189 *In re Metromedia Fiber Network, Inc.*, 416 F.3d 136 (2d Cir. 2005).

1190 *In re Metromedia Fiber Network, Inc.*, 416 F.3d 136, 141 et seq. (2d Cir. 2005).

1191 *In re Metromedia Fiber Network, Inc.*, 416 F.3d 136, 143 (2d Cir. 2005).

1192 *In re Metromedia Fiber Network, Inc.*, 416 F.3d 136, 143 et seq. (2d Cir. 2005).

1193 *In re Mallinckrodt PLC, et. al.*, 639 B.R. 837 (Bankr. D. Del. 2022). Die konkrete *third-party release* Klausel aus dem Verfahren der *Mallinchrodt PLC* ist im Anhang II dieser Arbeit abgedruckt.

Der Plan enthielt eine Klausel, welche den Erlass von Forderungen der Opioid-Schadenersatzforderungsgläubiger gegen Dritte zum Inhalt hatte.[1194] Das Gericht hat diese Enthaftungen Dritter bestätigt.[1195] Nach Auffassung des Gerichts handele es sich in der Sache um ein außergewöhnliches Insolvenzverfahren, welches sich durch die Vielzahl der geltend gemachten Opioidschadenersatzansprüche und die Tatsache auszeichne, dass die Gläubiger durch eine umfassende Lösung der diversen Rechtsstreitigkeiten über *third-party releases* deutlich mehr erhalten, als sie bei der gerichtlichen Geltendmachung gegen die diversen potenziellen Schuldner erhalten würden.[1196]

Die Enthaftung der Dritten sei im Übrigen zu bestätigen, da die enthafteten Dritten wesentlich zur Dotierung des Plans beigetragen hätten und die Dritten mit dem Verfahrensschuldner derart verknüpft sind, dass eine Inanspruchnahme der Dritten mittelbar den Verfahrensschuldner betreffen würde.[1197] Berücksichtige man zudem die erheblichen Rechtsunsicherheiten bei der Geltendmachung der Ansprüche gegen die Dritten und die damit verbundenen zusätzlichen Prozesskosten, führe der *third-party release* auch für die betroffenen Gläubiger zu einem wirtschaftlich günstigeren Ergebnis.[1198] Und schließlich habe die Gläubigergesamtheit den *third-party release* ganz überwiegend befürwortet, was zwar nicht zu einem *consensual release* führe, aber durch das Gericht bei der Bestätigung des Plans mit zu berücksichtigen gewesen sei.[1199]

Auch der im Plan enthaltene *third-party release* hinsichtlich sonstiger Nicht-Opiod-Forderungen zugunsten der Verfahrensschuldner, verbundener Unternehmen, der jeweiligen Geschäftsführer, Mitarbeiter sowie sonstiger Parteien, die am Plan mitgewirkt hatten, hatte das Gericht für zulässig erachtet.[1200] Dieser *third-party release* bindet nach dem Plan unter anderem Gläubiger, die dem Plan zugestimmt hatten, Gläubiger von Forderungen, die nicht betroffen sind, Gläubiger, die nicht abgestimmt hatten und nicht explizit ihr Nichteinverständnis mit den *releases* erklärt hatten und Gläubiger, die zwar abgestimmt hatten, aber nicht ihr Nichteinverständnis mit den *releases* erklärt hatten („*opt-out*").[1201]

Das Gericht hatte die konkrete *opt-out*-Möglichkeit und die entsprechenden Klauseln im Plan als ausreichend erachtet, um hinsichtlich der Gläubiger, die vom

1194 *In re Mallinckrodt PLC, et al.*, 639 B.R. 837, 865 et seq. (Bankr. D. Del. 2022).
1195 *In re Mallinckrodt PLC, et al.*, 639 B.R. 837, 866 et seq. (Bankr. D. Del. 2022).
1196 *In re Mallinckrodt PLC, et al.*, 639 B.R. 837, 873 (Bankr. D. Del. 2022).
1197 *In re Mallinckrodt PLC, et al.*, 639 B.R. 837, 874 (Bankr. D. Del. 2022).
1198 *In re Mallinckrodt PLC, et al.*, 639 B.R. 837, 874 (Bankr. D. Del. 2022).
1199 *In re Mallinckrodt PLC, et al.*, 639 B.R. 837, 874 (Bankr. D. Del. 2022).
1200 *In re Mallinckrodt PLC, et al.*, 639 B.R. 837, 877 (Bankr. D. Del. 2022).
1201 *In re Mallinckrodt PLC, et al.*, 639 B.R. 837, 877 (Bankr. D. Del. 2022).

opt-out keinen Gebrauch gemacht hatten, von der (fingierten) Zustimmung zum *release* auszugehen.[1202] Da insoweit nur Gläubiger von dem Erlass hinsichtlich der Nicht-Opioid-Forderungen betroffen waren, die ihre Zustimmung erteilt hatten bzw. nicht vom *opt-out* Gebrauch gemacht hatten, hat das Gericht diesen *release* als freiwillig (*consensual*) eingestuft.[1203]

6. Nondebtor Release Prohibition Act of 2021

Im Jahr 2021 wurde ein Gesetzentwurf vorgelegt, der im Fall der Verabschiedung die bisherige Praxis des *third-party release* weitgehend unterbinden würde.[1204]

Der Entwurf des *Nondebtor Release Prohibition Act of 2021* („NRPA") enthält folgende Elemente:

- ein Verbot, die Haftung eines Dritten im Plan oder durch verfahrensbegleitende Maßnahmen zu erlassen oder zu modifizieren, sofern nicht die ausdrückliche schriftliche Zustimmung des betroffenen Gläubigers vorliegt (§ 2, 5 NRPA),
- die Erweiterung der Rechtsmittel gegen einstweiligen Vollstreckungsschutz (§ 3 NRPA) und
- die starke Einschränkung der haftungsbegrenzenden Wirkung von Umwandlungsmaßnahmen (§ 4 NRPA).

Anlass des Gesetzgebungsvorschlags waren medienwirksame *Chapter 11*-Verfahren, insbesondere *Boy Scouts of America*[1205], *Purdue Pharma*[1206] und *USA Gymnastics*, die starker öffentlicher Kritik und dem Vorwurf des Rechtsmissbrauchs ausgesetzt sind.[1207]

1202 *In re Mallinckrodt PLC, et al.*, 639 B.R. 837, 879 (Bankr. D. Del. 2022).

1203 *In re Mallinckrodt PLC, et al.*, 639 B.R. 837, 880 (Bankr. D. Del. 2022).

1204 Nondebtor Release Prohibition Act of 2021, H.R. 4777.

1205 *In re Boy Scouts of Am.*, 642 B.R. 504 (Bankr. D. Del. 2022).

1206 Hierzu ausführlich die Sachverhaltsdarstellung in *In re Purdue Pharma*, 635 B.R. 26 (S.D.N.Y. 2021). Der Plan sah insbesondere einen als *„Shareholder Settlement Agreement"* bezeichneten *third-party release* vor, auf dessen Grundlage Ansprüche Dritter gegen über 1000 juristische und natürliche Personen aus dem Lager der Eigentümerfamilie der *Purdue Pharma LP* (Sackler) gegen eine Plandotierung von 4,275 Milliarden US-Dollar erlassen werden (*In re Purdue Pharma*, 635 B.R. 26, 67 (S.D.N.Y. 2021). Vgl. auch *Schroeder/Carlson*, 31 Am. Bankr. Inst. L Rev. 1 (2023).

1207 Vgl. Pressemitteilung Elizabeth Warren v. 28.7.2021, abrufbar unter https://www.warren.senate.gov/newsroom/press-releases/warren-nadler-durbin-blumenthal-maloney-announce-legislation-to-eliminate-non-debtor-releases-prevent-corporations-and-private-entities-from-escaping-accountability-in-bankruptcy-proceedings, zuletzt abgerufen am 10.5.2024. Vorgängerentwurf des NRPA war der *„Sackler Act"* (H.R. 2096), benannt nach der Eigentümerfamilie der *Purdue Pharma LP*.

Der Vorschlag, die gerichtlichen Kompetenzen zur Durchführung eines *third-party release* in *Chapter 11* durch den NRPA zu beschränken, wurde überwiegend kritisch aufgefasst. So hat etwa die US-amerikanische Handelskammer mit Stellungnahme vom 3.11.2021 eine unnötige Verkomplizierung des Insolvenzrechts und nachteilige Auswirkungen auf die Befriedigungsaussichten der Gläubiger betont und zudem bestritten, dass die dem Gesetzentwurf zugrunde gelegte Annahme zutreffe, nach der das System des *third-party release* unter gerichtlicher Kontrolle missbrauchsanfällig sei, da belastbare Belege hierfür nicht ersichtlich seien.[1208] Ebenso ist der Insolvenzrechtsausschuss der New Yorker Anwaltskammer in seiner Stellungnahme dem pauschalen Verbot von *third-party releases* insbesondere unter Verweis auf die undemokratischen Sperrpotenziale von Gläubigerminderheiten entgegengetreten.[1209]

Als bisher letzte Entwicklung im Gesetzgebungsverfahren hat der Justizausschuss am 3.11.2021 die Änderung des Gesetzentwurf beschlossen.[1210] Angesichts der öffentlichen Rezeption und des derzeitigen Stillstands im Gesetzgebungsverfahren darf allerdings bezweifelt werden, ob das Reformvorhaben des NRPA in der derzeitigen Form verabschiedet werden wird.

IV. Rechtslage in Kanada

Der US-amerikanische *third-party release* ist im internationalen Vergleich keineswegs eine Ausnahmeerscheinung, sondern in ähnlicher Form etwa auch in den Rechtsordnungen von Australien, Großbritannien, Singapur und Kanada präsent.[1211]

1208 U.S. Chamber of Commerce, Letter on H.R. 4777, *Nondebtor Release Prohibition Act* v. 3.11.2021, abrufbar unter https://www.uschamber.com/lawsuits/u-s-chamber-letter-on-h-r-4777-nondebtor-release-prohibition-act, zuletzt abgerufen am 10.5.2024.

1209 Report on Legislation by the Bankruptcy and Corporate Reorganization Committee, Association of the New York Bar, Non Debtor Release Prohibition Act of 2021, abrufbar unter https://www.nycbar.org/member-and-career-services/committees/reports-listing/reports/detail/nondebtor-release-prohibition-act#_ftn1, zuletzt abgerufen am 10.5.2024.

1210 Der aktuelle Stand des Gesetzgebungsverfahrens des *Nondebtor Release Prohibition Act of 2021*, H.R. 4777, ist auf der Website des Kongresses abrufbar unter https://www.congress.gov/bill/117th-congress/house-bill/4777/all-actions-without-amendments?s=1&r=14, zuletzt abgerufen am 10.5.2024.

1211 Zur Rechtslage in Australien: *Harris*, (2011) Insolvency Law Journal, 19(1), 22–32; zur Rechtslage im Vereinigten Königreich: *Re Lehman Brothers (Europe) International*, 2009 EWCA Civ 1161; *Kokorin*, ECFR 2021, 107, 118 et seq.; zur Rechtslage in Singapur: *Singapore High Court, Re: Empire*

Insbesondere in Kanada gehen die Möglichkeiten zur Enthaftung Dritter noch über die Möglichkeiten des US-amerikanischen *Chapter 11* hinaus. Die Enthaftung Dritter ist in zwei Verfahrensarten möglich:

1. Companies' Creditors Arrangement Act

Der *Companies' Creditors Arrangement Act*[1212] (CCAA) bildet mit nur 21 Normen die Grundlage für die größten Restrukturierungen der kanadischen Rechtsgeschichte.[1213] Im Rahmen des CCAA besteht auch die Möglichkeit, Dritte in die Erlasswirkung des Plans einzubeziehen.

Diesbezüglich ist seit der Entscheidung *Michaud v. Steinberg Inc.* aus dem Jahr 1993 die Möglichkeit weitgehend anerkannt, Ansprüche von Gläubigern gegenüber den *directors* auch gegen den Willen der betroffenen Gläubiger erlassen zu können.[1214] Als Reaktion auf *Michaud v. Steinberg Inc.* wurde der CCAA im Jahr 1997 um Sec. 5.1[1215] ergänzt, nach dem *directors* unter bestimmten Voraussetzungen im CCAA-Plan von der Haftung gegenüber Gläubigern befreit werden können.[1216] Die Regelung beabsichtigt, die Mitwirkung der *directors* in einer Restrukturierung nicht durch Haftungsinanspruchnahmen durch Dritte zu gefährden.[1217] Zu beachten ist allerdings, dass Sec. 5.1 CCAA nicht undifferenziert alle denkbaren Ansprüche erfasst, sondern auf die gesetzlichen Ansprüche aufgrund der Stellung als *director* begrenzt ist, vgl. Sec. 5.1 (1), (2) CCAA. Insbesondere vertragliche Rechte der Gläubiger können nicht gestaltet werden, Sec. 5.1(2)(a) CCAA. Auf Grundlage von Sec. 11.03 CCAA besteht ferner die Möglichkeit, dem *director* hinsichtlich der von Sec. 5.1 CCAA erfassten Ansprüche Vollstreckungsschutz bis zur endgültigen Entscheidung über den CCAA-Plan zu gewähren, vgl. Sec. 11.03(1) CCAA. Im Anschluss an diese Neuregelung war umstritten, ob diese abschließend sei, oder ob auch weitere Dritte über einen *third-party release* im CCAA-Plan enthaftet werden können.[1218] In dieser Diskussion bildete die Entscheidung des *Ontario Court of Appeal* in der

---

Capital Resources Pte Ltd [2018] SGHC 36, abrufbar unter https://www.elitigation.sg/gd/s/2018_SGHC_36, zuletzt abgerufen am 10.5.2024.

1212 *Companies' Creditors Arrangement Act* (CCAA), R.S.C., 1985, c. C-36.

1213 *Forte*, 17 Int. Insol. Rev. 211, 213 (2008).

1214 *Michaud v. Steinberg Inc.*, 1993 CanLII 3991 (Q.C. C.A.); *Forte*, 17 Int. Insol. Rev. 211, 222, 235, 222 (2008).

1215 Die zitierten Normen des kanadischen Rechts sind im Anhang III abgedruckt.

1216 *Forte*, 17 Int. Insol. Rev. 211, 222, 233 (2008).

1217 *Forte*, 17 Int. Insol. Rev. 211, 235 (2008).

1218 *Forte*, 17 Int. Insol. Rev. 211, 228, 233 (2008).

Rechtssache *Re Metcalfe and Mansfield* vorerst einen Schlusspunkt.[1219] In dieser Entscheidung wurde auch die Zulässigkeit eines *third-party release* unter Einbeziehung Dritter neben den *directors* bejaht.[1220] Dabei sei das maßgebliche Kriterium zur Prüfung eines *third-party release* auf Grundlage des CCAA, ob ein hinreichender Bezug zum Schuldner bestehe und ob der Schuldner und insbesondere der Sanierungserfolg von dem Haftungserlass direkt betroffen werde.[1221] Insgesamt ist der *third-party release* im Rahmen des CCAA jedoch von einer flexiblen Herangehensweise geprägt, da die Rechtsprechung vermehrt auch *third-party releases* gewährt, die nicht notwendig für die Sanierung des Verfahrensschuldners sind.[1222]

2. Business Corporations Act

Neben dem restrukturierungsrechtlichen CCAA besteht auch im gesellschaftsrechtlichen *Canada Business Corporations Act* (CBCA)[1223] und den entsprechenden Gesetzen der Provinzen die Möglichkeit, Dritte zu enthaften.[1224] Im *British Columbia Business Corporations Act* (BCA) ist das *Arrangement*-Verfahren in Sec 288–299 BCA normiert. Die Rechtsgrundlage für einen *third-party release* in diesem Verfahren bildet Sec. 291(4) BCA[1225], nach dem das Gericht alle Anordnungen treffen kann, die notwendig sind, um das Verfahren effektiv umsetzen zu können. Der *British Columbia Supreme Court* hat unter diesen Voraussetzungen einen Plan inklusive einer Enthaftungsklausel auf Grundlage Sec. 291(4) BCA bestätigt, mit der alle Ansprüche gegen die vorherigen Anteilseigner der Verfahrensschuldnerin ausgeschlossen wurden.[1226] Auch wenn somit im BCA-Verfahren ein *third-party release* grundsätzlich möglich ist, wird dieser anders als im CCAA-Verfahren aufgrund der gesellschaftsrechtlichen Ausrichtung des *Arrangement*-Verfahrens restriktiver gehandhabt und insbesondere auf seine Notwendigkeit für die Sanierung geprüft.[1227]

1219 *Re Metcalfe & Mansfield*, 2008 ONCA 587.

1220 *Re Metcalfe & Mansfield*, 2008 ONCA 587; ausführlich *Forte*, 17 Int. Insol. Rev. 211 (2008).

1221 *Forte*, 17 Int. Insol. Rev. 211, 222, 224, 236 (2008).

1222 *Morin/Mojtahedi*, 2021 19th Annual Review of Insolvency Law, 2021 CanLII 13544; *Gage/Courtis*, 2022 20th Annual Review of Insolvency Law, 2022 CanLIIDocs 4310.

1223 *Canada Business Corporations Act*, R.S.C., 1985, c. C-44.

1224 Vgl. *Concordia International Corp.*, 2018 ONSC 4165; *Re iAnthus Capital Holdings, Inc.*, 2020 BCSC 1442; *Morin/Mojtahedi*, 2021 19th Annual Review of Insolvency Law, 2021 CanLIIDocs 13544.

1225 Die zitierten Normen sind im Anhang III abgedruckt.

1226 *Re iAnthus Capital Holdings, Inc.*, 2020 BCSC 1442.

1227 *Morin/Mojtahedi*, 2021 19th Annual Review of Insolvency Law, 2021 CanLIIDocs 13544.

V. Internationale Anerkennung der Enthaftung Dritter

Gerade in grenzüberschreitenden Insolvenzverfahren kommt aufgrund der immanenten Komplexität ein *third-party release* in Betracht. Unter Berücksichtigung des deutsch-amerikanischen Schwerpunkts dieser Untersuchung drängen sich die Anerkennung der Enthaftung Dritter aus einem Drittstaatverfahren in den USA (hierzu 1.) und die Anerkennung eines *third-party release* im Rahmen von *Chapter 11* in Deutschland als Fragestellungen auf (hierzu 2.)

1. Anerkennung von third-party releases aus Drittstaaten in den USA

Der rechtliche Rahmen für die Anerkennung ausländischer Insolvenz- und Restrukturierungsverfahren wird in den USA durch *Chapter 15* bestimmt.[1228] Grundsätzlich erlaubt 11 U.S.C. § 1521(a) die Anerkennung ausländischer Verfahren und Vollstreckungsschutz in den USA, sofern die Rechte der Gläubiger im Verfahren des Drittstaates hinreichend berücksichtigt werden, 11 U.S.C. § 1522(a). Darüber hinaus erlaubt 11 U.S.C. § 1507(a) die Unterstützung des ausländischen Verwalters und die Anerkennung der Planbestätigung.

Die Anerkennung eines *third-party release* aus einem ausländischen Insolvenzverfahren in den USA nach *Chapter 15* ist kein Automatismus, wird jedoch von der Rechtsprechung deutlich freigiebiger gewährt als die Bestätigung eines US-amerikanischen *Chapter 11*-Plans, der einen *third-party release* enthält. Denn sofern ein *third-party release* in dem ausländischen Plan enthalten ist, hat die Rechtsprechung für die Anerkennung lediglich auf die Wahrung der wesentlichen US-amerikanischen Verfahrensgrundsätze und die Befugnis des ausländischen Gerichts zur Umsetzung des *third-party release* abgestellt.[1229]

In der Entscheidung *In re Metcalfe & Mansfield Alternative Investments* hat der *Southern District of New York* auf Grundlage von *Chapter 15* einen kanadischen Reorganisationsplan anerkannt, der Regelungen zur Enthaftung Dritter enthielt, die in einem US-amerikanischen *Chapter 11*-Verfahren nicht umsetzbar gewesen wä-

---

1228 Ausführlich *Rüfner*, ZIP 2005, 1859–1865; *Schiller*, NZI 2015, 744; *Soh*, 16 Norton J. Bankr. L. & Prac. 873, 875, 877 (2007); *Westbrook*, 79 Am. Bankr. L. J. 713 (2005); zur aufgehobenen Vorgängerregelung 11 U.S.C. § 304: *Reinhart*, Sanierungsverfahren, S. 108 ff., 164 f., 206 f.

1229 *In re Metcalfe & Mansfield Alternative Investments*, 421 B.R. 685 (Bankr. S.D.N.Y. 2010); *In re Avanti Communications Group plc*, 582 B.R. 603 (Bankr. S.D.N.Y. 2018); *In re PT Bakrie Telecom Tbk*, 601 B.R. 707 (Bankr. S.D.N.Y. 2019); *Forte*, 17 Int. Ins. Rev. 211, 218 et passim (2008); *Silverman*, IILR 2011, 167, 168.

ren.[1230] Das Gericht sei insbesondere nicht verpflichtet, einzelne Gesichtspunkte isoliert zu prüfen, sondern habe lediglich zu prüfen, ob das ausländische Verfahren die wesentlichen US-amerikanischen Grundsätze („*fairness*") erfüllt.[1231] Diese Rechtsprechung hat das Gericht 2014 mit der Entscheidung *In re Sino-Forest Corp.* fortgeführt, im Ergebnis aber die Anerkennung des mexikanischen Verfahrens verweigert, da insbesondere die Berücksichtigung von Insidern bei der Abstimmung über den Plan in dem mexikanischen Verfahren gegen grundlegende Prinzipien des *Bankruptcy Code* verstoßen habe, vgl. 11 U.S.C. 1129(a)(10).[1232] In gleicher Linie hatte auch der *Fifth Circuit* in der Entscheidung *In re Vitro SAB de CV* die Anerkennung der Planbestätigung versagt, da der Plan gegen die *absolute priority rule* verstieß, die zu den prägenden Wertungen des *Bankruptcy Code* gehört.[1233] In der Entscheidung *In re Avanti Communications Group PLC* hat der *Bankruptcy Court* des *Southern District of New York* zudem betont, dass für die Anerkennung eines ausländischen *third-party release* weniger die Frage entscheidend ist, ob der *third-party release* auch im Rahmen von *Chapter 11* hätte gewährt werden können, sondern, ob das ausländische Gericht zur Umsetzung befugt war.[1234]

Aus den vorgenannten Maßstäben lassen sich Rückschlüsse für die Anerkennung deutscher Insolvenzverfahren in den USA gewinnen, soweit Rechte Dritter betroffen sind. Denn auch die Insolvenzordnung enthält mit den Eingriffsmöglichkeiten in Drittsicherheiten (§§ 217 Abs. 2, 223a InsO), in die Haftung von Gesellschaftern und Ehegatten (§§ 227 Abs. 2, 334 Abs. 2 InsO) sowie in die Haftung für Gesamtschäden (§§ 92, 217 Abs. 1 InsO) Regelungen, die Eingriffe in Rechte der Gläubiger gegen Dritte durch Mehrheitsentscheidung im Insolvenzplanverfahren ermöglichen. Diese Regelungen kommen damit grundsätzlich einem *non-consensual third-party release* nahe. Soweit darüber hinaus in den Plan auch freiwillige Regelungen mit Gläubigern aufgenommen werden, handelt es sich in der US-amerikanischen Nomenklatur um *consensual releases.*

Berücksichtigt man die obigen Maßstäbe zur Anerkennung ausländischer *third-party releases* in den USA, dürften Maßnahmen aufgrund der vorgenannten deut-

---

1230 *In re Metcalfe & Mansfield Alternative Investments*, 421 B.R. 685 (Bankr. S.D.N.Y. 2010); *Silverman*, IILR 2011, 167, 168, 173; vgl. auch *In re Ashapura Minechem Ltd.*, Doc. No. 11–14668 (S.D.N.Y. 2012) = IILR 2013, 67, 73; ausführlich zum kanadischen Verfahren *Forte*, 17 Int. Insol. Rev. 211–238 (2008).

1231 *Forte*, 17 Int. Ins. Rev. 211, 218 et passim (2008); *Silverman*, IILR 2011, 167, 168.

1232 *In re Sino-Forest Corp*, 501 BR 655 (Bankr. SDNY 2013). 11 U.S.C. 1129(a)(10) lautet: „*If a class is impaired under the plan, at least one class of claims that is impaired under the plan has accepted the plan, determined <u>without including any acceptance of the plan by any insider.</u>*" (Hervorhebung d. Verf.).

1233 *In re Vitro SAB de CV*, 701 F.3d 1031 (5th Cir. 2012).

1234 *In re Avanti Commc'ns Grp. PLC*, 582 B.R. 603, 606 (Bankr. S.D.N.Y. 2018); siehe auch *In re Agrokor*, 591 B.R. 163 (Bankr. S.D.N.Y. 2018).

schen Normen in den USA auf Grundlage von *Chapter 15* anerkennungsfähig sein, da das deutsche Verfahrensrecht regelmäßig mit den Wertungen des *Bankruptcy Code* vereinbar sein dürfte.[1235]

2. Anerkennung von third-party releases in Deutschland

Sofern die internationale Zuständigkeit für das Insolvenzverfahren in den USA liegt, ist auch die Anerkennung eines *third-party release* aus einem *Chapter 11*-Plan in Deutschland möglich.

a) Sachliche Reichweite der Anerkennung

Grundsätzlich richtet sich die Anerkennung ausländischer Insolvenzverfahren außerhalb des Anwendungsbereichs der EuInsVO[1236] nach § 343 Abs. 1 InsO. Anerkennung bedeutet in diesem Zusammenhang die Wirkungserstreckung der lex fori concursus auf das Hoheitsgebiet des anerkennenden Staates.[1237] Die Anerkennung der Insolvenzeröffnung nach § 343 Abs. 1 S. 1 InsO erstreckt sich grundsätzlich auf Nebenentscheidungen, § 343 Abs. 2 InsO. Dies sind einerseits Sicherungsmaßnahmen schon vor Verfahrenseröffnung[1238] und andererseits auch alle sonstigen Entscheidungen zur Durchführung und Beendigung des Auslandsverfahrens[1239]. Entscheidung in diesem Sinne ist auch die Durchführung eines Insolvenzplanverfahrens und dessen gerichtliche Bestätigung, sofern auch die Voraussetzungen wie bei der Anerkennung der Verfahrenseröffnung vorliegen.[1240] Hierbei handelt es sich um eine Beendigungsentscheidung.[1241] Somit ist neben der Eröffnung des *Chapter 11*-Verfahrens auch die Planbestätigung einschließlich des enthaltenen *third-party release* grundsätzlich anerkennungsfähig.

b) Anerkennungsvoraussetzungen

Für die Anerkennung der Verfahrenseröffnung sind die internationale Zuständigkeit der Gerichte des Staates der Verfahrenseröffnung (§ 343 Abs. 1 S. 2 Nr. 1 InsO)

1235 Zu den Parallelen: Kap. F.I.1., S. 135 ff.

1236 Europäische Insolvenzverordnung, VO (EU) 2015/848.

1237 *Mankowski*, DStR 2019, 1979, 1982, dort 4.5.

1238 § 343 Abs. 2 Alt. 1 InsO.

1239 § 343 Abs. 2 Alt. 2 InsO, die amtl. Begr. verweist insoweit auf Art. 25 Abs. 1 EuInsVO 2000, VO (EG) Nr. 1346/2000; *Lüer/Knof*, in: Uhlenbruck, InsO, § 343 Rn. 26.

1240 *Kindler*, in: MüKoBGB, InsO, § 343 Rn. 38; *Thole*, in: MüKoInsO, § 343 Rn. 82.

1241 *Paulus*, in: Kübler/Prütting/Bork, InsO, § 343 Rn. 26.

und die Vereinbarkeit mit dem deutschen *ordre public* (§ 343 Abs. 1 S. 2 Nr. 2 InsO) erforderlich.[1242] Sofern diese Voraussetzungen vorliegen, tritt die Anerkennung automatisch ein, ein Anerkennungsverfahren ist nicht vorgesehen.[1243]

Die internationale Zuständigkeit amerikanischer Gerichte i. S. v. § 343 Abs. 1 S. 2 Nr. 1 InsO dürfte in der Regel vorliegen, da die internationale Zuständigkeit der US-amerikanischen Gerichte an verhältnismäßig geringe Anforderungen geknüpft ist. Zwar ist die Zuständigkeit des *Bankruptcy Court* im Allgemeinen auf das in den Vereinigten Staaten befindliche Vermögen des Schuldners beschränkt, wenn in den USA ein eigenständiges Insolvenzverfahren und nicht lediglich ein Nebenverfahren zu einem ausländischen Hauptverfahren eröffnet wird, 11 U.S.C. § 1528. Das amerikanische Insolvenzrecht verlangt jedoch für die Eröffnung eines Verfahrens keinen Schwerpunkt des Schuldners in den USA, sondern lässt nahezu jeden in den USA belegenen Vermögenswert zur Begründung der Zuständigkeit genügen.[1244]

Eine Vereinbarkeit mit dem *ordre public* nach § 343 Abs. 1 S. 2 Nr. 2 InsO besteht auch bei einem *third-party release* im *Chapter 11*-Plan. Grundsätzlich hat der IX. Zivilsenat die Anerkennung von *Chapter 11*-Verfahren mit Entscheidung vom 13.10. 2009 bejaht.[1245] Dies verbiete insbesondere nicht der Umstand, dass in *Chapter 11* keine förmliche Prüfung eines Eröffnungsgrundes durchgeführt wird.[1246]

Es stellt sich jedoch die Frage, ob diese Annahme aufgrund des *ordre public*-Vorbehalts in § 343 Abs. 1 S. 2 Nr. 2 InsO einzuschränken ist, soweit der *Chapter 11*-Plan einen *third-party release* enthält. Denn der *third-party release* findet im deutschen Insolvenzrecht auf den ersten Blick keine Entsprechung, da der Insolvenzbeschlag, und damit auch die zwangsweisen Gestaltungsmöglichkeiten im Insolvenzplan, grundsätzlich auf das Schuldnervermögen beschränkt bleiben. Für einen Verstoß gegen den *ordre public* ließe sich zudem anführen, dass § 227 InsO lediglich den Verfahrensschuldner und dessen persönlich haftende Gesellschafter in die Erlasswirkung des Insolvenzplans aufnimmt. Jedoch nähert sich auch das deutsche Insolvenzrecht im Einzelfall, etwa mit Blick auf die Gestaltungsmöglichkeit der von § 92 InsO erfassten Ansprüche im Insolvenzplan, funktional einem *third-party release* an.[1247] Darüber hinaus enthält die Insolvenzordnung etwa mit der Gestaltbarkeit von Drittsicherheiten (§§ 217 Abs. 2, 223a InsO), der persönlichen Haftung von Ehegatten oder Lebenspartnern für die Verbindlichkeiten, de-

---

1242 Näher *Mankowski*, DStR 2019, 1979, 1982.

1243 *Lüer/Knof*, in: Uhlenbruck, InsO, § 343 Rn. 5 m. w. N.

1244 Vgl. *In re Theresa McTague*, 198 BR 428, 431 (Bankr. W.D.N.Y. 1996): *„a dollar, a dime, or a peppercorn"*; *Kokorin*, ECFR 2021, 107, 127.

1245 BGH, Urt. v. 13.10.2009 – IX ZR 79/06, NZI 2009, 859; hierzu *Gebler/Stracke*, NZI 2010, 13.

1246 BGH, Urt. v. 13.10.2009 – X ZR 76/06, NZI 2009, 859, 861 Rn. 15.

1247 Näher zu § 92 InsO: Kap. C.II.3., S. 33 ff.; zum Vergleich sogleich: Kap. F.VI., S. 194 ff.

ren Erfüllung aus dem Gesamtgut verlangt werden kann (§ 334 Abs. 2 InsO) und von Absonderungsrechten (§ 223 InsO) ausdrücklich normierte Regelungen für die Enthaftung Dritter und den Zugriff auf massefremde Vermögenswerte durch Mehrheitsentscheidung und Planbestätigung.[1248] Auch wenn sich die Anwendungsbereiche nicht mit dem *third-party release* decken, ähneln die Regelungen der Insolvenzordnung der US-amerikanischen Rechtslage, da auch die US-amerikanischen Gerichte *third-party releases* nur in begründeten Einzelfällen, unter Berücksichtigung der wirtschaftlichen und verfahrensrechtlichen Rahmenbedingungen, gewähren. Somit verstößt ein *Chapter 11*-Plan, der einen *third-party release* enthält, nicht gegen den deutschen *ordre public.*

Insgesamt ist der *third-party release* des US-amerikanischen Rechts in Deutschland somit anerkennungsfähig.

VI. Rechtsvergleich

1. Überblick über die gewonnenen Erkenntnisse

Im US-amerikanischen Recht ist die Enthaftung Dritter lediglich teilweise kodifiziert. Zum einen besteht für den Erlass von Ansprüchen des Verfahrensschuldners (Innenhaftung) in Form von 11 U.S.C. § 1123(b)(3)(A) eine ausdrückliche Grundlage, die deren Gestaltung nach wirtschaftlichen Maßstäben ermöglicht (*estate release*).[1249] Auch eine Enthaftung für Pflichtverletzungen während des *Chapter 11*-Verfahrens wird vergleichsweise freigiebig gewährt (*exculpation clauses*).[1250] Hinsichtlich eines Erlasses der Außenhaftung besteht dagegen allein eine Kodifizierung für den sachlich stark begrenzten Bereich der Schadenersatzforderungen aufgrund von Gesundheitsschäden durch asbesthaltige Produkte in Form der Spezialregelung des 11 U.S.C. § 524(g).[1251] Darüber hinaus wird ein Erlass von Außenhaftungsansprüchen mit Zustimmung des betroffenen Gläubigers für zulässig erachtet (*consensual third-party release*).[1252]

Außerhalb dieser Bereiche, das heißt bei einem Erlass zugunsten Dritter in *Chapter 11* ohne Zustimmung des jeweiligen Gläubigers, sind sowohl die grundlegende Zulässigkeit als auch die konkreten sachlichen Voraussetzungen umstritten

1248 Vgl. in diese Richtung für Eingriffe in dingliche Rechte der Gläubiger *Thole*, in: MüKoInsO, § 343 Rn. 63.

1249 Hierzu: Kap. F.III.1.d)bb), S. 163 f.

1250 Hierzu: Kap. F.III.1.d)dd), S. 164 f.

1251 Hierzu: Kap. F.III.1.d)cc), S. 164.

1252 Hierzu: Kap. F.III.1.d)aa), S. 162 f.

(*non-consensual third-party release*). Kern der Diskussion ist die Frage, ob aus den allgemeinen Befugnissen des Insolvenzrichters zum Erlass von Maßnahmen zur Förderung des Verfahrens 11 U.S.C. §§ 105(a), 1123(b)(6) die Zulässigkeit von *third-party releases* abgeleitet werden kann oder ob der Spezialregelung für Asbesthaftungsfälle eine abschließende Wirkung zukommt.[1253] Daneben werden immanente Missbrauchsrisiken gegen *third-party releases* vorgebracht. Der *Second Circuit* hat diese Risiken in der Entscheidung *In re Metromedia* dahingehend erläutert, dass ein *third-party release* einen Nicht-Schuldner in den Genuss der Erlasswirkung von *Chapter 11* bringt, ohne wie der *Chapter 11*-Schuldner ein eigenes Verfahren mit entsprechenden Kontrollmechanismen durchlaufen zu müssen.[1254] Allerdings bejaht die überwiegende Ansicht dennoch die grundsätzliche Zulässigkeit von *non-consensual third-party releases* in *Chapter 11* unter Verweis auf die weitreichenden allgemeinen richterlichen Kompetenzen nach 11 U.S.C. §§ 105(a), 1123(b)(6) und hat für die Prüfung der der sachlichen Voraussetzungen im Einzelfall sieben Kriterien entwickelt, die jedoch nicht kumulativ vorliegen müssen.[1255] Die drei wichtigsten Kriterien sind Billigkeit, Notwendigkeit für die Sanierung und gerichtliche Tatsachenfeststellungen hinsichtlich der im Einzelfall angewendeten Kriterien.[1256]

Das kanadische Recht verfügt mit Sec. 5.1 CCAA über eine ausdrückliche Regelung zur Gestaltung von gesetzlichen Ansprüchen gegenüber *directors*.[1257] Bis zur endgültigen Entscheidung über den CCAA-Plan kann dem betroffenen *director* nach Maßgabe von Sec. 11.03 CCAA zudem Vollstreckungsschutz für die von Sec. 5.1 CCAA erfassten Ansprüche gewährt werden.[1258] Die Besonderheit des CCAA liegt darin, dass vertragliche Ansprüche und solche aus vorsätzlicher unerlaubter Handlung nicht gestaltet werden können, Sec. 5.1(2) CCAA.

Insgesamt hat die Betrachtung der US-amerikanischen und der kanadischen Rechtsordnungen gezeigt, dass die Enthaftung Dritter ein wichtiges Funktionselement von Sanierungsverfahren darstellen kann.[1259] Für die zukünftige Entwicklung der Rechtslage in den USA dürften zwei Faktoren besonders relevant werden: Zum

---

1253 Hierzu: Kap. F.III.4., S. 169 ff.

1254 *In re Metromedia Fiber Network, Inc.*, 416 F.3d 136, 142 (2d Cir. 2005): *„a nondebtor release is a device that lends itself to abuse. By it, a non-debtor can shield itself from liability to third parties. In form, it is a release; in effect, it may operate as a bankruptcy discharge arranged without a filing and without the safeguards of the Code. The potential for abuse is heightened when releases afford blanket immunity."*

1255 Näher: Kap. F.III.5.a), S. 176 ff.

1256 *In re Continental Airlines*, 203 F.3d 203, 214 (3rd Cir. 2000): *„fairness, necessity to the reorganization, and specific factual findings to support these conclusions"*, hierzu: Kap. F.III.5.a), S. 176 ff.

1257 Näher: Kap. F.IV.1., S. 188 f.

1258 Die zitierten Normen des kanadischen Rechts sind im Anhang III abgedruckt.

1259 Vgl. auch *Feldman*, 30 No. 4 Norton J. Bankr. L. & Prac. NL Art. 4, 1 (2021).

einen, ob der *Supreme Court* eine ausdrückliche Entscheidung in den anhängigen Verfahren treffen wird und zum anderen, ob der Gesetzentwurf *Nondebtor Release Prohibition Act of 2021* mehrheitsfähig wird.[1260]

2. Vergleich mit der deutschen Rechtslage

Obwohl die konkrete Umsetzung und die dogmatische Begründung des *third-party release* angesichts der strukturellen Unterschiede zwischen den Rechtsordnungen nicht unmittelbar auf den Insolvenzplan übertragen werden können, schärft der Vergleich jedenfalls den Blick auf die deutsche Rechtsordnung.[1261]

Auch in Deutschland ist grundsätzlich zwischen der Gestaltung von Innen- und Außenhaftung zu unterscheiden:

a) Innenhaftung

Bei der Innenhaftung entsprechen sich das deutsche und das amerikanische Insolvenzrecht im Ergebnis. Denn ebenso wie im *Chapter 11*-Verfahren gem. 11 U.S.C. § *1123(b)(3)(A)* können Forderungen der Insolvenzschuldnerin gegen den Geschäftsführer als Teil der Insolvenzmasse im Rahmen der nach § 217 Abs. 1 S. 1 InsO zulässigen abweichenden Regelung der Verwertung erlassen werden, sofern die Insolvenzgläubiger durch den Insolvenzplan nicht schlechter gestellt werden, vgl. § 245 Abs. 1 Nr. 1 InsO.[1262]

b) Außenhaftung

Die Details der Gestaltung der Außenhaftung sind demgegenüber im Insolvenzplanverfahren ebenso wie in *Chapter 11* komplex.

Mit Zustimmung des jeweiligen Gläubigers ist im Insolvenzplan die Gestaltung von Außenhaftungsansprüchen möglich.[1263] Insoweit gleicht der Insolvenzplan *Chapter 11*. Etwas anderes gilt aufgrund der abgabenrechtlichen Besonderheiten jedoch für Steuerhaftungsansprüche, da diese lediglich durch Erlass i. S. v. § 227 AO in Form eines Verwaltungsakts gestaltet werden können, wenngleich eine Verknüpfung mit dem Insolvenzplanverfahren der Gesellschaft möglich ist.[1264]

1260 Zur Position des *Supreme Court*: Kap. F.III.4.c), S. 173 ff.; zum Gesetzentwurf: Kap. F.III.6., S. 186 f.

1261 Näher zu Chapter 11 als Vergleichsgrundlage: Kap. F.I., S. 135 ff.

1262 Näher: Kap. C.I., S. 19 ff. sowie Kap. C.IV.4.a), S. 60 f.

1263 Näher: Kap. D.III., S. 71 ff.

1264 Näher: Kap. E.III., S. 109 ff.

Für die Gestaltung von Ansprüchen sonstiger Gläubiger gegen Dritte ohne Zustimmung des jeweiligen Gläubigers bestehen in Deutschland Spezialvorschriften hinsichtlich der Gestaltung von gruppeninternen Drittsicherheiten (§ 217 Abs. 2 InsO), der Gestaltung von Gesamtschäden (§ 92 InsO) und der Gestaltung der persönlichen Haftung von Gesellschaftern (§ 93 InsO). Im Rahmen dieser Vorschriften bestehen somit rechtliche Möglichkeiten, Ansprüche und Sicherheiten der Insolvenzgläubiger gegen Dritte im Insolvenzplanverfahren der Gesellschaft mit Zwangswirkung zu gestalten, die jedoch weder unmittelbar noch analog auf die gesamte Außenhaftung des Geschäftsführers anwendbar sind.[1265]

Interessanterweise hat der deutsche Gesetzgeber damit zumindest in einem Teilbereich einen *non-consensual third-party release* geschaffen. Für den dieser Untersuchung zugrunde liegenden GmbH-Geschäftsführer bietet insbesondere § 92 InsO eine Grundlage für die Gestaltung von Ansprüchen der Insolvenzgläubiger auf Ersatz von Gesamtschäden, wenngleich die praktische Reichweite der Norm beschränkt ist.[1266] Die begrenzte Reichweite folgt zum einen aus der Rechtsprechung des BGH, die zwischen den Ansprüchen der Alt- und Neugläubiger unterscheidet und lediglich bei ersteren einen von § 92 InsO erfassten Quotenschaden, d.h. Gesamtschaden, annimmt.[1267] Zum anderen ist die Darlegungslast für den Insolvenzverwalter bei § 64 S. 1 GmbHG a.F. bzw. § 15b Abs. 4 S. 1 InsO im Vergleich zu § 823 Abs. 2 BGB i.V.m. § 15a InsO günstiger.[1268] Dennoch bildet § 92 InsO eine Anomalie im deutschen Insolvenzrecht, da es sich bei den erfassten Gesamtschadensansprüchen grundsätzlich um Ansprüche der Gläubiger handelt, die nach der hier vertretenen Ansicht lediglich in der Insolvenz haftungsrechtlich der Insolvenzmasse zugewiesen werden.[1269] Der historische Hintergrund von § 92 InsO war jedoch nicht das US-amerikanische Recht, sondern die diesbezügliche Rechtsprechung des BGH zur Konkursordnung.[1270]

c) Kein Rückschluss auf den Willen des historischen Gesetzgebers der InsO

Zur Auslegung der Vorschriften des Insolvenzplanverfahrens kann die US-amerikanische Rechtsprechung zum *third-party release* aufgrund der strukturellen Unterschiede wenig beitragen. In den USA wird der *third-party release* wesentlich auf die weitreichenden Befugnisse des *Bankruptcy Judge* aus 11 U.S.C. § 105(a) gestützt,

1265 Näher: Kap. D.II.3., S. 69 f.

1266 *K. Schmidt*, in: K. Schmidt InsO, § 92 Rn. 1, 12 ff., 17 ff.

1267 BGH, Urt. v. 30.3.1998 – II ZR 146/96, BGHZ 138, 211; *K. Schmidt*, in: K. Schmidt InsO, § 92 Rn. 17.

1268 *H.-F. Müller*, in: MüKoGmbHG, § 64 Rn. 214.

1269 Näher: Kap. C.II.3., S. 33 ff.

1270 Näher: Kap. C.II.3.a)bb), S. 36 f.

der grundsätzlich jede Maßnahme erlaubt, die zur Durchführung des Plans erforderlich ist.[1271] Eine derartig weit gefasste Generalklausel zur Ermächtigung des Insolvenzrichters besteht im deutschen Insolvenzplanverfahren nicht. Im Gegenteil: Die möglichen Regelungsbereiche eines Insolvenzplans werden grundsätzlich abschließend durch § 217 InsO aufgezählt. Zudem stützen die zeitlichen Zusammenhänge des Gesetzgebungsverfahrens der InsO und der US-amerikanischen Diskussion die vorsichtige Annahme, dass den Beteiligten des Gesetzgebungsverfahrens der InsO die Thematik des *third-party release* im *Chapter 11*-Verfahren – soweit ersichtlich – nicht bewusst war. Denn erste Urteile zum *third-party release* ergingen in den 1980er Jahren und die Diskussion in der US-amerikanischen Literatur gewann erst in den frühen 1990er Jahren an Bedeutung.[1272] Der erste Bericht der Kommission für Insolvenzrecht stammt dagegen bereits aus dem Jahr 1985.[1273] Auch der nachfolgende Entwurf einer Insolvenzordnung des Bundesministeriums der Justiz aus dem Jahr 1988 enthält keine Anhaltspunkte, dass der beginnenden Diskussion zum *third-party release* in den USA Rechnung getragen wurde. Lediglich in der Gesetzesbegründung zur Restschuldbefreiung wird ausgeführt, nicht die sehr schuldnerfreundlichen richterlichen Befugnisse zur Schuldbefreiung der angloamerikanischen Rechtsordnungen übernehmen zu wollen.[1274] Gerade diese richterlichen Befugnisse aus 11 U.S.C. § 105(a) bzw. 11 U.S.C. § 1123(b)(6) werden jedoch zur dogmatischen Begründung des *third-party release* im *Chapter 11*-Verfahren herangezogen.[1275] Eine ausdrückliche Aussage des Gesetzgebers zum *third-party release* lässt sich dieser Passage der Gesetzesbegründung allerdings dennoch nicht entnehmen, da sie in einem anderen Zusammenhang steht und bestenfalls der konkreten dogmatischen Begründung des *third-party release* auf Grundlage der Befugnisse des Insolvenzrichters eine Absage erteilt.

1271 11 U.S.C. § 105(a) lautet: „*The Court may issue any order, process, or judgement that is necessary or appropriate to carry out the provisions of this title. No provision of this title providing for the raising of an issue by a party in interest shall be construed to preclude the court from, sua sponte, taking any action or making any determination necessary or appropriate to enforce or implement court orders or rules, or to prevent an abuse of process.*" Näher zur dogmatischen Herleitung des *third-party release:* Kap. F.III.4.b), S. 170 ff.

1272 Vgl. *HAT–Hanseatische Anlage v. Sago Palms Joint Venture (In re Sago Palms Joint venture)*, 39 B.R. 9 (Bankr. S.D: Fla. 1984); *In re A.H. Robins Co.*, 88 B.R. 742, 754–55 (E.D. Va. 1988); *Swallow*, 1990 BYU L. Rev. 707, 709 (1990); *Buschman/Madden*, 47 BUS. LAW 913, 940–942 (1992); siehe auch *Silverstein*, 23 Emory Bankr. Dev. J. 13, 17 (2006) mit einer umfassenden Darstellung der verschiedenen Positionen in Literatur und Rechtsprechung.

1273 Zum Gesetzgebungsverfahren: Kap. F.I.1., S. 135 ff.

1274 RegE InsO, BT-Drs. 12/2443, S. 188.

1275 Hierzu ausführlich: Kap. F.III.4.b), S. 170 ff.

G. Gesetzesvorschlag zur Außenhaftung

Die Untersuchung hat gezeigt, dass außerhalb des Anwendungsbereichs des § 92 S. 1 InsO eine Gestaltung der Außenhaftung ohne die Mitwirkung des betroffenen Gläubigers trotz ihrer praktischen Relevanz de lege lata nicht möglich ist. Auch wenn insoweit freiwillige Regelungen in Betracht kommen, erhöhen diese die Komplexität und den Zeitaufwand des Insolvenzplanverfahrens sowie das Blockadepotenzial dissentierender Außenhaftungsgläubiger erheblich. Zwar ist es für eine rechtsdogmatische Arbeit nicht üblich, einen Gesetzesvorschlag zu formulieren, jedoch ist die Insolvenzordnung seit ihrem Inkrafttreten nahezu ständigen Reformen ausgesetzt. Deshalb soll auf Grundlage der vorangehenden Erkenntnisse eine gesetzliche Regelung zur Gestaltung der Außenhaftung dargestellt werden, die de lege ferenda insbesondere in den Fällen die Gläubigerbefriedigung stärken könnte, in denen die Fortführung des Unternehmens ohne die weitere Mitwirkung des bisherigen Geschäftsführers und eine ergiebige Liquidation nicht möglich sind.

I. Teleologische Erwägungen

Unter teleologischen Erwägungen erscheint eine Neuregelung zur Gestaltung der Außenhaftung im Insolvenzplanverfahren geboten.

1. Zweck des Insolvenzplanverfahrens

Das Insolvenzverfahren dient nach § 1 InsO vorrangig der gemeinschaftlichen, bestmöglichen Gläubigerbefriedigung.[1276] Insoweit kommt § 1 InsO trotz der fehlenden konkreten Rechtsfolge eine hohe Bedeutung für die Auslegung des bestehenden Insolvenzrechts zu.[1277] Auch der Insolvenzplan dient diesem übergeordneten Ziel, denn abweichend von der Verwertungs- und Zerschlagungsmaxime der (Gesamt-)Vollstreckung ermöglicht ein Insolvenzplan von einem Regelverfahren abweichende Maßnahmen, um für die Beteiligten ein wirtschaftlich besseres Ergebnis zu erreichen.[1278] Neben der reinen Verbesserung der Insolvenzquote erweist sich ein Insolvenzplan für die Gläubiger auch durch den Erhalt der Lieferbeziehung,

---

1276 Statt vieler *Becker*, in: Römermann, InsO, § 1 Rn. 22.
1277 *Becker*, in: Römermann, InsO, § 1 Rn. 2.
1278 *Lüer/Streit*, in: Uhlenbruck, InsO, Vorb. zu §§ 217–269 Rn. 15; *Koch/de Bra*, in: Gottwald/Haas, InsR-HdB, § 64 Rn. 1; *Smid*, HdB Insolvenzrecht, § 38 Rn. 3, 11, 14.

https://doi.org/10.1515/9783111535432-009

den Erhalt des unternehmerischen Marktwerts oder des Markenkerns als vorteilhaft.[1279] Diese Vorteile kann das Insolvenzplanverfahren jedoch nicht ausspielen, wenn eine Fortführung des Unternehmens durch die Inanspruchnahme des (Gesellschafter-)Geschäftsführers erschwert wird. Untersuchungen haben zudem gezeigt, dass Lieferanten zur Aufrechterhaltung der Geschäftsbeziehung in der Insolvenz ihrer Abnehmer gerade an der weiteren Beschäftigung des Managements interessiert sein können und dies auch im Insolvenzverfahren verfolgen.[1280] Den jeweiligen Gläubigern der Außenhaftungsansprüche kommt in dieser Konstellation ein erhebliches Blockadepotenzial zu Lasten der Gläubigergemeinschaft zu, etwa wenn sie unabhängig von rechtlichen und wertbildenden Faktoren eine Befriedigung ihrer Ansprüche in Höhe des Buchwerts beanspruchen.

Auch unter Berücksichtigung historisch-teleologischer Erwägungen ist eine Normierung der Gestaltbarkeit der Außenhaftung geboten. Das Insolvenzplanverfahren sollte auf die Mängel des Vergleichsverfahrens auf Grundlage der Vergleichsordnung reagieren, bei der ein zu eng gezogener Kreis der Beteiligten zu einer geringen praktischen Bedeutung beigetragen hatte.[1281] Diesem Mangel wurde grundsätzlich Abhilfe geschaffen, allerdings ohne die zur Fortführung etwaig erforderliche Einbeziehung der Haftung von Schlüsselpersonen im Unternehmen umfassend zu berücksichtigen. Anders als es im US-amerikanischen Recht in Form des *third-party release* richterrechtlich fortentwickelt wurde, ist eine derartige Rechtsfortbildung in der Rechtsprechung zum Insolvenzplan nicht ersichtlich und dogmatisch schwer zu begründen.[1282] Denn anders als im US-amerikanischen Recht in Form von 11 U.S.C. §§ 105(a), 1123(b)(6) besteht im deutschen Recht keine abstrakte Ermächtigungsgrundlage des Insolvenzrichters zur Durchführung weitreichender Maßnahmen zur Förderung der Sanierung.[1283] Dementsprechend scheitert der Insolvenzplan in der hier zugrunde gelegten Konstellation aus dem gleichen Grund wie die Vergleichsordnung, dem begrenzten Kreis der Beteiligten.

1279 *Frind*, WM 2018, 1920, 1921.

1280 Vgl. AG Cuxhaven, Beschl. v. 14.9.2017 – 12 IN 168/16, ZInsO 2017, 2128 = BeckRS 2017, 127394 Rn. 10; *Eckbo/Thorburn/Wang*, 121 JFE 210 (2016).

1281 Erster Bericht der Kommission für Insolvenzrecht, S. 155.

1282 Zu beachten ist jedoch, dass § 92 InsO die Rechtsprechung des BGH zur Konkursordnung kodifiziert, näher: Kap. C.II.3.a)bb), S. 36 f.

1283 Näher zur dogmatischen Herleitung des *third-party release:* Kap. F.III.4., S. 169 ff.

2. Ökonomische Erwägungen

Das Insolvenzrecht wird maßgeblich von wirtschaftlichen Motiven geleitet. Die ökonomische Theorie des Insolvenzrechts besagt, dass ein Insolvenzgesetz umso besser ist, je wirksamer es das Schuldnervermögen, insbesondere auch mittels Sanierung des Unternehmensträgers, verwerten kann, ohne unerwünschte Anreize zu einer nachlässigen Wirtschaftstätigkeit des Schuldners zu schaffen.[1284] In der dieser Untersuchung zugrunde gelegten Konstellation gelingt dies der Insolvenzordnung nicht, da im Einzelfall eine wirtschaftlich sinnvolle Fortführung am Blockadepotenzial der Außenhaftungsgläubiger scheitern kann.

Zwar besteht neben der Möglichkeit einer freiwilligen Einbeziehung der Außenhaftungsansprüche in das Insolvenzplanverfahren der GmbH die Möglichkeit, die Außenhaftung in einem parallelen Insolvenzverfahren über das Vermögen des Haftungsschuldners zu gestalten. Die Verfahrenskosten eines weiteren Verfahrens dürften im Vergleich zur Gestaltung in einem einheitlichen Verfahren aufgrund der Kostendegression des § 2 Abs. 1 InsVV jedoch ungleich höher ausfallen. Auch erfordern parallele Insolvenzverfahren einen erhöhten Koordinierungsaufwand. Zudem ist für eine Parallelinsolvenz grundlegend erforderlich, dass hinsichtlich des Haftungsschuldners ein zulässiger Insolvenzantrag und -grund vorliegt. Diese Schwierigkeiten einer Parallelinsolvenz ließen sich über eine gesetzliche Neuregelung zur Einbeziehung der Außenhaftung in das Insolvenzplanverfahren der Gesellschaft vermeiden.

Zudem dürfte sich das Fortbestehen der Leitungsmacht und die Möglichkeit der Enthaftung förderlich auf eine frühzeitige Einleitung von Restrukturierungs- und Sanierungsverfahren auswirken, die sich regelmäßig günstig auf die Gläubigerbefriedigung auswirkt.[1285] Denn für die betroffenen Geschäftsleiter führt die als existenzgefährdend empfundene Haftungsgefahr im Insolvenzfall vielfach zu negativen Vermeidungsstrategien,[1286] wohingegen die Möglichkeit der Fortführung des Unternehmens zu einer rechtzeigen Antragstellung motivieren und die besonderen Kenntnisse des Geschäftsleiters nutzbar machen kann.[1287] Denn auch wenn vor Insolvenzreife die Krisenanzeichen nicht richtig gedeutet wurden, kann eine zeitnahe Insolvenzeröffnung Chancen für eine Sanierung bieten.[1288]

1284 *Eidenmüller*, in: MüKoInsO, Vorb. vor §§ 217–269 Rn. 23.

1285 Die positiven Auswirkungen einer frühzeitigen Verfahrenseinleitung auf die Sanierungschancen haben den Gesetzgeber auch zur Normierung des vorläufigen Eigenverwaltungsverfahrens bewogen, vgl. BT-Drs. 17/5712, S. 39 f.

1286 *Paul/Rudow*, NZI 2016, 385, 388.

1287 Vgl. *Eidenmüller*, in: MüKoInsO, Vorb. vor §§ 217–269 Rn. 7.

1288 *Rattunde*, ZIP 2003, 2103; *Pape*, in: Pape/Reichelt/Schultz/Voigt-Salus, InsR, § 4 Rn. 3 a. E.

Berücksichtigt man zudem die zunehmende Bedeutung des Humankapitals aufgrund des Strukturwandels hin zu einer Dienstleistungsgesellschaft und die Abnahme der Insolvenzquoten reziprok zur Zunahme von umfassenden Kreditsicherungen, kann das derzeitige Insolvenzrecht ohne Gestaltbarkeit der Außenhaftung nicht das wirtschaftlich bestmögliche Ergebnis erreichen.[1289]

3. Teleologisch vergleichbare Regelungen de lega lata

Der Gesetzgeber hat die Wichtigkeit des Erhalts der wirtschaftlichen Zusammenhänge in bereits bestehenden Normen für gruppeninterne Drittsicherheiten (§ 217 Abs. 2 InsO) und für den Erhalt der Mitwirkung geschäftsführender Gesellschafter (§ 245 Abs. 2 S. 2, 3 InsO) berücksichtigt. Letztere Regelung bezieht sich jedoch lediglich auf ein Fortbestehen der Anteilsinhaberschaft, sofern die Mitwirkung des Gesellschafters einen Planmehrwert generiert. Etwaig bestehende Außenhaftungsansprüche werden nicht erfasst. Auch der Fokus des Gesetzgebers auf gruppeninterne Drittsicherheiten im Rahmen des SanInsFoG erscheint zunächst nachvollziehbar, da die betroffenen Unternehmensgruppen, nach Anzahl der Mitarbeiter und Umfang der Insolvenzmasse, zu den größten Einzelinsolvenzverfahren gehören. Allerdings bewegt sich der weit überwiegende Teil der Insolvenzen unterhalb dieser Größenordnung, stellt jedoch dessen ungeachtet kumulativ einen erheblichen Anteil am Insolvenzgeschehen in Deutschland dar. Die Grundkonstellation ist in diesen Fällen insoweit mit der bei Drittsicherheiten i. S. v. § 217 Abs. 2 InsO vergleichbar, als dass die Kaskade aus Haftung und Kreditsicherheiten die Fortführung des Unternehmens gefährdet. Einzig wird im Fall von KMU kein gruppenangehöriges Unternehmen belastet, sondern üblicherweise ein (Gesellschafter-)Geschäftsführer aufgrund von Kreditsicherheiten oder sonstigen Haftungsansprüchen. Gerade die Förderung von KMU legt somit eine Neuregelung hinsichtlich der Außenhaftung nahe. Geschäftsleiter großer Unternehmen können sich bereits vorinsolvenzlich durch umfassende, kostenintensive Beratung, Versicherungsschutz und im Einzelfall auch durch gezielte Wahl einer Rechtsordnung für die Sanierung, die einen *third-party release* ermöglicht, von den wirtschaftlichen Risiken einer Insolvenz abschirmen. Dagegen bedeutet die Insolvenz von KMU für deren (Gesellschafter-)Geschäftsführer in der Regel auch den Verlust der eigenen wirtschaftlichen Existenz.[1290] Diese Ungleichheit wirkt wettbewerbsverzerrend und ist angesichts der Tatsache,

1289 Zu diesen Entwicklungen bereits Einleitung: Kap. A., S. 1 ff.

1290 Näher bereits Einleitung: Kap. A., S. 1 ff.

dass gerade KMU erheblich zur volkswirtschaftlichen Wertschöpfung und Innovation beitragen, rechtspolitisch fragwürdig.[1291]

4. Einbeziehung von Vermögenschadens-Haftpflichtversicherungsansprüchen

Ein weiteres Argument für eine Neuregelung zur Einbeziehung von Außenhaftungsansprüchen in das Insolvenzplanverfahren der Gesellschaft ergibt sich unter Berücksichtigung der sog. D&O-Versicherung.

Eine D&O-Versicherung (abgeleitet von *Directors' and Officers' Liability Insurance*) ist die Bezeichnung für eine Vermögensschadenshaftpflichtversicherung für die Organmitglieder von juristischen Personen.[1292] Allgemein gewährt eine D&O-Versicherung Versicherungsschutz, wenn eine versicherte Person wegen einer bei Ausübung ihrer Tätigkeit begangenen Pflichtverletzung aufgrund gesetzlicher Haftpflichtbestimmungen für einen Vermögensschaden in Anspruch genommen wird.[1293] Eine Standardisierung der Versicherungsbedingungen hat sich bisher nicht durchgesetzt, weshalb auf den konkreten Versicherungsvertrag und die allgemeinen gesetzlichen Regelungen abzustellen ist.[1294] Bei entsprechender Regelung im Versicherungsvertrag, insbesondere hinsichtlich der Vermögensschäden Dritter, kommt auch ein Versicherungsschutz im Fall der Haftung für Zahlungen nach Insolvenzreife gem. § 64 S. 1 GmbHG a.F. in Betracht.[1295] Nunmehr kompensiert die rechtsformübergreifende Nachfolgeregelung von § 64 GmbHG a.F. in Form von § 15b Abs. 4 InsO ausdrücklich einen Schaden der Gläubigerschaft, woraus gefolgert wird, dass es sich ebenfalls um einen von der D&O-Versicherung erfassten Schadensersatzanspruch handelt.[1296] Tendenziell ist zu beobachten, dass Versicherungsschutz für Zahlungen nach Insolvenzreife zunehmend ausdrücklich gewährt wird.[1297] Ein Anspruch auf

---

1291 KMU beschäftigen 55 % der in Deutschland tätigen Personen und schaffen 42 % der Bruttowertschöpfung, Statisches Bundesamt, Kleine und mittlere Unternehmen, abrufbar unter https://www.destatis.de/DE/Themen/Branchen-Unternehmen/Unternehmen/Kleine-Unternehmen-Mittlere-Unternehmen/_inhalt.html, zuletzt abgerufen am 10.5.2024.

1292 *Langheid*, in: MüKoVVG, § 44 Rn. 20; *Mailänder*, in: Weitnauer, HdB Venture Capital, Teil D Rn. 370.

1293 *Fleischer*, in: MüKoGmbHG, § 43 Rn. 467; *Langheid*, in: MüKoVVG, § 44 Rn. 20 f.

1294 *Ziemons*, in: BeckOK GmbHG, § 43 Rn. 387, Stand: 1.2.2024; *Fleischer*, in: MüKoGmbHG, § 43 Rn. 471.

1295 BGH, Urt. v. 18.11.2020 – IV ZR 217/19, DStR 2021, 239; OLG Düsseldorf, Urt. v. 20.7.2018 – I-4 U 93/16, NZI 2018, 758; LG Köln, Urt. v. 9.12.2020 – 20 O 1/20, ZInsO 2021, 1752; siehe auch *Altmeppen*, in: Altmeppen, GmbHG, Anh. § 60 Rn. 168.

1296 Vgl. § 15b Abs. 4 S. 2 InsO; *Brinkmann*, ZIP 2020, 2361, 2367; zust. *Arens*, GWR 2021, 64, 68.

1297 *Haas/Kolmann/Kurz*, in: Gottwald/Haas, InsR-HdB, § 90 Rn. 218.

Versicherungsschutz führt grundsätzlich nicht zu einem Direktanspruch des Geschädigten gegen den Versicherer auf Zahlung; allerdings ist eine Abtretung des Freistellungsanspruchs an den Insolvenzverwalter möglich, woraufhin sich der Anspruch in eine Zahlungsforderung wandelt.[1298]

Die Bedeutung der D&O-Versicherung hat aufgrund der Verschärfung der Haftung von Geschäftsleitern und der gestiegenen Bereitschaft, Ansprüche auch durchzusetzen, zugenommen.[1299] Dies macht sich auch in den Geschäftsergebnissen der deutschen Versicherungsunternehmen bemerkbar, die mit D&O-Versicherungen trotz eines jährlichen Beitragsvolumens von geschätzten 560 Mio. EUR einen Schadensaufwand von 110 % des Beitragsvolumens verbuchen müssen.[1300] Auch die Versicherungswirtschaft hat somit ein vitales Eigeninteresse, mittels Plandotierung eine Schadensminderung durch Beteiligung an einer wirtschaftlich vorteilhaften Fortführung zu erreichen.

Ohne D&O-Versicherung ist ein Schadensausgleich häufig nicht möglich, denn die Ansprüche gegenüber dem (Gesellschafter-)Geschäftsführer übersteigen in der Insolvenz der Gesellschaft häufig dessen (liquide) Mittel.[1301] Ursache hierfür dürfte auch die Praxis der Kreditinstitute sein, sich bei Kreditvergabe Sach- und Personalsicherheiten bestellen zu lassen, sodass im Insolvenzfall für die ungesicherten Gläubiger und die Gesellschaft keine werthaltigen Ansprüche verbleiben. Die Versicherungsansprüche für Innen- oder Außenhaftungsansprüche stellen somit einen werthaltigen Anspruch dar, der maßgeblich zur Plandotierung beitragen kann. Sofern mithilfe einer Neuregelung ein rechtssicheres Ergebnis hinsichtlich der potenziellen Haftungsansprüche erreicht werden kann, das auch Wirkung hinsichtlich dissentierender Außenhaftungsgläubiger entfaltet, besteht somit eine Möglichkeit für das Versicherungsunternehmen, das Insolvenzplanverfahren der Gesellschaft für eine zeit- und kosteneffiziente Beilegung des Schadensfalls zu nutzen. Für die Gläubiger bietet sich in einem derartigen Sachverhalt neben den bereits dargelegten allgemeinen Vorteilen einer Fortführung die Möglichkeit, einen zeitnahen Verfahrensabschlusses nebst Quotenzahlung durch (teilweise) Plandotierung durch das Versicherungsunternehmen zu erreichen.

1298 BGH, Urt. v. 13.4.2016 – IV ZR 304/13, NJW 2016, 2184 Rn. 21 f.; näher *Fleischer*, in: MüKoGmbHG, § 43 Rn. 472.

1299 *Altmeppen*, in: Altmeppen, GmbHG, § 43 Rn. 176 m. w. N.

1300 FAZ v. 14.9.2021, Haftpflicht für Manager: Versicherer schreiben Verluste, abrufbar unter https://www.faz.net/aktuell/finanzen/haftpflicht-fuer-manager-versicherer-schreiben-verluste-17536521.html, zuletzt abgerufen am 10.5.2024.

1301 *Meyer/Hermes*, GmbHR 2005, 807, 816.

5. Gegengewicht zur steigenden Haftung

Weiterhin streitet auch die stetig steigende Prävalenz der Haftung von Geschäftsleitern für eine Neuregelung. Zivilrechtliche Haftung ist grundsätzlich auf Prävention und Vermögensausgleich ausgerichtet,[1302] jedoch steht bei der zivilrechtlichen Haftung von Geschäftsführern der Vermögensausgleich in der Regel nicht im Vordergrund, da der potenzielle Schaden durch Unternehmensentscheidungen die privaten Ausgleichsmöglichkeiten in der Regel um ein Vielfaches übersteigt.[1303] In der Diskussion um eine Reform der Organhaftung des GmbH-Geschäftsführers wird deshalb vorgetragen, dessen Haftung müsse stärker konturiert werden, was gerade durch die im Vergleich zum Vorstand der AG geringeren personellen Ressourcen an sachkundigen Mitarbeitern und Beratern begründet wird.[1304] Auch wird aufgrund der steigenden Bedeutung der Geschäftsführerhaftung versucht, das wirtschaftliche Risiko für den Geschäftsführer bereits im Vorfeld der Anspruchsentstehung zu begrenzen.[1305]

Die Wichtigkeit, im Einzelfall die Mitwirkung des Geschäftsführers an einer wirtschaftlich vorteilhaften Fortführung durch eine Enthaftung zu sichern, liegt auch im Gläubigerinteresse, da Ansprüche gegen Geschäftsführer aufgrund von Pflichtverletzungen häufig nicht durchgesetzt werden können, da diese ebenfalls zahlungsunfähig sind.[1306] Zudem kann die potenziell drohende Haftung den Geschäftsführer dazu bewegen, sich gegen derartige Risiken abzusichern, was im Einzelfall den Interessen von Anteilseignern und Gläubigern zuwiderlaufen kann.[1307]

Allzu leichtfertig sollte eine Enthaftung jedoch nicht gewährt werden, denn persönliche Verantwortlichkeit und Haftung sind grundsätzlich auch geeignet, überhöhter Risikobereitschaft entgegenzuwirken.[1308] Allerdings darf der Geschäftsführer einer insolventen Gesellschaft nicht pauschal als ungeeignet für eine weitere Tätigkeit in seiner bisherigen Position betrachtet werden. Es muss zwar konzediert werden, dass Insolvenzen häufig auf Managementfehlern beruhen[1309] und auch, dass

---

1302 *Wagner*, ZHR 2014, 227, 251 f.

1303 *Meyer/Hermes*, GmbHR 2005, 807, 816; ebenso für den Vorstand der AG: *Wagner*, ZHR 2014, 227, 234.

1304 *Fleischer*, in: MüKoGmbHG, § 43 Rn. 7.

1305 Näher *Fleischer*, in: MüKoGmbHG, § 43 Rn. 481 ff.

1306 Vgl. *Pape*, NZI 2019, 260, 265.

1307 *Eckbo/Thorburn/Wang*, 121 JFE 210, 210 (2016).

1308 Vgl. *v. Werder*, ZIP 2009, 500, 500, der eine weitreichende Risikoabschirmung des Managements als Krisenursache ausmacht.

1309 *Leipold*, in: Volk/Beukelmann, MAH WirtschaftsStrafR, § 19 Rn. 1.

der Anteil der Insolvenzen, in denen Insolvenzstraftatbestände,[1310] vor allem Insolvenzverschleppung, verwirklicht werden, erheblich ist.[1311] Letzterer Umstand ist jedoch vor allem dem Charakter des § 15a InsO als Formaldelikt geschuldet,[1312] was sich besonders bei den Rechtsformen GmbH und der GmbH & Co. KG in einer gesteigerten Anzahl von Insolvenzdelikten niederschlägt.[1313] Häufig wird jedoch gerade das Management von Lieferanten und Investoren als wertbildender Faktor des Unternehmens eingestuft[1314] und zudem kann gerade die Erfahrung mit einer Unternehmenskrise die Fähigkeiten des betroffenen Geschäftsleiters steigern.[1315]

II. Formulierung de lege ferenda

Die obigen teleologischen Erwägungen könnten mit dem folgenden Gesetzesvorschlag de lege ferenda berücksichtigt werden:

1. Unternehmensbezogene Haftung, § 217 Abs. 3 InsO

(3) Der Insolvenzplan kann ferner die Rechte der Inhaber von Insolvenzforderungen gestalten, die diesen gegen Inhaber von Anteils- und Mitgliedschaftsrechten, an der Geschäftsführung beteiligte Personen oder Angestellte als Bürge, Mitschuldner oder aufgrund einer anderweitig im Zusammenhang mit dem Unternehmen entstandenen Haftung oder an Gegenständen des Vermögens der Person zustehen (unternehmensbezogene Haftung).

2. Darstellender Teil, § 220 Abs. 4 InsO

(4) Sieht der Insolvenzplan Eingriffe in die Rechte von Insolvenzgläubigern aus unternehmensbezogener Haftung (§ 217 Absatz 3) vor, sind in die Darstellung auch die Verhältnisse des Schuldners der unternehmensbezogenen Haftung und die Auswirkungen der Haftung auf das Vermögen des Schuldners darzustellen.

1310 Das Insolvenzstrafrecht erfasst alle Vorschriften, die das Insolvenzverfahren als Verfahren der Gesamtvollstreckung aller Gläubiger gegen einen Schuldner im Interesse der gleichzeitigen quotenmäßigen Befriedigung der Gläubiger mit den Mitteln des Strafrechts sichern, s. *Kindhäuser/Bülte*, in: Kindhäuser/Neumann/Paeffgen/Saliger, StGB, Vorb. zu §§ 283 ff. Rn. 1.

1311 Nach Schätzungen werden in 80–90 % aller Insolvenzen Straftaten begangen, *O. Hohmann*, in: MüKoStGB, § 15a InsO Rn. 6 m. w. N.

1312 *O. Hohmann*, in: MüKoStGB, § 15a InsO Rn. 6.

1313 *Uhlenbruck*, in: K. Schmidt/Uhlenbruck, Die GmbH, Rn. 11.81.

1314 Hierzu bereits in der Einleitung: Kap. A., S. 1 ff.

1315 *Eckbo/Thorburn/Wang*, 121 JFE 210 (2016).

3. Bildung von Gruppen, § 222 Abs. 1 S. 2 Nr. 6 InsO

6. den Inhabern von Forderungen und Sicherungsrechten nach § 254 Absatz 2a.

4. Rechte der Gläubiger unternehmensbezogener Haftung, § 223b InsO

[1]Ist im Insolvenzplan nichts anderes bestimmt, so wird das Recht eines Insolvenzgläubigers aus einer unternehmensbezogenen Haftung (§ 217 Absatz 3) durch den Insolvenzplan nicht berührt. [2]Wird eine Regelung getroffen, ist der Eingriff angemessen zu entschädigen. [3]§ 223 Absatz 1 Satz 2 und Absatz 2 gilt entsprechend.

5. Zustimmungserklärung des Schuldners der Außenhaftung, § 230 Abs. 5 InsO

(5) Sieht der Insolvenzplan Eingriffe in die Rechte von Gläubigern in eine unternehmensbezogene Haftung vor, so ist dem Plan die Zustimmung des jeweiligen Schuldners beizufügen.

6. Vollstreckungsschutz, § 233 Abs. 2 InsO

(2) Die Anordnung nach Absatz 1 kann auch das Recht von Gläubigern zur Durchsetzung von Rechten aus unternehmensbezogener Haftung (§ 217 Absatz 3) sperren.

7. Stimmrecht, § 238c InsO

Sieht der Plan Eingriffe in Rechte aus unternehmensbezogener Haftung vor, richtet sich das Stimmrecht nach dem Befriedigungsbeitrag, der aus der Geltendmachung der Rechte aus der unternehmensbezogenen Haftung mutmaßlich zu erwarten ist.

8. Angemessene Beteiligung, § 245 Abs. 2 S. 3 InsO n.F.

Satz 2 gilt entsprechend für Inhaber von Anteils- und Mitgliedschaftsrechten, an der Geschäftsleitung beteiligte Personen und sonstige Angestellte des Schuldners.

III. Erläuterung des Gesetzesvorschlags

Dieser Gesetzesvorschlag basiert auf den folgenden Erwägungen:

1. Anwendungsbereich

a) Beschränkung auf das Insolvenzplanverfahren

Zunächst beschränkt dieser Gesetzesvorschlag den Anwendungsbereich der Gestaltbarkeit von Außenhaftungsansprüchen (unternehmensbezogene Haftung) auf das Insolvenzplanverfahren und folgt damit der Gesetzessystematik der Insolvenzordnung. Denn der Gesetzgeber hat ebenfalls den Eingriff in Anteilsrechte (vgl. § 225a Abs. 2, 3 InsO) und gruppeninterne Drittsicherheiten (vgl. § 217 Abs. 2, 223a InsO) bewusst dem Insolvenzplanverfahren vorbehalten. Dieser Systematik folgend, verzichtet der Gesetzesvorschlag auf die Schaffung eines hypothetischen § 92b InsO, der die Geltendmachung der unternehmensbezogenen Haftung dem Insolvenzverwalter zuweisen würde.

Wenn man bedenkt, dass der Gesetzesvorschlag eine Förderung der Sanierung von häufig personalistisch geprägten KMU beabsichtigt, ist die Beschränkung auf das Insolvenzplanverfahren nicht allein vorteilhaft. Denn für KMU stellt ein Insolvenzplanverfahren aufgrund der Komplexität und der zu erwartenden (Berater-) Kosten häufig ein Sanierungshindernis dar.[1316] Dennoch sollte die Außenhaftung lediglich der Gestaltung im Insolvenzplanverfahren vorbehalten bleiben, da dieses aufgrund der Abstimmung über den Plan die Gläubigerautonomie stärkt und durch die Informationspflichten im darstellenden Teil des Plans sowie die Minderheits- und Rechtsschutzmöglichkeiten die Gläubiger der Außenhaftungsansprüche bestmöglich schützt.

b) Keine Begrenzung auf die GmbH

Der Gesetzesvorschlag beschränkt sich nicht auf die dieser Untersuchung zugrunde gelegte Gesellschaftsform der GmbH, sondern erfasst alle juristischen Personen. Zwar dürfte der GmbH aufgrund der vorherrschenden personalistischen Prägung eine besondere Bedeutung zukommen, jedoch stellt sich der grundsätzliche Interessenkonflikt zwischen dem Blockadepotenzial der Außenhaftungsgläubiger und der wirtschaftlich vorteilhaften Fortführung nicht nur bei GmbH-Geschäftsführern, sondern bei jeder Person, die für die Fortführung eines Unternehmens notwendig ist.

1316 Zu den systematisch vergleichbaren Bedenken i.R.d. StaRUG für KMU, *Smid*, NZI-Beilage 2021, 64 ff.; *Smid*, ZInsO 2020, 2184, 2189; *Vallender*, ZInsO 2020, 2677, 2687 f.

2. Reichweite der Enthaftung

Die sachliche Reichweite des Gesetzesvorschlags beschränkt sich auf die unter Anwendung der im Verkehr erforderlichen Sorgfalt erkennbaren Ansprüche (hierzu a), soweit sie mit Bezug zur Tätigkeit für die Gesellschaft entstanden sind (hierzu b), wovon auch deliktische und vertragliche Ansprüche umfasst sind (hierzu c).

a) Erkennbare Ansprüche

Der Gesetzesvorschlag beabsichtigt keine Generalquittung. Grundsätzlich spricht für eine pauschale Generalquittung zwar die damit einhergehende Rechtssicherheit. Allerdings bieten Generalquittungen auf Grund des Wissensvorsprungs des Haftungsschuldners ein erhöhtes Missbrauchspotenzial. Insbesondere innerhalb der zeitlichen Grenzen eines Insolvenzplanverfahrens als Eilverfahren wird eine vollumfängliche und abschließende Bezifferung der Ansprüche jedoch ausscheiden. Ein praktisch handhabbarer Kompromiss wird erreicht, wenn die Enthaftung wie bei einer gesellschaftsrechtlichen Entlastung auf die unter Anwendung der im Verkehr erforderlichen Sorgfalt erkennbaren Ansprüche beschränkt wird.[1317]

b) Unternehmensbezug der Ansprüche

Schließlich beschränkt sich der Gesetzesvorschlag auf Verbindlichkeiten, die ihren Ursprung in der Tätigkeit für das Unternehmen haben (unternehmensbezogene Haftung, § 217 Abs. 3 InsO de lege ferenda). Denn der Gesetzesvorschlag soll nicht zu einer Umgehung der Regelungen der Restschuldbefreiung nach den §§ 286 ff. InsO führen, indem pauschal alle Verbindlichkeiten einbezogen werden können.

Die Gläubiger von Außenhaftungsansprüchen sind in der Regel gleichzeitig Insolvenzgläubiger, das heißt Gläubiger der Gesellschaft. Im Insolvenzplanverfahren sind die jeweiligen Gläubiger zuvorderst Gläubiger der Gesellschaft und die Außenhaftung übernimmt die Funktion einer Sicherheit bzw. beruht auf einer Pflichtverletzung im Rahmen der Tätigkeit des Haftungsschuldners für die Gesellschaft. Ein Eingriff in diese unternehmensbezogenen Ansprüche trifft somit lediglich die Gläubiger, die eine Geschäftsbeziehung zu dem insolventen Unternehmen geführt haben. Jedoch rechtfertigt sich ein Eingriff in Ansprüche, die ihren Ursprung allein in der privaten Lebensführung oder sonstigen Geschäftstätigkeiten des Haftenden haben, angesichts der Intensität des Eingriffs und der Begründung desselben durch die Fortführung des Unternehmens nicht. Denn die Enthaftung beabsichtigt allein wirtschaftlich erfolgversprechende Sanierungen durch einen

1317 Näher zur Entlastung: Kap. C.III.1.e)aa), S. 53 f.

Eingriff in die Rechtsposition der Gesellschaftsgläubiger zu fördern, die das Insolvenzrisiko der Gesellschaft durch die Geschäftsverbindung eingegangen sind.

Dieses Ergebnis entspricht auch der Praxis im *Chapter 11*-Verfahren, die zumindest überschneidende Interessen zwischen Verfahrensschuldner und dem zu enthaftendem Dritten fordert.[1318]

c) Deliktische und vertragliche Forderungen

Die Regelungsmöglichkeit des Gesetzesvorschlags erfasst auch deliktische und vertragliche Forderungen.

Hinsichtlich der deliktischen Forderungen ergibt sich dies aus der historischen Konzeption des Insolvenzplanverfahrens. Denn grundsätzlich ist jeder Schuldner insolvenzplanwürdig, ohne dass es wie bei der Restschuldbefreiung nach den §§ 286 ff. InsO oder dem Vergleich nach der aufgehobenen Vergleichsordnung auf eine vermeintliche Erlasswürdigkeit ankommt.[1319] Diese strengen Anforderungen an die Vergleichswürdigkeit des Schuldners auf Grundlage der §§ 17, 18 VglO hatten zur praktischen Bedeutungslosigkeit der Vergleichsordnung beigetragen.[1320] Dementsprechend hat der Gesetzgeber des Insolvenzplanverfahrens ausdrücklich nicht die Konzeption der Vergleichsordnung fortgeführt, nach der nur der redliche Schuldner die Möglichkeiten eines gerichtlichen Vergleichsverfahrens nutzen kann, sondern die Entscheidung darüber der autonomen Entscheidung der Gläubiger anheimgestellt.[1321] Auch ist für das Insolvenzplanverfahren nach der Konzeption der ersten Kommission für Insolvenzrecht unbeachtlich, ob Geschäftsleiter gegen ihre Pflichten verstoßen haben.[1322] Die Entscheidung, ob diese von der künftigen Unternehmensleitung ausgeschlossen werden, obliegt ebenfalls der Gläubigerautonomie.[1323]

Zu berücksichtigen ist ferner, dass auch im Insolvenzplanverfahren über das Vermögen des Geschäftsführers eine Gestaltung deliktischer Ansprüche, einschließlich solcher aus vorsätzlich unerlaubter Handlung, möglich ist.[1324] Lediglich eine Schuldbefreiung für Geldstrafen und vergleichbare Forderungen scheidet aus,

---

1318 Vgl. Kriterium Nr. 1: Kap. F.III.5.a), S. 176 ff.

1319 Erster Bericht der Kommission für Insolvenzrecht, S. 15, dort b); *Braun*, in: Römermann, InsO, Vorb. vor §§ 217 bis 269 Rn. 76. Dem redlichen Schuldner wird die Möglichkeit der Restschuldbefreiung anders als bei Schuldenbereinigung in einem Insolvenzplan auch ohne Zustimmung der Gläubigergemeinschaft eröffnet, vgl. BT-Drs. 12/2443, S. 188.

1320 *Pape*, in: Pape/Reichelt/Schultz/Voigt-Salus, InsR, § 38 Rn. 1.

1321 RegE InsO, BT-Drs. 12/2443, S. 195; Diskussionsentwurf zur Insolvenzordnung, S. 216 f.

1322 Erster Bericht der Kommission für Insolvenrecht, S. 16.

1323 Erster Bericht der Kommission für Insolvenrecht, S. 16.

1324 *Breuer*, in: MüKoInsO, § 227 Rn. 9 m. w. N.

§ 225 Abs. 3 InsO. Der Schutz deliktischer Gläubiger kann dementsprechend durch das Schlechterstellungsverbot des § 245 Abs. 1 Nr. 1 InsO hinreichend gewahrt werden. Insoweit ist zu prüfen, welche Befriedigung der betroffene Gläubiger außerhalb des Planverfahrens der Gesellschaft erreichen würde, auch unter Berücksichtigung des Ausgangs eines Insolvenzplanverfahrens sowie einer möglichen Restschuldbefreiung (vgl. §§ 225 Abs. 3, 302 InsO). Hierbei ist insbesondere zu berücksichtigen, dass in einem Insolvenzverfahren über das Vermögen des haftenden Dritten die Erteilung der Restschuldbefreiung nicht mit der Begründung versagt werden kann, der Geschäftsführer habe verspätet den Antrag auf Eröffnung des Insolvenzverfahrens über das Vermögen der GmbH gestellt.[1325]

Auch der Eingriff in vertragliche Ansprüche ist im Rahmen des Gesetzesvorschlags möglich, soweit diese mit Bezug zum Unternehmen entstanden sind. Diese rechtsgeschäftlichen Ansprüche dienen vorwiegend als Kreditsicherheit für Verbindlichkeiten der Gesellschaft. Ihre Funktion als Kreditsicherheit bleibt durch die erforderliche „angemessene Entschädigung" in § 223b S. 2 InsO de lege ferenda erhalten, da sichergestellt ist, dass der jeweilige Gläubiger zumindest das erhält, was er ohne Plandurchführung erhalten würde. Insoweit bleibt der Wert der Sicherheit gewahrt; ein darüberhinausgehendes schützenswertes Interesse des jeweiligen Gläubigers ist nicht ersichtlich. Im Übrigen wäre dieser Gesetzesvorschlag andernfalls aufgrund der erheblichen Verbreitung von rechtsgeschäftlichen Sicherungsmitteln für den Großteil der Insolvenzverfahren zu eng gesteckt. Insoweit weicht dieser Gesetzesvorschlag von der kanadischen Rechtsordnung in Gestalt von Sec. 5.1(2)(a) CCAA ab, nach dem vertragliche Ansprüche von der Gestaltung im CCAA-Plan ausgenommen sind.[1326]

3. Angemessene Beteiligung

Grundsätzlich müssen die Angehörigen einer Gruppe angemessen an dem wirtschaftlichen Wert beteiligt werden, der auf Grundlage des Plans den Beteiligten zufließen soll, § 245 Abs. 1 Nr. 2 InsO. Insbesondere gilt im Insolvenzplanverfahren die sogenannte *absolute priority rule*, die in § 245 Abs. 2 S. 1 Nr. 2, S. 2 u. 3 InsO ihren Niederschlag gefunden hat. Nach dieser Vorschrift dürfen Alt-Anteilsinhaber keinen wirtschaftlichen Wert erhalten, der nicht durch Leistung in das Vermögen des Schuldners vollständig ausgeglichen wurde. § 245 Abs. 2 S. 2 u. 3 InsO lockert diese Regelung dahingehend, dass auch die zur Verwirklichung des Planmehrwerts er-

1325 *Sternal*, in: Uhlenbruck, InsO, § 290 Rn. 72, 75.
1326 Hierzu: Kap. F.IV.1., S. 188 f.

forderliche Mitwirkung von an der Geschäftsführung beteiligten Anteilsinhabern einen ausgleichenden wirtschaftlichen Wert darstellen kann. Diese Regelung greift der Gesetzesvorschlag auf und erweitert den Anwendungsbereich von § 245 Abs. 2 S. 3 InsO de lege ferenda auf die Schuldner der unternehmensbezogenen Haftung.

4. Zustimmung des Schuldners der Außenhaftung

Der Gesetzesvorschlag knüpft den Eingriff mit § 230 Abs. 5 InsO de lege ferenda an die Zustimmung des Schuldners der Außenhaftung, die weder durch Fiktion (vgl. §§ 246a, 247 InsO) noch durch das Obstruktionsverbot (vgl. § 245 InsO) ersetzt werden kann. Diese Entscheidung wird wesentlich durch zwei Argumente getragen:

Zunächst ist ein einseitiger Erlass von Forderungen dem deutschen Zivilrecht grundsätzlich fremd und auch im Insolvenzplanverfahren beanspruchen diese zivilrechtlichen Wertungen Geltung.[1327]

Ferner wird ein einseitiger Erlass der Außenhaftung nicht den Interessen der hier zugrunde gelegten Konstellation gerecht, da gerade die Mitwirkung des Haftungsschuldners gesichert werden soll. Der Erlass soll nicht als Zufallsgewinn und zur Umgehung der Restschuldbefreiung genutzt werden, sondern dem Erhalt der Mitwirkung an der Fortführung des Unternehmens dienen. Dementsprechend sollte auch der Geschäftsführer im Rahmen seiner Zustimmung zur Gestaltung im Insolvenzplan Verpflichtungen übernehmen, die ihm abseits der allgemeinen Auskunfts- und Mitwirkungspflichten nach §§ 97, 101 InsO durch das Insolvenzverfahren jedoch nicht aufoktroyiert werden können.

Der Regelungsvorschlag wirkt sich de lege ferenda in Form von § 230 Abs. 5 InsO aufgrund der erforderlichen Zustimmung auch auf die Verfahrensrechte des Schuldners der unternehmensbezogenen Haftung im Insolvenzplanverfahren aus. Da ohne ausdrückliche Zustimmung des betroffenen Schuldners der Außenhaftung eine Gestaltung anders als etwa bei Einbeziehung der Anteilsinhaber (vgl. §§ 238a, 244 Abs. 3, 246a InsO) ausscheidet, ist weder ein diesbezüglicher Minderheitenschutz (§§ 251, 253 InsO) noch eine Berücksichtigung beim Obstruktionsverbot (§ 245 InsO) erforderlich.

1327 Ausführlich: Kap. C.III.1.a), S. 48 f.

5. Schlechterstellung, Stimmrecht, Rechts- und Vollstreckungsschutz

Die Gläubiger des Geschäftsführers dürfen durch die Einbeziehung ihrer Ansprüche gegen den Geschäftsführer in den Insolvenzplan der Gesellschaft nicht schlechter gestellt werden, als sie im Fall der Liquidation der Gesellschaft bei gleichzeitiger Inanspruchnahme des Geschäftsführers stünden. Eine Schlechterstellung wird in diesem Gesetzesvorschlag durch verschiedene Elemente vermieden: Zunächst ist der Eingriff angemessen zu entschädigen (§§ 222 Abs. 1 S. 2 Nr. 6, 223b S. 2 InsO de lege ferenda). Weiterhin können die Gläubiger der unternehmensbezogenen Haftung als Beteiligte des Insolvenzplanverfahrens über den Insolvenzplan abstimmen (§ 238c InsO de lege ferenda) und die Minderheits- und Rechtsschutzmöglichkeiten des Insolvenzplanverfahrens aufgreifen (§ 222 Abs. 1 S. 2 Nr. 6 InsO de lege ferenda, § 245 Abs. 1 Nr. 1, 251 InsO).

Der Sicherungswert von Personalsicherheiten ergibt sich entscheidend aus der Bonität des Interzedenten.[1328] Auch der Wert von Sicherungsgut ist bei vorsichtiger Bewertung des Betrags zu bestimmen, der unter den Bedingungen der Sicherheitenverwertung erlöst werden kann.[1329] Überträgt man diese Leitgedanken auf die Vergleichsrechnung i. S. v. § 220 Abs. 2 S. 2 InsO, wird diese hinsichtlich einer etwaigen Schlechterstellung der Gläubiger maßgeblich von der Bonität des Haftungsschuldners bzw. vom Wert der gestellten Sicherheiten geprägt. Zusätzlich sind bei Vorliegen von Insolvenzgründen für ein Insolvenzverfahren über das Vermögen des Geschäftsführers die potenziellen Verfahrenskosten und die Anfechtbarkeit von Sicherheiten nach den §§ 129 ff. InsO zu berücksichtigen. Für die ungesicherten Ansprüche gegenüber dem Geschäftsführer ist regelmäßig auf die voraussichtliche Insolvenzquote unter Berücksichtigung des verwertbaren Vermögens und des pfändbaren Einkommens abzustellen.

Im Ergebnis sind ähnlich wie bei der Entscheidung zwischen Liquidation und Sanierung durch Reorganisation, übertragende Sanierung oder Einzelverwertung die Insolvenzquoten mit und ohne Gestaltung der unternehmensbezogenen Haftung zu vergleichen.[1330] Sofern der Verzicht auf die Inanspruchnahme bei massezugehörigen Ansprüchen bzw. die Kompensation von Ansprüchen Dritter zur Aufrechterhaltung der Mitarbeit zu einem Planmehrwert führt, ist somit im Einzelfall im Insolvenzplan ein Erlass der Haftung geboten.

Die von der Neuregelung erfassten Außenhaftungsansprüche sind grundsätzlich nicht vor Vollstreckung und Verwertung geschützt, da sie nicht Teil der Insol-

1328 *Habersack*, in: MüKoBGB, Vor § 765 Rn. 1.

1329 *C. Weber*, in: BeckOGK BGB, § 490 Rn. 56, Stand: 1.2.2024.

1330 Vgl. *Eidenmüller*, in: MüKoInsO, Vorbemerkung vor § 217 bis 269 Rn. 7.

venzmasse sind (vgl. §§ 21 Abs. 2 Nr. 3, 88, 89, 233 InsO). Dementsprechend ist eine Neuregelung erforderlich, die den Schuldner der Außenhaftungsansprüche vor Zwangsvollstreckungen schützt bis endgültig über den Insolvenzplan entschieden wurde (§ 233 Abs. 2 InsO de lege ferenda).

IV. Keine Implementierung in das StaRUG

Der Gesetzgeber hat den Restrukturierungsplan in den §§ 2ff. StaRUG in großen Teilen nach dem Vorbild des Insolvenzplans gestaltet.[1331] Dennoch ist eine entsprechende Implementierung des Gesetzesvorschlags im StaRUG zur Gestaltung der unternehmensbezogenen Haftung nicht geboten. Der Gesetzesvorschlag greift in die Rechtsposition der Außenhaftungsgläubiger in einem Maße ein, wie es nur unter den Bedingungen eines Insolvenzverfahrens gerechtfertigt ist. Der Grundgedanke einer verringerten Eingriffsintensität hinsichtlich der Außenhaftung im Restrukturierungsverfahren im Vergleich zum Insolvenzverfahren wird de lege lata insbesondere daran deutlich, dass der Gesetzgeber von einer entsprechenden Kodifizierung des § 92 InsO im StaRUG abgesehen hat.[1332] Das Restrukturierungsverfahren hat somit eine geringere Konzentrationswirkung als das Insolvenzverfahren hinsichtlich der Ansprüche Dritter. Da bereits Ansprüche auf Ersatz von Gesamtschäden einer Regelung im Restrukturierungsplan nicht zugänglich sind, scheidet eine weitreichendere Einbeziehung der unternehmensbezogenen Haftung de lege ferenda aus systematischen Erwägungen ebenfalls aus.

V. Verfassungsrechtliche Aspekte

Auch verfassungsrechtliche Bedenken gegen die vorgeschlagene Neuregelung bestehen nicht. Zwar greift der Regelungsvorschlag in den Schutzbereich von Art. 14 Abs. 1 S. 1 GG ein, der Eingriff ist jedoch gerechtfertigt:

Grundsätzlich gewährt Art. 14 Abs. 1 S. 1 GG mit der sogenannten Eigentumsgarantie einen umfassenden Schutz des Eigentums.[1333] Dieser weite Schutzbereich des Eigentums umfasst insbesondere private (deliktische) Forderungsrechte.[1334] Das

1331 Näher *Riedemann*, in: Pannen/Riedemann/Smid, StaRUG, Vor §§ 2–28 Rn. 1; *Spliedt*, in: K. Schmidt, InsO, Einführung zu den §§ 217f. InsO Rn. 23.

1332 Hierzu: Kap. D.V.1., S. 91f.

1333 *Papier/Shirvani*, in: Dürig/Herzog/Scholz, GG, Art. 14 Rn. 108.

1334 BVerfG, Beschl. v. 8.6.1977 - 2 BvR 499/74, NJW 1977, 2024, 2027f.; BVerfG, Beschl. v. 9.1.1991 – 1 BvR 929/89, NJW 1991, 1807, 1807.

Eigentum und sonstige Sicherungsrechte sind als verfassungsrechtlich geschützte Rechtspositionen vom Gesetzgeber bei Ausübung seiner Regelungsbefugnis zu beachten.[1335] Der Gesetzgeber hat die schutzwürdigen Interessen der Beteiligten in einen Ausgleich zu bringen, woraus im Zusammenhang mit Insolvenzverfahren folgt, dass Rücksichtnahme und Einbindung in das Insolvenzverfahren zulässig sind, sofern nicht in die Wertsubstanz von Sicherheiten eingegriffen wird.[1336]

Der Gesetzesvorschlag sichert mit § 223b S. 2 InsO de lege ferenda durch die erforderliche angemessene Entschädigung die Wertsubstanz der Ansprüche und Sicherheiten. Der Eingriff entwertet somit die Forderung des Geschäftsführergläubigers nicht, wie es etwa durch (unzulässige) Präklusionsklauseln für nachgemeldete Forderungen in Insolvenzplänen geschieht.[1337] Zudem fördert die Sanierung des Unternehmens den Erhalt von Arbeitsplätzen, den Erhalt der wirtschaftlichen Existenz des haftenden Dritten sowie die Verbesserung der Befriedigungsaussichten der Insolvenzgläubiger und dient damit einem legitimen Zweck.

Ferner ermöglicht der hier dargelegte Gesetzesvorschlag die Gestaltung allein durch Mehrheitsentscheidung der Gläubiger, wodurch die widerstreitenden Rechtsschutzinteressen in Ausgleich gebracht werden.[1338] Zusätzlich sichert der Minderheitenschutz des Insolvenzplanverfahrens zusammen mit dem Schlechterstellungsverbot die Rechtsschutzgewährung des betroffenen Gläubigers aus Art. 103 Abs. 1 GG.[1339]

Auch dem Differenzierungsgebot des Art. 3 Abs. 1 GG trägt der Gesetzesvorschlag Rechnung, denn die betroffene Gruppe der Insolvenzgläubiger, die sowohl Inhaber von Insolvenzforderungen als auch von unternehmensbezogenen Haftungsansprüchen sind, unterscheidet sich von den übrigen Insolvenzgläubigern. Der Gesetzesvorschlag beschränkt diese Gläubigergruppe hinsichtlich ihrer unternehmensbezogenen Haftungsansprüche gegen Dritte nicht pauschal auf eine Quote für ihre Insolvenzforderungen, sondern sichert die notwendige Differenzierung durch die „angemessene Entschädigung“ des Eingriffs in die unternehmensbezogene Haftung nach § 223b S. 2 InsO de lege ferenda.

1335 *Papier/Shirvani*, in: Dürig/Herzog/Scholz, GG, Art. 14 Rn. 134; *Pape*, in: Pape/Reichelt/Schultz/Voigt-Salus, InsR, § 11 Rn. 1.

1336 *Uhlenbruck*, in: Pape/Reichelt/Schultz/Voigt-Salus, InsR, § 11 Rn. 1.

1337 Präklusionsklauseln, die den Verlust des Anspruchs gegen den Schuldner nach Maßgabe des Insolvenzplans bewirken, sind aufgrund von Art. 14 Abs. 1 GG unwirksam, vgl. BGH, Beschl. v. 7.5. 2015 – IX ZB 75/14, NZI 2015, 697, 699 Rn. 16 ff.

1338 Vgl. *Stürner*, in: MüKoInsO, Einleitung Rn. 95.

1339 Vgl. allg. *Pape*, in: Pape/Reichelt/Schultz/Voigt-Salus, InsR, § 11 Rn. 2; *Stürner*, in: MüKoInsO, Einleitung Rn. 95.

Bereits nach geltendem Recht finden sich Regelungen, die Ansprüche der Gläubiger gegen Dritte der Gestaltung im Insolvenzplanverfahren der Gesellschaft ermöglichen. Insbesondere ist durch die Verzichts- und Vergleichsbefugnis i.R.v. § 92 InsO ein vergleichbarer Eingriff in Ansprüche Dritter, wenngleich begrenzt auf Gesamtschadensansprüche, zulässig.[1340] Zudem besteht für den Eingriff in Absonderungsrechte (vgl. § 223 InsO) in Form der Ablösung des Absonderungsrechts in Höhe des Zeitwerts eine vergleichbare Regelung.[1341] Ebenso hat der Gesetzgeber mit der Einbeziehung von Drittsicherheiten in den Insolvenzplan nach § 217 Abs. 2 InsO eine Regelung getroffen, die der Verflechtung im Wirtschaftsleben Rechnung trägt. Diese Regelungen dürfen zwar nicht zu der pauschalen Annahme verleiten, die verfassungsrechtliche Zulässigkeit der hier entworfenen Regelung folge allein aus dem Verweis auf die bereits bestehenden Eingriffsmöglichkeiten. Jedoch ist dem Eigentumsrecht der Gläubiger im Ergebnis durch die Regelungen des Insolvenzplanverfahrens zur angemessenen Entschädigung, zum Minderheitenschutz und zu den Rechtsmitteln hinreichend genüge getan. Denn bei diesen Rechten der Gläubiger handelt es sich um Sicherungsrechte und Haftungen aus der Tätigkeit des Haftenden für die Gesellschaft. Sowohl Sicherung als auch Haftung haben ihren Ursprung somit in der werbenden Tätigkeit der Gesellschaft. Es ist dementsprechend konsequent, diese Ansprüche auch in das Insolvenzplanverfahren der Gesellschaft einzubeziehen. Entgegenstehende schutzwürdige Interessen einzelner Gläubiger an einer persönlichen Inanspruchnahme des Geschäftsführers oder an der Befriedigung aus einem konkreten Sicherungsgut sind dagegen nicht ersichtlich.

1340 Hierzu bereits: Kap. C.II.3., S. 33 ff.; und: Kap. F.VI.2.b), S. 196 f.

1341 *Breuer*, in: MüKoInsO, § 223 Rn. 23; zust. *Geiwitz/v. Danckelmann*, in: BeckOK InsR, InsO, § 223 Rn. 6a, Stand 15.1.2023.

H. Ergebnisse

1. Im Insolvenzverfahren der GmbH ist der Geschäftsführer einer Vielzahl von potenziellen Ansprüchen der Insolvenzmasse und Dritter ausgesetzt. Der bestätigte Insolvenzplan im Insolvenzverfahren über das Vermögen der Gesellschaft steht grundsätzlich weder im Innen- noch im Außenverhältnis einer Inanspruchnahme des Geschäftsführers entgegen.
2. Die Haftung im Innenverhältnis gegenüber der Insolvenzmasse kann im Insolvenzplanverfahren der GmbH durch abweichende Regelung der Verwertung nach § 217 Abs. 1 S. 1 InsO gestaltet werden. Neben den gesellschaftsrechtlichen Forderungen der Insolvenzschuldnerin und dem anfechtungsrechtlichen Rückgewähranspruch ist auf diesem Weg auch eine Gestaltung der von § 92 InsO erfassten Ansprüche auf Ersatz von Gesamtschäden möglich, denn auch letztere werden für die Dauer des Insolvenzverfahrens haftungsrechtsrechtlich der Insolvenzmasse zugewiesen. Die Reichweite der so möglichen Gestaltung von Gesamtschadensansprüchen im Insolvenzplanverfahren geht über Verwaltungs- und Verfügungsbefugnisse des Insolvenzverwalters hinaus, da nach § 254b InsO auch nicht angemeldete Forderungen erfasst werden.
   Der Geschäftsführer gehört in seiner Funktion als Schuldner der Insolvenzmasse nicht zum Kreis der zwangsweise Planunterworfenen, weshalb eine Annahmeerklärung bzw. Zustimmung zum Erlass im Insolvenzplan aufgrund der vertraglichen Natur des Erlasses i. S. v. § 397 Abs. 1 BGB grundsätzlich erforderlich ist. Etwas anderes gilt jedoch im Rahmen der Entlastung nach § 46 Nr. 5 GmbHG, die als einseitige körperschaftsrechtliche Erklärung als gesellschaftsrechtlich zulässige Regelung i. S. v. § 225a Abs. 3 InsO in den Insolvenzplan aufgenommen werden kann. Im Übrigen kann der Erlass der Innenhaftung nur mit Zustimmung des Geschäftsführers im Insolvenzplan selbst nach § 228 S. 1 InsO, als Plananlage i. S. v. § 230 Abs. 2, 3 InsO oder als Planbedingung i. S. v. § 249 InsO durchgeführt werden.
   Im Restrukturierungsplan nach den §§ 2 ff. StaRUG gelten diese Ergebnisse nur bedingt. Es besteht weder eine Entsprechung zur abweichenden Regelung der Verwertung i. S. v. § 217 Abs. 1 S. 1 InsO noch eine mit § 92 InsO vergleichbare Norm. Zudem finden die gesellschaftsrechtlichen Verzichts- und Vergleichsverbote bei einem Erlass der Haftung anders als im Insolvenzverfahren der GmbH Anwendung.
3. Die Haftung des Geschäftsführers gegenüber Dritten lässt sich im Insolvenzplan der GmbH mit Blick auf § 254 Abs. 2 InsO nicht mit Zwangswirkung gestalten. Allerdings ist eine freiwillige Regelung möglich, die mit Zustimmung des Gläubigers und des Geschäftsführers nach § 228 S. 1 InsO im gestaltenden Teil,

https://doi.org/10.1515/9783111535432-010

als Plananlage analog § 230 Abs. 3 InsO oder als Planbedingung i. S. v. § 249 InsO umgesetzt werden kann. Soweit die Außenhaftung des Geschäftsführers gesamtschuldnerisch neben der GmbH besteht, ist eine Zustimmung des Geschäftsführers unter Berücksichtigung von § 423 BGB, der einen Gesamterlass zugunsten des am Erlass nicht beteiligten Gesamtschuldner ermöglicht, nicht erforderlich.

4. Einen Sonderfall der Außenhaftung stellt die abgabenrechtliche Haftung nach §§ 34, 69 AO dar. Aufgrund des Grundsatzes der Gesetzmäßigkeit der Verwaltung ist eine Beteiligung von Finanzbehörden an einem Erlassvertrag i. S. v. § 397 Abs. 1 BGB nicht möglich. Ein Erlass der Steuerhaftung kann lediglich auf Grundlage von § 227 AO erfolgen, der einen Erlass als Billigkeitsmaßnahme ermöglicht und gem. § 230 Abs. 3 InsO mit dem Insolvenzplan verknüpft werden kann. Neben der Erlassbedürftigkeit und Erlasswürdigkeit als Elemente der Billigkeit sind in entsprechender Anwendung der Grundsätze zur Zustimmung von Finanzbehörden zum außergerichtlichen Schuldenbereinigungsplan i. S. v. § 305 Abs. 1 Nr. 1 InsO und des Zwecks der Steuerhaftung auch wirtschaftliche Argumente bei der verwaltungsrechtlichen Ermessensentscheidung zu berücksichtigen. Sofern die Finanzbehörde beim Erlass wie ein privater, wirtschaftlicher Marktteilnehmer handelt, stellt dieser Erlass mangels Begünstigung keine Beihilfe i. S. v. Art. 107 AEUV dar.
5. Zunächst ist im Rahmen von *Chapter 11* die Innenhaftung des Geschäftsführers für Pflichtverletzungen vor Einleitung des Verfahrens Teil der Masse und kann auf Grundlage von 11 U.S.C. § 1123(b)(3)(A) aus wirtschaftlichen Erwägungen erlassen werden (*estate release*). Daneben kann eine Entlastung für etwaige Pflichtverletzungen des Geschäftsführers während des Verfahrens entsprechend der Regelung für den Gläubigerausschuss in den Plan nach 11 U.S.C. § 1103(c) aufgenommen werden (*exculpation clause*). Die Gestaltbarkeit von Außenhaftungsansprüche ohne Zustimmung des jeweiligen Gläubigers ist umstritten. Die überwiegende Ansicht in der Rechtsprechung billigt dem *Bankruptcy Court* eine weitreichende Kompetenz auf Grundlage der 11 U.S.C. §§ 105(a), 1123(b)(6) zu, die dem Gericht die Durchführung von verfahrensfördernden Maßnahmen gestatten, sofern im Einzelfall sachliche Kriterien den Erlass rechtfertigen.

Insgesamt besteht somit im deutschen Insolvenzplanverfahren außerhalb des Anwendungsbereichs von § 92 InsO anders als in *Chapter 11* keine Möglichkeit, Ansprüche Dritter gegen den Geschäftsführer durch Mehrheitsentscheidung der Gläubiger zu gestalten. Unter Berücksichtigung des Umstands, dass der *third-party release* häufiger Bestandteil von *Chapter 11* ist und zu dessen Erfolg beiträgt, schlägt diese Arbeit eine umfassende Neuregelung zur Gestaltung der Außenhaftung im Insolvenzplanverfahren vor, die mit § 217 Abs. 3 InsO de lege ferenda die Gestaltung der „unternehmensbezogenen Haftung“ von Anteilseignern, an der Geschäftsführung beteiligten Personen oder Angestellten gegen angemessene Entschädigung ermöglichen soll.

Anhang

I. Überblick über die maßgeblichen US-amerikanischen Normen

1. Article 1 Section 8 United States Constitution

The Congress shall have Power [...] To establish [...] uniform Laws on the subject of Bankruptcies throughout the United States.

2. 11 U.S.C. § 105(a) Power of Court

(a) The court may issue any order, process, or judgment that is necessary or appropriate to carry out the provisions of this title. No provision of this title providing for the raising of an issue by a party in interest shall be construed to preclude the court from, sua sponte, taking any action or making any determination necessary or appropriate to enforce or implement court orders or rules, or to prevent an abuse of process.

3. 11 U.S.C. § 524(e) Effect of discharge

(e) Except as provided in subsection (a)(3) of this section, discharge of a debt of the debtor does not affect the liability of any other entity on, or the property of any other entity for, such debt.

4. 11 U.S.C. § 1123(b)(6) Contents of plan

(b) Subject to subsection (a) of this section, a plan may [...] (6) include any other appropriate provision not inconsistent with the applicable provisions of this title.

5. 11 U.S.C. § 1141 (a) Effect of confirmation

(a) Except as provided in subsections (d)(2) and (d)(3) of this section, the provisions of a confirmed plan bind the debtor, any entity issuing securities under the plan, any entity acquiring property under the plan, and any creditor, equity security holder, or general partner in the debtor, whether or not the claim or interest of such creditor, equity security holder, or general partner is impaired under the plan and whether or not such creditor, equity security holder, or general partner has accepted the plan.

https://doi.org/10.1515/9783111535432-011

II. Auszug: third-party release provision

Nachfolgend werden die Klauseln zur Enthaftung Dritter, die sogenannte *third-party release provision*, aus dem gemeinsamen *Chapter 11*-Plan der Mallinckrodt PLC und ihrer Tochtergesellschaften exemplarisch aufgeführt:[1342]

> „**Released Party**" means (a) the Debtors, (b) the Reorganized Debtors, (c) the Non-Debtor Affiliates, (d) with respect to each of the foregoing Persons in clauses (a) through (c), such Persons' predecessors, successors, permitted assigns, subsidiaries, and controlled Affiliates, respective heirs, executors, Estates, and nominees, in each case solely in their capacity as such; (e) with respect to each of the foregoing Persons in clauses (a) through (d), such Person's respective current and former officers and directors, managers, principals, members, partners, employees, agents, advisors (including financial advisors), attorneys (including attorneys retained by any director in his or her capacity as a director or manager of a Person), accountants, investment bankers (including investment bankers retained by any director in his or her capacity as a director or manager of a Person), consultants, experts and other professionals (including any professional advisor retained by any director in his or her capacity as a director or manager of a Person) or other representatives of the Persons described in clauses (a) through (d); [...] (S. 40).
>
> Notwithstanding any provision in the Plan or any order entered in these Chapter 11 Cases, as of and after the Effective Date, the Debtors and Reorganized Debtors forever waive, relinquish, and release any and all Causes of Action the Debtors and their Estates had, have, or may have (1) against any Released Party, or (2) that arise under section 547 of the Bankruptcy Code (and analogous non-bankruptcy law) against any Holder of a Trade Claim on account of such Trade Claims. (S. 88).
>
> Pursuant to section 1123(b) of the Bankruptcy Code (and any other applicable provisions of the Bankruptcy Code), as of the Effective Date, for good and valuable consideration, the adequacy of which is hereby confirmed, including, without limitation, the service of the Released Parties before and during the Chapter 11 Cases to facilitate the Opioid Settlement (as defined in the Restructuring Support Agreement) and restructuring, and except as otherwise explicitly provided in the Plan or in the Confirmation Order, the Released Parties shall be deemed conclusively, absolutely, unconditionally, irrevocably and forever released and discharged, to the maximum extent permitted by law, as such law may be extended subsequent to the Effective Date, except as otherwise explicitly provided herein, by the Non-Debtor Releasing Parties, in each case, from any and all Claims, counterclaims, disputes, obligations, suits, judgments, damages, demands, debts, rights, Causes of Action, liens, remedies, losses, contributions, indemnities, costs, liabilities, attorneys' fees and expenses whatsoever, including any derivative claims, asserted or assertable on behalf of the Debtors or their Estates, whether liquidated or unliquidated, fixed or contingent, matured or unmatured, known or unknown, foreseen or

---

1342 *Fourth Amended Joint Plan of Reorganisation (with technical modifications) of Mallinckrodt PLC and its Debtor Affiliates under Chapter 11 of the bankruptcy Code, Bankruptcy Court of Delaware,* Case No. 20–12522-JTD, DOC 6510, abrufbar unter https://ag.idaho.gov/content/uploads/2022/02/4th-Amended-Chp.-11-Plan.pdf; zuletzt abgerufen am 10.5.2024.

unforeseen, asserted or unasserted, accrued or unaccrued, existing or hereinafter arising, whether in law or equity, whether sounding in tort or contract, whether arising under federal or state statutory or common law, or any other applicable international, foreign, or domestic law, rule, statute, regulation, treaty, right, duty, requirement or otherwise, that such Holders or their Estates, Affiliates, heirs, executors, administrators, successors, assigns, managers, accountants, attorneys, representatives, consultants, agents, and any other persons or parties claiming under or through them would have been legally entitled to assert in their own right (whether individually or collectively) or on behalf of the Holder of any Claim or Equity Interest or other person, based on or relating to, or in any manner arising from, in whole or in part, the Debtors (including the management, ownership, or operation thereof and as such entities existed prior to or after the Petition Date), their Estates, the Debtors' in- or out-of-court restructuring efforts (including the Chapter 11 Cases), the purchase, sale, or rescission of the purchase or sale of any Security or indebtedness of the Debtors, the subject matter of, or the transactions or events giving rise to, any Claim or Equity Interest that is treated in the Plan, litigation claims arising from historical intercompany transactions between or among a Debtor and another Debtor, the business or contractual arrangements or interactions between any Debtor and any Released Party (including the exercise of any common law or contractual rights of setoff or recoupment by any Released Party at any time on or prior to the Effective Date), the restructuring of any Claim or Equity Interest before or during the Chapter 11 Cases, any Avoidance Actions, the negotiation, formulation, preparation, dissemination, filing, or implementation of, prior to the Effective Date, the Definitive Documents, the Opioid MDT II, the Opioid MDT II Documents, the Opioid Creditor Trust, the Opioid Creditor Trust Documents, the „agreement in principle for global opioid settlement and associated debt refinancing activities" announced by the Parent on February 25, 2020 and all matters and potential transactions described therein, the Restructuring Support Agreement (including any amendments and/or joinders thereto) and related prepetition and postpetition transactions, the Disclosure Statement, the Plan, the Plan Supplement, any Restructuring Transaction, any agreement, instrument, release, and other documents (including providing any legal opinion requested by any Entity regarding any transaction, contract, instrument, document, or other agreement contemplated by the Plan or the reliance by any Released Party on the Plan or the Confirmation Order in lieu of such legal opinion) created or entered into prior to the Effective Date in connection with the creation of the Opioid MDT II, the Opioid Creditor Trusts, the prepetition documents, the „agreement in principle for global opioid settlement and associated debt refinancing activities" announced by the Parent on February 25, 2020, the Restructuring Support Agreement (including any amendments and/or joinders thereto) and related prepetition transactions, the Disclosure Statement, the Plan, the Plan Supplement, the Chapter 11 Cases, the filing of the Chapter 11 Cases, the pursuit of confirmation (including the solicitation of votes on the Plan), the pursuit of consummation, the administration and implementation of the Plan, including the issuance or distribution of Securities pursuant to the Plan, or the distribution of property under the Plan or any other related agreement, or upon the business or contractual arrangements between any Debtor and any Released Party, and any other act or omission, transaction, agreement, event, or other occurrence or circumstance taking place on or before the Effective Date related or relating to any of the foregoing, other than Claims or Causes of Action arising out of, or related to, any act or omission of a Released Party that is determined by Final Order of the Bankruptcy Court or any other court of competent jurisdiction to have constituted actual fraud, gross negligence or willful misconduct. (S. 140 f.)

III. Überblick über die maßgeblichen Normen des kanadischen Rechts

1. Sec. 5.1 CCAA

Der Companies' Creditors Arrangement Act, R.S.C., 1985, c. C-36, enthält zur Enthaftung und zum Vollstreckungsschutz die folgenden Regelungen:

Sec. 5.1: Claims against directors – compromise
5.1 (1) A compromise or arrangement made in respect of a debtor company may include in its terms provision for the compromise of claims against directors of the company that arose before the commencement of proceedings under this Act and that relate to the obligations of the company where the directors are by law liable in their capacity as directors for the payment of such obligations.

Exception
(2) A provision for the compromise of claims against directors may not include claims that

(a) relate to contractual rights of one or more creditors; or

(b) are based on allegations of misrepresentations made by directors to creditors or of wrongful or oppressive conduct by directors.

Powers of court
(3) The court may declare that a claim against directors shall not be compromised if it is satisfied that the compromise would not be fair and reasonable in the circumstances.

Resignation or removal of directors
(4) Where all of the directors have resigned or have been removed by the shareholders without replacement, any person who manages or supervises the management of the business and affairs of the debtor company shall be deemed to be a director for the purposes of this section.

Sec. 11: Stays – directors
11.03 (1) An order made under section 11.02 may provide that no person may commence or continue any action against a director of the company on any claim against directors that arose before the commencement of proceedings under this Act and that relates to obligations of the company if directors are under any law liable in their capacity as directors for the payment of those obligations, until a compromise or an arrangement in respect of the company, if one is filed, is sanctioned by the court or is refused by the creditors or the court.

Exception
(2) Subsection (1) does not apply in respect of an action against a director on a guarantee given by the director relating to the company's obligations or an action seeking injunctive relief against a director in relation to the company.

2. Sec. 291(4) BCA

Der Wortlaut von Section 291(4) *Business Corporations Act*[1343] der Provinz British Columbia lautet:

> (4) Without limiting subsections (1) to (3) but despite any other provision of this Act, on an application to court for approval of the arrangement,
>
> (a) if the arrangement has been adopted under section 289 and, if required, approved by the shareholders in accordance with an order made under subsection (2) (e) of this section, the court may make an order approving the arrangement on the terms presented or substantially on those terms or may refuse to approve that arrangement,
>
> (b) if, under the arrangement, money, securities or other property, rights or interests, or liabilities, of the company are to be transferred to another corporation, the court may make
>
> (i) an order providing for the allotment or appropriation by the receiving corporation of any shares or other securities that, under the arrangement, are to be allotted or appropriated to or for any person,
>
> (ii) an order providing for the continuation by or against the receiving corporation of any legal proceedings pending by or against the transferring company, or
>
> (iii) an order providing for the dissolution of the transferring company, and
>
> (c) the court may make any incidental, consequential and supplemental orders necessary to ensure that the arrangement is fully and effectively carried out.

1343 *Business Corporations Act, SBC 2002, c. 57.*

Literaturverzeichnis

ABI-Report, American Bankruptcy Institute Commission to study the Reform of Chapter 11, 2012–2014, Final Report and Recommendations, 2014, zit.: ABI-Report Chapter 11, 2014, S.

Ahart, Alan M./Meadows, Lisa Elaine, Deferring Discharge in Chapter 11, 70 Am. Bankr. L. J. 127–161 (1996).

Altmeppen, Holger (Hrsg.), Gesetz betreffend die Gesellschaften mit beschränkter Haftung – Kommentar, begr. v. Roth, Günter H., 11. Aufl., München 2023, zit.: *Altmeppen*, in: Altmeppen, GmbHG, § Rn.

Altmeppen, Holger, Abschied vom „Quotenschaden", ZIP 2022, S. 1413–1419.

Altmeppen, Holger, Haftung des Geschäftsführers gegenüber Fiskus und Sozialkasse nach Insolvenzreife, ZIP 2021, S. 2413–2418.

Andres, Dirk/Leithaus, Rolf/Dahl, Michael (Hrsg.), Insolvenzordnung (InsO) – Kommentar, 4. Aufl., München 2018, zit.: *Bearbeiter*, in: Andres/Leithaus, InsO, § Rn.

Arens, Stephan, Das SanInsFoG – Änderungen im Pflichtenregime für Geschäftsleiter, GWR 2021, S. 64–68.

Baird, Douglas G./Rasmussen, Robert K., Boyd's Legacy and Blackstone's Ghost, 1999 Sup. Ct. Rev. 393–434 (1999).

Bastuck, Burkhard, Enthaftung des Managements – Corporate Indemnification im amerikanischen und deutschen Recht, Köln u. a. 1986, zit.: *Bastuck*, Enthaftung, S.

Bauer, Joachim, Die GmbH in der Krise: Praxis-, Rechts- und Haftungsfragen der Unternehmenssanierung, Insolvenzgesellschaftsrecht, 7. Aufl., München 2022, zit.: *Bauer*, GmbH in der Krise, S. Rn.

Beck, Siegfried/Depré, Peter/Ampferl, Hubert (Hrsg.), Praxis der Sanierung und Insolvenz – Ein Handbuch für die Beteiligten und ihre Berater, 4. Aufl., München 2023, zit.: *Bearbeiter*, in: Beck/Depré/Ampferl, Praxis der Sanierung und Insolvenz, § Rn.

Beck'scher Online Großkommentar zum BGB, Gesamthrsg.: Gsell, Beate/Krüger, Wolfgang/Lorenz, Stephan/Reymann, Christoph, Hrsg.: Looschelders, Dirk u. a., München 2024, zit.: *Bearbeiter*, in: BeckOGK BGB, § Rn. Stand.

Beck'scher Online Kommentar GBO, hrsg. v. Hügel, Stefan, München 2024, zit.: *Bearbeiter*, in: BeckOK GBO, § Rn. Stand.

Beck'scher Online Kommentar GmbHG, hrsg. v. Ziemons, Hildegard/Jaeger, Carsten/Pöschke, Moritz, München 2024, zit.: *Bearbeiter*, in: BeckOK GmbHG, § Rn. Stand.

Beck'scher Online Kommentar Informations- und Medienrecht, hrsg. v. Gersdorf, Hubertus/Paal, Boris P., München 2024, zit.: *Bearbeiter*, in: BeckOK Informations- u. MedienR, AEUV, Art. Rn. Stand.

Beck'scher Online Kommentar Insolvenzrecht, InsO, EGInsO, CoVInsAG, InsVV, EuInsVO, Spezialthemen und Länderberichte, hrsg. v. Fridgen, Alexander/Geiwitz, Arndt/Göpfert, Burkard, München 2024, zit.: *Bearbeiter*, in: BeckOK InsR, InsO, § Rn. Stand.

Beck'scher Online Kommentar zum StaRUG, hrsg. v. Skauradszun, Dominik/Fridgen, Alexander, München 2024, zit.: *Bearbeiter*, in: BeckOK StaRUG, § Rn. Stand:

Bieg, Thorsten/Borchardt, Peter-Alexander/Frind, Frank, Unternehmenssanierung und Betriebsfortführung, München 2021, zit.: *Bearbeiter*, in: Bieg/Borchardt/Frind, Unternehmenssanierung, Teil Rn.

Bitter, Georg, Geschäftsleiterhaftung in der Insolvenz – Alles neu durch SanInsFoG und StaRUG?, ZIP 2021, S. 321–336.

Bitter, Georg, Massesicherung nach Insolvenzreife – Der neue § 15b InsO!, GmbHR 2022, S. 57–72.

https://doi.org/10.1515/9783111535432-012

Black, Bernard/Cheffins, Brian/Klausner, Michael, Outside Directors Liability, 58 Stan. L. Rev. 1055 – 1160 (2006).

Bork, Reinhard, Gesamt(schadens)liquidation im Insolvenzverfahren, in: Kölner Schrift zur Insolvenzordnung, hrsg. v. Arbeitskreis für Insolvenzwesen Köln e.V., 3. Aufl., Münster 2009, S. 1021 – 1036, zit.: *Bork*, in: Kölner Schrift, S. Rn.

Bork, Reinhard, Kann der (vorläufige) Insolvenzverwalter auf das Anfechtungsrecht verzichten?, ZIP 2006, S. 589 – 598.

Bork, Reinhard, Verfolgungspflichten – Muss der Insolvenzverwalter alle Forderungen einziehen?, ZIP 2005, S. 1120 – 1124.

Bork, Reinhard/Schäfer, Carsten (Hrsg.), GmbHG, Kommentar, 5. Aufl., Köln 2022, zit.: *Bearbeiter*, in: Bork/Schäfer, GmbHG, § Rn.

Boyle, Peter M., Non-Debtor Liability in Chapter 11: Viability of Third-Party Discharge in Bankruptcy, 61 Fordham L. Rev. 421 – 450 (1992).

Brammsen, Joerg/Sonnenburg, Kathrin, Geschäftsführeraußenhaftung in der GmbH, NZG 2019, S. 681 – 688.

Braun, Eberhard (Hrsg.), Insolvenzordnung (InsO) – InsO mit EuInsVO (2015) – Kommentar, 9. Aufl., München 2022, zit.: *Bearbeiter*, in: Braun, InsO, § Rn.

Braun, Eberhard/Uhlenbruck, Wilhelm, Unternehmensinsolvenz: Grundlagen – Gestaltungsmöglichkeiten – Sanierung mit der Insolvenzordnung, Düsseldorf 1997, zit.: *Bearbeiter*, in: Braun/Uhlenbruck, Unternehmensinsolvenz, S.

Brinkmann, Moritz, Die Bedeutung der §§ 92, 93 InsO für den Umfang der Insolvenz- und Sanierungsmasse, Köln u. a. 2001, zit.: *Brinkmann*, Bedeutung der §§ 92, 93 InsO, S.

Brinkmann, Moritz, Die Haftung der Geschäftsleiter in der Krise nach dem Gesetz zur Fortenticklung des Sanierungs- und Insolvenzrechts (SanInsFoG), ZIP 2020, S. 2361 – 2369.

Bris, Arturo/Welch, Ivo/Zhu, Ning, The Cost of Bankruptcy: Chapter 7 Liquidation versus Chapter 11 Reorganization, 61 J. Fin. 1253 – 1303 (2006).

Brown, William Houston, Taking Exception to a Debtor's Discharge: The 2005 Bankruptcy Amendments Make It Easier, 79 Am. Bankr. L. J. 419 – 451 (2005).

Brünkmans, Christian, Geschäftsleiterpflichten und Geschäftsleiterhaftung nach dem StaRUG und dem SanInsFoG, ZInsO 2021, S. 1 – 21.

Brünkmans, Christian/Thole, Christoph (Hrsg.), Handbuch Insolvenzplan, 2. Aufl., Köln 2020, zit.: *Bearbeiter*, in: Brünkmans/Thole, HdB Insolvenzplan, § Rn.

Bufford, Samuel L./Chemerinsky, Erwin, Constitutional Problems in the 2005 Bankruptcy Amendments, 82 Am. Bankr. L. J. 1 – 75 (2008).

Burgard, Ulrich/Heimann, Carsten, Haftungsrisiken des Alleingesellschafter-Geschäftsführers einer Ein-Personen-GmbH, NZG 2018, S. 601 – 609.

Buschman III, Howard C./Madden, Sean P., The Power and the Propriety of Bankruptcy Court Intervention in Actions Between Nondebtors, 47 BUS. LAW. 913 – 960 (1992).

Buth, Andrea/Hermanns, Michael (Hrsg.), Restrukturierung, Sanierung, Insolvenz, Handbuch, 5. Aufl., München 2022, zit.: *Bearbeiter*, in: Buth/Hermanns, Restrukturierung, § Rn.

Calliess, Christian/Ruffert, Matthias (Hrsg.), EUV/AEUV: Das Verfassungsrecht der Europäischen Union mit Europäischer Grundrechtecharta, Kommentar, 6. Aufl., München 2022, zit.: *Bearbeiter*, in: Calliess/Ruffert, AEUV, Art. Rn.

Case II, Charles G./Newton, James A., Three Current Issues under US Chapter 11 Law: Plan Sales, Gift Plans and Third Party Releases, IILR 2011, S. 511 – 544.

Casey, Anthony J., Chapter 11's Renegotiation Framework and the Purpose of Corporate Bankruptcy, 120 COL. L. REV. 1709 – 1770 (2020).

Coco, Dorothy, Third-Party Bankruptcy Releases: An Analysis of Consent Through the Lenses of Due Process and Contract Law, 88 Fordham L. Rev. 231 – 265 (2019).

Conway Morris, Simon/Department of Earth Sciences, The Runes of Evolution: How the Universe became Self-Aware, West Conshohocken (PA) 2015, zit.: Conway Morris, S.

Cranshaw, Friedrich L., Einflüsse des Europäischen Rechts auf das Insolvenzverfahren: Das europäische Recht, insbesondere das Beihilferecht, und seine Wirkungen auf das (mitgliedstaatliche) Insolvenzrecht in der Bundesrepublik Deutschland, Baden-Baden 2006, zit.: *Cranshaw*, Einflüsse des Europäischen Rechts, S.

Cranshaw, Friedrich L., Fehlende Aktivlegitimation des Insolvenzverwalters für Schadensersatzklage gegen den Insolvenzschuldner wegen vorinsolvenzlicher Vermögensverschiebung, jurisPR-InsR 3/2022 Anm. 1.

Cyr, Conrad K., Setting the Record Straight for a comprehensive Revision of the Bankruptcy Act of 1898, 49 Am. Bankr. L. J. 99 – 172 (1975).

Dellit, Kai/Hamann, Hanjo, Forderungserlass und Insolvenzplan: Zur Entmystifizierung „der Naturalobligation" durch systematische und funktional-teleologische Auslegung, ZIP 2015, S. 308 – 316.

Douglas, Mark G., Second Circuit Invalidates Chapter 11 Plan Releases of Non-Debtors, 1 Pratt's J. Bankr. L. 444 – 451 (2005).

Dürig, Theodor/Herzog, Roman/Scholz, Ruper u. a. (Hrsg.), Grundgesetz – Kommentar, begr. v. Maunz, Theodor/Dürig, Günter, Stand: 103. EL 1/2024, München 2024, zit.: *Bearbeiter*, in: Dürig/Herzog/ Scholz, GG, Art. Rn.

Eckbo, B. Espen/Thorburn, Karin S./Wang, Wei, How costly is bankruptcy for top executives?, 121 JFE 210 – 229 (2016).

Erman BGB, Handkommentar mit AGG, EGBGB, ErbbauRG, LPartG, ProdHaftG, VBVG, VersAusglG, WEG und ausgewählten Rechtsquellen des IPR, hrsg. v. Westermann, Harm Peter/Grunewald, Barbara/Maier-Reimer, Georg, Bd. 2: §§ 241 – 853, 17. Aufl., Köln 2023, zit.: *Bearbeiter*, in: Erman, BGB, § Rn.

Erster Bericht der Kommission für Insolvenzrecht, hrsg. v. Bundesministerium der Justiz, Bd. 1, Köln 1985, zit.: Erster Bericht der Kommission für Insolvenzrecht, S.

Feldman, Betsy L., Bankruptcy Can Establish True Peace: The Importance of Non-Consensual Third-Party Releases in Purdue Pharma's Chapter 11 Case, 30 No. 4 Norton J. Bankr. L. & Prac. NL Art. 4, 1 – 13 (2021).

Flessner, Axel, Sanierung und Reorganisation: Insolvenzverfahren von Großunternehmen in rechtsvergleichender und rechtspolitischer Untersuchung, Tübingen 1982, zit.: *Flessner*, Sanierung und Reorganisation, S.

Forster, Doris, Zur Methode des Rechtsvergleichs in der Rechtswissenschaft, AI 2019, S. 98 – 109.

Forte, Mario, Re Metcalfe: A Matter of Fraud, Fairness, and Reasonableness. The Restructuring of the Third-Party Asset-Backed Commercial Paper Market in Canada, 17 Int. Insol. Rev. 211 – 238 (2008).

Frind, Frank, Gläubigerbenachteiligende Insolvenzpläne, WM 2018, S. 1920 – 1925.

Frisch, Burkhard, Haftungserleichterungen für GmbH-Geschäftsführer nach dem Vorbild des Arbeitsrechts, Berlin 1998, zit.: *Frisch*, Haftungserleichterungen, S.

Fuchs, Felix, Die Haftung des organschaftlichen Vertreters für Steuerverbindlichkeiten nach § 69 AO, NZI 2018, S. 97 – 100.

Gage, James D./Courtis, Trevor, Staying Guarantees By Non-Debtors and Section 11.04 of the CCAA, 2022, 20th Annual Review of Insolvency Law, 2022 CanLIIDocs 4310, abrufbar unter https://canlii.ca/t/7n1kx, zuletzt abgerufen am 10.5.2024.

Gamble, Elizabeth, Nondebtor Releases in Chapter 11 Reorganizations: A Limited Power, 38 Fordham Urb. L. J. 821–858 (2011).

Gebler, Olaf/Stracke, Dorothée, Anerkennung des US-Chapter 11-Verfahrens als Insolvenzverfahren, NZI 2010, S. 13–15.

Gehrlein, Markus, Das Ärgernis der Insolvenzverschleppung, ZInsO 2022, S. 1481–1488.

Geiger, Rudolf/ Khan, Daniel-Erasmus/Kotzur, Markus/Kirchmair, Lando (Hrsg.), EUV/AEUV: Vertrag über die Europäische Union / Vertrag über die Arbeitsweise der Europäischen Union, Kommentar, 7. Aufl., München 2023, zit.: *Bearbeiter*, in: Geiger/Khan/Kotzur/Kirchmair, AEUV, Art. Rn.

Germain, Gregory, Bankruptcy Law and Practice, 4. Aufl., Syracuse (NY) 2021, zit. *Germain*, Bankruptcy Law, S.

Gogger, Martin/Fuhst, Christian, Insolvenzgläubiger-Handbuch – Optimale Rechtsdurchsetzung bei Insolvenz des Schuldners, 4. Aufl., München 2020, zit.: *Bearbeiter*, in: Gogger/Fuhst, Insolvenzgläubiger-HdB, § Rn.

Gosch, Dietmar/Hoyer, Andreas (Hrsg.), Abgabenordnung/Finanzgerichtsordnung – Kommentar, Stand: 182. EL 5/2024, Bonn 2024, zit.: *Bearbeiter*, in: Gosch, AO/FGO, § Rn.

Gottwald, Peter/Haas, Ulrich (Hrsg.), Insolvenzrechts-Handbuch, 6. Aufl., München 2020, zit.: *Bearbeiter*, in: Gottwald/Haas, InsR-HdB, § Rn.

Grabitz, Eberhard/Hilf, Meinhard/Nettesheim, Martin (letzterer Hrsg.), Das Recht der Europäischen Union, Bd. 1: EUV/AEUV, Stand: 81. EL 1/2024, München 2024, zit.: *Bearbeiter*, in: Grabitz/Hilf/Nettesheim, AEUV, Art. Rn.

Graeber, Thorsten, Die Bemessung der besonderen Insolvenzverwaltervergütung für die Geltendmachung von Ansprüchen nach § 92, 93 InsO, NZI 2016, S. 860–865.

Graf-Schlicker, Marie Luise (Hrsg.), Graf-Schlicker – Kommentar zur Insolvenzordnung, 6. Aufl., Köln 2022, zit.: *Bearbeiter*, in: Graf-Schlicker, InsO, § Rn.

Gwynne, Kurt F., Indemnification and Exculpation of Professional Persons in Bankruptcy Cases, 10 Am. Bankr. Inst. L. Rev. 711–740 (2002).

Haarmeyer, Hans/Mock, Sebastian, Insolvenzrechtliche Vergütungsverordnung, 7. Aufl., München 2024, zit.: *Bearbeiter*, in: Haarmeyer/Mock, InsVV, § Rn.

Habersack, Mathias/Casper, Matthias/Löbbe, Marc (Hrsg.), Gesetz betreffend die Gesellschaften mit beschränkter Haftung (GmbHG): Großkommentar, Bd. 1: §§ 1–28, 3. Aufl., Tübingen 2019, Bd. 2: §§ 29–52, 3. Aufl., Tübingen 2020, zit.: *Bearbeiter*, in: Habersack/Casper/Löbbe, GmbHG, § Rn.

Hanisch, Hans, Rechtszuständigkeit der Konkursmasse: die Wiederentdeckung selbstständiger Rechtsbeziehungen der Konkursmasse in rechtsvergleichender Sicht, Frankfurt am Main 1973, zit.: *Hanisch*, Rechtszuständigkeit der Konkursmasse, S.

Happe, Eike, Die Rechtsnatur des Insolvenzplans, Köln u. a. 2004, zit.: *Happe*, Rechtsnatur des Insolvenzplans, S.

Harner, Michelle M., Rethinking Preemption and Constitutional Parameters in Bankruptcy, 59 Wm. & Mary L Rev. 147–214 (2017).

Harner, Michelle M., The Corporate Governance and Public Policy of Activist Distressed Debt Investing, 77 Fordham L. Rev. 703–773 (2008).

Harris, Jason, Adjusting Creditor Rights Against Third Parties During Debt Restructuring, (2011) Insolvency Law Journal, 19(1), 22–36.

Häsemeyer, Ludwig, Insolvenzrecht, 4. Aufl., Köln/München 2007, zit.: *Häsemeyer*, Insolvenzrecht, Rn.

Heese, Michael, Die Funktion des Insolvenzrechts im Wettbewerb der Rechtsordnungen: Kritische Bemerkungen zur fortschreitenden Rezeption einer Sanierungskultur US-amerikanischer Provenienz, Baden-Baden 2018, zit.: *Heese*, Funktion des Insolvenzrechts, S.

Henssler, Martin/Strohn, Lutz (Hrsg.), Gesellschaftsrecht: BGB, PartGG, HGB, GmbHG, AktG, DCGK, GenG, UmwG, InsO, AnfG, IntGesR, 6. Aufl., München 2024, zit.: *Bearbeiter*, in: Henssler/Strohn, GesR, GmbHG, § Rn.

Hicks, Jonathan, Foxes Guarding the Henhouse: The Modern Best Interests of Creditors Test in Chapter 11 Reorganizations, 5 Nev. L. J. 820 – 841 (2005).

Hirsch, Adam J., Inheritance and Bankruptcy: The Meaning of the „Fresh Start“, 45 Hastings L. J. 175 – 248 (1994).

Hofmann, Matthias, Die Eigenverwaltung in der Insolvenz, Köln 2006, zit.: *Hofmann*, Eigenverwaltung in der Insolvenz, S.

Hofmann, Matthias, Die Eigenverwaltung insolventer Kapitalgesellschaften im Konflikt zwischen Gesetzeszweck und Insolvenzpraxis, ZIP 2007, S. 260 – 264.

Holthausen, Joachim, Entlastung und Generalbereinigung – unverzichtbare Instrumente zur Erlangung von Rechtssicherheit und persönlicher Haftungsbeschränkung, GmbHR 2019, S. 634 – 640.

Hölzle, Gerrit/Beyß, Caroline, Gesellschaftsrechtliche Zweifelsfragen im Insolvenzplanverfahren, ZIP 2016, 1461 – 1468.

Hölzle, Gerrit/Curtze, Karl-Friedrich, Eine Krise – Ein Verfahren! – Folgen eines vorangegangenen Restrukturierungsverfahrens nach StaRUG in der späteren Insolvenz, ZIP 2021, S. 1293 – 1305.

Horstkotte, Martin, Der Insolvenzplan in der gerichtlichen Vorprüfung: 18 Monate Insolvenzplanrecht in Richterzuständigkeit – § 231 InsO in der Praxis, ZInsO 2014, S. 1297 – 1312.

Horstkotte, Martin/Pickartz, Jakob, Abtretung massezugehöriger Forderungen an einen Treuhänder im Rahmen eines Insolvenzplanverfahrens, ZInsO 2020, S. 710 – 714.

Huber, Michael, Anfechtungsgesetz (AnfG), 12. Aufl., München 2021, zit.: *Huber*, AnfG, § Rn.

Hübschmann, Walter/Hepp, Ernst/Spitaler, Armin (Begr.), Abgabenordnung – Finanzgerichtsordnung – Kommentar, Stand: 279. EL 4/2024, Köln 2023, zit.: *Bearbeiter*, in: Hübschmann/Hepp/Spitaler, AO/FGO, § Rn.

Hynes, Richard M., Reorganization as Redemption, 6 Va. L. & Bus. Rev. 183 – 236 (2011).

Hynes, Richard M./Walt, Stephen D., Why Banks are not allowed in Bankruptcy, 67 Wash. & Lee L. Rev. 985 – 1051 (2010).

Hynes, Richard/Lawton, Anne/Howard, Margaret, National Study of Individual Chapter 11 Bankruptcies, 25 Am. Bankr. Inst. L. Rev. 61 – 175 (2017).

Immenga, Ulrich/Mestmäcker, Ernst-Joachim (Begr.), Wettbewerbsrecht, Bd. 5: Beihilfenrecht – Kommentar zum Europäischen und Deutschen Kartellrecht, hrsg. v. Körber, Thorsten/Schweitzer, Heike/Zimmer, Daniel, 6. Aufl., München 2022, zit.: *Bearbeiter*, in: Immenga/Mestmäcker, WettbR, Art. AEUV Rn.

Jackson, Thomas H., A Retrospective Look at Bankruptcy's New Frontiers, 166 Univ. Pa. Law Rev. 1867 – 1879 (2018).

Jackson, Thomas H., The fresh start policy in Bankruptcy Law, 98 Harv. L. Rev. 1393 – 1448 (1985).

Jacoby, Mellisa B., Corporate Bankruptcy Hybridity, 166 Univ. Pa. Law Rev. 1716 – 1747 (2018).

Jaeger, Ernst (Begr.), Insolvenzordnung: Großkommentar, hrsg. v. Henckel, Wolfram/Gerhardt, Walter, Bd. 2: §§ 35 – 55, 2. Aufl., Berlin 2023, Bd. 2, §§ 56 – 102, 1. Aufl., Berlin 2007, Bd. 4, §§ 129 – 147, 1. Aufl., Berlin 2008, zit.: *Bearbeiter*, in: Jaeger, InsO, § Rn.

Jander, Klaus H./Sohn, Thomas, Übersicht über das neue amerikanische Konkursrecht, RIW 1981, S. 744–751.

Janger, Edward J., The U.S. small business bankruptcy amendments: A global model for reform?, 29 Int. Insolv. Rev. 254–266 (2020).

Jauernig, BGB, Bürgerliches Gesetzbuch – Kommentar, hrsg. v. Stürner, Rolf, 19. Aufl., München 2023, zit.: *Bearbeiter*, in: Jauernig, BGB, § Rn.

Jensen, Susan, A Legislative History of the Bankruptcy Abuse Prevention and Consumer Act of 2005, 79 Am. Bankr. L. J. 485–569 (2005).

Kahlert, Günter/Kayser, Godehard/Bornemann, Alexander, Perspektiven für eine kohärente und praxisgerechte Verzahnung von Steuerrecht und Insolvenzrecht, Köln 2020, zit.: *Kahlert/Kayser/Bornemann*, Perspektiven, S.

Kayser, Godehard/Thole, Christoph (Hrsg.), Heidelberger Kommentar zur Insolvenzordnung, 11. Aufl., Heidelberg 2023, zit.: *Bearbeiter*, in: Kayser/Thole, InsO, § Rn.

Kemmler, Iris, Geldschulden im Öffentlichen Recht: Entstehung, Erlöschen und Verzinsung von Zahlungsansprüchen im Abgabenrecht, Sozialrecht und Allgemeinen Verwaltungsrecht, Tübingen 2015, zit.: *Kemmler*, Geldschulden, S.

Kemper, Martin, Die U.S.-amerikanischen Erfahrungen mit „Chapter 11“: Ein Vergleich mit dem Insolvenzplan der neuen Insolvenzordnung, Frankfurt am Main 1996, zit.: *Kemper*, Chapter 11, S.

Kindhäuser, Urs/Neumann, Ulfrid/Paeffgen, Hans-Ullrich/Saliger, Frank (Hrsg.), Strafgesetzbuch, 6. Aufl., Baden-Baden 2023, zit.: *Bearbeiter*, in: Kindhäuser/Neumann/Paeffgen/Saliger, StGB, § Rn.

Kindler, Peter/Nachmann, Josef/Bitzer, Fabian (Hrsg.), Handbuch Insolvenzrecht in Europa, Stand: 13. EL 2/2023, München 2023, zit.: *Bearbeiter*, in: Kindler/Nachmann/Bitzer, HdB InsR in Europa, § bzw. Länderbericht Rn.

King, Lawrence P., The History and Development of the Bankruptcy Rules, 70 Am. Bankr. L. J. 217–243 (1996).

Klee, Kenneth N., Legislative History of the New Bankruptcy Law, 28 DEPAUL L. REV. 941–960 (1979).

Klein, Christopher M., Bankruptcy Rules Made Easy: A Guide to the Federal Rules of Civil Procedure that Apply in Bankruptcy, 70 Am. Bankr. L. J. 301–328 (1996).

Klein, Franz (Begr.), Abgabenordnung einschließlich Steuerstrafrecht, 17. Aufl., München 2023, zit.: *Bearbeiter*, in: Klein, AO, § Rn.

Kling, Jacob A., Rethinking 363 Sales, 17 Stan. J. L. Bus. & Fin. 258–309 (2012).

Klöhn, Lars/Zell, Jacob, Wie ist der „Schaden der Gläubigerschaft“ in § 15b IV 2 InsO zu bestimmen?, NZG 2022, S. 836–843.

Kluth, David/Harder, Phillip-Boie/Harig, Florian/Kunz, Daniel, Das neue Restrukturierungsrecht – Unternehmensrestrukturierung durch StaRUG und Eigenverwaltung, Baden-Baden 2022, zit.: *Bearbeiter*, in: Kluth/Harder/Harig/Kunz, Restrukturierungsrecht, § Rn.

Koch-Schulte, Barbara, Management in M&A-Transaktionen, BB 2020, S. 1131–1135.

Koenig, Ulrich (Hrsg.), Abgabenordnung – §§ 1 bis 368 – Kommentar, 5. Aufl., München 2024, zit.: *Bearbeiter*, in: Koenig, AO, § Rn.

Kokorin, Ilya, Third-Party Release in Insolvency of Multinational Enterprise Groups, ECFR 2021, S. 107–140.

Kornblum, Udo, Bundesweite Rechtstatsachen zum Unternehmens- und Gesellschaftsrecht (Stand 1.1.2020), GmbHR 2020, S. 677–688.

Kotzur, Markus, „Verstehen durch Hinzudenken“ und/oder „Ausweitung der Kampfzone“? Vom Wert der Rechtsvergleichung als Verbundtechnik, JöR 2015, S. 355–365.

Kramer, Ulrich, Das anglo-amerikanische Sonderverfahren zur Reorganisation von Kapitalgesellschaften nach Abschnitt X des Bankruptcy Acts, Köln u. a. 1976, zit.: *Kramer*, Sonderverfahren, S.

Krauskopf, Soziale Krankenversicherung, Soziale Krankenversicherung, Pflegeversicherung, Band 1: SGB I, SGB IV, SGB V §§ 1–68, hrsg. v. Wagner; Regine/Knittel, Stefan, Stand: 120. EL 11/2023, München 2024, zit.: *Bearbeiter*, in: Krauskopf, Soz. Krankenversicherung, SGB IV, § Rn.

Kreikebohm, Ralf/Dünn, Sylvia (Hrsg.), Sozialgesetzbuch – Gemeinsame Vorschriften für die Sozialversicherung – SGB IV – Kommentar, 4. Aufl., München 2022, zit: *Bearbeiter*, in: Kreikebohm/Dünn, SGB IV, § Rn.

Krüger, Stefan, Die Vergleichsbefugnis des Insolvenzverwalters bei Ansprüchen nach §§ 92, 93 InsO, NZI 2002, S. 367–371.

Kruth, Claus-Peter/Jacobs, Carsten, Geschäftsführung von Krisenunternehmen – Haftungsrisiken vor und nach Insolvenzantragstellung auf Basis aktueller Rechtsprechung, DStR 2019, S. 999–1006.

Kübler, Bruno M./Prütting, Hanns/Bork, Reinhard (Hrsg.), InsO: Kommentar zur Insolvenzordnung, Band I–IV, Stand: 99. EL 3/2024, Köln 2024, zit.: *Bearbeiter*, in: Kübler/Prütting/Bork, InsO, § Rn.

Lawton, Anne, The Individual Chapter 11 Debtor Pre- and Post-BAPCPA, 89 Am. Bankr. L. J. 455–492 (2015).

Lederer, Philipp, Die Haftung von Aufsichtsratsmitgliedern und nicht geschäftsführenden Direktoren – Eine rechtsvergleichende Untersuchung des deutschen, englischen und US-amerikanischen Rechts, Berlin/Boston 2011, zit.: *Lederer*, Haftung von Aufsichtsratsmitgliedern, S.

Leipold, Dieter (Hrsg.), Insolvenzrecht im Umbruch: Analysen und Alternativen, Würzburger Arbeitstagung der Vereinigung der Zivilprozesslehrer zum Referentenentwurf einer Insolvenzordnung, Köln 1991, zit.: *Bearbeiter*, in: Leipold, Insolvenzrecht im Umbruch, S.

Lubben, Stephen J., Railroad Receiverships and Modern Bankruptcy Theory, 89 Cornell L. Rev. 1420–1475 (2004).

Lüdtke, Markus, Gemeinsamkeiten und Unterschiede der Schuldenregulierung im Regelinsolvenz- und Insolvenzplanverfahren, ZVI 2016, S. 297–303.

Madaus, Stephan, Umwandlungen als Gegenstand eines Insolvenzplans nach dem ESUG, ZIP 2012, S. 2133–2139.

Mankowski, Peter, Auswirkungen ausländischer Insolvenzerfahren auf deutsche Steuerforderungen (Teil II), DStR 2019, S. 1979–1988.

Mann, Bruce H., Republic of Debtors: Bankruptcy in the Age of American Independence, Cambridge (MA) 2009, zit.: *Mann*, Republic of Debtors, S.

Martin, Nathalie, The Role of History and Culture in Developing Bankruptcy and Insolvency Systems: The Perils of Legal Transplantation, 28 B.C. INT'l & COMP. L. REV. 1–78 (2005).

Martini, Torsten, Keine Freistellung eines Bürgen durch Insolvenzplan, jurisPR-InsR 16/2013 Anm. 3.

McCoid II, John C., Discharge: The Most Important Development in Bankruptcy History, 70 Am. Bankr. L. J. 163–193 (1996).

McDonough, Andrew J., The 1984 Bankruptcy Amendments – Another Flawed Compromise, 46 Ohio St. L. J. 1035–1053 (1985).

Mears, Patrick E., Kommunale Insolvenzen und das Chapter 9-Verfahren des United States Bankruptcy Codes: Die Geschichte des Chapter 9-Verfahrens und dessen Wirkung im Restrukturierungsverfahren der Stadt Detroit, ZInsO 2015, S. 1813–1831.

Melcher, Philipp, Der Staat als Anteilseigner in Ausübung hoheitlicher Befugnisse – Der Private Investor Test nach dem Urteil EDF, EuZW 2012, S. 576–580.

Meul, Sebastian/Ritter, Jörg, § 9b I GmbHG – Freifahrtschein oder Beschränkung für den Insolvenzverwalter?, NZI 2017, S. 689–694.

Meyer, Justus/Duckstein, Ronny, Die US-amerikanische Insolvenzrechtsreform von 2005, ZIP 2006, S. 935–940.

Meyer, Justus/Hermes, Judith, Das „GmbH-Schutzschild" in der Insolvenz, GmbHR 2005, S. 807–817.

Michalski, Lutz (Begr.), GmbHG, Kommentar zum Gesetz betreffend die Gesellschaften mit beschränkter Haftung (GmbH-Gesetz), hrsg. v. Heidinger, Andreas/Leible, Stefan/Schmidt, Jessica, GmbH-Gesetz, Bd. 1 Systematische Darstellungen, §§ 1–34 GmbHG, Bd. 2 §§ 35–88 GmbHG, EGGmbHG, 4. Aufl., München 2023, zit.: *Bearbeiter*, in: Michalski, GmbHG, § Rn.

Mokbel, Ashraf, The Permissibility of Chapter 11 Non-debtor release provisions, 7 St. John's Bankr. Research Libr. No. 16, 1–12 (2015).

Morin, Luc/Mojtahedi, Arad, Catch Me If You Can: Third-Party Releases Under the Companies' Creditors Arrangement Act, 2021, 19th Annual Review of Insolvency Law, 2021 CanLIIDocs 13544, abrufbar unter https://canlii.ca/t/tt2n, zuletzt abgerufen am 10. 5. 2024.

Morris, Jeffrey W., Substantive Consumer Bankruptcy Reform In The Bankruptcy Amendments Act of 1984, 27 Wm. & Mary L. Rev. 91–164 (1985).

Mulert, Martin/Steiner, Jan-Mark, Gesellschaftsrechtlich zulässige Regelungen im Insolvenz- und Restrukturierungsplan, NZG 2021, S. 673–683.

Müller, Hans-Friedrich, Grenzenlose Organhaftung für Patentverletzungen? Kritische Besprechung der BGH-Entscheidung „Glasfasern II", GRUR 2016, S. 570–572.

Münchener Kommentar zum Aktiengesetz, hrsg. v. Goette, Wulf/Habersack, Mathias/Kalss, Susanne, Bd. 2: §§ 76–117, MitbestG, DrittelbG, 6. Aufl., München 2023, Bd. 3: §§ 118–178, 5. Aufl., München 2022, zit.: *Bearbeiter*, in: MüKoAktG, § Rn.

Münchener Kommentar zum Anfechtungsgesetz – §§ 1–20, hrsg. v. Weinland, Alexander, begr. v. Kirchhof, Hans-Peter, 2. Aufl., München 2022, zit.: *Weinland*, in: MüKoAnfG, § Rn.

Münchener Kommentar zum Bürgerlichen Gesetzbuch, hrsg. v. Säcker, Franz Jürgen/Rixecker, Roland/Oetker, Hartmut/Limperg, Bettina, Band 1: §§ 1–240 BGB, AllgPersönlR, ProstG, AGG, 9. Aufl., München 2021, Band 2: §§ 241–310 BGB, 9. Aufl., München 2022, Band 3: §§ 311–432 BGB, 9. Aufl., München 2022, Band 7: Schuldrecht – Besonderer Teil IV, §§ 705–853, PartGG, ProdHaftG, 9. Aufl., München 2024, Band 13: IPR II, Internationales Wirtschaftsrecht, Art. 50–253 EGBGB, 8. Aufl., München 2021, zit.: *Bearbeiter*, in: MüKoBGB, § Rn.

Münchener Kommentar zum GmbH-Gesetz, Band 1: §§ 1–34, 4. Aufl., München 2022, Band 2: §§ 35–52, 4. Aufl., München 2023, Band 3: §§ 53–88, 4. Aufl., München 2022, zit.: *Bearbeiter*, in: MüKoGmbHG, § Rn.

Münchener Kommentar zum StGB, Bd. 8: Nebenstrafrecht II, 4. Aufl., München 2023, zit.: *Bearbeiter*, in: MüKoStGB, § Rn.

Münchener Kommentar zum Versicherungsvertragsgesetz, hrsg. v. Langheid, Theo/Wandt, Manfred, Bd. 1: §§ 1–99, VVG-InfoV, 3. Aufl., München 2022, zit.: *Bearbeiter*, in: MüKoVVG, § Rn.

Münchener Kommentar zur Insolvenzordnung, hrsg. v. Stürner, Rolf/Eidenmüller, Horst/Heinrich Schoppmeyer, Heinrich, München, Band 1: §§ 1–79, InsVV, 4. Aufl., München 2019, Band 2: §§ 80–216, 4. Aufl., München 2019, Band 3: §§ 217–359 InsO (mit Art. 103a–110 EGInsO), Insolvenzsteuerrecht, 4. Aufl., München 2020, Band 4: Art. 102a–102c EGInsO, Länderberichte, 4. Aufl., München 2021, zit.: *Bearbeiter*, in: MüKoInsO, § Rn.

Murphy, Ryan M., Shelter from the Storm: Examining Chapter 11 Plan Releases for Directors, Officers, Committee Members, and Estate Professionals, 20 Norton J. Bankr. L. & Prac. 4 Art. 7, 1–20 (2011).

Müsgen, Thomas, Die GmbH in Konkurs und Insolvenz, MittRhNotK 1997, S. 409 – 434.

Musil, Andreas/Weber-Grellet, Heinrich (Hrsg.), Europäisches Steuerrecht, Kommentar, 2. Aufl., München 2022, zit.: *Bearbeiter*, in: Musil/Weber-Grellet, Europ. StR, § AO Rn.

Nacke, Alois, Haftung für Steuerschulden – Beratung, Gestaltung, Verfahren, 5. Aufl., Köln 2023, zit.: *Nacke*, Haftung für Steuerschulden, Rn.

Nieland, Michael, Ausübung des Entschließungsermessens in Haftungsfällen, AO-StB 2009, S. 262 – 264.

Noack, Ulrich/Servatius, Wolfgang/Haas, Ulrich, Gesetz betreffend die Gesellschaften mit beschränkter Haftung – Kommentar, 23. Aufl., München 2022, zit.: *Bearbeiter*, in: Noack/Servatius/Haas, GmbHG, § Rn.

Noel, Francis Regis, A history of the bankruptcy clause of the Constitution of the United States of America, Washington (D.C.) 1918, zit.: *Noel*, A history of the bankruptcy clause, S.

Oepen, Klaus, Verstoßen die Klagesperren der §§ 92, 93 InsO gegen die Rechtsweggarantie der Europäischen Menschenrechtskonvention? Eine Untersuchung unter besonderer Berücksichtigung der Philis-(I)-Entscheidung des Europäischen Gerichtshofs für Menschenrechte, ZIP 2000, S. 526 – 533.

Offerhaus, Klaus, Erlöschen von Ansprüchen aus dem Steuerschuldverhältnis, BB 1977, S. 740 – 743.

Oppenländer, Frank/Trölitzsch, Thomas (Hrsg.), Praxishandbuch der GmbH-Geschäftsführung, 3. Aufl., München 2020, zit.: *Bearbeiter*, in: Oppenländer/Trölitzsch, GmbH-GF-HdB, § Rn.

Palzer, Christoph, Kartellbußen als Insolvenzauslöser – Oder: Was tun, wenn's brennt?, NZI 2012, S. 67 – 72.

Pannen, Klaus/Riedemann, Susanne/Smid, Stefan (Hrsg.), Unternehmensstabilisierungs- und -restrukturierungsgesetz – Kommentar, München 2021, zit.: *Bearbeiter*, in: Pannen/Riedemann/Smid, StaRUG, § Rn.

Pape, Gerhard, Hinweis- und Warnpflichten des Steuerberaters bei Insolvenzreife des Mandanten, NZI 2019, S. 260 – 266.

Pape, Gerhard/Reichelt, Daniel/Schultz, Volker/Voigt-Salus, Joachim, Insolvenzrecht, begr. v. Pape, Gerhard/Uhlenbruck, Wilhelm, 3. Aufl., München 2022, zit.: *Bearbeiter*, in: Pape/Reichelt/Schultz/Voigt-Salus, InsR, § Rn.

Paul, Thomas/Rudow, Sebastian, Eigenverwaltung und Insolvenzplan bei KMUs, NZI 2016, S. 385 – 392.

Paulus, Christoph G., Insolvenz mbH – über Sinn und Zweck eines Insolvenzverfahrens, ZIP 2022, S. 2465 – 2473.

Pechstein, Matthias/Nowak, Carsten/Häde, Ulrich (Hrsg.), Frankfurter Kommentar zu EUV, GRC und AEUV, Bd. 3: Art. 101 – 215 AEUV, 2. Aufl., Tübingen 2023, zit.: *Bearbeiter*, in: Pechstein/Nowak/Häde, AEUV, Art. Rn.

Plagemann, Hermann (Hrsg.), Münchener Anwaltshandbuch Sozialrecht, 6. Aufl., München 2024, zit.: *Bearbeiter*, in: Plagemann, MAH SozialR, § Rn.

Poertzgen, Christoph, Haftungsvermeidung in der Unternehmenskrise, 2. Aufl., Wiesbaden 2021, zit.: *Poertzgen*, Haftungsvermeidung, S.

Quardt, Gabriele/Hanke, Christopher, Beihilferecht im Blick – Stolpersteine im Insolvenzplanverfahren, ZInsO 2022, S. 497 – 501.

Randolph J. Haines, The Unwarranted Attack on New Value, 72 Am. Bankr. L. J. 387 – 454 (1998).

Rattunde, Rolf, Sanierung durch Insolvenz, ZIP 2003, S. 2103 – 2110.

Rattunde, Rolf/Smid, Stefan/Zeuner, Mark (Hrsg.), Insolvenzordnung (InsO) – Kommentar, Bd. 1: §§ 1 – 147, Bd. 2: §§ 148 – 359, 4. Aufl., Stuttgart 2018, zit.: *Bearbeiter*, in: Rattunde/Smid/Zeuner, InsO, § Rn.

Reimer, Philipp, Stundung, Erlass und Niederschlagung von Forderungen der öffentlichen Hand – sämtlich verbotene Beihilfen?, NVwZ 2011, S. 263 – 268.

Reinhart, Stefan, Sanierungsverfahren im internationalen Insolvenzrecht: Eine rechtsvergleichende Untersuchung über die besonderen internationalen Probleme liquidationsabwendender Insolvenzverfahren, Berlin 1995, zit.: *Reinhart*, Sanierungsverfahren, S.

Rieckhoff, Helge/Hügel, Sophia, Zulässige Ausgestaltung von Leaver-Klauseln, GmbHR 2021, S. 299 – 305.

Rock, Edward B., Saints and Sinners: How Does Delaware Corporate Law Work?, 44 UCLA L. Rev. 1009 – 1107 (1997).

Rodewald, Jörg, Alte und neue Haftungsrisiken für GmbH-Geschäftsführer vor und in der Krise oder Insolvenz, GmbHR 2009, S. 1301 – 1307.

Roe, Mark J., Three Ages of Bankruptcy, 7 Harv. Bus. L. Rev. 187 – 219 (2017).

Römermann, Volker (Hrsg.), begr. von Nerlich, Jörg, Kommentar zur Insolvenzordnung, Stand: 48. EL 5/2023, München 2023, zit.: *Bearbeiter*, in: Römermann, InsO, § Rn.

Römermann, Volker (Hrsg.), Münchener Anwalts Handbuch GmbH-Recht, 5. Aufl., München 2023, zit.: *Bearbeiter*, in: Römermann, MAH GmbHR, § Rn.

Rösler, Hannes/Tüngler, Grit, Der praktische Fall – Privatrechtsvergleichung: Modalitäten der Ersatzleistung im englischen und deutschen Vertragsrecht, JuS 2002, S. 782 – 786.

Roth, Jan, Die Nachtragverteilung im Insolvenzplanverfahren: Es gibt sie doch!, in: Pannen, Klaus/ Riedemann, Susanne/Zeuner, Mark (Hrsg.), Prozess als Wirklichkeit des Rechts – Festschrift für Stefan Smid zum 65. Geburtstag, München 2022, S. 287 – 296, zitiert: *Roth*, in: FS Smid, S.

Roth, Jan, Insolvenzsteuerrecht – Insolvenzrechtliche Implikationen im Steuerrecht, 3. Aufl., Köln 2020, zit.: *Roth*, Insolvenzsteuerrecht, Rn.

Rowedder, Heinz (Begr.)/Pentz, Andreas (Hrsg.), Gesetz betreffend die Gesellschaften mit beschränkter Haftung (GmbHG), Kommentar, 7. Aufl., München 2022, zit.: *Bearbeiter*, in: Rowedder/Pentz, GmbHG, § Rn.

Rowedder, Heinz (Begr.)/Schmidt-Leithoff, Christian (Hrsg.), Gesetz betreffend die Gesellschaften mit beschränkter Haftung (GmbHG), Kommentar, 6. Aufl., München 2017, zit.: *Bearbeiter*, in: Rowedder/Schmidt-Leithoff, GmbHG, 6. Aufl. 2017, § Rn.

Rüfner, Thomas, Neues internationales Insolvenzrecht in den USA, ZIP 2005, S. 1859 – 1865.

Schiller, Christof, Zehn Jahre Chapter 15 in den USA: Praktischer Umgang mit der Anerkennung Ausländischer Insolvenzverfahren in den USA, NZI 2015, S. 744 – 749.

Schmidt, Karsten (Hrsg.), Insolvenzordnung – InsO mit EuInsVO, 20. Aufl., München 2023, zit.: *Bearbeiter*, in: K. Schmidt, InsO, § Rn.

Schmidt, Karsten, Weg mit den „Zahlungsverboten“ in Insolvenzverschleppungsfällen!, ZHR 2011, S. 433 – 443.

Schmidt, Karsten/Uhlenbruck, Wilhelm (Hrsg.), K. Schmidt/Uhlenbruck, Die GmbH in Krise, Restrukturierung und Insolvenz, 6. Aufl., Köln 2023, zit.: *Bearbeiter*, in: K. Schmidt/Uhlenbruck, Die GmbH, Rn.

Scholz, Franz (Begr.), Kommentar zum GmbH-Gesetz, Bd. 2: §§ 35 – 52, 12. Aufl., Köln 2021, Bd. 3: §§ 53 – 88, 12. Aufl., Köln 2021, zit.: *Bearbeiter*, in: Scholz, GmbHG, § Rn.

Schröder, Katrin, Die Vergleichs- und Regelungsbefugnis hinsichtlich § 44a InsO und § 254 Abs. 2 InsO im Insolvenzplan, ZInsO 2015, S. 1040 – 1048.

Schroeder, Jeanne L./Carlson, David Gray, Third Party Releases Under the Bankruptcy Code After Purdue Pharma, 31 Am. Bankr. Inst. L. Rev. 1 – 58 (2023).

Schumann, Marius F., Ist § 15b VIII InsO rückwirkend anwendbar?, ZInsO 2022, S. 8 – 11.

Schwesinger, Kathrin, Die Haftung der Directors and Officers als Verhaltenssteuerung im amerikanischen Recht – Ein Vorbild für die deutsche Vorstands- und Aufsichtsratshaftung?, Berlin 2021, zit.: *Schwesinger*, Haftung, S.

Sheinfeld, Myron M./Pippit, Judy Harris, Fiduciary Duties of Directors of a Corporation in the Vicinity of Insolvency and After Initiation of a Bankruptcy Case, 60 Bus. Law. 79 – 107 (2004).

Silverman, Paul H., Chapter 11 Law Revisions Being Considered: Vast Reform Report with condensed Insightful Comments, IILR 2015, S. 123 – 144.

Silverman, Paul H., Foreign Representative's use of U.S. Bankruptcy Courts, IILR 2011, S. 167 – 186.

Silverstein, Joshua M., Hiding in Plain View: A Neglected Supreme Court Decision Resolves the Debate Over Non-Debtor Releases in Chapter 11 Reorganizations, 23 Emory Bankr. Dev. J. 13 – 138 (2006).

Skeel, David A. Jr., Debt's Dominion: A History of Bankruptcy Law of America, Princeton (N.J.) 2001, zit.: *Skeel*, Debt's Dominion, S.

Smid, Stefan, Der Restrukturierungsbeauftragte in den Regelungen des StaRUG, ZInsO 2020, S. 2184 – 2198.

Smid, Stefan, Entschuldung des (Allein-)Gesellschafters/Geschäftsführers: Techniken im in der Insolvenz der GmbH vorgelegten Insolvenzplan oder im außergerichtlichen Restrukturierungsplan, NZI 2020, S. 202 – 210.

Smid, Stefan, Handbuch Insolvenzrecht, 7. Aufl., Berlin/Boston 2018, zit.: *Smid*, HdB Insolvenzrecht, § Rn.

Smid, Stefan, Innen- und Außenhaftung des Geschäftsleiters bei Inanspruchnahme des Restrukturierungsrahmens durch die schuldnerische Gesellschaft nach § 43 StaRUG, ZInsO 2021, S. 117 – 124.

Smid, Stefan, Insolvenzzweckwidrigkeit, in: Kayser, Godehard/Smid, Stefan/Riedemann, Susanne (Hrsg.), Nichts ist beständiger als der Wandel – Festschrift für Klaus Pannen zum 65. Geburtstag, München 2017, S. 691 – 712, zitiert: *Smid*, in: FS Pannen, S.

Smid, Stefan, Internationales Insolvenzrecht, Berlin 2009, zit.: *Smid*, Internationales InsR, § Rn.

Smid, Stefan, Rechtsstellung von Gläubigern und Schuldner im Falle „sittenwidrig erschlichenen" Insolvenzplans, ZInsO 2019, S. 2341 – 2352.

Smid, Stefan, Restschuldbefreiung, Stundung und Erlass von Forderungen im Insolvenzplan und im Restrukturierungsplan – Teil A: Zum Verhältnis von Restschuldbefreiung, Stundung und Forderungserlass im Insolvenzplan, KSI 2020, S. 74 – 79.

Smid, Stefan, Restschuldbefreiung, Stundung und Erlass von Forderungen im Insolvenzplan und im Restrukturierungsplan – Teil B: Steuerforderungen im Insolvenzplan und Erlassverträge im Restrukturierungsplan, KSI 2020, S. 112 – 117.

Smid, Stefan, Struktur und systematischer Gehalt des deutschen Insolvenzrechts in der Judikatur des IX. Zivilsenats des Bundesgerichtshofs (IX, Teil 2), DZWIR 2011, S. 45 – 55.

Smid, Stefan, Zugang von KMU zum StaRUG?, NZI-Beilage 2021, S. 64 – 66.

Smid, Stefan/Rattunde, Rolf/Martini, Torsten, Der Insolvenzplan: Handbuch für das Sanierungsverfahren gemäß §§ 217 bis 269 InsO mit praktischen Beispielen und Musterverfügungen, 4. Aufl., Stuttgart 2015, zit.: *Smid/Rattunde/Martini*, Der Insolvenzplan, Rn.

Soh, Andy, Chapter 15 of the U.S. Bankruptcy Code: An Invitation to Forum Shopping?, 16 Norton J. Bankr. L & Prac. 873 – 915 (2007).

Soltész, Ulrich/Hellstern, Mara, „Mittelbare Beihilfen" – Indirekte Begünstigungen im EU-Beihilferecht, EuZW 2013, S. 489 – 493.

Sonnleitner, Wolfgang/Witfeld, Alexander (Hrsg.), Insolvenz- und Sanierungssteuerrecht, 2. Aufl., München 2022, zit.: *Bearbeiter*, in: Sonnleitner/Witfeld, Kap. Rn.

Staudinger, BGB, J. v. Staudingers Kommentar zum Bürgerlichen Gesetzbuch mit Einführungsgesetz und Nebengesetzen, Buch 2, Recht der Schuldverhältnisse, §§ 397 – 432 (Erlass, Abtretung, Schuldübernahme, Mehrheit von Schuldnern und Gläubigern), Berlin 2022, zit.: *Bearbeiter*, in: Staudinger, BGB, § Rn.

Staudinger, BGB, J. v. Staudingers Kommentar zum Bürgerlichen Gesetzbuch mit Einführungsgesetz und Nebengesetzen, Buch 2, Recht der Schuldverhältnisse, §§ 765 – 778 (Bürgschaft), Berlin 2020, zit.: *Bearbeiter*, in: Staudinger, BGB, § Rn.

Staudinger, BGB, J. v. Staudingers Kommentar zum Bürgerlichen Gesetzbuch mit Einführungsgesetz und Nebengesetzen, Buch 2, Recht der Schuldverhältnisse, §§ 779 – 811 (Vergleich, Schuldversprechen, Anweisung, Schuldverschreibung), 15. Aufl., Berlin 2015, zit.: *Bearbeiter*, in: Staudinger, BGB, 15. Aufl. 2015, § Rn.

Staudinger, BGB, J. v. Staudingers Kommentar zum Bürgerlichen Gesetzbuch mit Einführungsgesetz und Nebengesetzen, Buch 2, Recht der Schuldverhältnisse, §§ 779 – 811 (Vergleich, Schuldversprechen, Anweisung, Schuldverschreibung), 16. Auflage 2020, Berlin 2020, zit.: *Bearbeiter*, in: Staudinger, BGB, § Rn.

Swallow, John E., The Power of the Shield – Permanently Enjoining Litigation Against Entities Other than the Debtor – A Look at In re A.H. Robins Co., 1990 BYU L. REV. 707 – 728 (1990).

Tabb, Charles Jordan, The History of the Bankruptcy Laws in the United States, 3 Am. Bankr. Inst. L. Rev. 5 – 52 (1995).

Thalmann, Peter, Die Anwendbarkeit des beihilferechtlichen Privatinvestorentests auf staatliche Kapitalzuführungen an öffentliche Unternehmen, EuR 2013, S. 432 – 446.

Theiselmann, Rüdiger, Pflichten der GmbH-Geschäftsführung in der Unternehmenskrise: Aktuelle Rechtsprechung zu Krisenpflichten, GmbH-StB 2016, S. 232 – 237.

Theiselmann, Rüdiger, Pflichten des Geschäftsführers und Vorstands in der Unternehmenskrise, ZInsO 2021, S. 2293 – 2297.

Thole, Christoph, Die Insolvenzanfechtung in der Folgeinsolvenz, NZI 2017, S. 129 – 134.

Tipke, Klaus/Kruse, Heinrich Wilhelm (Begr.), Abgabenordnung, Finanzgerichtsordnung: Kommentar zur AO 1977 und FGO, Stand: 180. EL 3/2024, Köln 2024, zit.: *Bearbeiter*, in: Tipke/Kruse, AO/FGO, § Rn.

Tracht, Marshall, Can a Bankruptcy Court Approve a Settlement That Violates Absolute Priority: Czyzewski et al. v. Jevic Holding Corp. et al. (15 – 649), 44 PREVIEW U.S. Sup. CT. Cas. 98 – 101 (2016).

Uhlenbruck, InsO, Insolvenzordnung, Hirte, Heribert/Vallender, Heinz (Hrsg.), Bd. 1: InsO, 15. Aufl., München 2019, Bd. 2: EuInsVO, SanInsKG, StaRUG, 16. Aufl., München 2023, zit.: *Bearbeiter*, in: Uhlenbruck, InsO, § Rn.

Vallender, Heinz, Aufgaben und Befugnisse des Restrukturierungsgerichts nach dem Gesetz über den Stabilisierungs- und Restrukturierungsrahmen für Unternehmen (Teil 2), ZInsO 2020, S. 2677 – 2688.

Vallender, Heinz, Die Stellung des Verbrauchers im künftigen Insolvenzrecht, VuR 1997, S. 43 – 47.

Varallo, Gregory V./Finkelstein, Jesse A., Fiduciary Obligations of Directors of the Financially Troubled Company, 48 Bus. Law. 239 – 255 (1992).

Volk, Klaus/Beukelmann, Stephan (Hrsg.), Münchener Anwaltshandbuch Verteidigung in Wirtschafts- und Steuerstrafsachen, 3. Aufl., München 2020, zit.: *Bearbeiter*, in: Volk/Beukelmann, MAH WirtschaftsStrafR, § Rn.

Wagner, Gerhard, Organhaftung im Interesse der Verhaltenssteuerung – Skizze eines Haftungsregimes, ZHR 2014, S. 227 – 281.

Warren, Charles, Bankruptcy in United States History, Cambridge (MA) 1935, zit.: *Warren*, Bankruptcy in United States History, S.

Warren, Elizabeth, The Untenable Case for Repeal of Chapter 11, 102 Yale L. J. 437–480 (1992).

Warren, Elizabeth/Westbrook, Jay Lawrence, The Success of Chapter 11: A Challenge to the Critics, 107 Mich. L. Rev. 603–642 (2009).

Weiner, Joseph L., Corporate Reorganization: Section 77B of the Bankruptcy Act, 34 Col. L. Rev. 1173–1197 (1934).

Weisman, Morris, The Bankruptcy of Robert Morris, 45 Com. L. J. 163–166 (1940).

Weitbrecht, Jannik, § 254 Abs. 1, 3 InsO als abdingbares Recht? – Zur fehlenden Plantauglichkeit von „Erlöschensklauseln", ZIP 2019, S. 1849–1854.

Weitnauer, Wolfgang (Hrsg.), Handbuch Venture Capital – Von der Innovation zum Börsengang, 7. Aufl., München 2022, zit.: *Bearbeiter*, in: Weitnauer, HdB Venture Capital, Teil Rn.

Werder, Axel von, Wirtschaftskrise und persönliche Managementverantwortung: Sanktionsmechanismen aus betriebswirtschaftlicher Sicht, ZIP 2009, S. 500–507.

Wessels, Bob/de Weijs, Rolef, Revision of the iconic US Chapter 11: it's global importance and global feedback, IILR 2014, S. 441–445.

Westbrook, Jay Lawrence, Chapter 15 at Last, 79 Am. Bankr. L. J. 713–728 (2005).

Wolf, Antonia, Zur Praxis des Zwangsvergleichs: vom Funktionsverlust des Gerichtsverfahrens in der semi-kooperativen Insolvenzbereinigung unter der Konkursordnung im 20. Jahrhundert, Münster (Westf.) 2016, zit.: *Wolf*, Praxis des Zwangsvergleichs, S.

Wollring, Moritz/Quitzau, Frederik, Plandispositive Geschäftsführerhaftung? – Die Entlastung von Geschäftsführern im Insolvenz- und Restrukturierungsplan, ZRI 2021, S. 616–628.

Zaretsky, Barry L., Co-Debtor Stays in Chapter 11 Bankruptcy, 73 Cornell L. Rev 213–280 (1988).

Zieglmeier, Christian, Arbeitgeber-, Organ- und Beraterhaftung für Sozialversicherungsbeiträge auf Grund Beschäftigung, DStR 2020, S. 230–239.

www.ingramcontent.com/pod-product-compliance
Lightning Source LLC
LaVergne TN
LVHW042237300926
849161LV00003B/380
* 9 7 8 3 1 1 1 5 3 4 2 3 7 *